PAUL ZSOLNAY VERLAG

RUDOLF STOIBER

Der Spion, der Hitler sein wollte

Das abenteuerliche Leben
des Dr. med. Hermann F. Erben
alias Hadschi Dr. Muhammed Ali Kusumandilaga
alias August J. Karg
alias „Silberfuchs“
alias Alois Ecker
alias „A-105“

PAUL ZSOLNAY VERLAG
WIEN – DARMSTADT

Umschlag, Einband und Gestaltung des Tafelteils:
Angela Hartenstein, Wien
Umschlag unter Verwendung zweier Fotografien aus dem Besitz des Autors
Satz: Schatzl's DTP / Wien
Druck und Bindung: Wiener Verlag, Himberg
Printed in Austria
ISBN 3-552-04129-X

CIP-Titelaufnahme der Deutschen Bibliothek

Stoiber, Rudolf:
Der Spion, der Hitler sein wollte: das Leben des Dr. med. Hermann F.
Erben / Rudolf Stoiber. – Wien; Darmstadt: Zsolnay, 1989
ISBN 3-552-04129-X

Der Spion, der Hitler sein wollte

Für Steve L.J.

„Wenn die Wahrheit gefunden ist,
muß sie erst gesucht werden."

Ernest Renan,
französischer Philosoph.

Inhalt

Danksagung

Vor allen anderen schulde ich aufrichtigen Dank dem Autor Charles Higham, der als erster das Pseudonym „Dr. Gerritt Koets“ in Errol Flynns Autobiografie als das Dr. Erbens identifizierte und mich auf dessen Spur setzte; und Mrs. Joan Scott-Smith Erben, die mir in einem langen Gespräch Einblick in ihr Leben mit Dr. Erben gewährte.

Weiters möchte ich folgenden Personen für die Unterstützung meiner Arbeit und in vielen Fällen für wertvolle Informationen danken: Charles R. Allen, Constance Amatin, Generalkonsul a.D. Dr. Eugen Betz, Dr. Fritz van Briessen, Sterling Cole, Dr. Alfred Dreifuss, Kurt Duldner, Dr. Lilly Engler, Helmuth Hahmann, Kurt Hampe, Dr. Walter Harringer, Hanny Hieger, Margarete Höbich, Frederick und Susi Justh, Dr. Gerd Kaminski, Gerhard Karplus, Dr. Maria Keipert (Bundesarchiv Bonn), Dr. Adalbert Koch, Ron Krause, Hilde Krüger, John Marks, Dr. Thomas Novotny, Werner Plack, Dr. Max Reisch, L.B. Rout jr., Helmuth Schütze, Dr. Ernst Schwarz, Kurt D. Singer, Elisabeth Strasser, Dr. Helmuth Strasser, Dr. Ernst Sucharipa, Gody Suter, Dr. Herbert Tichy, Dr. Bernard Wasserstein, Dr. Wolfgang Wolte, Generalkonsul a.D. Dr. Christian Zinsser.

Vorwort

1980

Erste Begegnung

Wir waren uns noch nie zuvor begegnet. Ich hatte ihn telefonisch zum Mittagessen eingeladen. Als er den Garten des Restaurants betrat, schien die Luft plötzlich um einige Grade abzukühlen, als hätte sich eine Wolke über die Sonne geschoben. Auch andere Gäste schienen die Veränderung zu spüren. Einige Damen griffen nach ihren abgelegten Jacken und Umhängen, als sie ihn erblickten.
Vielleicht war es seine Kleidung. Obwohl es einer der seltenen warmen Maitage war, trug er einen dicken grauen Mantel aus grobem Stoff und einen Wollschal um den Hals. Wie mitten im tiefsten Winter.
Oder es war sein Aussehen. Sein Gesicht hatte die Farbe vergilbter Akten, mit braunen Altersflecken an den Schläfen und auf der Stirn. Das Haar war weiß und so ungekämmt, als würde es von dem gleichen unhörbaren Sturm zerzaust, gegen den der kleine, vornübergebeugte Mann mit jedem Schritt anzukämpfen schien. Als er näher kam, konnte ich sehen, daß seine Augen hinter einer drahtlosen Krankenkassenbrille funkelten. Die dicken Gläser vergrößerten sie zu Fischaugen, hellblau und wässerig, voller Tränen. Die Brauen waren ebenso struppig wie die Haarbüschel, die aus den Ohren sprossen. Die rotgeränderten Lider wirkten entzündet. Als wären sie einem scharfen Wind ausgesetzt, der dem Mann ins Gesicht blies.
Ich war aufgestanden, um mich zu erkennen zu geben. Er steuerte sofort auf meinen Tisch zu, ohne dabei die Füße vom Kies zu heben oder seine Knie abzubiegen. Während er auf diese Weise auf mich zustakte, stützte er sich mit der linken Hand auf die Lehne jedes Sessels, an dem er vorbeikam, auch wenn dieser besetzt war. Unter die rechte Achsel hatte er einen prallgefüllten, großen beigefarbenen

Geschäftsumschlag geklemmt. Neben ihm ging ein junger Mann, der seinen rechten Ellbogen stützte.

Ich fragte mich, ob es sich bei diesem Freund, dessen Mitkommen er angekündigt hatte, um eine Vertrauensperson handle, die er als Zeugen zu unserem Gespräch hinzuziehen wollte, oder vielleicht um den Angehörigen eines Geheimdienstes, der ihn und seine Kontakte nach wie vor überwachte.

Aber der junge Mann schien in keine der beiden Rollen zu passen. Sein Gesicht war offen und vertrauenerweckend. Er war kaum älter als zwanzig, blond, schlank, und seine Augen waren dunkelblau. Er trug eine kurze Khakihose und hatte den Kragen seines weißen Hemdes über eine ebenfalls khakifarbene Safarijacke ausgeschlagen, als trage er eine Tropenuniform.

Nun standen die beiden vor mir.

„Herr Doktor Erben? Ich freue mich."

Ich streckte ihm meine Hand entgegen, die er für sein Alter überraschend kräftig drückte. An seinem rechten Daumen fehlte die Hälfte des ersten Gliedes, und der Nagelrest war als breite Kralle nach unten gebogen. Ein Psychologe hatte mir einmal gesagt, ein verstümmelter rechter Daumen deute auf Kriminalität.

„Sie brauchen sich nicht vorzustellen", weckte er mich aus meinen Gedanken. „Ich kenne Ihr Gesicht vom Fernsehen."

Er versuchte ein verbindliches Lächeln, doch daraus wurde ein Grinsen. Eine breite Spalte zwischen den oberen Schneidezähnen verlieh seinem Ausdruck etwas Raubtierhaftes. Dr. Erben stellte seinen Begleiter vor.

„Das ist Philipp Bull. Philipp ist Kanadier, er spricht schon sehr gut Deutsch. Philipp studiert Medizin in Wien."

Der Name „Bull" sagte mir damals nichts. Ich wußte nicht, daß Philipp Bull der Sohn von Dr. Gerald Bull war, dem ehemaligen Raketenforscher und Erfinder der Langstreckenhaubitze GHN-45, von der die VÖEST-Tochter NORICUM fünf Jahre später größere Stückzahlen in den Iran lieferte. Diese Ereignisse führten in Österreich in der Folge zu einem politischen Skandal und zu mehreren ungeklärten Todesfällen. Ich ahnte auch nicht, daß der Tropenarzt

Dr. Erben etwas mit dem Lizenzerwerb der Bull-Kanone durch das verstaatlichte Unternehmen zu tun gehabt hatte. Oder daß er ebenfalls eines sehr merkwürdigen Todes sterben würde. Ich wußte damals auch nicht, durch wessen Protektion der Sohn des internationalen Waffenhändlers Bull mit den CIA-Verbindungen trotz der Zulassungsbeschränkungen für ausländische Studenten an der Medizinischen Fakultät der Wiener Universität hatte inskribieren können.
Dr. Erben setzte sich mir gegenüber. Er begann, die aufgelegten Gedecke zur Seite zu schieben und den Inhalt des großen Briefumschlages vor mir auszubreiten: alte Briefe in Luftpostkuverts mit ausländischen Briefmarken, einige offensichtlich amtliche Schreiben, großformatige Hochglanzfotos und eine rote Ledermappe mit dem goldgeprägten Staatswappen der Republik Österreich.
Als der Kellner kam und fragte, ob wir einen Aperitif wünschten, wies ihn Dr. Erben schroff ab:
„Nein. Ich trinke keinen Alkohol. Ein Laster weniger."
„Schauen Sie sich das an", kommandierte mein Gegenüber ungeduldig und schob den Inhalt des Kuverts noch näher an mich heran. „Wenn Sie sich das anschauen, dann wissen Sie, daß alles, was dieser Hikham über mich geschrieben hat, erstunken und erlogen ist."
Dr. Erben wußte zweifellos, wie der Name des amerikanischen Autors Charles Higham korrekt auszusprechen war, verballhornte ihn aber offenbar absichtlich, um seinen ganzen Widerwillen und Haß gegen diesen Mann zum Ausdruck zu bringen. Denn es war Charles Higham gewesen, der in seiner Biografie des Hollywood-Stars Errol Flynn* als erster aufgedeckt hatte, daß sich hinter dem Pseudonym des angeblichen Holländers Dr. Gerrit Koets, den Flynn in seiner auch sonst nicht sehr zuverlässigen Autobiografie** als seinen intimsten Freund und Lebensretter vorstellte, ein Österreicher mit Namen Dr. Hermann F. Erben verbarg. Flynn verschleierte jedoch dessen wahre Identität, da der Name „Erben" bei einiger

* Charles Higham: *Errol Flynn. The Untold Story.* Doubleday, New York, 1980.

** Errol Flynn: *My wicked, wicked ways.* G.P. Putnam's Sons, New York, 1959.

Nachforschung Flynns eigene Naziverbindungen hätte offenbaren können. Das hätte seiner Nachkriegskarriere sicherlich nicht gut getan und wäre bei seinen internationalen Fans bestimmt auch nicht gut angekommen. Bei einem Interview in New York hatte mich Higham auf Dr. Erbens Spur gebracht. Seiner Spürnase verdankte ich diese Begegnung.

„Übrigens is dieser Hikham a Jud", setzte Dr. Erben seine Attacke fort und glitt dazu ins Wienerische. „Des hab ich schon herausg'funden. Auch wenn sein Vater ein britischer Abgeordneter war. Das sagt aber nichts. Schließlich war der Trebitsch-Lincoln auch ein britischer Abgeordneter. Und trotzdem a Jud. Das war übrigens auch ein guter Freund von mir. In Schanghai. Der größte Abenteurer des zwanzigsten Jahrhunderts. Hat er selbst von sich behauptet. Stimmt wahrscheinlich auch. Ich hab ihn als Arzt behandelt. Zu spät. War nichts mehr zu machen. Den haben die Würmer bei lebendigem Leib aufgefressen. Er ist gestorben, während ich in Pootung interniert war. Im Herbst 1943. Manche behaupten auch, daß er von der Gestapo ermordet worden ist. Wie mein Freund Albert von Miorini. Beweisen kann es heute niemand. Wie beim Miorini. Aber eines stimmt: beide haben nicht mehr für die Deutschen spionieren wollen. Weil sie gesehen haben, daß der Krieg verloren war. Da hat der Meisinger zugeschlagen. Oder vielleicht war's der Kahner. Das kann heute niemand mehr sagen."

„Haben Sie das Buch von Higham selbst gelesen", lenkte ich das Gespräch nach dem Exkurs zu Namen, die mir damals noch nichts bedeuteten, auf das eigentliche Thema zurück, „oder hat Ihnen nur jemand davon erzählt?"

„Meine Nichte hat es mir sofort geschickt. Aus Kanada. Natürlich habe ich es gelesen. Alles erstunken und erlogen."

Der Kellner trat an unseren Tisch, und wir bestellten. Dr. Erben stapelte seine Unterlagen griffbereit auf den leeren Sessel neben sich. Bevor noch der Kaffee gebracht wurde, breitete er sie wieder auf dem abgeräumten Tisch aus.

Ich prüfte die Unterlagen, die Dr. Erben mir hinschob, nur flüchtig, schon um mich nicht auf ein endgültiges Urteil festlegen zu müssen.

Er erwartete von mir offensichtlich einen Freispruch von den Anschuldigungen, die Charles Higham gegen ihn erhoben hatte: daß er ein rabiater Hitleranhänger gewesen sei, ein frühes NSDAP-Mitglied und während des Krieges ein gefährlicher Spion, der seinen Freund Errol Flynn skrupellos als Deckung für seine geheimdienstlichen Tätigkeiten benutzt und den politisch naiven Hollywood-Star selbst ins nationalsozialistische Lager gelockt und ebenfalls zu Spionagetätigkeiten für die Nazis veranlaßt habe.
Einige Briefe waren tatsächlich mit „Errol" unterzeichnet und an Dr. Erben adressiert. Darin wurde der Adressat als „Dear Nurmunger" angesprochen.
„Was ist ein Nurmunger?"
„Nurmunger ist ein Ausdruck, den die Pflanzer auf Neu-Guinea verwenden. Wo ich den Flynn kennengelernt habe. Ein Nurmunger ist ein Kerl, der seinem Freund sein letztes Hemd gibt. Der mit einem anderen Nurmunger seinen letzten Tropfen Whiskey teilt, sein letztes Stück Brot. Und auch sein Girl. Das haben Errol und ich getan. Und nicht nur einmal. Weil wir Nurmunger waren. Solche Freundschaften unter Männern gibt es ja heute nicht mehr. Schade. Schade für Menschen wie Philipp. Die dazu fähig wären."
Unter den Fotos, die Dr. Erben mir hinschob, fiel mir eines auf, das neben dem früheren Bundeskanzler Figl einen weißhaarigen Mann mit weißem Schnurrbart zeigte. Es war offensichtlich ein bei einem offiziellen Anlaß aufgenommenes Pressefoto.
„Wer ist das?"
„Neben dem Figl? Das ist der Sterling Cole. Der war der erste Direktor der Atomenergiebehörde in Wien. Vorher ist er Kongreßabgeordneter gewesen. Bis ihn der Eisenhower für den Posten in Wien nominiert hat. Heute ist er ein berühmter Lobbyist und Anwalt in Washington. Hat großen Einfluß bei der Regierung. Auch ein guter Freund von mir. Er arbeitet daran, daß ich in die Staaten zurückkehren kann. Lesen Sie die Widmung!"
Das Foto trug die Widmung: „To my dear friend, Dr. Erben. Sterling Cole." Erben hatte das Beweismaterial zu seiner Entlastung sorgfältig zusammengestellt.

Am stolzesten war er auf den Inhalt der roten Mappe mit dem goldenen Wappenadler. Seiner Meinung nach war dies das wichtigste Beweisstück seiner Unschuld: Die Verleihungsurkunde des „Goldenen Ehrenzeichens für Verdienste um die Republik Österreich". Mit Wirkung vom 21. März 1973. Unterzeichnet von Bundespräsident Franz Jonas.

Während ich noch beeindruckt die Urkunde anblickte, begann er sein vorbereitetes Plädoyer:

„Glauben Sie, der Herr Bundespräsident hätte mir diese Auszeichnung verliehen, wenn das, was dieser Mister Hikham über mich zusammenschreibt, wirklich stimmen täte? Die schauen sich die Leute sehr genau an, denen sie eine solche Auszeichnung geben. Die kriegt nicht ein jeder."

Das Argument hatte Gewicht. Trotzdem. Konnte ein Autor, auch wenn er in Hollywood lebte, solche Anschuldigungen einfach erfinden? Und dann: die Quellen, die Higham anführte – CIA, FBI, Nationalarchive usw. –, sollten die alle gefälscht sein?

„Wofür haben Sie die Auszeichnung bekommen?"

Die Augen hinter den dicken Brillengläsern leuchteten auf. Auf diese Frage schien mein Gegenüber gewartet zu haben.

„Da. Lesen Sie selber."

Er hielt mir ein Schreiben mit dem Briefkopf des Bundesministeriums für Gesundheitswesen hin. Ich las, daß die damalige Gesundheitsministerin Dr. Ingrid Leodolter dem „Dr. med. Hermann F. Erben" zu der hohen Auszeichnung gratulierte, die ihm „...für sein vierzigjähriges aufopferndes Wirken als österreichischer Arzt im Ausland" verliehen wurde.

„Dafür habe ich den Orden bekommen. Für meine vierzigjährige Tätigkeit als österreichischer Arzt im Ausland. Und nicht dafür, daß ich vierzig Jahre lang auf meinem Hosenboden gesessen bin wie die andern. Meine Herrn Kollegen. Dafür wäre ich höchstens Medizinalrat geworden. So wie sie."

Dr. Erben griff in die Taschen seines Wintermantels, den er auch während des Essens nicht ausgezogen hatte. Er holte eine kleine rote Lederschatulle hervor und hielt sie mir geöffnet hin: das letzte Beweisstück. Da lag es. Auf weiße Seide gebettet. Wie auf einem Bett der Unschuld. Ein goldgefaßtes Emailkreuz an rot-weiß-roter Schleife. Eine der höchsten zivilen Auszeichnungen, die der österreichische Staat zu vergeben hat.

Dr. Erben grinste breit, als er die Schatulle wieder an sich nahm. Die Spalte zwischen seinen Zähnen irritierte mich plötzlich. Sie machte aus ihm einen Hai. Er sah bedrohlich aus. Irgend etwas an seiner Verteidigung stimmte nicht. Die Beweiskette schien mir zu lückenlos, die Charakterzeugen zu klug ausgewählt, zu prominent. Wer würde nicht beeindruckt sein?

Der alte Mann schien meine neuerwachten Zweifel zu spüren. Er sagte plötzlich so laut, daß die Gäste um uns herum es hören mußten:

„Eines sage ich Ihnen jetzt. Und vergessen Sie das nie. Sie müssen wissen, es gibt drei Dinge, die ich in meinem Leben nie getan habe und nie gewesen bin. Ich bin nie ein Nazi gewesen. Und schon gar nicht ein Nazispion. Wie dieser Hikham behauptet. Ich hab' nie etwas mit Drogen zu tun gehabt. Und ich hab nie kürettiert."

Die lauten Worte waren nicht zu überhören gewesen. Verwunderte Blicke richteten sich auf unseren Tisch.

Für mich brach mit diesen langsam und eindringlich deklamierten Sätzen die sorgfältig aufgebaute Verteidigung Dr. Erbens endgültig zusammen. Ich wußte, daß sie in Wahrheit das Gegenteil bedeuteten. Sie waren ein Schuldbekenntnis zu eben den drei Anschuldigungen, von denen er sich so vehement zu distanzieren schien.

Der alte Mann blickte mich fragend an. Würde ich in die Falle tappen? Offenbar erwartete er als Reaktion auf diese indirekte Beichte eine weitere Absolution von mir, meine stillschweigende Akzeptierung seiner Behauptung, meine heimliche Komplizenschaft. Ich konnte ihm diese Absolution nicht erteilen. Nicht nach alldem, was ich bereits wußte. Oder zu wissen glaubte.

„Wenn das, was dieser Amerikaner über Sie geschrieben hat, alles nicht stimmt, wie Sie sagen, dann würde mich als Journalisten natürlich interessieren, was nun wahr ist. Falls Sie Wert darauf legen, daß ich es weiß. Und daß eventuell auch andere es erfahren, die das Higham-Buch gelesen haben."

Dr. Erben blickte auf Philipp Bull. Wenn dieser ein Zeichen des Einverständnisses gab, so entging es mir.
„Okay."
„Morgen vormittag? Bei Ihnen?"
Wieder der gleiche fragende Blick auf den jungen Kanadier.
„Okay. Um zehn." Dann nach einigem Zögern: „Bei mir."
Der Hai hatte angebissen – oder er glaubte, daß er mich an der Angel hatte.
Als ich Dr. Erben am nächsten Tag zur vereinbarten Stunde in seiner Wohnung im 3. Wiener Gemeindebezirk aufsuchte, verstand ich, warum er gezögert hatte, mich in seine Wohnung einzuladen. Er lebte, wenn nicht in Armut, so doch in totaler Vernachlässigung. In einer Festung. Oder in einem selbstgeschaffenen Gefängnis.
Er bewohnte die Hälfte des gesamten Dachbodengeschosses eines Patrizierwohnhauses des ausgehenden 19. Jahrhunderts. Mit marmorner Eingangshalle, ausladendem Treppenhaus und einem Lift, dessen verziertes Drahtgeflecht aussah wie ein vergoldeter Käfig für exotische Vögel. Im fünften Stockwerk war allerdings von diesem vornehmen Reichtum nichts mehr zu merken.
Die ehemals weiß gestrichene Türe zur Wohnung Nr. 17 hatte sich im Lauf der Jahre gelb verfärbt. Der Anstrich blätterte ab. Die Türe konnte durch ein Scherengitter von außen abgesichert werden. In Augenhöhe befand sich ein Guckloch, durch das mir wie durch ein Vergrößerungsglas das Fischauge Dr. Erbens entgegenblickte. Von innen war die Wohnungstüre mit Eisenblech beschlagen, sie konnte mit mehreren Schlössern und einer Vorlegekette abgesperrt werden.
Erben gab mir die Hand. Wieder der gleiche kräftige, militärische Händedruck. Dann sagte er, halb zu mir, halb zu Philipp Bull gewendet, der am Ende eines langen Korridors im schräg einfallenden Sonnenlicht wie in einem Scheinwerferkegel stand:
„Jetzt muß ich halt die Hosen runterlassen."
Dieser Ausdruck mußte sich auf den Zustand seiner Behausung beziehen. Der lange Flur wurde durch auf beiden Seiten aufgestellte Regale, die mit verstaubten braunen Medizinalgläsern gefüllt waren, durch bis zur Decke aufgestapelte Kartons und brüchiges Mobiliar,

alte Kästen, Schränke und Truhen, noch enger, als er es ohnehin war. Nach beiden Seiten öffneten sich mehrere verglaste Türen. Die Scheiben waren jedoch entweder aus geripptem Glas oder von innen mit braunem Papier verklebt, sodaß aus den anschließenden Räumen, auch wenn es darin hell sein mochte, nur Dämmerlicht in den stollenartigen Korridor fiel, durch den wir uns vorantasteten.
Später entdeckte ich, daß dieses Labyrinth untereinander verbundener Zimmer mit dem Trödel eines langen Lebens ebenso vollgestopft war wie der düstere Flur und zwei Gewölbe im Keller. Vom ersten Kinderschlitten, dem ersten Fahrrad, vom Sezierbesteck seiner Studentenzeit über primitive Masken, Lanzen, Speere, Schilde und allerlei ausgestopfte Tiere, die der Tropenarzt Dr. Erben von seinen Expeditionen zu den Aborigines im australischen Busch mitgebracht hatte und die jedem völkerkundlichen Museum zur Zierde gereicht hätten, hier aber verstaubten und zerfielen, bis zu alldem, was sich in den verschnürten Kartons und verschlossenen Kästen und Schränken befinden mochte, hatte Erben offenbar alles gehortet, was ihm als Schwemmgut der Zeit gerade in die Hände gekommen war. Einen Ehrenplatz in einem eigenen Raum nahm in diesem Sammelsurium das halbe Dutzend metallbeschlagener und mit Vorhängeschlössern versperrter Truhen ein, in denen der leidenschaftliche Fotograf Erben, wie er mir sagte, mehr als eine Viertelmillion sorgfältig katalogisierter Negative aufbewahrte, die er seit der Jahrhundertwende aufgenommen hatte. Ein Onkel hatte ihm seinen ersten Fotoapparat geschenkt, und er hatte sofort gelernt, seine Aufnahmen selbst zu entwickeln und zu kopieren. „Damals waren die Negative noch auf Glas, und wir haben sie zum Trocknen auf der Wäscheleine aufgehängt“, erzählte er, als er einige Behälter zur Bestätigung des Gesagten für mich öffnete. „Dabei ist das nur ein Teil von dem, was ich mein Leben lang fotografiert habe. Mindestens ebensoviel ist verlorengegangen. Leider.“ Im selben Zimmer hatte Dr. Erben in den Schubladen einer schwarzpolierten Kommode seine Tagebuchkalender aufgehoben, für jedes Jahr seines Erwachsenenlebens einen, seine Kontobücher, ebenfalls für jedes Jahr eines, mit den penibel vermerkten Eingängen und Ausgaben seit seinem zwölften Lebensjahr, als

sein Vater ihn zu dieser exakten Buchhaltung angehalten hatte, sowie die gebündelten Briefe seiner nach Personen geordneten Korrespondenz. In diesem Raum, in dem sich, von der Kommode verdeckt, auch ein Safe befand, verwahrte er offensichtlich seine Heiligtümer – die Schlüssel zu seiner Vergangenheit.

Während Dr. Erben mir voranging, erzählte er, daß er diese Wohnung schon zweiundsechzig Jahre bewohnte, seit er 1918 als abgerüsteter Leutnant aus dem Krieg heimgekommen war. Damals habe er das halbe leerstehende Dachgeschoß für sich requiriert, und seither gehöre die Wohnung ihm. Auch während seiner jahrelangen Aufenthalte im Ausland hätte er sie nie aufgegeben. Er hätte auch jetzt nicht vor, auszuziehen, obwohl ihm der Hausherr schon mehrmals mit der Delogierung wegen zweckentfremdeter Benutzung gedroht habe. Er benutze sie als Lagerräume, und außerdem halte der Boden die Belastung all der aufgestapelten Dinge nicht mehr aus.

„Alles Blödsinn. Das Haus ist solide gebaut. Vorkriegsbau. Verkaufen will er die Wohnung. Aber erst, wenn ich stirb. Und darauf kann er noch warten.“ Er deutete auf die verschlossenen Türen. „Das waren einmal die Dienstbotenzimmer und die Bügelkammern für das Personal, das die Herrschaften, die im Haus wohnten, sich gehalten haben. Aber nach dem Zusammenbruch hat sich niemand mehr ein eigenes Dienstpersonal leisten können. Außer die Schieber. Jeder zweite war bankrott, und der Rest waren arme Schlucker, die selber einen Posten gesucht haben. Drum war das alles leer. Meine Eltern haben eine noble Elfzimmerwohnung im zweiten Stock gehabt. Wir sind als eine der ersten Parteien eingezogen. 1910. Aber nach dem Krieg hat die Mama Zimmer vermieten müssen, an amerikanische Studentinnen, weil kein Geld im Haus war, wie der Papa gestorben ist, 1917. Wie ich heimgekehrt bin, bin ich aus dem 2. Stock ausgezogen. Da her in die Mansarde. Und hab mir meine eigene sturmfreie Bude eingerichtet, wie man damals gesagt hat. Für mich und meine Freunde, die keine gehabt haben. Wir haben unsere Mädchen da heraufgebracht. Wir haben uns „die Nudelbrüder“ genannt. Meine zwei Frauen haben auch da heroben mit mir gewohnt. Wenigstens zeitweise. Die Klara und die Joan. Einmal alle zwei zugleich. Platz war ja. Aber keine hat die Wohnung recht mögen. Es war eben eine Männerbude.“

Wir waren am Ende des Stollens angelangt. Philipp Bull begrüßte mich. Im hellen Sonnenlicht sah er noch blonder und germanischer aus als am Vortag.

Dr. Erben ging nach rechts in den einzigen Raum, den er tatsächlich zu bewohnen schien. Dieser war spärlich eingerichtet: zwei Kästen an der Wand, ein altmodisches hölzernes Bettgestell mit einer nackten Matratze, einem unbezogenen Kissen und einer groben grauen Dekke darauf. In die Nische des Mansardenfensters gerückt, durch das hell die Frühjahrssonne schien, stand ein kleiner, alter Schreibtisch, flankiert von zwei Stühlen.

„So hab ich immer gelebt. Einfach. Mein ganzes Leben lang. Nie geraucht, nie getrunken und auch sonst keine Ansprüche gestellt. Nur gehurt habe ich. Aber das ist ja nicht ungesund. Das hat meine zweite Frau, die Joan, nie verstanden. Drum lebt sie auch nicht mit mir. Sondern mit ihrer Mutter. In London. Obwohl sie weiß, daß sie mir abgeht. Weil ich sie noch immer liebe. Die Joan hat nie verstanden, daß ich so leben will. Daß ich nichts Besonderes werden hab wollen. Oder haben. Sie hat immer eine Villa haben wollen. Am liebsten in Hollywood. Gleich neben der Villa vom Errol. Mir hat genügt, daß ich bei ihm hab wohnen können. Um was Besonderes zu werden, muß man sich jeden Tag schön anziehen, eine Krawatte umbinden und vor den richtigen Leuten den Hut ziehen. Ich hab mein ganzes Leben keinen einzigen Hut besessen. Also hab ich auch keinen ziehen können. Herr Medizinalrat, Herr Hofrat, Herr Sanitätsrat. Das hat mir alles nichts bedeutet. Das hab ich alles nicht wollen. Was ich mein ganzes Leben lang gewollt hab, war, überall dabei zu sein. Das ist mir auch gelungen. Ich war überall dabei. Auf der ganzen Welt. Auf jedem Kontinent. Das hat mir genügt. Dazu braucht man sich nicht schön anziehen. Dazu braucht man keine Krawatte und keinen Hut. Die sind einem dabei höchstens im Weg.“

Dr. Erben ließ sich in den Stuhl hinter dem Schreibtisch sinken.

„Der Schreibtisch ist noch vom Papa. Der ist das einzige, was ich mir vom zweiten Stock heraufgeholt hab.“

Das Sonnenlicht fiel auf das weiße Haar des alten Mannes und seine vergilbte Haut und ließ beides noch heller erscheinen. Er trug auch jetzt wieder den klobigen Wintermantel.

„Setzen Sie sich."

Ich setzte mich auf den freien Stuhl vor ihm. Philipp Bull, der in der Wohnung zu Hause schien, hatte sich bereits auf den Rand der Matratze gesetzt.

Zum ersten Mal saß ich Dr. Erben an dem antiquierten Pult gegenüber, an dem wir uns während der nächsten Monate einige hundert Stunden lang so gegenübersitzen würden. Immer das laufende Tonbandgerät zwischen uns, das uns trennte wie ein Schwert im Zweikampf um die Wahrheit: Mich, den Einbrecher in seine Vergangenheit, von ihm, der ständig den Riegel vor sie vorzuschieben versuchte. Ich, der Verfolgende, er, der Ausweichende. Ich, oft der Naive, er, stets der Fintenreiche.

Trotzdem glaube ich, diesen Zweikampf letztlich gewonnen zu haben. Weil ich Verbündete hatte und nicht nur auf das angewiesen war, was Dr. Erben mir erzählte.

Während der nächsten drei Jahre fand ich Dutzende Gesprächspartner, von Tirol bis Kalifornien, von Ostberlin bis New York, die Erben an der einen oder anderen Station seines Lebens irgendwo auf der Welt begegnet waren und sich noch an ihn erinnerten. Meist mit großer Genauigkeit, und oft konnten sie ganze Gespräche noch nach vielen Jahren wörtlich wiedergeben. Erben schien ein Mann gewesen zu sein, den niemand vergaß. Am aufschlußreichsten war für mich wahrscheinlich ein langes Gespräch mit seiner zweiten Frau, Joan Scott-Erben, in ihrem Haus in einem Londoner Vorort. Nur wenige weigerten sich, etwas über Dr. Erben zu sagen, oder versuchten, mich in die Irre zu führen, wenn sie selbst zu unrühmlich in Dr. Erbens Vergangenheit verstrickt waren. Nur ein Mal wurde ich schroff abgewiesen: Dr. Erbens Lebensgefährtin während der kritischen Schanghaier Jahre, da er als Nazispion tätig gewesen war, Margarete Höbich, die heute in San Francisco lebt, weigerte sich, mich zu sehen. Sie sagte am Telefon, das sei alles zu lange her, um heute noch einmal ausgegraben zu werden.

Ich hatte aber noch einen zweiten mächtigen Verbündeten, mit dem Dr. Erben nicht gerechnet hatte: die amerikanische Regierung. Der in der Folge des Watergate-Skandals erlassene *Freedom of Information Act* ermöglicht es jedem akkreditierten Journalisten, von jeder amerikanischen Regierungsbehörde die von ihr über eine bestimmte Person gesammelten Berichte und angelegten Dossiers anzufordern. Kostenpunkt: 10 Cents pro Seite. Es liegt an der betreffenden Behörde, ob sie die angeforderten Unterlagen ganz oder nur mit Streichungen oder, „aus Gründen der nationalen Sicherheit", überhaupt nicht freigibt. Werden die angeforderten Dokumente verweigert, so hat der abgewiesene Antragsteller noch immer die Möglichkeit, sie einzuklagen. Außerdem öffnete dieses unter Präsident Carter erlassene Gesetz jedem Journalisten die National-Archive in Washington für persönliche Recherchen. Ich fand in den Regalen des Archivs unter „Erben, Herman F." Dutzende Karteikarten, deren Indexnummern der Schlüssel zu den archivierten Dokumenten sind, die ich an Ort und Stelle kopieren konnte.
Ähnlich großzügig, aber wesentlich weniger ergiebig, zeigte sich nur das bundesdeutsche Politische Archiv des Auswärtigen Amtes in Bonn. Ansuchen an staatliche Stellen in Österreich um Informationen oder Akteneinsicht wurden routinemäßig abgelehnt.
Aufgrund meines Ansuchens unter dem *Freedom of Information Act* wurde ich innerhalb weniger Monate mit mehr als tausend Seiten kopierter Dokumente überflutet, die sich alle auf „Erben, Herman F." bezogen. Es waren Dokumente des State Departments, der Geheimdienste CIC, OSS, CIA und FBI, der Geheimdienste der amerikanischen Armee, Marine und Luftwaffe, des während des Krieges aktiven Geheimdienstes G-2, des „War Departments" im Weißen Haus, der Einwanderungs- und Naturalisierungsbehörde, der staatlichen Rauschgiftbehörde und der amerikanischen Dienststellen in all den Ländern, in denen sich der Weltreisende Erben gerade aufgehalten hatte.
Ein ganzes Heer von Beamten, Agenten und Informanten hat – in manchen Fällen ein halbes Jahrhundert lang – jenen Mann auf Schritt und Tritt beobachtet, dem die Republik Österreich bei der Verlei-

hung des „Goldenen Ehrenzeichens“ offiziell bestätigte, während der gleichen Zeit „aufopfernd als österreichischer Arzt im Ausland gewirkt“ zu haben, während ihn die USA des Rauschgiftschmuggels und der Spionage bezichtigten, ihm die amerikanische Staatsbürgerschaft aberkannten und ihn schließlich „wegen Gefährdung der nationalen Sicherheit und öffentlichen Ruhe“ nach Österreich abschoben.

Welche der beiden Regierungen war im Irrtum? Verdienter Arzt oder Rauschgiftschmuggler und Spion? Welches war der wahre Dr. Erben?

Ich mußte die einzelnen Teile dieses Puzzles auf ihre Echtheit prüfen, sortieren und zu einem erkennbaren Bild zusammensetzen.

Ich habe acht Jahre dazu gebraucht.

ERSTES BUCH

1933 – 1937

1

1933/34

Wie Erben als Hitler durch Wien ging und zum ersten Mal verhaftet wurde.

Hermann Erben und Errol Flynn hatten sich am 20. Juni 1933 in Marseilles voneinander verabschiedet und einander lebenslange Freundschaft geschworen. Dr. Erben war fünfunddreißig Jahre alt, Flynn hatte genau an diesem Tag seinen 24. Geburtstag.
Der Australier Flynn reiste nach London weiter. Er wollte sich dort als Schauspieler ausbilden lassen. Sein Vater, Professor Theodore Flynn, war mit seiner Frau und Errols Schwester kurz vorher nach Irland übersiedelt, woher die Flynns ursprünglich stammten, und unterrichtete an der Universität von Belfast Meeresbiologie. Sein Hobby war jedoch Rassenlehre, die Ausschaltung der minderwertigen zugunsten der höheren Rasse. Eine Theorie, die er auch auf die menschlichen Rassen anwandte. Auch in Australien kannte man den Antisemitismus.
Dr. Erben kehrte in seine Heimatstadt Wien zurück. Dort hatte er eine Familie. Seine Frau Klara und seine beiden Söhne Kurt und Santos, die nun elf und dreizehn Jahre alt waren. Aber er wollte keine Familie. Er wollte die ganze Familie wieder ungeschehen machen. Indem er sich von Klara scheiden ließ.
Ende August erhielt Dr. Erben Errols ersten Brief aus London. Flynn schrieb so, wie sie miteinander geredet hatten.

> „Erben, Du bist ein cocksucker erster Güte. Ich habe vergebens auf Deinen versprochenen Brief gewartet – auch auf die Fotos. Was ist los, alter Junge? Hat das übertriebene Wichsen Deine rechte Hand so verkrüppelt, daß Du mir nicht einmal eine Zeile schreiben kannst? Also keinen Unsinn mehr – setz Dich hin und

fang an. Ich warte auf diese Fotos. Ich habe die vergangene Woche hier herunten (an der englischen Küste) mit der Familie verbracht. In ein paar Tagen fahre ich nach London zurück (meine ständige Anschrift ist: Portland Hotel, Portland Road, Finsbury Park, London), und die Familie kehrt Ende des Monats nach Irland zurück.
Ich bin überzeugt, daß man nirgends auf der Welt so gut bumsen kann wie hier an der englischen Küste. Es ist einfach phänomenal! Mein armer, alter Penis hängt nur mehr an einem Faden! Es besteht Gefahr, daß er jeden Augenblick abfällt. Trotzdem das Risiko dafür groß ist, denke ich keinen Moment daran, das Bumsen aufzugeben. – Das Leben ist ohnehin zu kurz dafür. Habe ich recht?
Weißt Du, alter Junge, ich gäb jetzt viel dafür, wenn ich Deine häßliche Fresse sehen könnte. Alle Männer, die ich bis jetzt kennengelernt habe, sind entweder Tunten oder so verdammt scheinheilig, daß ich nicht einmal mit ihnen reden will. Mit den Weibern rede ich auch nicht. Aber die bums ich wenigstens. Die alte *Compiegne* scheint mir nicht mehr als eine ferne Erinnerung zu sein und unsere schweinigelnden, dreckigen, aber immer amüsanten und aufrichtigen Gespräche eine Sache der Vergangenheit. Wenn ich dran denke, wie Du mit Deinem Freßnapf aus Messing immer an Deck gekommen bist und gebrüllt hast ‚Aaah Shiiit!‘, dann werde ich ganz wehmütig und frage mich, ob sich unsere Wege je wieder kreuzen werden. Schreib, Du fettes Schwein.
Errol.“

Dr. Erben grinste und steckte den Brief in den Umschlag zurück. In seinem Tagebuchkalender trug er ein: Brief von Errol.
Er war zehn Monate von seiner Heimatstadt weggewesen, buchstäblich rund um die Erde gefahren, und er hatte sofort bei seiner Ankunft gemerkt, daß sich in dieser Zeit in Wien vieles verändert hatte. Zum Beispiel die Hakenkreuze und hingeschmierten Naziparolen an den Mauern – sie waren weiß übertüncht worden. Das war das erste, was ihm am Weg vom Bahnhof zu seiner Wohnung auffiel.

Was er nicht selbst bemerkte oder schon wußte, erzählten ihm gleich am ersten Abend seine Schwester Hilde und Mama: Vor wenigen Tagen habe die Regierung die Nationalsozialistische Partei und alle ihre Unterorganisationen verboten, Tausende Nationalsozialisten seien daraufhin über die Grenze nach Bayern geflohen und hätten sich dort der „Österreichischen Legion" angeschlossen. Nun seien sie alle Illegale. Er auch. Seine beiden Cousins, Dr. Heinz Friedmann, Nasen- und Ohrenspezialist, und sein Bruder Walter, ein Diplomingenieur, seien als prominente Nazis verhaftet worden. Sie saßen nun mit Hunderten anderen im Anhaltelager Wöllersdorf. Es ginge ihnen nicht schlecht, sie konnten Besuche empfangen, aber eingesperrt war eingesperrt. „Wer weiß, auf wie lange", jammerte Mama.
Den Rest erzählten dem Heimkehrer seine politischen Sinnesgenossen. Die „Nudelbrüder" fanden sich sofort wieder in seiner sturmfreien Bude ein: Dr. Ferry Probst, Dr. Alois Ecker, Dr. Weindl, Dr. Windisch, und wie sie alle hießen, deren selbsternannter „Führer" er seit den Studententagen war. Sein Anspruch auf die Führerrolle gründete sich zum Teil darauf, daß er als erster von ihnen, bereits 1922, der damaligen österreichischen Nazipartei DNSAP beigetreten war, die mit Hitlers NSDAP in Deutschland zwar fast namensgleich war, aber schon lange vor dieser existiert hatte.
Am wenigsten erzählte ihm Klara, die nie mitbekam, was politisch vor sich ging. Sie interessierte sich nicht dafür. Er war sicher, und Mama und Hilde bestärkten ihn darin, daß Kurt und Santos, vor allem Santos, ihre geistige Zurückgebliebenheit von der Mutter hatten.
Im September reichte Dr. Erben die Scheidung beim Wiener Landesgericht ein. Später behauptete er stets, Klara hätte sich von ihm und nicht er von ihr scheiden lassen, weil sie die ständigen Nachstellungen und Verhöre durch Agenten der amerikanischen Geheimdienste wegen angeblicher Rauschgiftdelikte ihres Gatten nicht mehr ertragen konnte. „Das FBI hat mir mein Eheglück zerstört und mir meine Söhne entfremdet", pflegte er zu klagen.
Als Scheidungsgrund gab Dr. Erben Inkompatibilität der Ehepartner an, die so gravierend sei, daß sie zum Erlöschen des ehelichen Verkehrs geführt habe. Die erste Verhandlung fand am 18. Oktober

statt. Sie brachte nicht das von Dr. Erben erhoffte Resultat.
Nachdem der Richter die Klage angehört hatte, die Dr. Erben vortrug, fragte er Klara, wann sie zum letzten Mal ehelichen Verkehr mit ihrem Mann gehabt habe. Sie antwortete wahrheitsgetreu: „Heute früh, Herr Richter."
Der Richter befand daraufhin, daß die Inkompatibilität des Ehepaares Erben doch nicht so gravierend sein konnte und lehnte die Scheidung ab. Der abgewiesene Gatte legte sofort Berufung ein.
Beim Berufungstermin, einen Monat später und vor einem anderen Richter, behauptete Dr. Erben, seine Frau sei pathologisch eifersüchtig. Er befände sich in einem Notzustand. Da es ihm wegen seines exzessiven Sexualtriebs physiologisch und psychologisch unmöglich sei, ihr die eheliche Treue zu halten, gäbe es in der Ehe nichts als endlose Streitigkeiten und Vorwürfe, die seine Schwester bezeugen könne. Hilde, als Zeugin vereidigt, sagte aus, sie hätte gesehen wie ihr Bruder seine Frau im Affekt geschlagen habe. Klara war eingeschärft worden, den Mund zu halten und nur zu allem Ja zu sagen, was Hermann dem Richter erzählte. Das tat sie auch – obwohl sie alles andere als eifersüchtig war und nie protestiert hatte, wenn ihr Mann und seine Freunde ihre Gefährtinnen nächtelang in der Wohnung unterhielten. Auch wenn sie anwesend war.
Der Richter hatte Verständnis für den Notzustand, in dem Dr. Erben sich befand. Er schied die Ehe. Kurt und Santos, die in einem Städtischen Jugendheim untergebracht waren, seit die Polizei sie bettelnd auf der Straße aufgegriffen hatte, wurden der Fürsorge der Mutter anvertraut. Dem Vater wurden keinerlei finanzielle Verpflichtungen auferlegt. Klara, die ohne Anwalt vor Gericht erschienen war, war zu eingeschüchtert und unerfahren, um für sich und ihre halbwüchsigen Söhne Unterhalt zu beantragen.
Klara blieb auch nach der Scheidung in der gemeinsamen Wohnung. Sie kochte und wirtschaftete weiterhin für den Mann, von dem sie nun gerichtlich geschieden war. Und sie schlief mit ihm, wann immer er es verlangte. Dr. Erben allerdings hatte es nun schwarz auf weiß, daß er wieder ungebunden war und nicht länger für seine Familie zu sorgen brauchte.

In dieser Zeit begann Dr. med. Hermann F. Erben zum ersten Mal in Wien öffentlich zu praktizieren. Er richtete in seiner Dachbodenwohnung eine notdürftige Ordination ein, meldete sie bei der Ärztekammer an und erhielt auch die Zulassung als Krankenkassenarzt.
Das Eckzimmer am Ende des langen Korridors rechts wurde die Ordination. Fließwasser gab es allerdings nur in der anschließenden Küche, wo sich auch die einzige Toilette der Wohnung befand. Der Flur war zu eng, um Sitzgelegenheiten aufstellen zu können, und die Patienten mußten stehend warten, bis sie an der Reihe waren. Sie warteten oft stundenlang, denn die Praxis erfreute sich trotz ihrer Primitivität regen Zulaufs.
Es wurde rasch bekannt, daß der neue Arzt Krankenkassenpatienten nicht wie andere Ärzte mit einer einzigen Behandlung abfertigte, sondern sie mehrmals wiederbestellte. Er machte auch Hausbesuche, sogar weitaus öfter, als notwendig gewesen wäre. Das machte ihn zwar bei den Patienten populär, bei der Krankenkasse jedoch eher unbeliebt. Bald sprach sich aber auch herum, daß Dr. Erben ohne lange Fragen Schwangerschaftsunterbrechungen durchführte. Er wurde deswegen zwar mehrmals angezeigt – einmal von einem wütenden Vater wegen der Abtreibung an seiner minderjährigen Tochter –, aber es kam nie zu einem Gerichtsverfahren. Dr. Erbens Freunde in der Ärztekammer und bei der Polizei ließen Anzeigen, die sich gegen politische Gesinnungsgenossen richteten, einfach verschwinden.
Sobald die letzten Patienten abgefertigt waren, oft erst spät am Abend, verwandelte sich das Ordinationszimmer in ein Parteilokal. Es verging kaum ein Tag, an dem sich Dr. Erbens politische Herrenrunde nicht in seiner Wohnung getroffen hätte. Die Mitglieder des „Bunds der Nudelbrüder“ interessierten sich nun mehr für Politik als für Hurerei – obwohl auch die weiter am Programm blieb.
Die Clique der Ärzte, Juristen und Magistratsbeamten wartete auf den „Umbruch“, und jeder trug in seinem Bereich durch Propaganda, Meinungsbeeinflussung und Anwerbung neuer Mitglieder sein Scherflein dazu bei.
Der Jurist Dr. Ferry Probst, Leiter des Wiener Wohnungsamts, hielt

den Kreis über die Vorgänge im illegalen Untergrund in Österreich und über die Pläne, die in Deutschland geschmiedet wurden, auf dem laufenden. Er war stolz auf seinen direkten Draht zu Theo Habicht, Hitlers Generalinspekteur für Österreich, der seit seiner Ausweisung, Ende Mai 1934, nun von München aus die Aktivitäten der österreichischen Nationalsozialisten dirigierte.
Ferry brachte regelmäßig das *Interne Nachrichtenblatt der Partei* und den illegalen *Österreichischen Beobachter* zu den Treffen mit. Wichtige Meldungen aus München hatte er manchmal in den Schuhen versteckt, oder er berichtete nur mündlich. So wußten die politisierenden „Nudelbrüder" oft lange vor anderen, was die Zentrale in München für Österreich plante.
So war ihnen bekannt, daß die „Österreichische Legion", 10.000 Mann stark, praktisch Gewehr bei Fuß, an der bayrisch-österreichischen Grenze stand und nur auf den Befehl des Führers zum Einmarsch in Österreich wartete. Sobald es in Österreich zur „spontanen Volkserhebung" käme, die das Ziel aller Agitation war, würden die nach Deutschland geflüchteten Nationalsozialisten, die dort militärisch ausgebildet worden waren, über die Grenze zurückkommen und ihren Kameraden in der Heimat zu Hilfe eilen.
Ende Juli schien es so weit zu sein.
Ferry informierte seine Kampfgenossen über ein Treffen Habichts mit österreichischen Parteispitzen. Dabei sei für den 24. Juli ein Putsch gegen die Regierung beschlossen worden. Geplant sei, den ganzen Ministerrat bei der für diesen Tag angesetzten Ministerratssitzung zu verhaften, die Dollfuß-Regierung zu stürzen und eine neue Regierung unter massiver nationalsozialistischer Beteiligung auszurufen. Der Führer hätte seine Zustimmung bereits gegeben.
Der Zeitpunkt des Putsches verzögerte sich jedoch in letzter Minute um einen Tag, da der Ministerrat vom 24. auf den 25. Juli verschoben worden war.
Am Vormittag des 25. Juli ging Dr. Erben in die Innere Stadt. Zwei geladene Kleinbildkameras baumelten an ihren Tragriemen an seiner Seite, die Außentaschen seines Rockes waren vollgestopft mit selbstgeschnittenen Filmrollen. Er war auf einen Großeinsatz vorbereitet.

Seinen Messingschlagring, den er in Schanghai erworben hatte, trug er wie immer griffbereit in der rechten Hosentasche.
Der passionierte Fotograf, der nichts versäumen wollte, postierte sich auf einer Bank im Volksgarten, von der aus er den Ballhausplatz und den vorspringenden Trakt des Bundeskanzleramts gut im Auge hatte, ohne selbst aufzufallen.
Bis Mittag ereignete sich nichts Ungewöhnliches. Wenige Minuten vor eins sah Dr. Erben dann von seinem Beobachterposten aus, wie eine LKW-Kolonne vom Burgtheater entlang des Volksgartens auf den Ballhausplatz zurollte.
Dr. Erben mischte sich sofort unter die Passanten auf dem Platz und ging, gedeckt durch den Rücken eines Schaulustigen, mit seinen Kameras in Position. Ein Personenauto und die ersten vier Lastwagen der Kolonne, die mit Männern in Bundesheeruniformen besetzt waren, fuhren unbehindert durch das große Tor. Die Wachposten salutierten stramm, als sie die Rangabzeichen der Offiziere sahen. Die meisten von ihnen trugen Deutschmeisterdistinktionen.
Im Gegensatz zu den Posten entging es Dr. Erben nicht, daß die Lastwagen in Wahrheit Lieferautos waren. Er wußte, daß die Uniformen entwendet und die angeblichen Militärs in Wirklichkeit die Putschisten waren. Er fotografierte ununterbrochen. Als er hinter dem letzten LKW in den Innenhof nachdrängen wollte, wurde er trotz seines Protestes von einem Wachposten aufgehalten und zurückgeschickt. Dann kamen vier weitere Gemüselastwagen. Die aufgesessenen Mannschaften und Offiziere sprangen ab und rannten durch das noch immer geöffnete Tor. Nach Dr. Erbens Schätzung müssen es rund hundertfünfzig Mann gewesen sein, die auf diese Weise ins Bundeskanzleramt eingedrungen waren. Erst als der letzte Mann im Innenhof war, wurde das Tor geschlossen.
Die beiden massiven Flügel des Tors des Bundeskanzleramts waren das letzte, das Dr. Erben vom Putsch des 25. Juli 1934 sah. Und fotografierte.
Was sich während der nächsten sechs Stunden dahinter abspielte, die Schüsse auf Bundeskanzler Dollfuß, die nachfolgende Verwirrung, das Doppelspiel Minister Feys, die Ausschaltung des Wachpersonals

durch die bewaffneten Putschisten, die Verhandlungen mit diesen, der Tod des Kanzlers, der die ganze Zeit über bei Bewußtsein gewesen war und Dr. Schuschnigg zu seinem Nachfolger bestimmt hatte, bevor er Stunden nach dem Attentat seinen Verwundungen erlag, die Zusicherung des freien Geleits an die Putschisten, der Bruch dieses Versprechens und schließlich, in den Abendstunden, die Verhaftung der entwaffneten Putschisten durch die Exekutive – dies alles erfuhr Dr. Erben zum Teil aus dem Radio, als er wieder zu Hause war, in vielen Details erst von Ferry Probst, der, zutiefst enttäuscht darüber, daß Hitlers Einmarschbefehl für die „Österreichische Legion“ nicht gekommen war, den „Nudelbrüdern“ noch in der gleichen Nacht über das Scheitern des Putsches in Wien berichtete. Ihre Hoffnung richtete sich nun auf die Bundesländer.
Innerhalb von zwei Tagen brach der Putsch, der sich nur auf die Steiermark und Kärnten und in geringerem Maß auf Salzburg und Oberösterreich ausgedehnt hatte, allerdings überall zusammen.
Knapp vier Monate nach dieser Niederlage der Nationalsozialisten probierte Dr. Erben seinen eigenen Aufstand gegen die österreichische Staatsgewalt.
Am 19. November ging Adolf Hitler durch die Wiener Innenstadt – jedenfalls ein Mann, den man für den Führer des Deutschen Reiches hätte halten können.
Dieser Mann, mit braunen Schaftstiefeln und einer SA-Uniform-ähnlichen Adjustierung – Braunhemd, Gürtel, Koppel, Schulterriemen und Reichsadler mit Hakenkreuz an der Brust – hatte das gleiche lächerliche Schnurrbärtchen auf der Oberlippe, das man von Hitlerbildern her kannte, die gleichen in die Stirn geklebten dunklen Haare und den gleichen starren, durchdringenden Blick.
Er kam vom Schottentor, wo ihm ein Begleiter den Mantel abgenommen hatte, unter dem er bis dahin seine sonderbare Ausstattung verborgen hatte. Er marschierte nun allein im strammen Schritt durch die Schottengasse, über die Freyung, in Richtung Graben.
Es war ein grauer, regnerischer Vormittag. Die eiligen Passanten unter ihren Regenschirmen beachteten den Mann kaum. Die wenigen, die ihn in seiner verbotenen Naziuniform bemerkten, senkten

rasch wieder den Blick und hasteten erschrocken weiter, als hätten sie eine Erscheinung gesehen.
Ab und zu hob der Uniformierte stumm den rechten Arm zum Deutschen Gruß. Abgewinkelt wie der Führer. Niemand grüßte zurück. Der Mann konnte ein Provokateur der Regierung sein, die auf diese Weise Nazisympathisanten auszuforschen versuchte. So dachte gewiß mancher, der sonst, seiner Gesinnung nach, den Hitlergruß wohl erwidert hätte.
An der Ecke Kohlmarkt überquerte der Mann den Graben. Niemand stellte sich ihm in den Weg. Der Verkehrspolizist in der Mitte der Kreuzung ließ ihn passieren. Er marschierte nun mit steifen Schritten, immer wieder seinen Arm zum Deutschen Gruß hochreißend, auf der rechten Straßenseite in Richtung Stephansplatz. So weit kam er jedoch nicht.
An der Ecke Spiegelgasse packte Polizeiinspektor Roisl von hinten den rechten Arm des verdächtig aussehenden Mannes, dem er schon ein paar Quergassen weit auf Distanz gefolgt war, und drehte ihm den Arm auf den Rücken. Eben als dieser seine Hand wieder einmal zum Deutschen Gruß erheben wollte.
„Sie sind verhaftet. Leisten Sie keinen Widerstand."
Der Verhaftete leistete keinen Widerstand. Er wandte den Kopf, blickte in Inspektor Roisls rotangelaufenes Gesicht, über das die Regentropfen wie Schweißperlen rollten, und grinste. Er ließ sich willig abführen und schien sogar erfreut über das Aufsehen, das er und der Polizist verursachten, als sie, der eine in grüner, der andere in brauner Uniform, nebeneinander im Regen über den Graben zurückgingen.
Inspektor Roisl brachte den Verhafteten auf die Polizeiwachstube am Petersplatz. Dort wies dieser sich als der siebenunddreißigjährige Dr. Hermann Friedrich Erben aus, praktischer Arzt und Chirurg. Amerikanischer Staatsbürger. Ordnungsgemäß in Wien gemeldet. Ständiger Wohnsitz: San Francisco.
Die Polizisten wußten nicht, was sie von diesem Mann und seinem Aufzug halten sollten.
„Was ist Ihnen denn da eingefallen, Herr Doktor?" fragte Inspektor

Roisl schließlich, nachdem er das Protokoll abgeschlossen und seine Unterschrift daruntergesetzt hatte.
Dr. Erben konnte es ihm nicht sagen. Er wußte es selbst nicht. Er wußte nur, daß ihm das Nichtstun nach dem mißglückten Putsch zu lange gedauert hatte und daß er sich unbehaglich fühlte, als die „Nudelbrüder“ aus Angst vor Verhaftung nicht mehr in seine Wohnung kamen. Er fühlte sich ignoriert, und das ertrug er nicht. Er wollte sich bemerkbar machen. Vor allem in Deutschland. Beim Führer. Das konnte er den Polizisten natürlich nicht verraten, deshalb sagte er schließlich:
„I wanted action!“
„Was sagt er? Soll Deutsch reden. Kann eh Deutsch.“
„Tun hat er was wollen“, übersetzte ein jüngerer Polizist.
„Tun woll'n ma alle was. Manchmal. Aber das! Sich herrichten wie der Hitler und am hellichten Tag so herumrennen. Das geht doch net!“
Inspektor Roisl schob Erben das Tintenkissen hin und forderte ihn auf, seine Fingerabdrücke auf das Protokoll zu drücken.
„Nein!“ Dr. Erbens bis jetzt friedfertiges Benehmen schlug um, als er das Wort Fingerabdrücke hörte. „Fingerabdrücke kommen nicht in Frage! Ich bin amerikanischer Staatsbürger, und die österreichische Polizei hat kein Recht, einem amerikanischen Staatsbürger Fingerabdrücke abzunehmen!“
Er verlangte lautstark, den amerikanischen Konsul von seiner Verhaftung zu informieren. Als keiner der Polizisten dazu Anstalten machte, begann er zu randalieren. Er verlangte, selbst mit „seinem“ Konsul telefonieren zu dürfen. Als ihm auch das nicht gestattet wurde, schrie er, daß jeder von ihnen es einmal bereuen würde, wenn sie ihn weiter so behandelten. Schließlich sei er nicht irgendwer, sondern der Beauftragte des Deutschen Reiches in den USA. Er stünde daher unter deutschem Schutz.
Als er sich auch durch begütigendes Zureden nicht beruhigen ließ, blieb den Polizisten nichts anderes übrig, als dem Wütenden Handschellen anzulegen.
Dr. Erben wurde vom Polizeirevier am Petersplatz ins Polizeipräsi-

dium an der Rossauerlände überstellt. Das war ihm nur recht. Er wollte ein größeres Publikum, nicht nur das kleine Häuflein Polizisten, von denen, wie er rasch gemerkt hatte, einige ohnehin mit ihm sympathisierten. Wahrscheinlich waren sie selbst Nationalsozialisten. Im Polizeipräsidium wurde er in die Zelle Nr. 2 im zweiten Stockwerk gesperrt. Als ihm um die Mittagszeit in einem Blechnapf sein Essen gebracht wurde, weigerte er sich, es anzurühren. Zuerst wollte er mit dem amerikanischen Konsul telefonieren.
„Herr Doktor, Sie san in Untersuchungshaft, und in Untersuchungshaft gibts kein Telefonieren."
Aber der Polizist, der ihm das Essen gebracht hatte, informierte ihn wenigstens, daß die Polizei schon in seiner Wohnung angerufen habe.
„Es hat sich eine Frau Schnirch gemeldet."
„Das ist meine Schwester. Hilde."
„Na, sehen Sie, Herr Doktor. Dann ist ja alles in Ordnung. Dann weiß Ihre Schwester, daß Sie gut aufgehoben sind. Und daß Ihnen nichts passiert ist."
Erben rührte das Essen trotzdem nicht an. Später urinierte er in einem Wutanfall darauf. Um sechs Uhr abends wurde er Polizeikommissar Dr. Mayer vorgeführt.
Der Polizeikommissar sah den Mann, der in diesem lächerlichen Aufzug in steifer Habtachtstellung vor seinem Schreibtisch stand, lange prüfend an. – Was konnte man ihm vorwerfen?
Er hatte sich nicht als Hitler ausgegeben, sondern sich nur so hergerichtet. Also nicht versucht, ein fremdes Staatsoberhaupt vorzutäuschen. Dr. Mayer erkannte sofort, daß auch Erbens Uniformstücke nicht echt waren. Die angebliche SA-Krawatte über dem braunen Hemd, die einfarbig schwarz hätte sein müssen, war fein gemustert. Der NS-Adler an der Brust war ebenfalls nicht echt. Das Hakenkreuz? Na, ja. Viel war das nicht. Die Frisur, der Schnurrbart? Die konnte man niemandem verbieten. Der Mann hatte offensichtlich auch keinerlei Nutzen aus seiner Verkleidung gezogen, und bei seiner Verhaftung hatte er sich gleich als der legitimiert, der er war.
Das einzige eventuelle Belastungsstück, das die Polizisten bei der Leibesvisitation gefunden hatten, war ein Paßfoto in der Brieftasche

gewesen. Es lag nun vor Dr. Mayer auf dem Schreibtisch.
„Ist das der Führer?"
„Nein, Herr Kommissar, das bin ich." Dr. Erben war ganz der stolze Fotograf. „Mit einem Selbstauslöser aufgenommen. Mit einer Contax. Mit Blitzlicht. Was ich auf dem Bild anhab, ist das gleiche, was ich jetzt anhab."
Dr. Mayer sah ein, daß diese erste Einvernahme zu nichts führte. Er hatte nichts in der Hand. Was er dem Mann bis jetzt vorwerfen konnte, waren Lappalien, sogar unter dem noch immer geltenden Standrecht. Und schlimmer noch: Er kannte sich nicht aus bei dem Mann. Was bezweckte er mit dem Ganzen? Der Polizeikommissar beendete das Verhör und ließ ihn abführen. Dann griff er zum Telefon und ordnete eine Hausdurchsuchung in der Wohnung an.
Einige Stunden später: lautes Klopfen an der Türe im fünften Stock.
„Aufmachen! Polizei!"
Wohnungstüren öffneten sich. – Beim Dr. Erben ist die Polizei!
Hilde Schnirch, die beschlossen hatte, die Nacht in der Wohnung ihres Bruders zu verbringen, nahm die Vorlegekette ab und sperrte auf. Die beiden Polizisten, die vor der Türe standen, drängten an ihr vorbei in die Wohnung. Sie durchsuchten die Räume systematisch. Hilde wich keinen Schritt von ihrer Seite. Klara war bereits schlafen gegangen und zog sich die Decke über den Kopf, als sie durch den Lärm geweckt wurde.
Die Polizisten ließen sich jeden Schrank, jeden Kasten und jede Truhe aufsperren. Wenn Frau Schnirch einmal nicht schnell genug war oder für ein bestimmtes Möbelstück nicht sofort den passenden Schlüssel fand, brachen sie das Schloß auf. Den Inhalt von Laden leerten sie jedes Mal auf den Boden, bevor sie ihn durchstöberten.
Sie fanden sechs Revolver verschiedener Kaliber und dazugehörige Munition, einen Schlagring, zwei österreichische Reisepässe und einen amerikanischen Paß mit der Nummer 9486. Die drei Personaldokumente waren alle auf Dr. Erben ausgestellt, der amerikanische Paß auf „Herman F." statt auf „Hermann F.". Ansonsten stimmten die Daten überein.
In einer Truhe im linken Eckzimmer am Ende des Ganges, zu der

Hilde den Schlüssel lange nicht fand und erst herausrückte, als sie drohten, den Truhendeckel aufzubrechen, entdeckten die Polizisten Dutzende blecherne Zigarrenbehälter. In jeder Büchse lagen Hunderte Kuverts und darin in Sechserstreifen geschnittene Kleinbildnegative. Die beiden Beamten machten sich mit Eifer an die Durchsicht der Fotos. In mehreren Kuverts fanden sie Aufnahmen von Sexualakten, oft zwischen mehreren Personen, nicht nur Paaren. Sie beschlagnahmten die Fotos als pornografisches Material.

Hilde stand ungerührt daneben. Sie war nicht verlegen wegen dieses Funds. Sie hoffte nur, daß Hermann die Fotos wieder zurückbekam. Für ihn waren sie unersetzlich. Sie kannte sie. Ihr Bruder hatte keine Geheimnisse vor ihr. Auf einigen war Klara drauf. Sie nicht.

Außerdem fanden die Polizisten eine Quantität eines weißen Pulvers in einer braunen Medizinalflasche, die nicht bei den anderen Flaschen in der Ordination stand, sondern in einem Schrank unter dem Mantel eines Marineoffiziers versteckt war.

Es war weit nach Mitternacht, als die beiden Polizisten die Wohnung verließen. Sie bot ein Bild der Verwüstung. Hilde machte sich sofort voller Wut ans Aufräumen. Klara half ihr dabei und weinte leise vor sich hin. Als der Morgen graute und es höchste Zeit für Hildes tägliche Runde war, bei der sie für einen benachbarten Laden auf einem kleinen Wägelchen Molkereiprodukte und Gebäck ins Haus zustellte, war beinahe alles wieder in Ordnung. Und für die aufgebrochenen Schlösser hoffte Hilde einen Schlosser zu finden, der sie reparierte, bevor Hermann nach Hause kam.

Dr. Erben wurde erst am darauffolgenden Tag wieder zum Verhör geführt. Noch immer in seiner Verkleidung.

Die Fundstücke der Hausdurchsuchung lagen aufgereiht auf dem Schreibtisch des Polizeikommissars. Dr. Mayer hob jedes Stück einzeln hoch und bat Dr. Erben, es zu identifizieren. Der nannte ohne Schwierigkeit Marke und Kaliber jedes der sechs Revolver, erklärte jedoch sofort, daß er für jeden einen Waffenpaß besäße.

„Sind alle legal, Herr Kommissar."

„Und die drei Reisepässe sind auch legal? Sie wissen, daß es nicht erlaubt ist, mehr als einen Reisepaß zu besitzen."

Dr. Erben hatte auch dafür eine Antwort parat:
„Der erste österreichische Paß ist längst abgelaufen. Den hab ich mir aus sentimentalen Gründen zurückbehalten. Weil mein amerikanisches Einwanderungsvisum drin ist. Den zweiten Paß benutzen meine beiden Söhne, wenn sie mit mir reisen, weil sie österreichische Staatsbürger sind und nicht in den amerikanischen Paß ihres Papa eingeschrieben werden können. Und das ist mein regulärer amerikanischer Reisepaß."
Dr. Erben verschwieg allerdings, daß er vor drei Monaten am amerikanischen Generalkonsulat gemeldet hatte, sein Paß Nr. 9486, der selbe, der jetzt vor dem Polizeikommissar lag, sei ihm bei einer Radpartie abhanden gekommen, und daß er die Ausstellung eines neuen Passes beantragt hatte.
„Und das? Was ist das?"
Dr. Mayer hielt die braune Medizinalflasche mit dem weißen Pulver hoch.
„Das ist Morphium."
„Morphium."
Der Polizeikommissar hatte den Bericht des amerikanischen Generalkonsulats genau studiert, der ihm auf seine Bitte um nähere Auskünfte über den amerikanischen Staatsbürger Erben zugestellt worden war. Und den er inzwischen ans Bundeskanzleramt weitergereicht hatte. In dem Bericht der amerikanischen Behörde hatte es unter anderem geheißen:

> „Dr. Erben, drei Jahre lang als Schiffsarzt bei der Dollar Line Steamship Co., wurde kürzlich von der *S.S. President Garfield* unter dem angeblichen Verdacht entlassen, sich mit illegalem Rauschgifthandel befaßt zu haben."

„So. Morphium ist das. Ja wissen Sie denn nicht, daß der Besitz von Morphium verboten ist?"
Dr. Erben grinste.
„Kommt darauf an, Herr Kommissar. Kommt darauf an, wer das Morphium besitzt. Ein Süchtiger, ein Händler oder ein Arzt. Ich bin

kein Süchtiger, und ich bin kein Händler. Ich bin Arzt. Jeder zugelassene Arzt darf eine gewisse Menge Morphium und andere Narcotica in seiner Apotheke aufbewahren. Die Quantität, die Ihre Leute in meiner Ordination gefunden haben, geht über die zulässige Menge nicht hinaus."

Dr. Erben hatte richtig kalkuliert. Sein Gegenüber wußte nicht, welche Menge Morphium ein praktizierender Arzt besitzen darf. Er wußte auch nicht, daß die Kriminalbeamten die Flasche nicht in der Apotheke der Ordination, sondern versteckt in einem Schrank gefunden hatten. Sie hatten ihm diesen Umstand nicht gemeldet. Alles, was Dr. Mayer in diesem Augenblick wußte und empfand, war, daß dieser Mann und seine prompten Antworten, denen man nichts entgegensetzen konnte, ihn erschöpften.

Da stand er in dieser lächerlichen Hitlermaskerade vor ihm. Da lag ein ganzes Waffenarsenal, Revolver, ein Schlagring, eine Quantität Rauschgift, ein Pack pornografischer Aufnahmen, die er überhaupt noch nicht ins Gespräch gebracht hatte, weil er von vornherein wußte, daß es vergeblich war – und trotzdem konnte er ihm keine strafbare Handlung nachweisen.

Dr. Mayer winkte dem wartenden Polizisten, den Häftling in seine Zelle zurückführen. Dr. Erben ließ seine Stiefelabsätze knallen, machte militärisch kehrt und marschierte aus dem Büro.

Am Abend des selben Tages ließ sich Dr. Mayer den Untersuchungshäftling aus Zelle 2 noch einmal vorführen. Er teilte ihm mit, daß er am nächsten Tag entlassen würde.

„Ohne Anklage?"

„Ohne Anklage."

„Aber ich muß doch angeklagt werden. Wegen meines politischen Vergehens. Sie können mich doch nicht verhaften, drei Tage lang einsperren und mich dann einfach laufen lassen. Als hätte ich nichts verbrochen!"

Dr. Erbens Gesicht hatte sich bis hinter die Ohren rot verfärbt. Seine wässerig blauen Augen funkelten drohend durch die dicke Brille.

„Sie haben nichts verbrochen."

„Ich bestehe darauf, daß ich angeklagt werde."

„Weswegen? Weil Sie in dieser lächerlichen Maskerade in der Stadt herumgerannt sind? Wie ein Faschingsnarr?“
„Ich bin kein Narr! Ich verbiete mir das!“
„Sie können sich das verbieten, so viel Sie wollen. Für mich sind Sie ein Narr!“
Je mehr sich die Erregung des Häftlings steigerte, desto kälter wurde der Kommissar. Jetzt wußte er, wo der wunde Punkt war. Opferwahn. Der Mann sah sich als politischer Märtyrer. Dr. Mayer steckte sich eine Zigarre an und blies Dr. Erben den Qualm entgegen. Genüßlich dehnte er seine weiteren Sätze:
„Sie können sagen, was Sie wollen. Aber für mich sind Sie ein Narr, Herr Dr. med. Hermann Friedrich Erben. Und im Grunde ein ganz harmloser noch dazu. Trotz Ihrer sechs Revolver. Die sind für mich nicht mehr als Spielzeug. Kinderspielzeug. Für Kinder mit politischem Größenwahn.“
Dr. Erben bäumte sich bei jedem Satz auf. Wie unter einem Peitschenhieb. Aber irgendwie schien er die Demütigungen zu genießen. Er blieb stumm. Zum ersten Mal widersprach er nicht.
Der Kommissar wußte, daß er die Oberhand gewonnen hatte und genau das tat, was sein Gegenüber von ihm erwartete. Er sprach betont langsam. Wie zu einem Kind, das schwer von Begriff war.
„Ich werde in Ihrer Wohnung anrufen lassen, daß Ihnen jemand was Vernünftiges zum Anziehen bringt. Denn in diesem Kostüm können wir Sie nicht wieder auf die Straße lassen, Herr Doktor. Das sehen Sie doch ein.“
Er winkte dem Posten. Abführen. Aber bevor der ihn noch am Arm fassen konnte, schlug Dr. Erben die Hacken zusammen, riß den Arm hoch und schrie, so laut er konnte:
„Heil Hitler!“
Der Polizeikommissar ging auf diese Provokation nicht ein, wie es eigentlich seine Pflicht gewesen wäre. Er ließ sich nicht manipulieren. Er drückte seine Zigarre aus und sagte mit einem Blick auf die vor ihm liegenden Sachen:
„Das Zeug bekommen Sie morgen bei Ihrer Entlassung ausgefolgt. Außer die Schußwaffen. Die bekommen Sie erst zurück, wenn Sie die

entsprechenden Waffenpässe vorlegen. Und jetzt adieu, Herr Doktor. Und keinen solchen Blödsinn mehr. Der bringt nichts. Vor allem nicht das, was Sie sich erwarten. Damit gehen Sie nicht in die Geschichte ein."

Dr. Erben stürmte mit laut hallenden Schritten durch den Korridor. Vor seiner Zelle wartete er auf den hinterherhastenden Polizisten. Sobald sich die Türe hinter ihm geschlossen hatte, entledigte er sich aller Kleidungsstücke und kroch wie ein geprügelter Hund nackt unter die grobe Decke auf seiner Pritsche.

Er schlief nicht in dieser Nacht. Er versuchte, sich durch Onanieren zu beruhigen. Aber er schloß kein Auge.

Am Morgen brachte ihm die Wache die Kleidungsstücke, die seine Schwester beim Torposten für ihn abgegeben hatte. Hilde wartete auf ihn. Sie hatte den langen Weg vom 3. Bezirk zur Rossauerlände zu Fuß zurückgelegt. Da sie wußte, daß ihr Bruder keine Straßenbahn benützte, hatte sie mit jeder Hand ein Fahrrad geschoben, ihres und das ihres Bruders.

Ohne ein Wort über die Ereignisse der letzten drei Tage zu wechseln, fuhren die beiden Geschwister nach Hause. Hermann, immer ein Stück vor Hilde, trat wütend in die Pedale. Hilde hatte Mühe, sein Tempo mitzuhalten, einige Male wurde sie durch den Verkehr von ihrem Bruder abgeschnitten.

Wenige Stunden später radelte Dr. Erben wieder zurück. Er legte dem Beamten im Polizeipräsidium fünf Waffenscheine für fünf der sechs beschlagnahmten Schußwaffen vor. Nur für seine Armeepistole, die er aus dem Krieg heimgebracht hatte, besaß er keinen Waffenpaß.

Die fünf angemeldeten Schußwaffen und die dazugehörige Munition wurden ihm ohne Schwierigkeiten ausgehändigt. Seine Armeepistole wurde trotz seines Protests zurückbehalten.

Eine Woche später erhielt Dr. Erben vom zuständigen Bezirksgericht eine Vorladung für den 8. Dezember. Zu einer Verhandlung wegen unerlaubten Waffenbesitzes.

Die Verhandlung, zu der Dr. Erben ohne Anwalt, aber mit einer Schar seiner Freunde erschien, war eine reine Routineangelegenheit

und rasch erledigt. Der Bezirksrichter hielt es für kein schwerwiegendes Delikt, wenn ein ehemaliger Frontkämpfer, der seine Pflicht fürs Vaterland erfüllt hatte, seine Armeepistole als Andenken aufbewahrte. Er verurteilte Dr. Hermann Friedrich Erben wegen Nichtanmeldung dieser Waffe zu einer Geldbuße von fünf Schilling. Oder im Nichteinbringungsfall zu zwölf Stunden Haft.
„Danke, Herr Richter."
Dr. Erben klappte militärisch die Hacken zusammen.
„Ihre Pistole erhalten Sie ausgefolgt, sobald Sie dem Gericht den Nachweis der Anmeldung erbringen", sagte der Richter freundlich. „Die fünf Schilling zahlen Sie an der Gerichtskasse."
„Ich zahle nicht."
Der Richter, ein weißhaariger Mann in schwarzer Robe, blickte nicht ohne Mitgefühl auf den ehemaligen Offizier, der in einem schlechtsitzenden, abgewetzten Zivilanzug vor ihm stand.
„Wenn Sie die fünf Schilling im Augenblick..."
Dr. Erben schnitt ihm das Wort ab und brüllte den alten Herrn wie einen Rekruten auf dem Exerzierplatz an:
„Ich habe gesagt: Ich zahle nicht! Ich lasse mich lieber einsperren!"
„Wie Sie wollen."
Der Richter schob seine Papiere zusammen und wandte sich zum Gehen. Aber Dr. Erben war noch nicht fertig. Er sprach für sein Publikum.
„Wenn das der Dank dafür ist, daß wir unsere Schädel hingehalten haben, daß wir jetzt zu Verbrechern gestempelt werden, dann will ich auch wie ein Verbrecher behandelt werden. Dann will ich, daß Sie mich auch wie einen Verbrecher einsperren!"
Die „Nudelbrüder" und alle anderen applaudierten. Der Richter verließ rasch den Gerichtssaal. Er hätte sonst den Saal räumen lassen müssen und dem Verurteilten eine zusätzliche Strafe aufbrummen. Das wollte er sich ersparen. Wozu? Er erlebte das fast jeden Tag. Revolte gegen die Obrigkeit, die Folgen des Krieges, Verwirrung in den Köpfen der jungen Leute.
Der Gerichtsdiener trat zu Dr. Erben, der sich nicht von der Stelle gerührt hatte.

„Das Urteil wird Ihnen schriftlich zugestellt. Sie können die Strafe antreten, wann Sie wollen. Wann Sie gerade Zeit haben, Herr Doktor. Es pressiert nicht."
Dr. Erben stand noch immer vor dem erhöhten Richtertisch mit dem Kruzifix. Starr und unbeweglich, als wären die Sohlen seiner Schnürschuhe an den Boden geschraubt. Die Erinnerung stieg vor seinem inneren Auge auf, wie ein Fotonegativ im Entwicklerbad, gewann Konturen, wurde schärfer. Der Große Saal im Landesgericht, die Besuchergalerie. Er. Jeden Tag auf dem selben Platz, mit freiem Blick auf die Angeklagten. Bis zu dem Tag, an dem der Oberste Richter die Urteile verkündete:
„...zum Tode durch den Strang."
Dr. Erben lief ein Schauer über den Rücken, wie damals vor ein paar Monaten. Sein Penis wurde steif. Die Erinnerung erregte ihn auf das äußerste.
Die Freunde, Mama und Hilde umringten ihn, schüttelten ihm die Hände, gratulierten ihm. Klara weinte, weil er zwölf Stunden in den Arrest mußte.
Plötzlich wollte er allein sein. Oder Errol sollte hier sein. Errol hätte das Richtige gesagt, auch wenn es nichts anderes gewesen wäre als „Erben, you old cocksucker, you did it again!". Es hätte gepaßt. Wenigstens einer hätte ihn verstanden. Er vermißte Errol.
Die zwölf Stunden Arrest saß Dr. Erben am 2. Februar ab, damals ein Feiertag in Österreich. Die Ordination war ohnehin geschlossen. Er versäumte nichts.

2

1933

Wie Erben Errol Flynn kennenlernte und ihm half, der australischen Polizei zu entkommen.

Nach dem Aufenthalt in Schanghai bei seinem Freund aus den Wiener Studententagen, Dr. Albert von Miorini, der es dort nicht nur zu einer faszinierend schönen und cleveren chinesischen Freundin, sondern innerhalb kürzester Zeit auch zu erstaunlichem Wohlstand und Ansehen als Arzt gebracht hatte, trieb es Dr. Erben wieder hinaus aufs Meer.

Auf einem Schiff fühlte er sich am wohlsten und am sichersten. Außerdem brauchte er Zeit und Ruhe zum Nachdenken. Er war noch immer nicht darüber hinweg, daß man ihn wie einen Aussätzigen von der *S.S. President Garfield* gejagt und beim FBI stundenlang wie einen Kriminellen verhört hatte.

Er war daher froh, als der Manager des „Norddeutschen Lloyd", ein Herr Sporleder, den er im Penthouse-Apartment Miorinis in der Bubbling Well Road kennengelernt hatte, ihm die freie Stelle als Schiffsarzt auf der *Friderun* anbot. Die Route der *Friderun* paßte genau in seine Pläne. Er hatte vor, sich bei den neuen Machthabern in Berlin bemerkbar zu machen.

Die *Friderun* war einer der beiden Frachter der deutschen Linie, die regelmäßig die Route zwischen Hongkong und Rabaul befuhren und auch eine beschränkte Anzahl von Passagieren aufnahmen. Mit diesen beiden Schiffen besorgte der „Norddeutsche Lloyd" den Handel und Verkehr zwischen China und der ehemaligen deutschen Kolonie im Bismarck-Archipel, die seit dem Ende des Weltkriegs von Australien verwaltet wurde.

Die *Friderun* lief anfangs März mit Dr. Erben an Bord von Hongkong aus. Zum ersten Mal versah ein amerikanischer Staatsbürger

Offiziersdienst auf einem Schiff, von dessen Mast die Hakenkreuzfahne wehte. Der neue Schiffsarzt war darauf ebenso stolz wie auf die Insignien des Hitler-Regimes auf seinen Kragenaufschlägen und an seiner Mütze. Die deutsche Uniform verlieh seinem Vorhaben eine gewisse Legitimität.

Dr. Erbens Plan basierte auf seiner irrigen Annahme, daß der Führer als erste außenpolitische Forderung die Rückgabe der früheren deutschen Kolonien verlangen würde.

Erben war nicht allein mit dieser Überzeugung. Die deutschen Kolonialisten, die oft ihren gesamten Besitz an Angehörige der Völkerbundmandatarmächte hatten abtreten müssen, teilten sie.

Auch in den Regierungskanzleien der Siegermächte erwartete man einen solchen Schritt. Das Britische Foreign Service arbeitete kurz nach dem Regierungswechsel in Berlin bereits an einem diplomatischen Konzept, wie man einer solchen Forderung Hitlers begegnen würde.

Als alter Frontsoldat war Dr. Erben der Meinung, daß die Alliierten die ehemaligen Kolonien, die sie sich durch das „Schanddiktat von Versailles" angeeignet hatten, nicht freiwillig zurückgeben würden, sondern daß das neue Deutschland sie mit Waffengewalt zurückerobern würde müssen. Dazu brauchte man strategische Kenntnisse des Terrains und seiner Verteidigungsanlagen, und die würde er liefern.*

Während die *Friderun* entlang der Küste Neubritanniens langsam von Hafen zu Hafen dampfte, Fracht löschte und Fracht aufnahm, Post zustellte und übernahm, fotografierte Dr. Erben, was ihm nur vor die Linse kam: Die Eingeborenen, die in ihren Booten an die *Friderun* heranruderten. Manche dieser dunkelhäutigen Kanaken waren blond; ein Zeichen, daß sich deutsches Blut in ihre Adern verirrt hatte. Die riesigen Meeresschildkröten und Haie, die dem Koch von den Eingeborenen als frischer Proviant angeboten wurden. Aber seine geheime fotografische Leidenschaft galt den geografischen und strategischen Gegebenheiten der Küste.

* Die Information über Dr. Erbens erste, selbstgewählte Spionagetätigkeit zugunsten des nationalsozialistischen Regimes stammt von seinem OSS-Führungsoffizier Captain Frank Farrell.

Er fotografierte mit dem Teleobjektiv seiner Contax alles, was bei einer zukünftigen militärischen Operation von Bedeutung sein konnte: jede Bucht, jeden natürlichen und jeden künstlichen Hafen, jede Marineanlage und jede Befestigung, die die Australier in den letzten Jahren errichtet hatten. Auch jedes Schiff, das der *Friderun* begegnete.

Er hatte vor, die besten Bilder, zusammen mit der Karte, auf der er jeden Punkt jeder Aufnahme genau markierte, an das Hauptquartier der „Auslandsorganisation"* in Hamburg zu schicken. Dort würde man sich zweifellos für seine Informationen interessieren – und zugleich auf den Informanten aufmerksam werden.

Die *Friderun* beendete ihre Fahrt in Rabaul, dem wichtigsten und größten Hafen von Neubritannien. Hier lag das Schiff regelmäßig eine Woche vor Anker, bevor es die Rückreise nach Hongkong antrat.

Dr. Erben ging sofort an Land. Er hatte eine Woche Landurlaub. Ihn reizte, wie immer, das Leben und Treiben im Hafenviertel. Unter den Matrosen, die sich dort herumtrieben, fühlte er sich zu Hause. Er kehrte bei solchen Gelegenheiten nie den Offizier hervor, sondern gab sich immer als einer von ihnen.

Als er durch die engen Hafengassen schlenderte und die verschiedenen Etablissements prüfte, die den Seeleuten ihre Dienste anboten, sprach ihn ein junger Mann an. Er war groß, schlank, von muskulöser Statur. Man sah ihm an, daß er sein bisheriges Leben im Freien und nicht in einer Bürostube verbracht hatte. Sein Gesicht war tiefgebräunt, das dunkelbraune Haar aus der Stirn glatt zurückgekämmt. Er hielt seinen Körper straff aufrecht und den Kopf leicht zur Seite geneigt, was ihm etwas Verwegenes und zugleich Arrogantes verlieh. Ein Eindruck, der nur durch sein gewinnendes Lächeln gemildert wurde.

* Die „Auslandsorganisation" (AO) der NSDAP wurde bereits 1931 von Ernst-Wilhelm Bohle als zuständig für den „Gau Ausland" gegründet. Sie war u.a. die Sammelstelle für Lageberichte der Gruppenführer, die außerhalb der Grenzen des Reiches lebten, und dadurch eine weitere Spionagezentrale.

Seine Kleidung stand im krassen Gegensatz zu seinem attraktiven Aussehen. Sie war zerlumpt wie die eines Vagabunden. Er trug nichts als die Überreste eines zerschlissenen, ehemals weißen Hemdes, eine kurze weiße Leinenhose und Sandalen an den nackten Füssen.
In seinem Äußeren unterschied er sich kaum von den Tausenden anderen jungen Burschen, wie sie in jeder Hafenstadt der Welt anzutreffen sind. Immer auf der Ausschau nach einem rasch und mühelos verdienten Dollar, ganz gleich wodurch; oder nach einem Nachtquartier oder wenigstens einer freien Mahlzeit. Nur – dieser heruntergekommen aussehende junge Mann sprach akzentfreies Englisch und zeigte höfliche Manieren, als er Dr. Erben in den Weg trat.
„Entschuldigen Sie, Sir. Sind Sie tatsächlich Deutscher, wie ich aus Ihrer Uniform schließen muß, oder geben Sie sich nur als Deutscher, weil Deutschsein im Augenblick in Rabaul die Mode ist? So viele deutsche Kolonisten leben hier, die plötzlich alle Hakenkreuze anstecken, seit Herr Hitler Kanzler ist."
Dr. Erben war verblüfft über diese direkte Frage.
„Ich bin Deutscher", stammelte er. „Das heißt, eigentlich bin ich Amerikaner. Aber auch Deutscher. Ich bin Deutsch-Amerikaner", sagte er schließlich, ohne den Blick von der jugendlichen Erscheinung zu wenden, die da plötzlich vor ihm aufgetaucht war.
„Ich bin gebürtiger Australier, aber meine Eltern stammen aus Irland. Daher halte ich mich für einen Iren."
Mit einer leichten Verbeugung, die eher in einen vornehmen Klub gepaßt hätte als in die verlotterte Hafengegend, stellte er sich vor:
„Mein Name ist Errol Flynn. Darf ich nach dem Ihren fragen, Sir?"
„Herman." Dr. Erben versuchte sofort, auf einen vertrauten Fuß zu kommen, besann sich aber unter dem Eindruck der Förmlichkeit des jungen Mannes. „Herman Erben. Ich bin Schiffsarzt. Daher die Uniform."
„Ich freue mich, Sie kennenzulernen, Doktor Erben."
Flynn streckte seinem neuen Bekannten die Hand entgegen, die dieser mit kräftigem Druck nahm.
„Ich hoffe, Sie entschuldigen mein Äußeres. Ich sehe nicht immer so

aus", lächelte Flynn. Die weißen Zähne blitzten dabei in seinem braunen Gesicht wie auf einer Reklame für Zahnpaste. „Ich bin nämlich schiffbrüchig."

„So."

„Ja. Gestrandet. Mit nichts, als was ich auf dem Körper habe. Ich würde Sie sonst nicht ansprechen. Aber ich brauche Hilfe. Vielleicht können Sie mir helfen."

Obwohl Dr. Erben ähnliche „hard-luck-stories" oft genug gehört hatte, glaubte er dem jungen Mann. Ohne weitere Fragen lud er ihn ein, mit ihm auf sein Schiff zu kommen. Errol Flynn nahm dankbar an.

Es war der 13. April 1933, Gründonnerstag.

Bereits am Weg zur *Friderun* gestand der junge Australier dem Schiffsarzt, daß er Schwierigkeiten mit den Behörden hatte.

„So." Schwierigkeiten mit Behörden waren auch Erben nichts Neues.

Ja. Er hätte sich von einer reichen Australierin ein zweimastiges Boot ausgeliehen, mit dem er für geteilten Gewinn zwischen Neuguinea und Neubritannien Handel treiben wollte. In Neuguinea hätte er eine Besatzung für die Fahrt nach Neubritannien angeheuert, vier Einheimische. Aber vor der Küste Neubritanniens wären sie in einen orkanartigen Sturm geraten, und das Boot wäre sofort gesunken. Die vier Kanaken seien ertrunken. Jedenfalls hätte er keinen von ihnen mehr gesehen, während er sich mit letzter Kraft an Land hätte retten können.

Dr. Erben, der normalerweise eine solche abenteuerliche Geschichte keinem abgenommen hätte, glaubte Flynn jedes Wort.

Aber was waren das für Schwierigkeiten mit den Behörden? Das untergegangene Boot der reichen Australierin?

Das auch. Aber vor allem die ertrunkenen Kanaken. Für die war er den australischen Behörden gegenüber verantwortlich. Als er sie anheuerte, hatte er bei der australischen Einheimischenbehörde einen Revers unterschrieben, wonach er für ihre Belohnung, ihr körperliches Wohlbefinden und ihre Rückkehr nach Neuguinea bürgte.

„Jetzt sind die Kerle tot. Ertrunken. Die Scheißbeamten bei der

Behörde, die noch nie einen Sturm auf dem Meer miterlebt haben, werden mir doch nicht glauben, daß alle vier Kanaken, die alle besser schwimmen können als wir Weiße, einfach ertrunken sind, während ich mit dem Leben davon gekommen bin. Die werden doch sofort sagen, ich hab sie ersaufen lassen. Oder noch nachgeholfen. Damit ich sie nicht bezahlen brauch'. Das Mindeste ist, daß sie mich vor Gericht stellen."

„Und dann noch die reiche Australierin." Dr. Erben sah es nicht ungern, daß der junge Mann auf seine Hilfe angewiesen war.

„Klar. Die will doch auch ihr Boot wieder haben, das es nicht mehr gibt. Die glaubt mir doch auch nicht, daß ich nicht mit dem Boot und der Kasse durchgegangen bin."

Auf keinen Fall könne er zurück nach Neuguinea, wo man ihn auf der Stelle verhaften würde. Und in Neubritannien sei er auch nicht sicher, weil es ebenfalls unter australischer Verwaltung stand. Mit der nächsten Post könnte sein Haftbefehl eintreffen. Und Australien wolle er schon überhaupt nicht mehr wiedersehen. Nicht nur wegen der Geschäftspartnerin, sondern überhaupt. Am liebsten wolle er nach Europa.

„Mein Vater ist Universitätsprofessor für Meeresbiologie. Zur Zeit ist er Gastdozent in Belfast. Meine Mutter und meine Schwester sind bei ihm. Der ganze Haushalt ist aufgelöst. Wer weiß, ob sie überhaupt noch einmal zurückkommen. Was soll ich da allein in Australien? In England wäre ich ein freier Mensch und hätte Geld von meinem Vater. Aber wie hinkommen?"

Dr. Erben entschloß sich auf der Stelle, dem jungen Mann zur Flucht zu verhelfen.

„Das ist mein Schiff", sagte er, als die *Friderun*, eingezwängt zwischen anderen Frachtern, sichtbar wurde. Die Hakenkreuzflagge, die von ihrem Mast wehte, war nicht zu übersehen. „Auf ihr bist du in Sicherheit. Exterritorial. Auf einem deutschen Schiff hat die australische Polizei nichts zu suchen."

Während sie auf das Schiff zugingen, erzählte Erben seinem Begleiter, daß die *Friderun* in einer Woche wieder auslaufen und daß er auf ihr zurück nach Hongkong und von dort auf anderen Schiffen nach Europa reisen würde. Aber als Schiffsarzt könnte er es schon arrangieren, daß der Kapitän ihn bis Hongkong mitnahm.

Hongkong. Das war wenigstens eine erste Etappe. Außerdem war Hongkong britische Kronkolonie. In Hongkong war er auf britischem Boden und konnte ohne Gefahr seinem Vater um Geld telegrafieren.

„Der 13. war schon immer mein Glückstag“, sagte Flynn dankbar.

Erben beobachtete das Deck der *Friderun*. Niemand war zu sehen. Es war Nachmittag, und die wenigen an Bord Gebliebenen schliefen wahrscheinlich. Geduckt schlich Flynn hinter dem Schiffsarzt, den er um einen Kopf überragte, den Laufsteg hinauf. Dr. Erben brachte ihn sofort in seine Kabine.

Noch am selben Abend berichtete der Schiffsarzt dem Kapitän über seinen Schützling. Der Mann sei ein schiffbrüchiger irischer Matrose namens Errol Flynn, der in seinen Heimathafen Belfast zurück möchte. Das Problem sei nur, daß der Matrose seine Seemannspapiere beim Kentern seines Schiffs in einem Sturm verloren hatte.

Er wußte natürlich, daß jeder Kapitän auf See nach internationalem Seerecht verpflichtet war, jedem in Not geratenen Seemann beizustehen und einen Gestrandeten oder Schiffbrüchigen, gleichgültig welcher Nation, in Richtung seines Heimathafens mitzunehmen, wenn sein Schiff in diese Richtung fuhr. Die Frage war nur, ob der Kapitän den angeblich Schiffbrüchigen auch ohne Papiere als Seemann anerkennen würde. Er tat es. Auf das Wort Dr. Erbens.

Der Kapitän willigte ein, daß der irische Matrose als Passagier ohne Bezahlung bis Hongkong mitfahren könne. Schließlich nahm er niemandem Platz weg, da der Arzt ihn in seiner Kabine unterbringen wollte. Wie er dann von Hongkong ohne Papiere weiterkam, das sei seine Sache.

Dr. Erben eilte mit der guten Nachricht in seine Kabine, holte Errol und stellte ihn dem Kapitän und seiner Frau vor. Dem Kapitän gefiel der junge Mann, obwohl er ihm für einen irischen Matrosen zu manierlich vorkam. Aber noch besser gefiel er der Frau des Kapitäns, die von da an häufig auf dem Vorderdeck, vor der Kabine des Schiffsarztes, nackt ein Sonnenbad nahm. Flynn nahm allerdings keine Notiz davon.

Die Osterfeiertage verzögerten die Beladung der *Friderun*. Sie lag länger als vorgesehen im Hafen. Erst am 21. April legte der schwer beladene Frachter langsam ab. Flynn kam erst an Deck, als man keine Gesichter mehr am Pier erkennen konnte. Er stellte sich neben Dr. Erben an die Reling. Doch der war in seine fotografische Arbeit vertieft.

Mehrere Kameras baumelten vor seiner Brust. Er fotografierte unablässig, vor allem die Befestigungsanlagen, die während des Weltkriegs von den Deutschen errichtet worden, in der Zwischenzeit aber wieder verfallen waren. Er tauschte Apparat gegen Apparat, wechselte rasch die Linsen, bis der Abstand endgültig zu groß geworden war und die beiden vulkanischen Bergkegel die Sicht auf Rabaul verstellten. Erst dann wandte er sich Flynn zu.

Dieser trug eine gutsitzende weiße Flanellhose, ein weißes Sporthemd mit offenem Kragen und weiße Tennisschuhe. Erben zog überrascht die Augenbrauen hoch, sagte jedoch nichts. Die Passagiere, die in Rabaul an Bord gekommen waren, standen zu nahe bei ihnen, ein Dutzend Männer, deutsche Siedler und Geschäftsleute aus Rabaul, die das langsame, aber dafür billige Frachtschiff für ihre Reise nach Hongkong gewählt hatten. Erst in der Kabine fragte Erben seinen Freund, wie er zu der eleganten und sicherlich teuren Ausstattung gekommen sei.

„Wie? Gekauft habe ich sie."

Errol Flynn, der seinem Beschützer bereits erzählt hatte, daß er in einer australischen Verfilmung der *Meuterei auf der Bounty* mitgespielt hatte und in London Schauspieler werden wollte, sagte, als wäre es die selbstverständlichste Sache der Welt:

„Das bin ich meinem Publikum schuldig."

Es war, als hätte er einfach Rollen gewechselt. Statt des heruntergekommenen Straßenjungen spielte er nun den Snob. Die alte Rolle hatte er mit dem zerlumpten Gewand über Bord geworfen.

„Ich habe geglaubt, du hast kein Geld."

Der junge Snob lächelte.
„Hab ich auch geglaubt, alter Junge. Aber offensichtlich habe ich mich geirrt."
„Wie kann man sich bei so was irren?" brummte Erben.
Er konnte Errol nicht verstehen. Er wußte auf den letzten Pfennig, Penny und Cent genau, wieviel Geld er besaß.
Errol zog einen kleinen Lederbeutel aus der Hosentasche, ließ ihn vor Erbens Augen baumeln und leerte seinen Inhalt auf den Tisch. Ein Häufchen Goldmünzen lag vor ihnen. Erben nahm jedes einzelne Goldstück in die Hand und prüfte es sorgfältig.
„Jedes echt, alter Junge. Lauter australische Goldmünzen."
Flynn zog aus der hinteren Hosentasche einen Paß und legte ihn neben die Münzen. Erben griff nach dem Paß.
„Schau ihn dir nur gut an."
Erben blätterte ihn durch. Ausgestellt auf Errol Flynn, vom australischen Konsulat in Rabaul, am 20. April 1933. Alle anderen Seiten waren noch leer. Errol hatte einen neuen Paß.
„Wie kommst du zu all dem?"
„Zauberei."
„Blödsinn."
„Aus dem Zylinder geholt. Hokuspokus, eins, zwei, drei!"
Mehr sagte Flynn nicht. Erben wollte im Grunde gar nicht wirklich wissen, wo sein Freund gewesen war, als er sich heimlich vom Schiff gestohlen hatte, einmal während der Nacht, und dann noch am Tag vor der Ausfahrt. Sein Blick wanderte zurück zu den Goldmünzen.
„Wieviel ist das?"
„Genug für den Anfang. Schau sie dir nur gut an. Damit du bezeugen kannst, daß ich sie wirklich besessen habe, falls sie mir gestohlen werden sollten."
„Wer sollte sie dir stehlen?"
„Das kann man auf einer Seereise nie wissen. Auf jeden Fall habe ich sie bei Lloyds gegen Diebstahl versichern lassen."
Flynn strich die Goldstücke zurück in den Lederbeutel.
„Jetzt hast du sie gesehen. Jetzt kannst du jederzeit bezeugen, daß ich sie besessen habe."

Erben schwieg. Er ahnte, was sein Freund vorhatte.
Flynns Vermutungen waren richtig gewesen: Die australischen Behörden waren ihm auf den Fersen. Die Leichen der vier Kanaken waren einige Meilen entfernt angeschwemmt worden, und auch das Wrack des gekenterten Zweimasters war in der Zwischenzeit gefunden worden. Nach einem ersten Augenschein vermutete die australische Polizei ein Verbrechen.
Einen Tag nach dem Auslaufen der *Friderun* erschienen im Büro des „Norddeutschen Lloyd“ zwei Polizisten mit einem Haftbefehl gegen Errol Flynn wegen Verdachts auf Totschlag.
Der Beamte der Schiffahrtslinie konnte den Polizisten nur mehr mitteilen, daß die *Friderun* sich seit über vierundzwanzig Stunden auf hoher See befand. Außerdem stünde auf seiner Passagierliste kein Errol Flynn.
„Der Mann befindet sich bestimmt nicht an Bord. Sonst hätten wir ihn auf der Liste.“
Der australische Haftbefehl gegen Errol Flynn blieb einige Jahre in Kraft, bis Gras über die Sache wuchs und niemand mehr den Fall ausgraben wollte.
In Hongkong, wo Flynn im ersten Hotel am Platz abstieg („Das bin ich meinem Publikum schuldig“) und Dr. Erben gewohnheitsmäßig in einer billigen Seemannsherberge übernachtete („Dort schläft man genau so gut“), wechselten die beiden Freunde von der deutschen *Friderun* auf die französische *D’Artagnan*, die am 9. Mai in Richtung Saigon auslief.
In Saigon, der mondänen, pulsierenden Hauptstadt des damaligen Französisch-Indochina, die es in allem Paris gleichtun wollte, zeigte sich der junge, athletische Flynn zum Entzücken der Damen der kolonialen Gesellschaft von seiner sportlichen Seite, als eifriger Turmspringer ins Schwimmbecken des französischen Clubs und als gesuchter Tennispartner.
Trotz der hektischen Tage und Nächte in Saigon waren Flynn und Erben pünktlich an Bord, als das Schiff der „Messagerie Maritime“ nach ein paar Tagen Aufenthaltes wieder auslief.
Auf der Fahrt von Saigon nach Colombo freundeten sich die beiden

mit einer Gruppe aus dem Kolonialkrieg heimkehrender französischer Fremdenlegionäre an, deren Esprit sowohl Flynn als auch Erben anzog. Sie fühlten eine innere Verwandtschaft zu diesen Burschen und Männern, die sich von jedem bürgerlichen Leben losgesagt hatten.

Dr. Erben fotografierte seinen Freund in einer geborgten Legionärsuniform, das Käppi nonchalant in die Stirn gerückt; Flynn, zum Gaudium der Legionäre, Dr. Erben in kurzer Hose und Unterhemd beim Urinieren aufs Deck; und ein Fremdenlegionär die beiden Freunde zusammen, während Dr. Erben auf Flynns Hosenbein zu pissen scheint, das dieser zum Spaß entsetzt hochzieht. Dr. Erbens Penis ist bei allen Aufnahmen voll im Bild. Diese Aufnahmen von der *D'Artagnan* gehörten zu den Fotos, die Flynn in seinem ersten Brief an Dr. Erben so dringend reklamierte.

Von Ceylon reisten die beiden per Schiff nach Indien weiter, unternahmen mit der Eisenbahn einen Abstecher ins Landesinnere, bei dem sie die Tempel von Madura besichtigten und fotografierten, bevor sie nach Dschibuti, der Hauptstadt des damaligen Französisch-Somaliland, weiterfuhren.

Dschibuti blieb ihnen vor allem deswegen in Erinnerung, da Flynn dort fast in eine Messerstecherei verwickelt worden wäre, als er einen farbigen einheimischen Polizisten in der Öffentlichkeit ohrfeigte, weil sich dieser ihm, einem Weißen, gegenüber angeblich respektlos benommen hatte.

Die französische *Compiegne* brachte sie schließlich von Dschibuti durch den Suezkanal und das Mittelmeer nach Marseilles, wo sie auf den Tag genau zwei Monate nach dem Beginn ihrer Seereise in Rabaul landeten. Während dieser zwei Monate hatten die beiden, der angehende junge Schauspieler Errol Flynn und der um elf Jahre ältere Wiener Tropenarzt Dr. Hermann Erben eine seltsam enge Freundschaft geknüpft. Sie waren, wie Dr. Erben es nannte, „Nurmunger" geworden. Ein Wort, das sich in keinem fremdsprachigen Wörterbuch oder Lexikon findet und das sie möglicherweise erfunden haben. Als geheimes Codewort für das Besondere ihrer Freundschaft.

Der Abschied von dem Mann, den er stets hinter dem Pseudonym „Dr. Koets“ verbarg, war für Flynn, wie er noch fünfundzwanzig Jahre später schrieb, eine schmerzliche Trennung:

„Mein Herz war schwer. Ich spürte, hier ist die einzige Person auf der Welt, an die ich mich wirklich halten kann; eine wunderbare Freundschaft zwischen zwei Männern. Ich dachte, ‚Vielleicht ist das jetzt das Ende einer sehr, sehr tiefen Freundschaft‘. Er fuhr zurück an irgendeine Universität, wo er höhere Studien betreiben wollte. Ich würde von Marseilles aus das letzte Stück meiner Reise nach London zurücklegen.
Der Mann hatte großen Einfluß auf mein Leben ausgeübt. Er zeigte mir auf eine humorvolle, ungenierte, wie von Rabelais verfaßte, ungehobelte und direkte Weise den Unterschied zwischen einem Menschen mit Seele und einem ohne, auch wenn keiner von uns beiden hätte mit Sicherheit sagen können, was eine Seele ist.
Er, mehr als jeder andere Mensch, brachte mir eine gewisse Lebensauffassung bei:
Er zeigte mir den Unterschied zwischen Speichelleckerei und Großzügigkeit. Er zeigte mir, wie absolut unbedeutend die Existenz des Menschen ist, während er auf dieser Erde weilt. Von Koets lernte ich, wie unwichtig es war, während dieser kurzen Erdenspanne immer Ernst zu bewahren. Von ihm lernte ich, dem ärgsten Desaster mit Lachen zu begegnen.“*

Flynns erster Weg in London führte zur Versicherungsgesellschaft. Er hatte bereits in Hongkong gemeldet, daß die Goldmünzen aus seinem Hotelzimmer gestohlen worden waren, und eine eidesstattliche Erklärung unterzeichnet. Nun wollte er kassieren. Aber so schnell rückte die Versicherung mit dem Geld nicht heraus.
Am 22. September schilderte er seinem Freund Erben in Wien die Situation:

* Errol Flynn: *My wicked, wicked ways*. S. 156.

„Was meine Finanzen anbelangt, so kämpfe ich gerade um die Versicherungssumme für die wertvollen Goldmünzen, die mir in Hongkong gestohlen wurden. Der zuständige Referent der Anstalt, ein schleimiger Jude, versucht, mich um meinen vollen Anspruch zu prellen. Er will mich überreden, mich mit der Hälfte zufrieden zu geben. Ich werde ihm heute sagen, daß ich mit 500 Pfund Sterling zufrieden bin, wenn mein Anspruch rasch erledigt wird. Wenn nicht, werde ich prozessieren.
Ich wollte, wir könnten Hitler hier herüberholen, damit er diesen Isaaken ein paar Lektionen erteilt. Diese Hunde kennen weder geschäftlichen Anstand noch Ehre. Ich bin überzeugt, sie würden sogar eine Bestechung annehmen, falls ich schwach genug wäre und ihnen eine anböte..."

Der Lehrmeister konnte zufrieden sein. Die ideologische Saat, die er in seinem Zögling gesät hatte, ging auf.

3

1935

Wie Erben mit einer Expedition bis Indien fuhr, zum zweiten Mal verhaftet und des Landes verwiesen wurde.

Kurz nachdem er seine zwölfstündige Arreststrafe abgesessen hatte, erfuhr Dr. Erben von einer geplanten Expedition, die ihn brennend interessierte, da sie in seine Pläne für die AO paßte.
Wie die Zeitungen schrieben, wollten zwei österreichische Studenten, der zweiundzwanzigjährige Tiroler Max Reisch und der neunzehnjährige Wiener Helmuth Hahmann, mit einem Personenauto des populären Typs *Steyr 100* rund um die Erde fahren. Von Wien über den Nahen Osten quer durch Asien bis Peking; von Schanghai per Schiff in die Vereinigten Staaten; von Kalifornien quer durch den nordamerikanischen Kontinent; von New York per Schiff nach Le Havre, und von dort wieder zurück zum Ausgangspunkt.
Die beiden jungen Abenteurer lockte vor allem das Wagnis des sportlichen Rekords. Als erste per Auto um die Welt. Zugleich hatten sie aber auch Ernsteres vor. Vor allem Reisch, der Welthandel studierte, lag daran, zu beweisen, daß man von Mitteleuropa sogar mit dem PKW nach China fahren könne. Kaum jemand glaubte daran, aber die wirtschaftlichen Konsequenzen wären enorm. Zu diesem Zeitpunkt begann man sich in Europa für den Fernen Osten zu interessieren, und die Nachfrage nach Rohöl aus dem Mittleren Osten in den westlichen Industrieländern stieg rapide an.
Der kommerzielle, geopolitische und militärische Aspekt des Unternehmens war, wie die Zeitungen schrieben, nicht zu übersehen. Und vor allem der letzte Punkt zog den auf geheime Informationen erpichten Dr. Erben an. Er machte sich an Max Reisch heran.
Reisch war leicht zu finden und auch zu ködern. Er war in Wien kein

Unbekannter. Trotz seiner Jugend hatte er sich mit zwei aufsehenerregenden Motorradexpeditionen bereits einen Namen als ernstzunehmender Forschungsreisender gemacht: eine durch Nordafrika, bei der er zum ersten Mal mit einem Motorrad die Sahara durchquert hatte, und die zweite nach Indien. Beide Male war ein junger Wiener namens Herbert Tichy* sein Mitfahrer gewesen.
Eines Tages erhielt Max Reisch den Anruf eines Mannes, der sich ihm als amerikanischer Arzt vorstellte, der mit dem Pazifischen Institut für Tropenkrankheiten in San Francisco assoziiert sei. Er hätte von der geplanten Expedition gelesen. Vielleicht könne er Reisch mit seinen persönlichen Verbindungen in China sowie seinen Kenntnissen auf dem Gebiet der Tropenmedizin nützlich sein. Reisch, der ständig nach neuen Quellen zur Finanzierung seiner Expedition Ausschau hielt, hoffte auf ein Geschenk des Himmels. Er nahm an, daß es sich bei dem Anrufer, der Deutsch mit amerikanischem Akzent sprach und sich Dr. Erben nannte, um einen, wenn schon nicht reichen, so zumindest wohlhabenden Amerikaner handelte.
Daher stimmte er einem Treffen sofort zu.
Die Ernüchterung des jungen Tirolers war allerdings groß, als Dr. Erben zur vereinbarten Stunde, im vereinbarten Kaffeehaus, grinsend und winkend auf seinen Tisch zusteuerte. Der Mann war nicht nur schäbig gekleidet, sondern noch dazu schmuddelig, und er entsprach in keiner Weise dem Bild, das er sich von einem amerikanischen Arzt gemacht hatte.
Er sprach auch nicht mehr mit amerikanischem Akzent, sondern unverfälschtes Wienerisch.
Trotz seiner fragwürdigen Erscheinung gelang es Dr. Erben im Verlauf des Gesprächs, durch sein selbstsicheres Gebaren, seine sprudelnde Erzählweise und vor allem durch seine offensichtlich fundierten Kenntnisse mehrerer Kontinente, Reisch in seinen Bann zu zie-

* Der 1987 in Wien verstorbene Prof. Dr. Herbert Tichy wurde während des Krieges ein enger Freund Dr. Erbens in China, wo er als Korrespondent für deutsche Zeitungen arbeitete und unter der Tarnung eines Journalisten gelegentlich der „Abwehr“, dem deutschen Militärgeheimdienst, Informationen lieferte.

hen und für das Angebot, als dritter Mann auf eigene Kosten an der Expedition teilzunehmen, zu gewinnen.

Reisch mußte sich eingestehen, daß der Mann, gegen den er eine instinktive Abneigung empfand, Qualitäten besaß, die dem Vorhaben zugute kommen konnten: Er war ein erfahrener Arzt, sprach fließend Englisch, das weder er noch Hahmann gut beherrschten, hatte selbst eine Expedition in den australischen Busch unternommen, kannte China und war amerikanischer Staatsbürger, was ihnen beim Behördenverkehr in britischen Mandatsgebieten wie Palästina und dem Irak, aber auch im britisch regierten Indien sicherlich von Vorteil sein würde. Schließlich, und das war ebenfalls wichtig, war der Mann sechzehn Jahre älter als er und fast zwanzig Jahre älter als Helmuth. Helmuths Eltern würden zweifellos erleichtert aufatmen, wenn sie hörten, daß ein erfahrener Erwachsener, der die Welt kannte, an der Expedition teilnahm, die ihr Sohn sich in den Kopf gesetzt hatte.

Nach mehreren ausführlichen Gesprächen stimmten Reisch und Hahmann zu, Dr. Erben als gleichgestellten Partner an der von ihnen geplanten Weltumfahrung zu beteiligen. Er verpflichtete sich, 600 Dollar in die gemeinsame Expeditionskasse einzuzahlen. Dafür würde er wie die beiden andern von dem von österreichischen Firmen gestifteten Proviant verpflegt werden.

Dr. Erben gelang es allerdings, die Zügel des Vorhabens immer mehr in seine Hände zu bekommen. Als schließlich der endgültige Vertrag zwischen den drei Teilnehmern unterzeichnet wurde, war nicht mehr Reisch der eigentliche Expeditionsleiter, sondern Dr. Erben.

Er bestand darauf, und die beiden Jungen stimmten zu, daß das Expeditionsfahrzeug, ein besonders ausgestatteter dreisitziger *Steyr 100,* den die Erzeugerfirma gestiftet hatte, doppelt beflaggt wurde. Auf der Fahrerseite mit der österreichischen rot-weiß-roten Fahne, auf der anderen mit dem Sternenbanner. Die Expedition würde auch offiziell zwei Namen tragen. Deutsch und Englisch. „Austro-Amerikanische Transasien Expedition“ wurde auf die rechte Seite des Wagens gepinselt, „Austro-American Transasia Expedition“ auf die andere Seite.

Am 5. März, als die letzten Vorbereitungen für das Unternehmen auf Hochtouren liefen, fragte Dr. Erben am amerikanischen Generalkonsulat nach, ob sein neuer Paß, den er als Ersatz für den als verloren gemeldeten beantragt hatte, aus Washington gekommen war.
Sorry no. Im State Department dachte man nicht daran, dem noch immer des Rauschgifthandels Verdächtigten einen neuen Paß auszustellen. Im Gegenteil, indem man ihm einen solchen vorenthielt, wollte man ihn veranlassen, in die USA zurückzukehren, wo das FBI ihn leichter beobachten konnte, als wenn er sich, weiß Gott wo, in der Welt herumtrieb.
Erben donnerte den Konsulatsbeamten an, als ob dieser persönlich schuld sei. Wenn sein Paß nicht rechtzeitig eintrifft, dann wird er eben ohne amerikanischen Paß reisen! Aufgeben wird er die Expedition deswegen nicht! Das wurde sofort nach Washington gemeldet, worauf das State Department alle amerikanischen Dienststellen entlang der möglichen Fahrtroute der Expedition anwies, „den naturalisierten U.S. Bürger Herman F. Erben unter strengster Überwachung zu halten und jeden Zwischenfall, in den er verwickelt würde, sofort an die Abteilung ‚Auslandskontrolle' zu melden."
Entsprechend dieser Dienstanweisung berichtete der Konsul am Wiener Generalkonsulat George F. Kennan* an seine vorgesetzte Dienststelle in Washington:

> „Dr. Erben sprach am 17. April erneut hier vor und erkundigte sich, ob bezüglich seines Antrags eine Antwort aus dem State Department eingetroffen sei und ob das Generalkonsulat in der Lage wäre, ihm wenigstens einen Konsulatsausweis auszustellen, mit dem er als Teilnehmer der Expedition, an der er interessiert sei, durch Asien reisen könnte. Als ihm mitgeteilt wurde, daß dies nicht möglich sei, erklärte er, daß er trotzdem an der Expedition teilnehmen wird und daß er seinen Seemannsausweis als Reisedokument benutzen werde."

* Der spätere Botschafter und bekannte Historiker.

Der Start war für den 20. April angesetzt worden. Karfreitag. Und Adolf Hitlers 46. Geburtstag.*

Das milde Frühlingswetter schien ein gutes Omen für das waghalsige Unternehmen zu sein.

Die Zeitungen hatten ausführlich über den Start der Expedition geschrieben, die Kinder hatten schulfrei, Geschäfte und Büros waren ebenfalls geschlossen, und so fand sich eine große Zuschauermenge vor dem Büro des Österreichischen Touring Clubs an der Ringstraße ein.

Berittene Polizei war aufgeboten worden, die Menge abzuriegeln und Platz für die Würdenträger freizuhalten, die erwartet wurden. Doch die Menschen schoben und drängten immer wieder gegen die Absperrung, um das Auto mit der Kennummer 2020 und die drei Männer, die wartend daneben standen, besser sehen zu können.

Die offizielle Delegation, die sich zur Verabschiedung einfand, bestand aus Vertretern des Touring Clubs, einem der Sponsoren, der Steyr-Werke, der Hochschule für Welthandel, wo ein großer Teil der Planung ausgeführt worden war, und der Regierung. Die kurze Festansprache hielt der Präsident des Touring Clubs.

Er erinnerte die drei Weltumfahrer daran, daß ihr Unternehmen eine österreichische Mission sei und den Interessen Österreichs dienen sollte.

„Vergessen Sie das nie. Seien Sie stolz auf Ihr Vaterland, wo immer Sie sind. So wie Ihr Vaterland stolz auf Sie ist und seine guten Wünsche Sie überallhin begleiten werden. Und hiermit", der Präsident hob seinen rechten Arm, als wollte er auch ohne Pistole einen Startschuß abfeuern, „und hiermit erkläre ich die Österreichisch-Amerikanische Transasien Expedition für gestartet."

Applaus der Menge. Die drei Männer stiegen in den Wagen. Reisch saß am Steuer, Hahmann neben ihm, Dr. Erben, zufrieden in seiner Rolle als offensichtlicher Beschützer der beiden, zurückgelehnt auf

* „Das war natürlich geheime Absicht", sagte Dr. Erben dazu in einem Interview. „Wir waren ja alle drei illegale Nazis." Professor Reisch protestierte: „Alles Unsinn. Hitlers Geburtstag hat mit unserer Planung überhaupt nichts zu tun gehabt."

dem hinteren Sitz. Er winkte der Menge und Klara, die mit Kurt und Santos in der vordersten Reihe der Zuschauer stand, wohlwollend zu. Er hatte es geschafft. Er war dabei.
Reisch startete den Wagen und ließ ihn langsam durch die Zuschauergasse rollen, die von der Polizei freigehalten wurde. Die Blicke der Menge folgten dem Auto, bis es im Verkehrsgewühl der Sicht entschwand.
Die drei Insassen atmeten erleichtert auf. Gut war es gegangen. Keiner hatte etwas gemerkt. Offiziell waren sie unterwegs. So würde es morgen in den Zeitungen stehen. Niemand außer ihnen wußte, daß es nur ein gespielter Start gewesen war.
Das Expeditionsauto mußte noch einmal überholt werden.
Statt auf die Ausfahrtsstraße nach Süden lenkte Reisch den Wagen in die Werkstätte eines Freundes, dem er vertrauen konnte und wo bereits alles vorbereitet war. Die Federung des Wagens mußte verstärkt werden. Die Reifen streiften bei jeder Kurve an die Kotflügel. Der Wagen war überladen.
Diese Verzögerung lieferte den Anlaß für den ersten Streit zwischen Reisch und Dr. Erben. Wie zwei Kampfhähne gerieten sie aneinander. Erben, wild gestikulierend, beschuldigte Reisch mit seiner bellenden Kommandostimme, zu viele Bücher und anderes unnötiges Zeug, zum Beispiel einen Smoking, mitzuschleppen, der, damit er nicht zerknittert würde, in einer eigenen flachen Kiste verpackt worden war.
Der junge stämmige Tiroler, dessen Temperament ebensowenig zu zähmen war wie sein blonder Schopf, trommelte wütend auf die beiden versperrten Truhen, die sie aus Dr. Erbens Wohnung geschleppt und im Heck des Wagens verstaut hatten. Diese waren der wirkliche Grund für die Überbelastung. Reisch wollte wissen, was darinnen war, aber Dr. Erben erwiderte ihm, daß ihn das überhaupt nichts anginge. Auf keinen Fall sei es ein Smoking, so etwas besäße er überhaupt nicht. „Und Helmuth sicher auch nicht." So versuchte er zum ersten Mal, den durch den Streit eingeschüchterten Hahmann auf seine Seite zu ziehen.
Am Ostersonntag verließen die drei Weltumfahrer unbemerkt in

ihrem überholten Wagen die Stadt. Am nächsten Tag waren sie in Triest. Sie verluden das Auto auf die im Hafen liegende *Galiläa*. Am nächsten Morgen lief das Schiff aus. Richtung Haifa.
Als der Wagen im Hafen des damaligen britischen Mandatsgebietes Palästina abgeladen worden war, verweigerten die britischen Zollbehörden die Anerkennung des Carnets des Touring Clubs für den zollfreien Transit. Sie verlangten von den dreien die Hinterlegung einer Kaution von 60 Pfund Sterling, die sie beim Verlassen Palästinas zurückbekommen würden.
Erben brüllte Reisch in aller Öffentlichkeit an, er hätte sich von den Bonzen des Touring Clubs hineinlegen lassen, weil er zu naiv sei; sie sollten nicht ein Pfund hinterlegen, sondern den Touring Club auf Schadenersatz klagen und in Haifa warten, bis das Geld aus Wien eintraf.
Reisch bezahlte die 60 Pfund mit hochrotem Kopf aus seiner eigenen Tasche, worauf die Engländer den Transit anstandslos gestatteten.
Der zweite Zusammenstoß zwischen Reisch und Erben ereignete sich, kaum hatten sie Haifa verlassen. Er war ärger als der erste, und der Anlaß wog schwerer.
Als Reisch den Wagen über eine Sanddüne auf der Wüstenpiste steuerte, brach die Getriebestange des für Geländefahrten noch immer zu schwer beladenen Wagens. Er mußte nach Tel Aviv abgeschleppt werden.
Reisch mußte den Ersatzteil telegrafisch aus Steyr anfordern. Die Expedition war zum Stillstand gekommen, ehe sie überhaupt richtig begonnen hatte. Für Erben eine willkommene Gelegenheit, Reisch vor Hahmann zu beschuldigen, er hätte für solche Fälle nicht vorgesorgt. Statt seines lächerlichen Smokings hätte er lieber Ersatzteile mitnehmen sollen.
Helmuth Hahmann wurde in seiner Loyalität schwankend.
Während sie auf das Eintreffen der neuen Getriebestange warteten, wohnten die drei Österreicher kostenlos im österreichischen Hospiz in Jerusalem. Erben fiel während dieser Zeit dem Geheimdienst der britischen Mandatsmacht auf. MI-5 legte ein Dossier über ihn an.
Auch Reisch entging es nicht, daß sein Expeditionsgefährte sich als

politischer Agitator betätigte. Ein Mal als Kommunist. Dann wieder als Nationalsozialist.*

Bei einem Besuch der drei Österreicher im kommunistisch orientierten Kibbuz Tel Yosef trug Dr. Erben ein Hammer-und-Sichel-Abzeichen an der Brust. Reisch und Hahmann hatte keine Ahnung, woher er es sich so plötzlich beschafft hatte.

Am nächsten Tag tauchte er mit einem Araber auf, der in seinem Burnus ein Exemplar von Hitlers *Mein Kampf* versteckt trug, das angeblich ihm gehörte. Es war allerdings eine deutsche Ausgabe. Erben verlangte, Reisch solle den Araber mit dem Buch in der Hand fotografieren, damit die Welt die Wahrheit über Palästina erführe.

„Wenn das Reichspropagandaministerium dieses Bild veröffentlicht, erfährt die ganze Welt, daß die Araber in Palästina darauf warten, daß der Führer sie vom britischen Joch befreit", argumentierte Erben.

Obwohl Reisch vermutete, daß Hitlers Buch aus einer von Erbens versperrten Truhen stammte, und wissen mußte, daß sein Gefährte das Foto für Nazipropagandazwecke benutzen würde, fotografierte er den Araber, wie er strahlend lächelnd die Hitler-Bibel an die Brust drückte.**

Dr. Erbens pausenloses Fotografieren brachte das Trio rasch in den Verdacht, daß es sich bei der austro-amerikanischen Expedition um mehr als bloß ein sportlich-wissenschaftliches Unternehmen handelte. Vor allem, nachdem britische Geheimdienstler Dr. Erben mehrmals dabei beobachtet hatten, wie er Aufnahmen von Sicherungsposten und Schaltstellen der Pipeline der British Petroleum Company machte, was durch Warnschilder ausdrücklich verboten war, wurden die drei Österreicher verdächtigt, Spionage zu betreiben.

* Dieses Doppelbild von Erbens politischen Aktivitäten findet sich auch in den Akten der amerikanischen Geheimdienste. Nach anfänglicher Verwirrung, was der Mann nun wirklich war, kamen die Amerikaner zu dem Schluß, daß Erben den „Kommunisten" zur Tarnung des „Nationalsozialisten" benutzte.

** Als nach dem Anschluß Österreichs Max Reischs Bericht über die Expedition, *Zwei Mann und 32 PS,* auch in einer neuen Ausgabe erschien, veröffentlichte er dieses manipulierte NS-Propagandabild selbst in seinem Buch.

Die Firmenleitung der BPC hatte auf Ersuchen der österreichischen Behörden, die dazu wiederum von Dr. Erben angeregt worden waren, der Expedition gestattet, die ansonst für den Verkehr gesperrte Route entlang der Pipeline zu befahren. Dadurch ersparte sich die Expedition den langen Umweg über Damaskus und eine Menge Benzin. Allerdings hatten die Engländer nicht angenommen, daß ein Expeditionsmitglied dieses Entgegenkommen für Aufnahmen in dem militärischen Sperrgebiet mißbrauchen würde.
Erben versäumte auch weiterhin keine Gelegenheit, um Reisch in den Augen seines jüngeren Freundes lächerlich zu machen und Helmuth Hahmann allmählich auf seine Seite zu ziehen.
An der Grenze zwischen Syrien und dem Irak urinierte Erben ein Hakenkreuz in den Wüstensand und forderte Reisch auf, ihn dabei zu fotografieren. Reisch gehorchte. Die Wutausbrüche des Älteren machten ihm Angst, und er fürchtete auch, in Helmuth keinen verläßlichen Verbündeten mehr zu haben.
Je weiter sich die Expedition von den letzten Posten der Zivilisation entfernte und je mehr die drei Männer aufeinander angewiesen waren, desto aggressiver wurde Erbens Verhalten gegenüber Reisch. Oft war der Anlaß für einen Streit läppisch. Zum Beispiel, wer die beiden Leintücher aus der Residenz des britischen Konsuls, wo sie übernachtet hatten, entwendet hatte, die plötzlich im Wagen auftauchten und als Sonnensegel benutzt wurden. Erben beschuldigte Reisch, Reisch Erben. Hahmann war als Schiedsrichter überfordert.
Manchmal war der Anlaß aber auch ernster. So meinte Erben plötzlich bei einem Abendessen, um wieviel einfacher es wäre, die Expedition zu zweit fortzusetzen, ohne Reisch, und feststellte, daß Ärzten Methoden bekannt seien, einen plötzlichen Tod als natürlich erscheinen zu lassen.
Diese Einschüchterungstaktik wirkte. In Reisch wuchs die Angst, daß der Arzt, der ihn immer mehr an den irren Dr. Mabuse erinnerte, ihm tatsächlich nach dem Leben trachtete.
Eines nachts, als sie Hunderte Kilometer entfernt von jeder menschlichen Siedlung in der Wüste ihr Lager aufschlugen, nahm Reisch, der sich unbemerkt glaubte, seinen Freund beiseite und versuchte dem

Neunzehnjährigen klarzumachen, daß Dr. Erben nicht der väterliche Freund war, als der er sich ihm gegenüber aufspielte, daß er es nur darauf abgesehen hatte, ihre Freundschaft zu zerstören. Reisch warf Hahmann vor, alles zu glauben, was Erben ihm sagte, und alles zu tun, was er von ihm verlangte, während er, sein wirklicher Freund, sich nicht mehr hundertprozentig auf ihn verlassen könne.

Erben war den beiden nachgeschlichen und hörte jedes Wort. Er stieß ein wildes Gebrüll aus, das die beiden erschreckte, lief zum Lager zurück, holte sein Feldbett, schwang es über dem Kopf und drohte Reisch, ihn zu erschlagen, wenn er nicht auf der Stelle diese Vorwürfe widerriefe und sich bei ihm entschuldige.

Reisch tat es. Obwohl er kräftiger und um soviel jünger als Erben war, wollte er es nicht auf einen Zweikampf ankommen lassen. Er wußte, es wäre ein Kampf auf Leben und Tod gewesen.*

Spätestens nach dieser Episode wußte Reisch, daß er Dr. Erben irgendwie loswerden mußte. Am 25. Juli schrieb er von Kabul aus an den befreundeten Wiener Journalisten Josef Detoni, daß er Angst habe, Dr. Erben wolle ihn ermorden, um die Leitung der Expedition an sich zu ziehen.

Detoni eilte mit dem Brief seines Freundes ins Bundeskanzleramt. Zum ersten Mal erfuhren die österreichischen Behörden, daß es bei der Expedition Schwierigkeiten gab.

Sie hörten nicht auf.

Am syrisch-irakischen Grenzübergang wurde die Expedition festgehalten, weil Dr. Erben kein irakisches Transitvisum besaß. Nach Stunden erfolglosen Palavers zwischen Erben, der behauptete, als amerikanischer Staatsbürger brauche er keines, und dem Grenzbeamten, der darauf bestand, jedermann brauche ein solches zur Einreise in den Irak, entschloß sich Erben, den Mann zu bestechen. Mit wertlosen Banknoten.

Er trug außer legalen Zahlungsmitteln, in der Hauptsache Dollar und britische Pfund, auch noch ein ganzes Paket verfallener österrei-

* Bei einem Interview in seinem Haus in Imst, in Tirol, sagte Professor Reisch: „Erben war ein Killer. Wenn er sagte, er bringt einen um, mußte man das ernst nehmen."

chischer Banknoten aus der Zeit der Monarchie mit sich. Mit diesen wertlosen Scheinen hatte er entlang ihrer Reiseroute immer wieder unwissende Händler beschwindelt und sich von ihnen auch noch Wechselgeld in der Landeswährung zurückgeben lassen. Der Grenzer steckte die Scheine weg und ließ sie passieren.

Die Bestechung und die illegale Einreise Dr. Erbens kam den irakischen Behörden jedoch rasch zu Ohren. Der ahnungslose Grenzbeamte hatte sofort die wertlosen k.u.k. Banknoten umwechseln wollen, wurde verhaftet und verlor in der Folge seinen Posten. Aber für Dr. Erben gab es deswegen im Irak keine weiteren Schwierigkeiten. Er besaß im deutschen Gesandten, Minister Dr. Fritz Grobba*, einen einflußreichen Protektor.

Sobald sie in Bagdad eintrafen, dirigierte Erben den Wagen sofort zur Residenz des Gesandten. Er sprach von ihm wie von einem alten Bekannten.

Der deutsche Diplomat empfing die Expeditionsmitglieder, als hätte er sie erwartet. Reisch wunderte sich über die Kameraderie, mit der Dr. Grobba und Dr. Erben miteinander verkehrten – als ob sie einander bereits gekannt oder zumindest voneinander gewußt hätten. Der Minister bewirtete sie gastfreundlich und lud sie ein, selbstverständlich in seinem Haus zu übernachten.

Ermutigt durch die Herzlichkeit des Gastgebers entschloß sich Reisch, die Gelegenheit zu ergreifen und die Auflösung des Vertrags mit Dr. Erben zur Sprache zu bringen. Österreich unterhielt im Irak keine Dienststelle und wurde von Hitlers Gesandtem mitvertreten. Es war daher durchaus legitim, daß Reisch sich in dieser Sache an Dr. Grobba wandte.

Nachdem er sich Reischs Anliegen angehört hatte, fragte der Minister Dr. Erben, wie er sich dazu stellte. Zum größten Erstaunen von Reisch und Hahmann erklärte sich dieser sofort mit der Auflösung des Vertrags einverstanden. Er würde von Bagdad über Beirut in die

* Dr. Fritz Grobba war vor und während des Krieges der wichtigste Naziagent im Vorderen Orient. Unter dem Deckmantel des Diplomaten schürte er den Haß der arabischen Scheichs gegen die westlichen Alliierten und spann ein dichtes Netz von Spionageposten über die ölreichen und daher strategisch wichtigen Länder.

Vereinigten Staaten zurückkehren und niemandem böse sein. Er ließ sich von Reisch den Restbetrag des Geldes, das er zur Finanzierung der Expedition beigesteuert hatte, in Gegenwart des deutschen Diplomaten aushändigen. Reisch und Hahmann gingen erleichtert zu Bett. Dr. Grobba und Dr. Erben blieben beisammen.
Als Reisch und Hahmann am nächsten Morgen mit ihrem Gepäck zum Wagen kamen, saß Dr. Erben auf seinem gewohnten Platz. Er habe es sich überlegt, und es sei besser für alle, wenn er bei der Expedition bliebe.
„Aber Sie haben sich doch von mir das Geld zurückgeben lassen."
Ja, von nun an werde er eben seinen Anteil direkt bezahlen, wann immer etwas zu bezahlen sei.
„Und das?"
Reisch deutete entsetzt auf die Hakenkreuzfahne, die über Nacht an der Motorhaube des Wagens angebracht worden war.
Ja, die habe er sich von Grobba erbeten. Als Schutz im Irak. „Schließlich haben diese Leute mehr Respekt vor Deutschland als vor Österreich."
Reisch protestierte nicht, obwohl er wußte, daß die in Österreich verbotene Nazifahne die ganze Expedition gefährdete, wenn etwas in Wien darüber bekannt wurde.
Die Hakenkreuzfahne wehte am Bug des Wagens, Dr. Erben saß grinsend auf dem hinteren Sitz, und Helmuth schwieg, während Reisch laut hupend das Auto durch die verstopften Straßen Bagdads steuerte.
Erst in Teheran nahm Dr. Erben die illegale Fahne wieder ab und versteckte sie in seinem Gepäck. In Teheran gab es eine österreichische Vertretung.
Ohne gültigen Reisepaß – die Gültigkeitsdauer seines angeblich verlorenen amerikanischen Passes war inzwischen abgelaufen – war es hoffnungslos, von der Vertretung Afghanistans in Teheran ein Einreisevisum zu bekommen.
Trotzdem bekam Erben eines. Er kannte den österreichischen Konsul in Teheran, Dr. Ehlers, noch aus seiner Schulzeit. Der fand nichts dabei, seinem Freund einen neuen österreichischen Paß auszustellen,

obwohl er genau wußte, daß Erben nicht mehr österreichischer, sondern amerikanischer Staatsbürger war. In diesen neuen Paß stempelte die afghanische Vertretung anstandslos das Einreisevisum.
Die Expedition war nun vier Monate unterwegs, und Reisch und Erben kämpften noch immer um das Kommando. Erst in Indien gewann der Tiroler die Oberhand.
Reisch gab in Lahore der englischsprachigen Zeitung *Civil and Military Gazette* ein Interview über die technischen Aspekte der Expedition. Aber ohne daß Reisch es wußte, gab auch Erben dieser Zeitung ein Interview. Am nächsten Tag erschienen die beiden Beiträge – zu einem einzigen Text verarbeitet.
Im Gegensatz zu Reisch, der die Qualitäten österreichischer Erzeugnisse hervorhob, die eine solche technische Leistung wie eine Weltumfahrung ermöglichten, hatte Erben das Interview zu einer wüsten Schimpftirade gegen den österreichischen Staat benutzt. Er beschrieb in einem „Augenzeugenbericht" die angeblich „inhumanen Zustände" in den österreichischen Gefängnissen, wo er als Nationalsozialist „wegen seiner politischen Anschauung drei Monate eingekerkert" gewesen sei. Er kenne die Kerker in Afghanistan, er habe sie besucht, sie seien mit Recht berüchtigt, aber gegen die Gefängnisse in Österreich seien sie „das reinste Paradies".
Reisch war entsetzt.
Dieser Artikel mußte in Wien den Eindruck erwecken, als wäre er bei dem Interview neben Dr. Erben gesessen und hätte ihm nicht widersprochen. Man würde die Expedition finanziell fallen lassen oder überhaupt zurückpfeifen.
Um dieser Katastrophe zuvorzukommen, schickte Reisch eine Kopie des Artikels mit einer Erklärung, wie es dazu gekommen sei, samt einem Bericht über Dr. Erbens Paßschwindel und Irregularitäten mit Geld an das Bundeskanzleramt. Er meldete, Erben hätte ihm mit Mord und Totschlag gedroht, und bat, da er tatsächlich fürchtete, in Lebensgefahr zu sein, den Vertrag mit seinem schwierigen Partner in Wien offiziell für ungültig zu erklären.
Eine Kopie dieser Unterlagen schickte er an den Hauptsponsor der Expedition, die Steyr-Werke.

Um die gleiche Zeit erkrankte Dr. Erben. Seine Beine machten ihm zu schaffen. Sie waren dick angeschwollen und schmerzten. Er hielt das lange Sitzen im vollgepackten Auto, ohne jeden Bewegungsraum, im Augenblick nicht aus. Reisch schlug vor, Erben sollte sich ein paar Tage in Lahore ausruhen und dann ihm und Helmuth mit der Bahn nach Kalkutta nachfahren. Er könne sie immer durch das österreichische Konsulat finden. Sie müßten sich ohnehin einige Zeit in Kalkutta aufhalten, bis sie ein passendes Schiff für die Überfahrt nach Rangun fänden.

Erben mußte zustimmen. Er lud sein Handgepäck ab. Seine beiden Truhen blieben im Wagen. Reisch hoffte, soviel Vorsprung zu gewinnen, daß sein Feind ihn und Helmuth nicht mehr einholen konnte. Die beiden versperrten Truhen würde er am österreichischen Konsulat deponieren.

Vergeblich.

Kaum waren die beiden in Kalkutta angekommen und hatten sich in der Wohnung eines deutschen Kameramannes einquartiert, stand Erben brüllend in der Türe. Ihm sei in Lahore natürlich ganz klar gewesen, schrie er, daß sie ihn abhängen wollten. Aber daraus werde nichts. Sie würden ihn nicht loswerden.

Reisch erkannte, daß seine einzige Rettung nur ein Machtwort aus Österreich war. Er schlug daher vor, sie sollten gemeinsam aufs österreichische Konsulat gehen, um nach Post zu fragen.

Außer persönlichen Briefen und Karten von Verwandten und Freunden warteten dort zwei Telegramme auf sie. Honorarkonsul Robert Plumär bat die drei in sein Büro und las ihnen das erste vor. Es war vom Bundeskanzleramt und an ihn gerichtet:

> „Erweisen Sie Max Reisch, der von Dr. Erben bedroht wurde, jede mögliche Unterstützung. Ziehen Sie Dr. Erbens österreichischen Reisepaß ein, da Erben antiösterreichische Propaganda verbreitet und angeblich mit Drogen handelt."

Erben brauste auf. Er wollte wissen, wer einen solchen Blödsinn nach Wien gemeldet hatte. Reisch gab sofort zu, den Zeitungsartikel aus

Lahore nach Wien geschickt zu haben, aber Drogenhandel habe er nicht erwähnt; davon wisse er nichts.
Das zweite Telegramm war von den Steyr-Werken, für Reisch. Die Direktion forderte ihn auf, sofort jeden Kontakt zu Dr. Erben abzubrechen. Ohne ein Wort gab Reisch das Telegramm an Erben weiter. Während dieser es überflog, fühlte Reisch eine tiefe Erleichterung. Die verhängnisvolle Partnerschaft, auf die er sich leichtgläubig eingelassen hatte, war zu Ende.
Erben grinste, als er das Telegramm zurückgab, wie ein Schuljunge, der bei einem harmlosen Streich ertappt wurde. Er schien die Sache nicht ernst zu nehmen, was Konsul Plumär offensichtlich irritierte.
„Herr Doktor, wie Sie gehört haben, muß ich Sie leider ersuchen, mir Ihren österreichischen Reisepaß auszuhändigen."
„Bitte."
Erben griff in die Brusttasche, holte seinen alten österreichischen Reisepaß heraus und reichte ihn mit übertrieben devoter Geste dem Konsul. Der schlug den Paß auf, sah, daß er abgelaufen war, und gab ihn Erben zurück.
„Danke. Es ist nicht notwendig, einen abgelaufenen Paß einzuziehen."
„Eben."
Nicht einmal Reisch wußte, daß Dr. Ehlers seinem Schulfreund Erben in Teheran einen neuen Paß ausgestellt hatte, der noch fünf Jahre gültig war.
„Also, ich glaube, Herr Doktor, das ist das Ende der Expedition für Sie. Die beiden jungen Männer werden von jetzt an ohne Ihre Begleitung auskommen müssen."*

* Reisch und Hahmann sahen ihren ehemaligen Expeditionspartner erst nach dem Krieg wieder, nachdem Dr. Erben nach seiner Entlassung aus dem Anhaltelager Ludwigsburg für prominente Nazis und Kriegsverbrechensverdächtige, 1948, wieder in Wien auftauchte. Als Reisch sein erfolgreiches Buch über die Expedition schrieb, das in mehrere Sprachen übersetzt wurde, erwähnte er die Teilnahme Dr. Erbens mit keinem Wort, als wären Hahmann und er allein von Wien gestartet. Nur: auf einem Foto auf Seite 25 steht neben dem Expeditionswagen ein Mann in kurzer Khakihose. Es ist der „Dritte Mann" der Expedition, Dr. Hermann F. Erben.

„Jawohl."
Erben knallte die Absätze zusammen und nickte kurz. Bevor er jedoch militärisch kehrtmachen und aus dem Büro marschieren konnte, hielt ihn der Konsul zurück.
„Moment, Herr Doktor. Noch eine Sache. Die indische Polizei hat mich kontaktiert und gebeten, Ihnen zu sagen, Sie möchten sich im Polizeihauptquartier melden, sobald Sie in Kalkutta eintreffen."
Erben wurde mißtrauisch.
„Warum?"
„Ich weiß es nicht. Wahrscheinlich eine Formalität."
Dr. Plumär wußte es genau. Er wußte auch, daß es mehr als eine Formalität war. Er hatte die Sache selbst eingefädelt. Er hatte den Mann schon nicht leiden können, bevor er ihn überhaupt zu Gesicht bekommen hatte. Nun reute es ihn umso weniger. Nachdem das Telegramm aus Wien eingetroffen war, hatte er sich mit seinem amerikanischen Amtskollegen in Verbindung gesetzt und vertraulich um Informationen über Dr. Erben ersucht.
Der amerikanische Konsul hatte ihm mitgeteilt, daß Dr. Erben bei der staatlichen Rauschgiftbehörde in Washington auf einer Liste des Drogenhandels als Verdächtiger geführt wurde. Dr. Plumär hatte daraufhin den Text der vertraulichen Depesche seiner Regierung und die ebenfalls vertrauliche Information der amerikanischen Dienststelle an die indische Fremdenpolizei weitergegeben.
Am nächsten Tag, den 28. August, nachdem er samt seinem umfangreichen Gepäck in der Herberge der Heilsarmee eingezogen war, meldete sich Dr. Erben im Polizeihauptquartier im Lall Bazar. Er wurde an Inspektor Badiali von der Kriminaluntersuchungsabteilung verwiesen.
Inspektor Badiali, vor dem Erben stand, war ein höflicher junger Mann in der weißen Beamtenuniform des britischen Kolonialreichs. Badialis knapper britischer Akzent weckte in Erben seinen Haß auf alles Englische, der noch von seinen Kindheitserinnerungen an seine englische Gouvernante herrührte. Sie hatte immer seine Fingernägel kontrolliert, bevor er sich zu Tisch setzen durfte.
„An welcher Grenzstelle sind Sie in Britisch-Indien eingereist?"

„Am Khyberpaß."
„Und welchen Ausweis haben Sie bei Ihrer Einreise am Khyberpaß benutzt?"
Erben breitete vor Badiali seinen Seemannsausweis, sein amerikanisches Gewerkschaftsbuch und ein Schreiben des U.S. Generalkonsulats in Wien aus, in dem lediglich bestätigt wurde, daß er amerikanischer Staatsbürger war. Triumphierend legte er noch die verkleinerte Fotokopie seiner Einbürgerungsurkunde dazu.
Badiali studierte jedes Papier eingehend.
„Leider muß ich Ihnen mitteilen, daß keines dieser Dokumente als Ausweis für die Einreise nach Britisch-Indien geeignet ist."
Das Wort „Britisch-Indien" trieb Erben die Glut ins Gesicht. Die Duellnarbe an seiner Wange leuchtete rot. Badiali reichte ihm die Papiere über den Schreibtisch hinweg zurück.
„Ich muß Sie bitten, Kalkutta einstweilen nicht zu verlassen und sich weiterhin zu unserer Verfügung zu halten."
Erben sagte, er könne jederzeit über die Heilsarmee erreicht werden. Der Inder lächelte. Er wußte, wo Erben sich einquartiert hatte.
Während der nächsten Tage wanderte Dr. Erben durch die schmutzigsten Straßen Kalkuttas. Sooft er auf eine Gruppe von Einheimischen stieß, auf der Straße, im Bazar, drängte er sich in ihre Mitte und begann, sie auf Englisch gegen die britische Kolonialmacht aufzuhetzen. Die Gruppe zerstreute sich jedes Mal rasch, sobald er zu sprechen begann. Aber er war überzeugt, daß er dabei von Polizeispitzeln beobachtet wurde. Gut, wenn sie ihn bespitzelten, dann sollten sie auch etwas zu bespitzeln haben. Er begann noch lauter zu agitieren und predigte den Indern, sie müßten sich ihren eigenen Hitler suchen, statt sich an einen Narren wie Gandhi zu hängen.
Als eine Woche verging, ohne daß er verhaftet oder ins Polizeihauptquartier zurückgerufen wurde, erhöhte er seinen Einsatz.
Am 4. September, eine Stunde vor Bürobeginn, läutete er am Tor des amerikanischen Generalkonsulats, East Esplanade Nr. 9. Er hatte richtig kalkuliert. Zu dieser frühen Stunde war nur ein untergeordneter Beamter anwesend. Dr. Erben stellte sich vor und wies sich mit der Fotokopie seines Naturalisierungsdokuments als amerikanischer

Staatsbürger aus. Er fragte den Beamten, ob er das kleine Paket, das er bei sich trug, ein oder zwei Tage zur Aufbewahrung deponieren dürfe. Er versicherte, es enthalte keinerlei Wertsachen; ginge es aus irgendeinem Grund verloren, so würde es nicht allzuviel ausmachen. Nur bei sich tragen mochte er es im Augenblick nicht.

Der Beamte stellte ihm eine Bestätigung aus. Erben bedankte sich, eilte zurück zur Heilsarmee und wartete in seinem Zimmer. Nach einiger Zeit klopfte es an der Türe. Ein indischer Polizist stand draußen. Dr. Erben müsse ins Polizeihauptquartier kommen. Erben grinste. Alles ging nach Plan. Er folgte dem Polizisten.

Als er neuerlich Inspektor Badiali vorgeführt wurde, sah er, daß der gesamte Inhalt des Pakets, das er nur wenige Stunden zuvor am amerikanischen Generalkonsulat hinterlegt hatte, nun auf dem Schreibtisch des Kriminalbeamten ausgebreitet war.

Der amerikanische Konsularbeamte hatte das ihm anvertraute Paket Vizekonsul Jandrey gezeigt, als dieser ins Büro kam. Jandrey hatte nur einen Blick auf den Namen des Hinterlegers geworfen und es sofort zu seinem Vorgesetzten gebracht. Konsul Groth verständigte augenblicklich die indische Polizei. Man konnte nicht wissen, was dieser Erben, auf den sie aufmerksam gemacht worden waren, ins Generalkonsulat zu schmuggeln versuchte.

Inspektor Badiali war auf den Anruf hin selbst ins amerikanische Generalkonsulat geeilt. In Anwesenheit des Konsuls und des Vizekonsuls schnürte er das Paket vorsichtig auf. Konsul Groth berichtete über den Vorgang ans State Department:

> „Das Paket enthielt eine Metallbüchse, wie sie zum Verpacken von Kodakfilmen verwendet werden. Die Büchse war mit einem Klebeband verschlossen. In der Büchse befand sich eine automatische Pistole, eine kleine Schachtel mit Patronen und zwei österreichische Pässe auf den Namen Erben; einer in Wien, einer in Teheran ausgestellt. Die Gültigkeitsdauer des ersteren war abgelaufen. Der zweite war bis 1940 gültig. Die indische Polizei nahm den Fall sehr ernst, und zwei Stunden später wurde Dr. Erben verhaftet."

Dr. Erben bestätigte bereitwillig, daß die vor ihm liegenden Gegenstände, Waffe, Munition, Pässe, ihm gehörten.
„Dann habe ich keine andere Wahl, als Sie wegen unerlaubten Besitzes einer Schußwaffe zu verhaften. Ihre Einvernahme wird so bald wie möglich angesetzt."
Der Häftling wurde abgeführt und in eine Einzelzelle im Polizeihauptquartier gesperrt. Bei der Durchsuchung seines Zimmers bei der Heilsarmee wurden 505 Dollar in bar und ein volles Scheckheft mit Reiseschecks gefunden. Beides wurde beschlagnahmt.
Am nächsten Tag wurde Erben dem Vorsitzenden des Präsidialmagistrats S.K. Sinha zur Anklageerhebung vorgeführt. Staatsanwalt war Obergerichtsrat Sankri Chakrabarti. Inspektor Badiali war als Zeuge geladen, und ein Inspektor Shidlong war als Waffenexperte hinzugezogen worden. Er identifizierte die Waffe als belgisches Modell, zwar veraltet, aber noch immer einsatzfähig. Dr. Erben, der den Beistand eines Anwalts abgelehnt hatte, agierte als sein eigener Verteidiger.
Nachdem Badiali die Umstände geschildert hatte, unter denen die Waffe und die dazugehörige Munition gefunden worden war, erhob der Magistratsvorsitzende die formelle Anklage: Verletzung des indischen Waffengesetzes durch den unerlaubten Besitz einer Schußwaffe und entsprechender Munition. Dr. Erben wurde das Wort erteilt.
Er schilderte die gefährliche Expedition, an der er teilgenommen hatte und bei der der Besitz einer Schußwaffe unumgänglich gewesen sei. Außerdem sei er seit zwanzig Jahren mit der selben Pistole durch die ganze Welt gereist, ohne sie auch nur ein einziges Mal in dem Land anzumelden, in dem er sich gerade aufhielt. Im übrigen hätte er erst am 3. September in einer Broschüre, die er sich im Reisebüro Thomas Cook besorgt hatte, gelesen, daß Schußwaffen in Indien anmeldepflichtig seien. Deshalb habe er ja auch die Pistole und die Munition sofort am nächsten Tag am amerikanischen Generalkonsulat deponiert, um nicht länger in ihrem Besitz zu sein.
Niemand glaubte ihm ein Wort. Richter Sinha setzte die Urteilsverkündung für den 10. September fest. Erben wurde bis dahin gegen die Kaution der 505 beschlagnahmten Dollar auf freien Fuß gesetzt. Er fuhr am nächsten Tag nach Darjeeling.

In Darjeeling heftete er sich an die Fersen des britischen Gouverneurs von Bengal, Sir John Anderson. Wo immer sich der Vertreter Seiner Majestät in der Öffentlichkeit zeigte, war auch der Mann mit dem rötlichen Vollbart, den er sich in Indien hatte wachsen lassen, mit einer gezückten Kamera zu sehen. Es dauerte nicht lange, bis der Mann den Sicherheitsbegleitern des Gouverneurs auffiel.
An einem der nächsten Morgen, an dem der Gouverneur in seiner Funktion als einer der Kirchenälteren an der Reihe war, in der episkopalischen Kirche die Kommunion auszuteilen, und die Kirche aus diesem Anlaß bis auf den letzten Platz besetzt war, saß der Mann mit dem auffallenden Bart in einer der hinteren Bänke am ersten Sitz zum Mittelgang.
Als der Gouverneur mit dem silbernen Tablett zu Dr. Erbens Platz kam, griff dieser mit einer raschen Handbewegung in seine Rocktasche. Sir John, auf den kurz vorher ein Attentat versucht worden war, sah die Bewegung, erschrak und rannte zurück zum Altar. Erben spürte den Druck eines kalten Gegenstandes in seinem Nacken. Eine Stimme flüsterte:
„Stehen Sie auf. Verlassen Sie die Kirche durch den Mittelgang. Drehen Sie sich nicht um."
Erben gehorchte.
Im Freien stießen ihn zwei britische Geheimdienstbeamte gegen die Kirchenmauer, tasteten ihn von Kopf bis Fuß ab und drehten jede seiner Taschen von innen nach außen. Nichts Verdächtiges. Keine Waffe. Als der eine der beiden ihn fragte, warum er so hastig in seine Rocktasche gegriffen hatte, sah ihn Erben erstaunt an.
„Hätten Sie nicht nach einem Taschentuch gegriffen, wenn Sie gespürt hätten, daß Sie nießen müssen? Ausgerechnet in dem Augenblick, wenn der Gouverneur vor Ihnen steht."
Die Geheimdienstler ließen ihn laufen. Sie glaubten ihm nicht, aber was konnten sie ihm beweisen?
Dr. Erben kehrte nach Kalkutta zurück. Er war stolz darauf, daß er den Gouverneur von Bengal mit einer Handbewegung in die Flucht gejagt hatte. – Wenn er das Errol erzählte, der würde sich totlachen.
Bei der Verhandlung am 10. September verkündete der Staatsanwalt,

daß die Ausweisung Dr. Erbens beantragt worden sei. Richter Sinha vertagte daraufhin die Urteilsverkündung auf den nächsten Tag.
Dr. Erben benutzte die Frist zu einer Vorsprache am amerikanischen Generalkonsulat. – Hätte die britische Kolonialregierung das Recht, einen amerikanischen Staatsbürger auszuweisen? – Ja, das Recht hätte sie. Er hatte Indien ohne legale Einreisepapiere betreten, er könnte daher auch wieder ausgewiesen werden. Die Regierung Seiner Majestät hätte das Generalkonsulat bereits verständigt, daß sie auf der Ausweisung des „unerwünschten Ausländers Erben" bestehe. – Dann werde er die Regierung Seiner Majestät auch zwingen, die Kosten seiner Rückreise in die Vereinigten Staaten zu übernehmen. Der amerikanische Konsul belehrte ihn trockn, daß ihm dafür jede Rechtsgrundlage fehlte.
Am nächsten Tag verurteilte Richter Sinha den Angeklagten Dr. Herman F. Erben „wegen Verletzung des Paragraphen 19 f des indischen Waffengesetzes" zu einer Geldstrafe von 300 Rupien, im Nichteinbringungsfall zu drei Monaten verschärften Kerkers. Der Richter betonte in seiner Schlußerklärung, die Strafe sei nur deshalb so milde ausgefallen, da der Angeklagte durch die Hinterlegung der Waffe am amerikanischen Generalkonsulat glaubwürdig demonstriert hätte, daß er nicht vorgehabt habe, die Waffe in Indien zu benutzen oder zu verkaufen. Er erteilte dem Angeklagten das Wort.
Dr. Erben überraschte Richter Sinha mit der Erklärung, er nähme die Milde des Gerichts nicht an, weil er unschuldig sei. Er werde die 300 Rupien nicht bezahlen. Bevor er der Regierung auch nur eine Rupie geben und damit seine Schuld eingestehen würde, lasse er sich lieber drei Monate lang unschuldig in den Kerker werfen.
Als die Nachricht von Dr. Erbens Weigerung, die lächerlichen 300 Rupien zu bezahlen, im amerikanischen Generalkonsulat eintraf, schickte Konsul Groth Vizekonsul Jandrey zum Gericht. Er solle den Mann zur Vernunft bringen.
Jandrey schilderte Erben die menschenunwürdigen Zustände in einem indischen Gefängnis. Er würde mit den niedrigsten Kriminellen zusammen in eine Zelle gesperrt werden, und die amerikanischen Behörden hätten keine Möglichkeit, ihn vor demütigender Behand-

lung zu schützen. Es sei auch fraglich, ob er als Weißer die drei Monate überhaupt überleben würde. Cholera, Typhus, ja sogar Pest, seien in indischen Gefängnissen nicht ungewöhnlich. Dr. Erben beharrte auf seinem Entschluß: drei Monate verschärfter Kerker in einem indischen Gefängnis. Unschuldig. Davon ließ er sich nicht so leicht abbringen. Erst als Jandrey ihn warnte, daß Washington seine unnachgiebige Haltung, mit der er die USA brüskierte, sicher in Betracht ziehen werde, wenn er um einen neuen Reisepaß ansuchte, gab er nach.

Er bezahlte die 300 Rupien.

Kaum hatte er den Betrag auf den Tisch gelegt, wurde er von Inspektor Badiali erneut verhaftet. Diesmal wegen der illegalen Einreise in Britisch-Indien, die vom Gericht noch nicht behandelt worden war und den eigentlichen Grund für seinen Landesverweis darstellte. Richter Sinha setzte eine Kaution von 1000 Rupien für Dr. Erbens Freilassung bis zur Abschiebung fest.

Die Kolonialregierung hatte den amerikanischen Frachter *City of Rayville,* der am 10. Oktober nach New York auslaufen würde, bereits für die Abschiebung des „unerwünschten Ausländers“ vorgesehen. Vier Wochen konnte er sich noch frei in Indien bewegen. Er blieb, mit Ausnahme eines kurzen Abstechers nach Assuan, in Kalkutta und verbrachte die Zeit in der Hauptsache damit, Konsul Groth und Vizekonsul Jandrey auf die Nerven zu fallen, indem er immer neue Wünsche an sie richtete, die er aber stets als Forderungen formulierte. Er beschwerte sich über zu viel oder zu wenig Beachtung in den indischen Zeitungen, bis Konsul Groth schließlich verärgert nach Washington schrieb:

> „...wann immer Dr. Erben gestattet wird, sich außerhalb der Vereinigten Staaten aufzuhalten, wird er mit den lokalen Behörden in Schwierigkeiten geraten und den Konsularsbeamten und der amerikanischen Regierung nichts als Unannehmlichkeiten bereiten.“

Am Tag der Abschiebung wurde Dr. Erben von Polizeibeamten von der Herberge der Heilsarmee abgeholt und zum Schiff gebracht. Sein Gepäck war bereits am Tag vorher verladen worden. Am Weg zum Hafen kreuzte ein Leichenzug die Straße. Ein Leichnam wurde auf einer hölzernen Bahre, mit Blumengirlanden überhäuft, zur öffentlichen Verbrennung getragen. Die Polizisten, mit Dr. Erben in ihrer Mitte, hielten an.

Einer der Trauergäste nahm, sobald er den Europäer erblickte, ein Blumengewinde von der Bahre, lief zu ihm hin und hängte es ihm um den Hals. Die indischen Polizisten wichen erschrocken zurück, behinderten den Mann jedoch nicht. Dr. Erben dankte dem Blumenspender lächelnd für seine „freundliche Abschiedsgeste".

Erst an Bord des Schiffes erfuhr er, daß in Indien Blumen von einer Leichenbestattung Unglück bringen sollen und einen Fluch des Spenders auf das Haupt des Beschenkten herabbeschwören. Nun erinnerte er sich auch, daß er das Gesicht des Inders schon einmal gesehen hatte. Es war der Kellner, den er am Vorabend bei seinem Abschiedsessen in einem Restaurant um das ihm zustehende Trinkgeld geprellt hatte.

Im Hafen wurde die Gruppe von einer großen Menge Schaulustiger umringt, durch die die Polizisten sich einen Weg bahnen mußten. Sie alle wollten den „crazy doctor", über den die Zeitungen immer wieder berichtet hatten, abreisen sehen.

Vom amerikanischen Generalkonsulat war niemand zu Dr. Erbens Verabschiedung erschienen. Konsul Groth hatte ans State Department gekabelt, daß die *City of Rayville* mit Dr. Erben an Bord voraussichtlich am 22. November in New York eintreffen werde. Damit hielt er seine Pflicht für getan.

Die britischen Behörden machten es sich nicht so leicht.

Der indische Lotse, der die *City of Rayville* aus dem Hafen steuerte, mußte eine vom Kapitän des Schiffes unterzeichnete Bestätigung zurückbringen, daß der ausgewiesene Ausländer an Bord war, als der Frachter die indische Hoheitszone verließ und sich in internationalen Gewässern befand.

Der Lotse berichtete, der Mann mit dem rötlichen Vollbart sei an der

Reling gestanden, während die *City of Rayville* langsam kleiner wurde. Er hatte dem zurückfahrenden Lotsenboot noch grinsend nachgewunken.

4

1935/36

Wie Erben mit zwölfhundert Rhesusaffen im Gepäck in New York landete, Errol Flynn in Hollywood wiedersah und auch aus Österreich ausgewiesen wurde.

Als Dr. Erben das Deck der *City of Rayville* betrat, empfingen ihn schrille Schreie und das Gekreisch von mehr als tausend hungrigen Affen.

Er hatte bei seinem Ausflug nach Assam von einem indischen Tierhändler 1300 Rhesusaffen jedes Alters und jeder Größe, Männchen und Weibchen, alles, was der Mann hatte, gekauft. Zu einem lächerlichen Stückpreis von ein paar amerikanischen Cents. In Kalkutta hatte er in einer medizinischen Fachzeitschrift gelesen, daß in den USA bei der Erprobung des neuen Flexner-Serums gegen Kinderlähmung akuter Mangel an Rhesusaffen herrschte und daß Versuchslabors und medizinische Forschungsanstalten wie das New Yorker Rockefeller Institut für solche Affen gute Preise zahlten. Dieses Geschäft wollte er sich nicht entgehen lassen.

Die Affen waren am Tag vor dem Auslaufen in fünfzig Kisten aufs Schiff geliefert worden. Diese Kisten, in denen sich jeweils bis zu dreißig Affen befanden, waren, mit der offenen, durch ein Drahtgeflecht gesicherten Seite nach außen, auf dem Deck aufgestapelt und mit Seilen verankert worden. Mehr war seither nicht geschehen.

Niemand hatte die Tiere seit ihrem Eintreffen gefüttert, da niemand wagte, den Gittern zu nahe zu kommen und auch niemand wußte, was die Affen fressen durften. Sie waren als Dr. Erbens persönliches Gepäck deklariert an Bord gekommen.

Dr. Erben hatte keinerlei Proviant für seine Schützlinge eingekauft. Er vereinbarte mit dem Bordkoch, daß er die Küchenabfälle, statt daß sie wie üblich ins Meer geschüttet wurden, an seine Affen verfüttern dürfe. Er mistete die Käfige auch selbst aus, da er niemanden dafür bezahlen wollte.

Die Tiere überstanden die fast zweiwöchige Seereise nur schlecht. Vor allem das rauhe Klima während der Atlantiküberquerung machte ihnen zu schaffen, mehrmals wurden die Käfige von Wind und Wellen beinahe über Bord gespült. Mehr als hundert starben: an Lungenentzündung, an Diarrhoe, an Verletzungen, die sich sich in den engen Kistenwänden zuzogen, oder auch, weil sie sich gegenseitig zu Tode bissen.

Jede Nacht sezierte der Arzt die am Tag verendeten Tiere in seiner Kabine, als hätte er wichtige wissenschaftliche Autopsien vorzunehmen. Die Schädel der besten Exemplare konservierte er in Alkohol in leeren Einsiedegläsern, die er vom Koch erbettelte.

Als das Schiff sich dem amerikanischen Festland näherte und der endgültige Ankunftstag der *City of Rayville* feststand, kabelte Dr. Erben an Errol Flynn in Hollywood, daß er am 22. November „in Begleitung von mehr als tausend Affen" in New York eintreffen werde.

Flynn, immer dazu aufgelegt, die Öffentlichkeit zu düpieren, veranlaßte sofort das Nötigste, daß sein Freund, „der berühmte Wissenschaftler und Forscher Dr. Erben", mit seiner „wertvollen Fracht" bei seiner Ankunft triumphal und mit größtmöglicher Publicity empfangen wurde. Für den Hollywoodstar Errol Flynn war das ein Leichtes.

Flynn hatte es nach einem Jahr mäßiger Erfolge in unbedeutenden Rollen an englischen Provinztheatern im Herbst 1935 geschafft, vom Vertreter von Warner Brothers Pictures in London, zusammen mit einem Dutzend anderer Bewerber, für die Hauptrolle in dem drittklassigen B-Picture *Murder in Monte Carlo* getestet zu werden, und hatte die Rolle bekommen. Studioboß Jack Warner war von dem blendend aussehenden, fotogenen jungen Schauspieler aufgrund der Probeaufnahmen so beeindruckt, daß er ihn sofort unter Vertrag nahm und nach Hollywood beorderte.

Am 10. November 1934 war Errol Flynn an Bord der *Paris* von

Southampton nach New York gereist. Kein Fotograf, kein Presseagent, kein einziger Reporter hatte auf den unbekannten Schauspieler bei seiner Landung gewartet. Er war sofort nach Los Angeles weitergefahren.

Ein Jahr später war er ein Star.

Nach drei unbedeutenden Filmen hatte ihm Jack Warner die Titelrolle in *Captain Blood* anvertraut. Seine Partnerin war die kühle Schönheit Olivia de Havilland, Regisseur der in Hollywood arrivierte Ex-Ungar Michael Kertesz, der sich nun Michael Curtiz nannte. Und allgemein gefürchtet war.

Im November hatte *Captain Blood* Premiere in New York und wurde zu einem sensationellen Erfolg, vor allem für den Darsteller des Titelhelden. Das Publikum war enthusiastisch. Der Verleih lief an. Weltweit. Errol Flynn war, und blieb, überall und für immer, identifiziert mit dem jugendlichen Emporkömmling und Haudegen, der am Ende die Hand der schönen Partnerin bekommt und Gouverneur von Jamaika wird. Ein Idol für jede Frau; ein Vorbild der Männlichkeit für jeden Mann.

Flynn war zur Premiere nach New York geflogen, was damals noch als waghalsiges Unternehmen galt, im Ritz abgestiegen und hatte nach der Premiere die Nacht durchgefeiert. Aber als Dr. Erbens Telegramm bei Warner Bros. für ihn eintraf, war er bereits wieder in Hollywood. Sofort nach Erhalt des Telegramms beauftragte Flynn seinen Presseagenten, alle Verbindungen spielen zu lassen und sämtliche Nachrichtenagenturen und die großen Blätter von der Ankunft des „Professors" zu verständigen. Er selbst tat noch mehr. Er rief den Gesellschaftsfotografen Jerome Zerbe in New York an, mit dem er befreundet war, und bat ihn, publikumswirksame Aufnahmen von Dr. Erben und seinen Affen zu machen.

Tatsächlich wurde Dr. Erben bei seiner Ankunft bereits an Bord der *City of Rayville* von Reportern und Fotografen umringt und mit Fragen bestürmt. Unter ihnen war auch Jerome Zerbe, dessen Bild des bärtigen Doktors mit der dicken Brille, zwei Rhesusäffchen im Arm, mit einem ausführlichen Bericht am nächsten Tag in der *New York Herald Tribune* erschien.

Auch der Reporter der *New York Times* war zur Stelle. Die wichtigste Zeitung des Landes schrieb:

> „46 Kisten mit 1100 Affen verschiedener Größe und Art wurden gestern am Pier 56 vom Frachter *City of Rayville* gelöscht. Obzwar damit kein neuer Rekord aufgestellt wurde, so soll es sich dabei um die größte Anzahl von Affen gehandelt haben, die während der letzten Jahre nach New York geliefert wurden."

Doch bevor sich Dr. Erben den Journalisten widmen konnte, wurde er in seiner Kabine von Beamten der Einwanderungsbehörde, des Zolls und des FBI einvernommen.
Den Immigrationsbeamten gegenüber wies sich Dr. Erben mit seinem abgelaufenen, in Wien als verloren gemeldeten, amerikanischen Reisepaß aus. Er erläuterte rasch, daß er ihn persönlich in Washington unverzüglich erneuern lassen werde, da er sich nach einem kurzen Aufenthalt an seinem Wohnsitz in San Francisco zu weiteren wissenschaftlichen Arbeiten sofort wieder nach Europa begeben wird. Die Inspektoren ließen ihn passieren.
Mehr Schwierigkeiten hatte er mit dem Zoll. Wie die *New York Times* ihren Lesern berichtete:

> „30 AFFENSCHÄDEL BILDEN ZOLLPROBLEM FÜR DR. ERBEN
> Dr. Herman F. Erben, ein reisender Forscher und Spezialist für Tropenmedizin, geriet gestern in bürokratische Schwierigkeiten mit den Zollbeamten, weil er, wie er selbst zugab, aus Vergeßlichkeit übersehen hatte, dreißig Affenschädel zu deklarieren, die er in großen Gläsern an Bord des Frachters *City of Rayville* mitgebracht hatte. Nach längeren Verhandlungen gelang es ihm, die Bundeszollbeamten zu überzeugen, daß er die Affenschädelsammlung für wissenschaftliche Zwecke einführen wollte, da es sich bei den Schädeln um ‚hervorragende Exemplare' einiger der 1200 Affen handelte, die er in Indien für solche Zwecke erworben hatte."

Die Beamten der Zollbehörde ließen ihn schließlich mit Affen und Affenschädeln einreisen. Die Inspektoren des Bundeskriminalamtes FBI interessierten sich nur dafür, ob er Rauschgift oder sonstige illegale Drogen bei sich hatte. Sie fanden nichts. Er war sauber.
Sobald der Affenimporteur die Fragen der Journalisten beantwortet hatte und sich schließlich an Land befand, hatte er nichts Eiligeres zu tun, als Käufer für seine lebende Fracht zu finden. Es war Freitag, und das Wochenende war nicht günstig für solche Transaktionen.
Am Samstag abend war auch der letzte Affe verkauft und abgeholt. Verschiedene New Yorker Spitäler nahmen ihm die Versuchstiere bereitwillig ab. Den größten Teil kaufte, wie er richtig spekuliert hatte, das Rockefeller Institut. Um zehn Dollar das Stück.
Dr. Erben kassierte in knapp zwei Tagen die stattliche Summe von 10000 Dollar. Damit konnte man damals ein Einfamilienhaus kaufen.
Am Montag bestieg er zum ersten Mal in seinem Leben ein Flugzeug und flog nach Los Angeles, zum ersten Wiedersehen mit seinem Freund Errol nach zweieinhalb Jahren.
Flynn erwartete ihn am Flughafen. Er fuhr ihn sofort in seinem neuen schnittigen Auburn in seine Villa am Lookout Mountain, hoch über den Hollywoodbergen, wo er kurz zuvor mit seiner jungen Frau eingezogen war.
Errol Flynn hatte wenige Monat vorher auf Drängen der Filmfirma sein wildes Junggesellenleben aufgegeben und die temperamentvolle französische Schauspielerin Lili Damita geheiratet. Er hatte sie auf der Überfahrt auf der *Paris* kennengelernt und sofort mit ihr ein Verhältnis begonnen. Die frühere Geliebte des deutschen Kaisersohns Prinz Louis Ferdinand war ebenfalls unter Vertrag bei Warner, aber der große Durchbruch war ihr noch nicht gelungen. Errol war der Star in der Familie.
Lili Damita, die ebenso eifersüchtig wie schön war, konnte den Mann nicht ausstehen, den ihr Gatte ins Haus brachte. Er war ihr vom ersten Augenblick an widerlich.
Sie konnte nicht verstehen, was ein Errol Flynn, das umschwärmte Filmidol von Millionen, ein Snob, der nur maßgeschneiderte Anzüge und Seidenhemden trug und die Allüren eines verwöhnten engli-

schen Gentleman hatte, mit diesem unappetitlichen, schäbig gekleideten Mann mit der bellenden Kommandostimme wollte.

Sie wußte, daß Errol bisexuell war, so wie auch er von ihren lesbischen Beziehungen wußte. Sie hatten keine Geheimnisse voreinander. Aber Errol flog auf Boys, nicht auf einen Mann, der ein Dutzend Jahre älter war als er und noch dazu in jeder Beziehung unattraktiv. Trotzdem spürte sie, daß die beiden Männer auf eine ihr unverständliche Weise miteinander intim waren.

Sie sprachen vor ihr über Unbekannte, ohne ihr zu sagen, wer sie waren; lachten schallend über etwas, ohne daß sie erfuhr, worüber; und sie hegte den Verdacht, daß der „Doc", wie Errol ihn nannte, ihrem Mann bei Seitensprüngen die Mauer machte. Manchmal blieben sie miteinander bis in die frühen Morgenstunden aus, ohne daß sie erfuhr, wo sie gewesen waren. An solchen Tagen, wenn Errol ohne Schlaf ins Studio mußte, spritzte Erben ihm ein Medikament oder eine Droge. Sie wußte nicht, was es war.

Der Mann war ihr unheimlich. Sie haßte ihn. Nicht zuletzt weil er überall erzählte, er hätte sie bereits vor Jahren in Wien gekannt und als Arzt wegen Migräne behandelt, während sie angeblich unter Kertesz in *Sodom und Gomorrha* filmte. Sie konnte sich überhaupt nicht daran erinnern, außerdem litt sie nie an Migräne. Sie war sicher, daß er diese Stories nur erfand, um sich vor anderen als ihr langjähriger Bekannter aufspielen zu können. Und um sie älter erscheinen zu lassen. Sie sagte Errol, sein Freund sei ein Scheusal, das auch nie bade. Aber Errol lachte nur dazu und nahm ihn wieder mit zu den Drehaufnahmen. Lili nahm er nie mit.

Jim Fleming, Flynns engster Vertrauter in jenen Tagen, teilte Lilis Abneigung:

> „Er war penetrant antisemitisch und prahlte noch damit, was gerade in Hollywood nicht gut ankam. Er trug jeden Tag die gleiche Kleidung: eine Art Braunhemduniform und lederne Schaftstiefel (...) Lili war äußerst eifersüchtig, daß er Errol so in der Hand hatte. Sie war überzeugt, daß er Errol zu seiner Promiskuität anspornte."

Die Braunhemduniform und die Stiefel waren die Überreste der Maskerade, die er ein Jahr vorher in Wien getragen hatte, für die er, wie er prahlte, „drei Monate Kerker bekommen hatte". Er hatte auch das angebliche Hitlerfoto mitgebracht. Er zeigte es Errol und allen anderen, stolz darauf, daß er Hitler wirklich zum Verwechseln ähnlich sehen konnte.

„Fucking guts", sagte Flynn voll Bewunderung, während er seinem Freund zuhörte. „Fucking, fucking guts." Sein Freund hätte dafür gehenkt werden können. „By those bastards."

In den Augen des Hollywoodstars war sein Freund noch immer mehr Held als alle seine bramabasierenden Filmhelden zusammengenommen. Und er sagte es ihm. Das war alles, was Erben von seinem Zögling hören wollte.

Nur einen gab es in Flynns Entourage, dem „Doc Erben" in seiner zusammengestückelten Naziuniform ebenfalls imponierte. Max Carmel, Flynns Diener, Chauffeur und Bodyguard. Ein Hüne von einem Mann. Ein treffsicherer Revolverheld und Schlägertyp wie Erben, mit den gleichen politischen Ansichten. Max Carmel war Polizeichef in Guatemala gewesen, bevor die Revolution ihn von dort verjagte.

Lili atmete erleichtert auf, als der unliebsame Gast nach mehr als einer Woche in ihrem Haus eines Morgens beim Frühstück erklärte, er müsse zurück an die Ostküste. Urgent business. Errol chauffierte seinen Freund am nächsten Tag selbst zur Union Station, downtown Los Angeles. In Flynns schnittigem Auburn rasten sie noch einmal, pausenlos hupend, den steilen Laurel Canyon hinunter.

Der Abschied war diesmal nicht so schmerzlich wie in Marseilles. Die beiden Freunde wußten und versicherten es einander, während sie warteten, bis der *Silver Arrow* sich in Bewegung setzte, daß nicht wieder zweieinhalb Jahre bis zum nächsten Wiedersehen vergehen würden. Sie hatten zu viele Pläne geschmiedet, die sie gemeinsam ausführen wollten, und es gab so viele Bordelle in Hollywood, die Errol seinem Freund noch zeigen wollte.

Die „dringenden Geschäfte" Erbens waren zweierlei: Er hatte noch immer keinen gültigen amerikanischen Reisepaß, und er wollte Weihnachten mit seiner Mutter in Wien verbringen. Sie beklagte sich

in jedem Brief, wie allein sie war, wie verlassen und wie arm. Ohne Geld für Brot, geschweige denn für ihre geliebten Bonbons. Er würde sie überraschen.
Die nächsten Ereignisse liefen so rasch hintereinander ab wie die Einstellungen in einem Film. Jeder Tag eine neue Szene.
Am 4. Dezember erschien er in der Paßabteilung im State Department und suchte um einen neuen Reisepaß an. Er müsse wegen einer dringenden Familienangelegenheit sofort nach Wien reisen. Um den bürokratischen Weg abzukürzen, sei er deshalb selbst nach Washington gekommen.
Am 5. Dezember hatte er eine längere Unterredung mit dem Leiter der staatlichen Rauschgiftbehörde, Kommissar H.J. Anslinger, während der er seine Streichung von der Liste der des Rauschgifthandels Verdächtigen beantragte. Mangels an Beweisen. Kommissar Anslinger hörte ihn an, traf aber keine Entscheidung.
Am 6. Dezember wurde ihm ein neuer Paß ausgestellt, der allerdings nur gültig für drei Monate war, damit er nach Wien reisen könne. Er mußte eine eidesstattliche Erklärung unterzeichnen, daß er nach Ablauf dieser drei Monate den Paß persönlich in der Paßabteilung retournieren würde. Andernfalls würde er nie wieder einen Reisepaß bekommen. Die Behörden begannen, Druck auf ihn auszuüben.
Zwei Tage später schiffte er sich in New York auf dem Frachter *Scarcoxie* ein. Am Morgen des 22. Dezember legte das Schiff in Le Havre an, und am Weihnachtsabend stand er vor Mama. Mit einer Schachtel ihrer heißgeliebten Bonbons in der Hand.
Es waren stille Feiertage. Klara war während seiner Abwesenheit ihrer Mutter nach Berlin gefolgt und hatte Kurt und Santos mitgenommen. Die Stimmung der Familie war gedrückt. Seine beiden Cousins saßen noch immer in Haft. Die „Nudelbrüder" hielten sich in Dekkung. Seit ihr „Führer" abgereist war, hatten sie sich nicht mehr versammelt.
Die Stille dauerte nicht lange.
In der ersten Nacht des neuen Jahres, nachdem er im 2. Stock mit Mama allein Sylvester gefeiert hatte, wurde Dr. Erben in seiner Mansarde von zwei Polizisten aus dem Schlaf geweckt. Sie hatten

einen Hausdurchsuchungsbefehl, fanden aber nichts als geringe Mengen weißer Substanzen, die er bereitwillig als Opium und Kokain identifizierte. Er wurde auf der Stelle wegen Verdachts auf Besitz von Rauschgift verhaftet und ins Polizeipräsidium gebracht, jedoch nach einer kurzen Einvernahme und Verhängung einer Ordnungsstrafe von 20 Schilling innerhalb von Stunden wieder freigelassen.

Die Hausdurchsuchung und die Verhaftung waren Warnsignale. Erben ließ sich durch die geringe Strafe und die rasche Freilassung nicht täuschen. Er war sicher: nach allem, was sie von ihm wußten, suchten die Sicherheitsbeamten der Schuschnigg-Regierung nach mehr bei ihm als nach ein paar Gramm Narkotika.

Er irrte sich nicht.

Die rasch wachsende Akte über Erben lag nicht nur im Bundeskanzleramt, sondern, seit er nach Wien zurückgekehrt war und sich ordnungsgemäß polizeilich angemeldet hatte, auch auf dem Schreibtisch des Polizeipräsidenten Michael Skubl. Diesem waren auch die Informationen des amerikanischen Generalkonsulats bezüglich des Verdachts auf illegalen Drogenhandel Dr. Erbens zugeleitet worden.

Der Polizeipräsident hatte persönlich die Hausdurchsuchung angeordnet und die beiden Polizisten angewiesen, nach verbotenen Substanzen zu suchen.

Skubl, der auch sämtliche Unterlagen über das Verhalten Erbens bei der Reisch-Expedition vor sich hatte, teilte nicht die Ansicht seines Untergebenen, Polizeikommissar Dr. Mayer, daß Erben ein „harmloser Narr" sei. Er stufte ihn als „gefährlichen Nationalsozialisten" ein und ordnete unverzüglich eine Vorerhebung gegen ihn an.

Skubl hatte dafür die volle Unterstützung seiner Kollegen im Justizministerium, wo ebenfalls die diversen Unterlagen des neuaufgerollten „Falls Erben" eingehend studiert wurden.

Erben erfuhr durch einen Beamten des Ministeriums, einen illegalen Nationalsozialisten, wie sie zu diesem Zeitpunkt jedes Amt infiltriert hatten und ihre Gesinnungsgenossen warnten und auch in Schutz nahmen, von der laufenden Voruntersuchung. Um allen eventuellen Ergebnissen zuvorzukommen, reichte er am 16. Jänner im Justizministerium ein selbst verfaßtes Gnadengesuch ein. Es wurde verworfen.

Genau zwei Monate später, am 16. März, wurde der „amerikanische Staatsbürger Dr. med. Hermann F. Erben“ als „unerwünschter Ausländer“ wegen „extremer nationalsozialistischer Umtriebe“ aus Österreich ausgewiesen.

Die Ausweisung Dr. Erbens hatte schwerwiegende Folgen für seinen Freund in Hollywood: Flynn sollte aus den Vereinigten Staaten ausgewiesen werden. Völlig unerwartet erhielt er von der Immigrationsbehörde den schriftlichen Bescheid, daß er spätestens am 30. März das Land verlassen müsse.

Der amerikanische Konsul in Wien, Francis R. Stewart, hatte pflichtgemäß seine vorgesetzte Stelle im State Department über die Ausweisung des amerikanischen Staatsbürgers Erben aus Österreich informiert. Konsul Stewart hatte dabei auch erwähnt, daß der Ausgewiesene angeblich eng mit dem jungen Hollywood-Star Errol Flynn befreundet sei. Das State Department hatte sich daraufhin den Status des mit einem landesverwiesenen Nationalsozialisten befreundeten jungen Mannes näher angesehen und dabei festgestellt, daß Flynn sich illegal in den USA aufhielt, ohne gültiges Visum und ohne Arbeitsgenehmigung. Dabei kassierte er seit seinem Erfolg mit *Captain Blood* wöchentlich von Warner Bros. 800 Dollar, mit einer Option auf 2 500 Dollar pro Woche.

Flynn hatte in seinen in Rabaul ausgestellten australischen Reisepaß am 3. November 1934 am amerikanischen Generalkonsulat in London ein für ein Jahr gültiges Besuchsvisum erhalten, es jedoch danach nicht erneuert. Er befand sich daher seit 3. November 1935 illegal im Land und verdiente illegal eine Menge Geld.

Der Filmstar geriet in Panik, als er das Schreiben der Einwanderungsbehörde in Händen hielt, und er wandte sich an die Rechtsabteilung des Studios um Hilfe. Jack Warner trat sofort in Aktion. Er würde sich seinen neuen Kassenstar nicht von ein paar bürokratischen Schreibtischfüchsen in Washington wegnehmen lassen.

Der Studioboß setzte sich sofort mit seinem guten Freund Will Hayes in Verbindung, dessen allmächtiges Hayes-Office nicht nur über die Moral Hollywoods und die Rocklänge und die Dauer und Intimität der Küsse in den dort produzierten Filmen wachte, sondern auch einsprang, wenn einer seiner Stars in Schwierigkeiten geraten war.

Hayes schaffte es, die bereits ausgesprochene Ausweisungsorder außer Kraft zu setzen und die Sache so zu arrangieren, daß Flynn nach ein paar Tagen außer Landes in der mexikanischen Grenzstadt Mexicali vom dortigen amerikanischen Konsul ein neues Einreisevisum bekam – allerdings nicht mehr auf der beschränkten australischen Quote, sondern auf der bevorzugten britischen. Die Aktion war vollkommen gesetzwidrig, da Flynn gebürtiger Australier war.

Die Dreharbeiten für den neuen Flynn-Film *Charge of the Light Brigade,* wieder unter der Regie von Curtiz und wieder mit Olivia de Havilland als Partnerin, mußten fünf Tage unterbrochen werden. Flynn nutze die Tage und vergnügte sich in Mexiko. „South of the border“ sah ihm niemand über die Schulter, und Boys waren billig. Obwohl er Mexicali nicht hätte verlassen hätte dürfen, unternahm er einen Abstecher nach Mexiko City und Guadalajara, wo das Nachtleben wesentlich interessanter und abwechslungsreicher war als in dem verstaubten Nest an der Grenze. Ausgebumst, aber mit einem gültigen Einwanderungsvisum reiste Flynn nach fünf Tagen wieder in die USA ein.

Dr. Erben war die Wiedereinreise nach Österreich ausdrücklich verboten worden, aber er war seiner Ausweisung um einen Tag zuvorgekommen. Bevor sie rechtskräftig wurde, reiste er am 15. März nach Berlin. Seine Anwesenheit war dort dringend notwendig. Klara hatte ihm geschrieben, daß für den 16. ein Gerichtstermin angesetzt war, zu dem beide Elternteile ihrer Söhne erscheinen mußten. Es ging um die Sterilisierung von Kurt und Santos.

Der Schularzt hatte Dr. Erbens Söhne den NS-Behörden als „geistig unterentwickelt“ gemeldet. Das Reichsgesundheitsamt hatte daraufhin bei Gericht ihre Zwangssterilisierung beantragt. Sie sollten nicht in der Lage sein, „minderwertiges Erbgut“ weiterzugeben. Die Gerichte gaben solchen Anträgen der Parteistellen routinemäßig und in den meisten Fällen ohne Einspruch statt.

Nur durch seine guten Verbindungen innerhalb der AO gelang es Dr. Erben, dieses Schicksal von Kurt und Santos in letzter Minute abzuwenden.*

In Berlin beantragte Dr. Erben am amerikanischen Generalkonsulat Einwanderungsvisa für seine Söhne. Er gab an, sie zu sich in die USA holen zu wollen, damit sie Amerikaner werden könnten. Später einmal in der amerikanischen Armee dienen und nicht in der deutschen. Daran war kein Wort wahr. Er dachte nicht daran, sich die Verantwortung für die beiden Halbwüchsigen aufzubürden, nachdem er sie eben erst losgeworden war.

Die Anträge wurden zwar angenommen, aber bei dieser Gelegenheit wurde Dr. Erben aufgefordert, den inzwischen abgelaufenen Paß, den er längst hätte persönlich in Washington abliefern müssen, zurückzugeben. Ohne Paß blieb ihm nichts anderes übrig, als in die USA heimzukehren.

Er heuerte als Schiffsarzt auf dem amerikanischen Frachter *City of Hamburg* an, der am 26. April von Bremerhaven auslief und am 13. Mai in Baltimore landete, und reiste sofort nach Washington weiter, um zu versuchen, am Paßamt seinen eingezogenen Paß erneuert zurückzubekommen. Aber dort hatte niemand mehr mit seinem Erscheinen gerechnet. Er war in der Zwischenzeit als verstorben gemeldet worden. Sogar die Zeitungen hatten es berichtet: „AMERICAN DOCTOR FOUND DEAD IN INDIA."

Die angesehene internationale Nachrichtenagentur INS hatte die Meldung verbreitet, daß der aus Wien stammende amerikanische Arzt Dr. Herman F. Erben im Waltail-Spital in Kalkutta verstorben sei, nachdem er in einem Erste-Klasse-Abteil des Zuges von Madras nach Kalkutta bewußtlos aufgefunden worden war. Einige amerikanische Zeitungen hatten die Agenturmeldung übernommen und gedruckt.

Der Paßbeamte wußte daher nicht, ob er einen Schwindler oder einen vom Tod Auferstandenen vor sich hatte, als der Mann sich ihm als Dr. Herman F. Erben vorstellte und die Erneuerung seines einge-

* Ein Sohn Kurts lebt heute in der Bundesrepublik.

zogenen Passes verlangte. Auf jeden Fall weigerte er sich zunächst, einen solchen Antrag von einer als tot gemeldeten Person entgegenzunehmen. Noch dazu sah der Mann, der vor ihm stand, völlig anders aus als der Mann auf dem alten Paßfoto. Glattrasiert statt mit einem Vollbart.

Der Beamte veranlaßte, daß drei verschiedene Fotos des angeblich verstorbenen und des offensichtlich lebenden Dr. Erben an das FBI-Labor geschickt wurden. Mit der Bitte, festzustellen, ob der glattrasierte Mann mit dem vollbärtigen identisch sei. Erst als das Resultat der Untersuchung positiv zurückkam, nahm der Beamte den Antrag an.

Einige Tage später erhielt Dr. Erben seinen alten Paß verlängert zurück.

Das Rätsel um die Todesmeldung wurde nie gelöst. Dr. Erben behauptete stets, dahinter könne nur der Kellner in Kalkutta gesteckt haben, der ihm die fluchbeladene Girlande umgehängt hatte, da die Meldung vom INS-Büro in Kalkutta ausgegangen war. Flynn war anderer Meinung. Er hatte die Nachricht, daß sein Freund verstorben sei, ebenfalls gelesen, aber gewußt, daß Erben sich zum fraglichen Zeitpunkt in Wien aufhielt. Er zweifelte keinen Augenblick, daß dieser seinen angeblichen Tod durch einen Mittelsmann selbst inszeniert hatte – entweder aus Spaß an der Sache, oder um irgendwelche Verfolger, echte oder eingebildete, von seiner Fährte abzubringen.

Lili bedauerte, daß die Todesnachricht nur eine Zeitungsente war. Sie hatte gehofft, den unliebsamen Nebenbuhler los zu sein.

5

1937

Wie Erben mit Errol Flynn in den Spanischen Bürgerkrieg zog und für Franco und Hitler spionierte.

Der Plan, den Dr. Erben seinem Freund Errol Flynn bei seinem zweiten Besuch in Hollywood, im Februar 1937, anvertraute, wäre ohne die Mitwirkung des Hollywoodstars nicht durchführbar gewesen. Doch Flynn war mit dem Plan und vor allem mit der Rolle, die Erben ihm dabei zugedacht hatte, sofort einverstanden.

Erben hatte den Plan während der Rückreise von Rio de Janeiro in die Vereinigten Staaten ausgeheckt. Sie würden gemeinsam nach Spanien reisen und bei der militärischen Auseinandersetzung zwischen der gesetzmäßig gewählten republikanischen Regierung und den Aufständischen unter General Franco auf eigene Faust hinter den Frontlinien der Republikaner spionieren. Für Franco und Hitler zugleich, der gemeinsam mit Mussolini die faschistischen Rebellen in diesem Überlebenskampf der demokratischen Kräfte in Spanien massiv unterstützte. Flynn sollte Erben bei diesem Unternehmen als Tarnung dienen.

Während der vierzehn Monate, die seit seinem ersten Besuch in Hollywood vergangen waren, hatte Erben bereits einige Proben seiner agitatorischen Fähigkeiten zugunsten des Hitlerregimes geliefert.

Er hatte, ein halbes Jahr nachdem er wegen seiner Naziumtriebe aus Österreich landesverwiesen worden war, als Schiffsarzt auf dem Passagierfrachter *West Mahwah* der amerikanischen McCormick Linie auf der Fahrt von San Francisco nach Südamerika in San Juan, Puerto Rico, die Besatzung zur Meuterei aufgehetzt, Passagiere und Offiziere mit seinem Revolver bedroht und die Dockarbeiter daran gehindert, die Fracht zu löschen.

Auf der Weiterfahrt hatte er, obwohl er als Schiffsarzt die Offiziersuniform der amerikanischen Handelsmarine trug, jedes deutsche Schiff, dem die *West Mahwah* begegnete, vom Deck aus demonstrativ mit dem Nazisalut und einem lauten „Heil Hitler!“ gegrüßt.
Als der Kapitän des Schiffes, Jansen, ihn deswegen zur Rede gestellt hatte, hatte er ihm erklärt: „Wir Deutschen betrachten Hitler als ein höheres Wesen und unseren Erretter. Ich würde jeden, der ein Wort gegen den Führer sagt, niederschlagen und ihm die Gurgel durchbeißen.“ Als Kapitän Jansen ihn darauf aufmerksam gemacht hatte, daß er amerikanischer und nicht deutscher Staatsbürger sei, hatte er geantwortet, das sei er nur wegen der Vorteile geworden, die ihm die amerikanische Staatsbürgerschaft biete.
Während die *West Mahwah* in Santos vor Anker lag, hatte er die Mitglieder der amerikanischen Regierungsdelegation zur Friedenskonferenz in Buenos Aires, deren Schiff, die *Southern Cross,* ebenfalls in Santos ankerte, von Deck zu Deck auf das Unflätigste beschimpft und mit Naziparolen traktiert.
Kapitän Jansen hatte dem FBI gemeldet, daß er seinen deutsch-amerikanischen Schiffsarzt für einen Nazispion halte, da er bei der Durchfahrt durch den strategisch wichtigen Panamakanal ununterbrochen fotografierte und auch Aufnahmen von Militärinstallationen machte, die ausdrücklich unter Fotografierverbot standen.
Der amerikanische Generalkonsul in Rio, wo Dr. Erben als Schiffsarzt ausgemustert wurde und beim Einräumen seiner Habseligkeiten auch alle ihm anvertrauten chirurgischen Instrumente einpackte, hatte an seine Dienststelle im State Department berichtet, daß Dr. Erben in seinem Büro mit einem Hakenkreuz auf seiner Gürtelschnalle erschienen war.
Auf der Rückreise nach Kalifornien, die er auf der *Del Norte* antrat, einem Schiff der Mississippi Shipping Line, hatte der notorische Provokateur den patriotischen Stolz seiner Landsleute dadurch verletzt, daß er sich am Silvesterabend vor allen Anwesenden seine Hände demonstrativ an dem im Speisesaal aufgepflanzten Sternenbanner abwischte.

In den Augen Dr. Erbens waren das jedoch nur Fingerübungen für das große Gesellenstück, das ihn mit einem Schlag in die höchsten Ränge der Nazispione katapultieren sollte.
Der Plan, mit Errol in den Spanischen Bürgerkrieg zu ziehen, wäre allerdings beinahe wieder einmal am gültigen Reisepaß gescheitert. Der amerikanische Generalkonsul in Rio hatte auf Weisung der Leiterin der Paßabteilung im State Department, Mrs. Ruth Shipley, Dr. Erbens abgelaufenen Paß Nr. 248 504 eingezogen und an die ausstellende Behörde in San Francisco retourniert. Erben war sein alter Seemannsausweis geblieben, der als Reisedokument auf einem amerikanischen Schiff wie der *Del Norte* genügte, aber nicht für eine Reise nach Europa. Schon gar nicht in ein Kriegsgebiet.
Dabei war der Zeitpunkt für die Ausführung ihres Plans ideal. Lili war nach einem häuslichen Krach auf und davon nach Europa. Sie schwamm zu dem Zeitpunkt auf der *Ile de France* irgendwo auf dem Atlantik und konnte sie nicht kontrollieren. Errol hatte zwischen den beiden Filmen *Green Light* und *The Prince and the Pauper* einige Wochen drehfrei und konnte aus Hollywood verschwinden, ohne daß seine Abwesenheit auffallen würde.
Dr. Erben entschloß sich zum Frontalangriff. Er schrieb direkt an Mrs. Shipley und ersuchte sie, das Paßamt in San Francisco auf seine Kosten telegrafisch anzuweisen, seinen Paß zu erneuern und an die Anschrift seines Freundes Errol Flynn, bei dem er wohne, zu schikken. Er fügte hinzu, daß er mit dem berühmten Filmstar „eine Expedition“ zu unternehmen beabsichtige, „die für meine Karriere von größter Bedeutung ist.“ Um Mrs. Shipley von seinem eigentlichen Reiseziel möglichst weit abzulenken, schrieb er:

> „Bitte lassen Sie den Paß ‚gültig für alle Länder‘ ausstellen, da wir vorhaben, zuerst Mr. Flynns Eltern in Irland zu besuchen, und anschließend nach Afrika, Südamerika und möglicherweise Neuguinea reisen wollen.“

Die Erwähnung des Namens des berühmten Hollywoodstars hatte offensichtlich die beabsichtigte Wirkung. Wenige Stunden bevor

Dr. Erben den Zug nach New York besteigen mußte, wenn er die *Queen Mary* erreichen wollte, auf der sie bereits Plätze für die Überfahrt nach Europa gebucht hatten, traf Mrs. Shipleys telegrafische Antwort ein:

> „Ihr Paß am Paßamt in San Francisco. Paßbeamter auf Ihre Kosten telegrafisch autorisiert, Gültigkeitsdauer bis 7. Dezember 1937 zu verlängern und Ihnen den Paß gegen Rückgabe Ihres Seemannsausweises auszufolgen. – Ruth Shipley, Leiterin der Paßabteilung."

Die letzte Hürde war genommen. Das Abenteuer konnte beginnen. Nach dem Eintreffen des Telegramms blieb gerade noch Zeit genug, daß Johnny Mayer Erben in Flynns weißem Cadillac zur Union Station chauffierte. Die Schaffner schlugen schon die Türen zu, als Erben mit seinem schwarzen Koffer als letzter an Bord des *Super Chief* kletterte.
Noch während die beiden unterwegs zum Bahnhof waren, gab Flynn telegrafische Anweisung an das Paßamt in San Francisco, den Paß seines Freunden nach New York weiterzuleiten:

> „Herman Erben heute nach New York abgereist. Erbitte rascheste Luftpostsendung seines Passes an Paßamt New York, wo Seemannsausweis zurückgegeben wird. Erben abfährt auf *Queen Mary* am 24. – Errol Flynn."

Flynn ließ durch seinen Presseagenten die Nachricht verbreiten, er sei Lili nachgereist, um eine Aussöhnung mit ihr herbeizuführen, und flog am Abend des 22. Februar mit dem Clipper der Fluglinie TWA, die seinem Freund Howard Hughes gehörte, von Los Angeles ab. Nach sechzehn Stunden und mehreren Zwischenlandungen zum Auftanken landete er am nächsten Tag um 11 Uhr 30 in New York. Er ließ sich sofort ins Hotel St. Moritz chauffieren, wo Johnny Mayer für ihn eine Suite mit Ausblick auf den Central Park reserviert hatte. Am Nachmittag kam Dr. Erben ins Hotel.

Der *Super Chief* war wegen eines Schneesturms mit sechs Stunden Verspätung in New York angekommen, und Erben hatte seinen Koffer zu Fuß quer durch Manhattan von der Pennsylvania Station zur Grand Central Station getragen, in einem Schließfach aufbewahrt, dann war er nach einem kurzen Besuch bei seinem Freund Dr. Rudolf Scharff in Yorkville den langen Weg von der 85. bis zu Flynns Hotel an der 60. Straße durch den Schneematsch gestampft. Erben dachte nicht daran, Geld für den Bus oder ein Taxi auszugeben.
Zu allererst erzählte ihm Flynn, was im heutigen *Hollywood Reporter* stand. Johnny hatte es ihm ein paar Minuten vorher am Telefon vorgelesen.

> „Flynn und Gattin auf Vergnügungsreise nach Europa. – Errol Flynn flog gestern auf einen achtwöchigen Urlaub von Warner nach New York. Lili Damita (Mrs. Flynn) schließt sich ihm in New York für die Weltreise an. Fahren morgen auf *Queen Mary*."

„Nachdem Lili wahrscheinlich schon in Paris ist und du mit mir auf der *Queen Mary* fährst und nicht sie, bleibt nichts anderes übrig, als daß du dich für Lili ausgibst, wenn die Reporter nach ihr fragen."
Erben grinste. Er freute sich, wenn Errol solche zweideutigen Anspielungen auf ihr Verhältnis machte.
„Blasen kannst du bestimmt so gut wie sie."
„Besser."
Sie lachten. Solche Vulgärausdrücke gehörten zu ihrem gemeinsamen Vokabular. Es verband sie wie kaum etwas anderes.
Erben und Flynn waren bereits in Hollywood übereingekommen, sich bis zur Abfahrt des Schiffes so wenig wie möglich in der Öffentlichkeit gemeinsam zu zeigen. Deshalb schlief Dr. Erben auch nicht bei Flynn im Hotel, sondern hatte sich sein eigenes Nachtquartier ausgesucht. Flynn, der den Spleen seines Freundes kannte, dem auch die allerbilligste Unterkunft noch nicht billig genug war, fragte ihn, wo er übernachten würde.
„In der Grand Central Station."
„Wo kann man in der Grand Central Station übernachten?"

„Auf den Bänken im Wartesaal. Umsonst."
„Hoffentlich bist du dort telefonisch zu erreichen. Und sie haben dir zu Ehren eine Fahne am Portal gehißt?"
Flynn ärgerte sich jedes Mal, wenn er mit der Tatsache konfrontiert wurde, daß sein Freund es vorzog, in einer Obdachlosenunterkunft unter Schnapsbrüdern und Pennern oder, so wie jetzt, auf einer Bank in einer Bahnhofshalle zu schlafen statt in einem Fünf-Sterne-Hotel in einem Bett mit seidenen Laken. Selbst dann, wenn es ihn keinen Cent kostete. Flynn empfand diese merkwürdige Vorliebe für Elendsquartiere und seine Gleichgültigkeit gegenüber Bequemlichkeit, ja seinen Mangel an persönlicher Hygiene, stets als einen Affront gegen seine eigene Person. So als hätte auch er keinen Anspruch auf die Privilegien, die sein Stardasein mit sich brachte. – Was machte sie so verschieden voneinander, wo sie sich doch in so vielem so ähnlich waren? Er wußte, daß Erben kein Kommunist war, auch wenn er sich manchmal dafür ausgab. Das war seine Tarnung. In Wirklichkeit haßte er Kommunisten. Er kam auch aus keiner armen Familie.
Flynn mußte an seinen nächsten Film denken. *The Prince and the Pauper*. Könnte er, wie der Prinz mit dem Bettelknaben, Rollen tauschen? Bestimmt nicht. Aber er war sicher, daß auch Erben es nicht könnte. Etwas in ihm schien ihn ständig zu dieser Selbsterniedrigung zu zwingen. Genau wie etwas in Flynn ihn ständig zu immer größerem Luxus antrieb.
Er ärgerte sich über diese Marotte seines Freundes, und seine Stimme verriet ihn.
„Ich hoffe, daß du dir wenigstens ein Taxi leistest und nicht zu Fuß zum Paßamt gehst."
„Ja ja ja."
„Daß sie dir nicht vor der Nase zusperren und du morgen ohne Paß dastehst und nicht fahren kannst!"
Erben beschwichtigte Flynn und versprach, ein Taxi zu nehmen. Aber als er an der Ecke Broadway und Central Park South stand, ließ er die Taxis passieren und stieg in einen Bus ein. Er konnte nicht anders. Fünf Cents für den Bus – ein Taxi hätte ihn vielleicht einen Dollar gekostet. Er haßte Taxis und die Menschen, die sie benutzten,

als ob die öffentlichen Verkehrsmittel für sie nicht gut genug wären. Der Bus fuhr den Broadway hinunter.
Im Vorbeifahren sah Erben, daß im „Strand“ an der 47. Straße Errols jüngster Film gegeben wurde. *Green Light* mit Anita Louise. Es war kein Erfolg, und die Kritiken waren nicht gut gewesen. Auch für Errol nicht. Errol gab dem neuen Regisseur schuld, Frank Borzage. Borzage war kein Michael Curtiz, genau wie Anita Louise keine Olivia de Havilland war.
Am Paßamt, das er knapp vor Büroschluß erreichte, hatte Dr. Erben einen scharfen Wortwechsel mit dem Paßbeamten, einem Mr. Hoyt, der ihn schon von früheren Auseinandersetzungen her kannte.
Der Paß war noch nicht eingetroffen.
„Warum nicht?“
Mr. Hoyt wußte es nicht. Er war einfach noch nicht da.
„Wenn ich es in drei Tagen per Bahn von Los Angeles bis New York schaffe, so müßte es das Paßamt mit meinem Paß per Luftpost von San Francisco bis New York ebenfalls können.“
„Morgen früh kommt die nächste Post. Vielleicht ist Ihr Paß dann dabei.“
„Morgen früh! Sie sperren um acht Uhr auf! Um zehn Uhr fährt die *Queen Mary*, auf der mein Freund Errol Flynn für uns beide gebucht hat!“
„Wenn Sie pünktlich um acht Uhr da sind und der Paß ist angekommen, so erreichen Sie das Schiff leicht. Mit einem Taxi sind Sie in fünfzehn Minuten am Pier.”
„Und wer bezahlt mir das Taxi? Das Paßamt?“
Dr. Erben stürmte ohne jedes weitere Wort aus dem Büroraum. Mr. Hoyt blickte ihm nach. Fährt auf einem Luxusdampfer nach Europa, mit einem Hollywood-Star, der wahrscheinlich alles bezahlt, und regt sich auf über einen lausigen Dollar, den ein Taxi vom Paßamt bis zum Cunard–Pier kosten kann!
Erben brauchte für den Weg von der Spitze Manhattans bis zur 42. Straße volle zwei Stunden zu Fuß. Er war erschöpft und durchnäßt, als er endlich vor der säulenverzierten Fassade des Bahnhofsgebäudes stand. Er steuerte sofort auf den Wartesaal zu, vom Eingang links,

bevor man die eigentliche Bahnhofshalle betrat. Das war das Nachtasyl. Es war neun Uhr, Zeit, sich eine Schlafstelle zu sichern.

Schwere, braunpolierte Bänke mit hohen Rückenlehnen, aufgestellt wie in einer Kirche, füllten den großen Saal. Einige Bänke waren schon belegt, reserviert für die Nacht. An jedem Ende der belegten Bänke saß eine einsame Figur. Vornübergebeugt, in sich zusammengesunken oder schweigend vor sich hinstarrend. Nur Männer. Meist ältere. Keine Frauen. Nicht alle waren schäbig gekleidet. Sie warteten. Erst um Mitternacht durften sie sich auf den Bänken ausstrekken. Je zwei auf einer Bank. Mit den Füßen zueinander. Das war die Regel. Jeder, der hierherkam, kannte sie. Wer sich daran hielt, wurde für den Rest der Nacht von den blauuniformierten Polizisten, die in Abständen durch die Wartehalle patrouillierten, nicht mehr gestört.

Dr. Erben suchte sich eine freie Bank nahe einem zischenden Heizkörper, der etwas Wärme ausstrahlte. Er schlief unruhig. Er wurde immer wieder von Schritten geweckt. In dem breiten Mittelgang zwischen den Bankreihen, der ins Untergeschoß führte, über Stiegen hinunter zur Subway und zu den Waschräumen und zur Herrentoilette, herrschte während der ganzen Nacht ein ständiges Kommen und Gehen.

Noch bevor die ersten Pendlerzüge aus den Vororten eintrafen und die Polizisten mit ihren hölzernen Schlagstöcken die Schlafenden von den Bänken stießen, räumte Dr. Erben seinen Platz.

Er holte seinen Koffer aus dem Schließfach, rasierte sich im Waschraum im Untergeschoß, trank im Automatenrestaurant dem Bahnhof gegenüber eine Schale dünnen Kaffee, und kletterte an der 3. Avenue die hölzerne Treppe zur Hochbahn hinauf, die ihn zum Battery Park bringen würde, wo sich das Paßamt befand.

Ein Fahrgast hatte auf dem Sitz neben seinem eine Zeitung zurückgelassen. Das *Journal American.* Erben las sein Horoskop. Skorpion. „Heute bietet sich Ihnen eine Chance, die Sie nützen sollten."

Natürlich würde er sie nützen.

Pünktlich um acht Uhr betrat er Mr. Hoyts Amtszimmer. Er merkte am Gesicht des Beamten sofort, daß sein Paß nicht bei der Morgenpost gewesen war. Er gab sich ruhig. „Wenn das so ist, dann trägt eben die amerikanische Regierung die Verantwortung dafür, daß ich gezwungen bin, das Land ohne gültigen Reisepaß zu verlassen."

Hoyt konnte sich nicht entscheiden, ob der Mann ihm widerlicher war, wenn er brüllte oder wenn er sich, so wie jetzt, übertrieben freundlich gab.

Dr. Erben hinterließ die schriftlichen Anweisung, seinen Reisepaß, sobald er eintraf, auf seine Kosten an das amerikanische Konsulat in London weiterzuleiten, wo er ihn beheben würde.

Er verabschiedete sich höflich von Mr. Hoyt und verließ das Büro. Vor dem Paßamt winkte er einem vorbeifahrenden Taxi.

Das Taxi fuhr die Rampe zum erhöhten Highway entlang des Hudsons hinauf. Erbens Blick wechselte zwischen den Ziffern des tickenden Taxameters und den auf beiden Seiten rasch vorübergleitenden Ansichten New Yorks. Auf der linken Seite die Dockanlagen, die Fähre nach New Jersey und an den Piers aufgereiht die vor Anker liegenden Schiffe. Auf der Stadtseite rote Ziegelbauten, Lagerhäuser, billige Hotels und Seemannsunterkünfte, Hafenspelunken und dazwischen altersgraue Zinshäuser unter einem grauen Himmel, aus dem laut schreiende Möwen herab stießen. Schneefall war vorausgesagt, aber die salzige Meerluft roch bereits nach Frühling.

Um halb neun setzte das Taxi Dr. Erben und seinen Koffer vor dem Tor zum Pier der Cunard-Linie ab. Der schwarze Bug der *Queen Mary* ragte über das zweistöckige Abfertigungsgebäude hinaus, an dessen Längsseite der Ozeanriese lag. Zwei dicke Rauchfahnen aus den beiden Schornsteinen kündeten das baldige Auslaufen an.

Erben hastete die Stufen zum ersten Stockwerk hinauf.

Dort bahnte er sich, seinen schwarzen Koffer wie einen Rammbock vor sich herschiebend, eine Schneise durch die drängenden, stoßenden Menschenmassen: Passagiere, Freunde und Verwandte, die zum Abschiednehmen gekommen waren, Neugierige, die nur dabei sein wollten, Gepäckträger, mit Schrankkoffern so groß wie Kommoden auf ihren Karren, Zollbeamte, Schiffspersonal, Botenjungen mit Blumensträußen und Geschenkkörben, Telegrammausträger, Schuhputzer, Zeitungsverkäufer. – Wo würde er Errol finden?

Er brauchte nicht lange zu suchen. Errol Flynn, ganz der gefeierte

Filmstar, stand, seinen Kamelhaarmantel wie ein Cape lose um seine Schultern drapiert, umringt von devotem Cunard-Personal, Bewunderern, Verehrerinnen und Autogrammjägern, im Passagierbüro der Cunard–Linie, einer mit roten Teppichen ausgelegten und mit Mahagonimöbeln und Lederfauteuils ausgestatteten Glaskabine in der Mitte der Abfertigungshalle. Er war das lächelnde Zentrum, um das alle anderen wie in einem Wirbelsturm kreisten. Erben bemerkte sofort die Veränderung an seinem Freund. Er hatte sich über Nacht seinen dünnen Schnurrbart abrasiert, und ohne das Verführerbärtchen sah er noch jünger aus als seine siebenundzwanzig Jahre. Erben war stolz auf seinen Freund.*

Erben schüttelte leicht den Kopf, als er Flynn begrüßte. Flynn verstand. Er hatte den Zahlmeister bereits darauf vorbereitet, daß Dr. Erben, sein persönlicher Arzt und Begleiter, der unbedingt mit ihm reisen mußte, ohne Reisepaß eintreffen könnte.

Es war kein Problem, solange der Betrag für die Rückfahrt auf der *Queen Mary* erlegt wurde, falls die britischen Behörden Dr. Erben ohne Paß nicht landen ließen. Flynn zog sofort sein Scheckbuch heraus und unterschrieb einen Blankoscheck. Nonchalant überreichte er ihn dem Zahlmeister, der ihn lächelnd in Empfang nahm.

Ebensoleicht ging es bei der Paßkontrolle. Dr. Erben durfte mit seinem alten Seemannsausweis ausreisen. Er versprach, bis zur Wiedereinreise einen Paß zu haben.

Ein Schiffsoffizier geleitete die beiden Passagiere. Am Ende der Gangway trennten sich ihre Wege. Flynn wurde in die Erste Klasse eskortiert. Er hatte Kabine M–38 im obersten Deck. Mit Blick aufs Meer, Salon, Schlafzimmer, Bad und Abstellraum für sein Gepäck.

Erben schleppte seinen Koffer die vier Stockwerke zum untersten Deck der Touristenklasse hinunter. Er hatte Kabine D–499. Innenkabine. Fensterlos. Für vier Personen. Je zwei Betten übereinander. Es störte ihn nicht, da er wußte, daß er ohnehin die meiste Zeit mit Errol in der Ersten Klasse verbringen würde.

*) „Ich bin heute noch stolz darauf, daß ein so gutaussehender junger Mann mein bester Freund war", betonte Dr. Erben bei unseren Gesprächen.

Pünktlich um zehn heulten die Schiffssirenen zum letzten Mal. Die Besucher verließen eiligst das Schiff. Die Gangway wurde eingezogen. Unter dem Jubel der Passagiere und den Zurufen der Zurückbleibenden löste sich der schwarze Schiffskörper langsam vom Pier. Schlepper zogen den Ozeanriesen in den Hudson hinaus und stromabwärts, bis er an der Strommündung seine Fahrt aus eigener voller Kraft begann.
Als um elf Uhr die nächste Post am Paßamt eintraf, war Dr. Erbens Paß dabei. Aber statt Erbens schriftlicher Weisung zu folgen und den Paß nach London weiterzuleiten, schickte ihn Mr. Hoyt an seine Vorgesetzte, Mrs. Shipley. Mit einem Begleitschreiben, in dem er seinem Ärger Luft machte:

> „...Dieser Dr. Erben sucht um einen Reisepaß an, wenn er einen Vollbart trägt. Sobald er seinen Paß hat, läßt er ihn sich wieder abrasieren. Tatsache ist, daß er in Wirklichkeit selten so aussieht wie auf seinen Paßfotos. Entweder ist der Mann geistig nicht normal oder er ist sehr gewitzigt in seinem Gewerbe. Was immer das sein mag. Ich hege den starken Verdacht, es würde sich alles Mögliche herausstellen, wenn man ihn einmal genauer unter die Lupe nähme."

Mrs. Shipley hatte jedoch inzwischen einen handgeschriebenen Brief von Errol Flynn erhalten, den dieser knapp vor der Abfahrt auf dem Briefpapier der *Queen Mary* geschrieben und in dem er darum gebeten hatte, den Paß seines Freundes nicht nach London, sondern nach Southampton zu schicken. Mrs. Shipley, ein Flynn-Fan, tat ihrem Filmidol den Gefallen. Sie schickte Dr. Erbens Paß nach Southampton und schrieb an den dortigen amerikanischen Vizekonsul Willard Calder:

> „...Obwohl Dr. Erbens Name auf der vertraulichen Liste der Rauschgiftbehörde steht, scheinen gegenwärtig keinerlei Anschuldigungen gegen ihn vorzuliegen. Dementsprechend werden Sie hiermit ermächtigt, beiliegenden Reisepaß an Dr. Erben aus-

zuhändigen, sobald dieser nachgewiesen hat, daß dem Paßamt in San Francisco die Telegrammspesen in der Höhe von $ 1.89 ersetzt wurden."

Am letzten Tag an Bord, bevor Errol am Vormittag in Cherbourg und Erben am Nachmittag in Southampton an Land ging, lachten sich die beiden Freunde nach halb tot über einen gelungenen Spaß, den Errol sich knapp vor der Abfahrt mit einem Reporter der *New York Times* gleistet hatte.

Er hatte ihm aufgebunden, sein Reisegefährte, der berühmte Anthropologe Dr. Erben, hätte zuverlässige Informationen, daß der amerikanische Sportpilot Paul Redfern, der mit seiner Solomaschine über dem brasilianischen Urwald abgestürzt sein solle, noch am Leben sei. Sie seien nun gemeinsam auf dem Weg nach Südamerika, um Redfern zu suchen.

Der Reporter glaubte dem Star. Die *New York Times* hatte die Zeitungsente in ihrer Ausgabe vom 28. Februar gedruckt. Die Bordzeitung der *Queen Mary* druckte das *Times*-Interview mit dem berühmten Passagier am nächsten Tag vollinhaltlich nach. Flynn und Erben lasen es beim Frühstück.

Der Spaß war jedoch nicht so harmlos, wie er aussah. Flynn hatte mit der Falschmeldung in der angesehenen Zeitung seine und Dr. Erbens Spuren nach Spanien absichtlich verwischt. Auch gegenüber dem Studio. Jack Warner hätte seinen Kassenmagnet sicher zurückgepfiffen, hätte er von dem geplanten politischen Abenteuer Wind bekommen.

Flynn ging aus zwei Gründen in Cherbourg an Land, statt mit seinem Freund bis Southampton zu fahren. Erstens wollte er sich mit Lili in Paris treffen und sie so weit vorbereiten, daß sie keinen öffentlichen Skandal verursachte, wenn er nach Spanien abreiste, und zweitens waren er und Erben übereingekommen, daß es besser war, wenn er nicht in Erscheinung trat, falls Erben Schwierigkeiten bei der Einreise hatte.

Doch alles ging glatt.

Als die *Queen Mary* um drei Uhr anlegte und die Beamten der

Einwanderungsbehörde an Bord kamen, übergab ihnen Erben seinen alten Seemannspaß als Pfand, bis er im Besitz seines regulären Passes war, und durfte einreisen. Allerdings macht ihn der amtierende Inspektor darauf aufmerksam, daß er seinen Paß, sobald er einträfe, unverzüglich bei der Einwanderungsbehörde vorlegen müsse und Southampton bis dahin nicht verlassen dürfe. Dr. Erben versprach es, doch fuhr er sofort mit dem „boat train" nach London. In der Victoria Station gab er seinen Koffer in die Gepäcksaufbewahrung und wanderte ziellos durch die Stadt, die er von früheren Besuchen her kannte. Als es dunkel wurde, reihte er sich vor der Männerherberge Rawdon House, unweit von King's Cross, in die Reihe der Wartenden. Pünktlich um acht Uhr wurden sie eingelassen. Dr. Erben kannte die Routine schon.

„Undress!"

Die Männer mußten sich nackt ausziehen. Die Kleidungsstücke und Schuhe wurden als verschnürte Bündel an die Haken gehängt, die an langen Stricken von der Decke baumelten.

„All clothing settled?"

„Yes, Sir."

Die Kleiderbündel wurden hochgezogen. Nächstes Kommando: Desinfizierung – ein vornehmer Ausdruck für Entlausung. Die in dem ungeheizten Raum vor Kälte zitternden Männer wurden einer nach dem anderen aus einem großen Kanister an allen behaarten Körperstellen mit einer Petroleumlösung besprüht. Das war bei Erben überall, weil er am ganzen Körper dicht behaart war. Die Wärter achteten darauf, daß keiner sich davor drückte, das ätzende Entlausungsmittel auf der Haut zu verreiben, so daß es seine gewünschte Wirkung tat.

Nach einer halben Stunde wurden die ersten in den Duschraum geschickt. Mit einem Batzen Schmierseife auf die ausgestreckte Hand konnte jeder die ölige Substanz abwaschen.

Nach der Entlausung verkrochen sich die Männer in die mit Drahtgitter überspannten Schlafkojen, mit einer Matratze und einer groben Decke darauf. Kein Kopfkissen.

Um zehn Uhr wurden die Lichter ausgelöscht. Die leisen Gespräche von Koje zu Koje verstummten, aber die Stille wurde bald vom Schnarchen der schlafenden Männer zersägt.

Zwei Nächte verbrachte Dr. Erben auf diese Weise im Rawdon House. Am dritten Tag traf Errol in London ein und bestand darauf, daß er sofort zu ihm ins Hotel Mayfair zog.

Flynn war unerkannt am Flughafen Croydon gelandet. Die englischen Reporter entdeckten ihn erst nach drei Tagen. Erst nachdem Flynn bei einem Theaterbesuch erkannt worden war, begannen die Gazetten in Großaufmachung, auf den Titelseiten und mit Fotos, über jeden seiner Schritte zu berichten.

Flynn und Erben nützten die drei Tage der Anonymität zur Vorbereitung ihres Spanienunternehmens. Am ersten Tag besuchten sie die Spanish Medical Aide Society in der Oxford Street, bei der Dr. Erben sich für den Einsatz als Arzt beim britischen Sanitätskontingent der „Internationalen Brigaden“ meldete und den entsprechenden Ausweis ausgestellt bekam, der ihm später das Leben retten würde.

Zweimal fragten sie am amerikanischen Generalkonsulat nach, ob Dr. Erbens Paß eingetroffen wäre. Da dies nicht der Fall war, gab Erben die Anweisung, daß er nach seinem Eintreffen in Southampton nach London weitergeleitet werden solle.

Und Errol hatte sich geheim mit dem Herzog von Alba getroffen, dem Beauftragten (und späteren Botschafter am Court of St. James) des Rebellenführers General Franco. Unter vier Augen informierte Flynn den faschistischen Agenten, den er bereits von gesellschaftlichen Anlässen her in London kannte, von seinem und Dr. Erbens Plan. Der Herzog verwies ihn an General Francos Pariser Verbindungsmann, einen jungen amerikanischen Journalisten, Bradish Johnson jr. Er war Korrespondent für das amerikanische Gesellschafts- und Sportmagazin *The Spur*.

Am Samstag morgen nach dem Theaterbesuch, bei dem Flynn erkannt worden war, kam der Anruf vom amerikanischen Generalkonsulat, daß Dr. Erbens Paß endlich abgeholt werden konnte.

Der Hollywood-Star und sein Begleiter wurden außerhalb der Amtsstunden in das imposante Botschaftsgebäude am Grosvenor Square eingelassen. Generalkonsul Robert Frazer empfing sie persönlich in

seinem Amtszimmer. Er händigte Dr. Erben seinen verlängerten Paß aus, nachdem dieser die von Mrs. Shipley eingeforderten $ 1.89 bezahlt hatte.
Nach einem Whiskey, den Erben ablehnte, aber Flynn auch am Morgen nicht zurückwies, und ein paar Minuten belangloser Unterhaltung verabschiedeten sich die beiden Besucher. Während sie die Stufen zum Grosvenor Square hinuntergingen, begann Dr. Erben in seinem Paß zu blättern.
„Shit!"
„What's the matter?"
Erben hielt Flynn stumm den aufgeschlagenen Paß hin. Der Stempel auf der ersten Seite war nicht zu übersehen:
„Nicht gültig für Spanien". Die Eintragung war neu. Sie mußte entweder am Paßamt in San Francisco gemacht worden sein oder während der Paß bei Mrs. Shipley in Washington war. Es war gleichgültig, wo es geschehen war. Die Tatsache blieb: an dem Einreiseverbot war nicht zu rütteln. Spanien war Kriegsgebiet, und Reisen in Kriegsgebiete waren amerikanischen Staatsbürgern untersagt. Die Angehörigen der amerikanischen „Abraham Lincoln Brigade", die in Spanien an der Seite der bedrängten Regierungstruppen kämpften, waren gegen den Willen der neutralen US-Regierung dort. Die USA wollten sich genauso wenig offiziell einmischen wie die übrigen westlichen Staaten. Flynn traf diese Reisebeschränkung nicht. Er reiste mit seinem alten australischen Paß.
Erbens Augen funkelten durch die dicke Brille. Seine dünnen Lippen hatte er nach innen gesaugt. Die Duellnarbe auf seiner Wange glühte purpurrot. Sein massiger Körper, sonst ohne Konturen, war gestrafft wie der eines Raubtiers vor dem Sprung. Seine rechte Hand war tief in die Manteltasche vergraben. Seine Finger umklammerten den Schlagring, den er stets bei sich trug, als Waffe und als Talisman.
Flynn versuchte ihn zu beruhigen. Wann hätte er sich je an Vorschriften gehalten. Warum jetzt auf einmal? Ein Stempel war nicht mehr als eingetrocknete Tinte. Und ein Paß? Damit konnte man sich nicht einmal den Arsch abwischen. Weil das Papier zu steif dafür war. Nun lachte auch Erben. Errol wußte für jede Situation das richtige Wort.

„Aber wenn ich herausfinde, wer das getan hat. I'll kill that bastard!"
Am nächsten Morgen, es war Sonntag, der 7. März, fuhr Dr. Erben mit dem Ostende-Express nach Berlin. Er kam am folgenden Tag um 15 Uhr am Anhalter Bahnhof an, zu seiner Zufriedenheit ohne eine Minute Verspätung. In Hitlers Deutschland verkehrten die Züge pünktlich.
Während er in Berlin war, wohnte er bei Klara. Sie arbeitete in einer Süßwarenfabrik, um den Lebensunterhalt für sich und ihre beiden Söhne zu verdienen. Gleich in der ersten Nacht schlief er gewohnheitsmäßig mit seiner geschiedenen Frau. Am nächsten Tag trafen sie gemeinsam Kurt und Santos, die beide zum Arbeitsdienst eingerückt, aber nicht im selben Lager waren.
Beide Söhne vertrauten sich ihrem Vater heimlich an. Sie wollten weg aus Deutschland, zu ihm, nach Amerika. Er redete sich bei beiden mit dem gleichen Argument heraus. Er sei zu viel unterwegs, um sich um sie kümmern zu können; er sei nichts als ein mittelloser Arzt, ohne feste Praxis, der sich von Anstellung zu Anstellung durchschlagen müsse. Ihre Mutter könne das bestätigen. Schließlich war sie bei ihm in Amerika gewesen und hatte gesehen, wie er lebte. Armselig. Sie hatte selbst als Hausgehilfin arbeiten müssen, während sie bei ihm in San Francisco war. Weil sein Spitalsgehalt nicht für zwei Personen reichte.
Klara nickte. Es stimmte. Sie dachte nicht gern an diese Zeit zurück.
Am nächsten Tag fuhr Dr. Erben nach Dresden, um sich bei der Firma Zeiss mit einer teuren fotografischen Ausrüstung für seine Mission in Spanien auszustatten.
Er kaufte eine Contax III mit einem Sonar 1:1,5 Objektiv, eine Zoom-Linse und eine Zeiss-Spezialanfertigung: ein Winkelobjektiv. Es gestattete dem Fotografen, seine Kamera scheinbar in eine bestimmte Richtung auszurichten, während er in Wirklichkeit unbemerkt ein Objekt aufnehmen konnte, das sich in einem rechten Winkel dazu befand. So konnte er z. B. ein Bauernhaus in einer friedlichen Landschaft anvisieren, während er insgeheim eine Geschützstellung fotografierte. Für Errol kaufte Erben eine einfache Zeiss-Icon Kamera.

Für die gesamte Ausrüstung gab er umgerechnet 724 Dollar aus, mehr als er in einem Jahr in den USA als Spitalsarzt verdiente.
Während seines Berliner Aufenthalts versuchte er auch, die lästige Eintragung in seinem Paß loszuwerden. Ohne Erfolg. Generalkonsul Douglas Jenkins berichtete pflichtgemäß an seine vorgesetzte Stelle im State Department:

> „Dr. Erben beantragte die Abänderung seines Reisepasses, damit er diesen zur Einreise in Spanien benützen kann. Als ihm mitgeteilt wurde, eine solche Paßänderung müsse vom State Department genehmigt werden, erklärte er, darauf könne er nicht warten. Er werde sehen, was er diesbezüglich in Paris ausrichten kann."

Sein letzter Weg in Berlin führte Dr. Erben ins Reichssicherheitsamt in der Prinz-Albrecht-Straße. Dort holte er sich die notwendige Rückendeckung für das von ihm selbst ausgeheckte Unternehmen und eventuelle Instruktionen.
Bei seiner Vorsprache im RSHA wurde ihm zusätzlich zu seinem militärischen Spionagevorhaben der Auftrag erteilt, die Personaldaten der Männer zu ermitteln, die als Freiwillige im deutschen „Thälmann-Bataillon" gegen Franco kämpften. In den Augen der Nationalsozialisten waren diese Soldaten, überwiegend Sozialisten und Kommunisten, Hochverräter und gehörten gehenkt.
Erben versprach, sein möglichstes zu tun.
Mit der Annahme dieses Auftrags stand Dr. Erben de facto im Dienst des SD.*
Am 17. März telegrafierte Erben seinem Freund Flynn, der inzwischen zu Lili zurückgekehrt war, seine Vorbereitungen in Berlin seien abgeschlossen und er werde noch am gleichen Tag nach Paris abreisen. Am nächsten Tag, um 16 Uhr 30, traf er in der französischen Hauptstadt ein. Er fuhr sofort ins Grand Hotel du Nord in der Rue Lafayette, wo er Errols Anrufe erwartete.

*) Sicherheitsdienst unter Führung der SS.

Die beiden Freunde trafen sich am nächsten Morgen zum Frühstück im Hotel Plaza Athenée, wo das Schauspielerehepaar abgestiegen war. Zu so früher Stunde schlief Lili noch mit Sicherheit.
Noch einmal wollten sie den Versuch unternehmen, die Aufhebung der Reisebeschränkung in Dr. Erbens Paß zu erwirken, damit er legal in Spanien einreisen könne. Flynn begleitete Erben ans amerikanische Konsulat. Ohne dazu aufgefordert zu werden, nur um sein Prestige in die Waagschale zu werfen, gab er dort eidesstattlich zu Protokoll:

> „Ich bin britischer Staatsbürger und stehe bei *Cosmopolitan* und *Liberty* unter Vertrag, ein Buch und mehrere Artikel über das Spanien von heute zu schreiben. Dr. Herman F. Erben ist mein Assistent und Fotograf. Es ist daher außerordentlich wichtig, daß er mich nach Spanien begleitet."

Es war der erste, aber nicht der letzte Meineid, den Flynn den amerikanischen Behörden gegenüber leistete, um den Nazispion zu decken. Es war aber auch nicht das letzte Mal, daß der Hollywood-Star bewußt zugunsten des Hitler-Regimes agierte.
Vizekonsul Severe, der Dr. Erben anhörte und Flynns eidesstattliche Erklärung entgegennahm, versprach, das State Department über ihren Besuch zu informieren. Gleichzeitig machte er sie jedoch darauf aufmerksam, daß das Generalkonsulat in Paris ohne ausdrückliche Weisung aus Washington nicht befugt war, die bestehende Reisesperre für Spanien aufzuheben. Auch nicht in einem Ausnahmefall wie dem vorliegenden. – Sorry.
Den Weg hätten sie sich ersparen können, aber Flynn und Erben waren trotz des Mißerfolgs in Hochstimmung.
Zur nächsten Station. Zum Polizeibüro auf der Ile-de-la-Cité, wo die Franzosen die Sichtvermerke ausstellten, mit denen sie Ausländern die Ausreise nach Spanien und die Wiedereinreise nach Frankreich gestatteten. Eine durchaus willkürliche Prozedur, die sich die Franzosen ausgedacht hatten, um den Zustrom von Freiwilligen nach Spanien zu bremsen. Ein solches Permit brauchte Flynn jedoch.
Die Bänke im Warteraum waren bis auf den letzten Platz besetzt, als

Flynn eintrat. Wartende lehnten an den Wänden, überwiegend Männer, aus aller Herren Länder. Sie alle wollten legal nach Spanien, um an der Seite der Republikaner zu kämpfen, oder um als Kriegsberichterstatter über die Kämpfe zu berichten.
Flynn wurde im Warteraum von George Seldes angesprochen, einem amerikanischen Journalisten, der mit seiner Frau Helen ebenfalls vorhatte, als Reporter nach Spanien zu reisen.
George Seldes schreibt in seinem Erinnerungsbuch *Witness to a Century* * über diese Begegnung mit Flynn:

> „Wir wunderten uns über diesen Hollywood-Typ, der nach Spanien gehen wollte. Fast alle Schriftsteller, Dichter und Künstler der Welt standen auf der Seite der Republikaner. Wer konnte sich vorstellen, daß ein Errol Flynn das Anliegen der Loyalisten unterstützte – oder irgend ein Anliegen?“

George Seldes war der erste, an dem Flynn die Tarnung ausprobierte, die Erben sich für ihr gemeinsames Unternehmen ausgedacht hatte. Und mit der sie sich das Vertrauen der spanischen Regierung erschleichen wollten.

> „Er erzählte uns, er sei unterwegs nach Madrid. Als Repräsentant von Dutzenden Hollywood-Leuten. Er bringe eine Million Dollar. Er und seine Freunde würden ein Lazarett für die republikanischen Soldaten und für die Internationalen Brigaden stiften, außerdem Medikamente und Lebensmittel.“

Flynn hielt sich nicht lange im Gespräch mit Seldes und dessen Frau auf. Er ging an den Wartenden vorbei und betrat das Amtszimmer. Für den internationalen Filmstar galten die normalen Regeln nicht. Der erstaunte Beamte nahm den Antrag des Hollywood-Stars bereitwilligst entgegen. Certainment, Monsieur Flynn. Avec plaisir, Monsi-

*) George Seldes: *Witness to a Century, Encounters with the Noted, the Notorious, and the three SOBs*. Ballantine Books, New York, 1987.

eur Flynn. In drei Tagen könne sich Monsieur Flynn sein Permit abholen.
So schnell ging das, wenn man Errol Flynn war. Er lächelte, als er an dem noch immer wartenden Ehepaar Seldes vorbeiging.
Die Tage und Nächte in Paris hätten für das Freundespaar amüsant und sorgenlos sein können, wären nicht die ständigen Eifersuchtsszenen mit Lili gewesen.
Lili, die ihre Französinnen kannte, war eifersüchtig auf jede, die Errol auch nur einen Blick schenkte. Mehr noch war sie auf „Doc" Erben eifersüchtig. Ihr Mann verbrachte mehr Zeit mit diesem Scheusal als mit ihr und besprach irgendwelche abenteuerliche Pläne, in die sie nicht eingeweiht wurde.
Erben hielt Abstand zu Lili, um sie nicht noch weiter zu provozieren. Nur wenn Errol darauf bestand, daß er mit ihnen dinierte oder in einen Nachtclub ging, zum Beispiel ins „Martinique", wo nacktärschige Negerinnen tanzten, was sowohl Errol als auch Lili erotisch animierte, schloß er sich ihnen an. Sonst ging er seine eigenen Wege. Durch Österreicher, die auf dem Weg nach Spanien waren, um in der österreichischen Freiwilligeneinheit, dem „Bataillon 12. Februar", zu kämpfen, lernte er einen Anwerber der spanischen Regierung kennen. Einen bärtigen jungen Mann mit dem Decknamen „Jorge".
„Jorge" versprach Dr. Erben, ihm ein „salvo conducto" für die Einreise nach Spanien und den dortigen Aufenthalt zu verschaffen. „Jorge" hielt sein Versprechen. Am 24. März führte er Erben in die spanische Botschaft. Ein Beamter der antifaschistischen Regierung stellte dem Naziagenten die Papiere aus, die ihm die Ausführung seines GESTAPO-Auftrags, die Identität der Angehörigen des „Thälmann-Bataillons" zu eruieren, ermöglichten.
Der Maulwurf war eingeschleust.
Durch „Jorge" lernte Erben einen weiteren ranghöheren Kontaktmann kennen. „Kamerad Kaganovich" war Russe im Dienst der spanischen Regierung. Nach mehreren Gesprächen mit „Kaganovich" brachte Erben den Agenten zu Flynn.
Flynn vertraute „Kamerad Kaganovich" an, daß er eine größere Summe Geld aus Hollywood mitgebracht habe, zur Unterstützung

der Kriegsanstrengungen der Regierung. Nur müsse er das Geld natürlich selbst in die richtigen Hände übergeben. Gemeinsam mit seinem Begleiter, „Kamerad Erben". „Kaganovich" versprach, die Nachricht unverzüglich weiterzuleiten.
Inzwischen hatten die beiden Verschwörer auch Verbindung zur Rebellenseite aufgenommen.
Am Samstag, den 20. März, frühstückten sie zu zweit im Restaurant des Plaza Atheneé mit dem amerikanischen Journalisten, den der Herzog von Alba Flynn bei ihrer Unterredung in London als Verbindungsmann zu General Franco empfohlen hatte.
Bradish Johnson jr. war der typische all-American Boy. Sportlich, blond, blauäugig, mit dem Akzent einer der Eliteschulen an der Ostküste. Unverkennbar aus gutem Stall.
Flynn und Erben weihten den jungen Mann mit dem direkten Draht ins Franco-Hauptquartier in Burgos in ihre Pläne ein. Bradish Johnson war Feuer und Flamme. Das Resultat der Militärspionage hinter den feindlichen Linien konnte für den Sieg der Aufständischen von größter Bedeutung sein.
Zu dritt besprachen sie, wie Flynn, dem die Kurierrolle zugeteilt wurde, weil er als bekannter Star am unverdächtigsten war, am Ende des Unternehmens Dr. Erbens Filme aus Spanien herausschmuggeln sollte. Die Weiterleitung nach Burgos würde Bradish besorgen. Die Daten und Fotos der Mitglieder des „Thälmann-Bataillons" sollte Erben selbst in Berlin abliefern. Gleichzeitig arbeiteten die drei ein Szenarium für den Fall aus, daß die Republikaner Verdacht schöpften und Flynn sich vorzeitig absetzen müßte.
Wenig Tage nach seiner Besprechung mit Flynn brachte „Kamerad Kaganovich" die Antwort der spanischen Regierung: das Zentralkomitee der Miliz erwarte die beiden Amerikaner in Barcelona. Quartier sei für sie im Hotel Casa Culleretes vorbereitet. Das Doppelspiel war eingefädelt.
Nun kam der Augenblick, den Errol am meisten fürchtete. Der Abschied von Lili ließ sich nicht mehr länger hinausschieben. Er mußte seiner Frau gestehen, daß er vorhatte, mit Erben nach Spanien zu reisen, in den Bürgerkrieg.

Um die bevorstehende Trennung möglichst unproblematisch zu gestalten und jede Szene zu vermeiden, die in die Öffentlichkeit und durch die internationale Presse bis zu Jack Warner dringen könnte, lud Errol seine Frau und seinen Freund zu einem letzten gemeinsamen Abendessen in ein kleines Bistro ein, wo sie niemand kannte. Errol beschrieb während des Essens die bevorstehende Reise so harmlos wie nur möglich. Die gefürchtete Explosion blieb aus. Lili gab sich von ihrer charmantesten Seite, als hätte sie gar nicht mitbekommen, was Errol ihr erzählte.

Sie flirtete sogar mit „Doc" Erben, machte ihm Komplimente, wie sexy sie ihn fand. Aber Erben traute dem Frieden nicht. Er drängte zum Aufbruch. Errol und er hätten einen anstrengenden Tag vor sich. Er begleitete das Ehepaar bis zu ihrem Hotel, wo er sich rasch verabschiedete. Lili streckte ihm die Hand zum Handkuß hin, was sie noch nie zuvor getan hatte.

Der Korrespondent der *New York Herald Tribune* informierte die Leser in den USA über das, was sich am nächsten Tag im Hotel Plaza Atheneé abspielte:

> „Lili Damitas tränenreiche Beschwörungen konnten Errol Flynn nicht von seinem Plan abbringen, als Kriegsberichterstatter nach Spanien zu gehen. Es blieb der temperamentvollen Lili, die den ganzen Nachmittag ‚in entsetzlicher Verfassung' durch ihre Suite im Plaza Atheneé stürmte, nichts anderes übrig, als mitanzusehen, wie Errol Flynn seine Koffer packte, mit Erster-Hilfe-Ausrüstung, Kamera und Schreibzeug, bevor er den Nachtzug nach Perpignan nahm, von wo er per Flugzeug weiterreisen will.
>
> Mr. Flynn hofft, daß sich Dr. H. F. Erben, ein naturalisierter amerikanischer Chirurg, der am Rockefeller Institut tätig war, ihm in Spanien als Reisegefährte anschließen wird.
>
> Mr. Flynn erklarte: ‚Dr. Erben ist ein Arzt, der sich für andere aufopfert, er ist entschlossen, aus humanitären Gründen nach Spanien zu gehen, um bei der ärztlichen Betreuung der Verwundeten mitzuhelfen.'"

Dr. Erben war ebenfalls mit der Bahn bis Perpignan gefahren, mit einem früheren Zug als Errol. Im Grenzort Port-Bou stieß er in einer Kneipe, die „Jorge“ ihm genannt hatte, zu einer Gruppe Freiwilliger, die ebenfalls ohne Ausreisepapiere waren. In der Nacht wurden sie von Wegkundigen über die Grenze geschmuggelt.

Nach einem anstrengenden Fußmarsch von mehreren Stunden, über Geröllhalden und durch dichtes Unterholz, erreichten die Neuankömmlinge den Sammelplatz auf der spanischen Seite. Pechschwarze Zigarillos, heißer Kaffee und billiger spanischer Brandy erwarteten sie. Und die herzlichen Umarmungen der spanischen Kameraden.

Von ihnen erfuhren die Neuen, daß die militärische Lage alles andere als rosig war. Es fehlte an Waffen, an ausgebildeten Soldaten, an Geld, an Führung, an allem, was für einen erfolgreichen Kampf gegen die Rebellen notwendig war. Die politischen Parteien waren untereinander zerstritten, und die sogenannte „Geeinigte Front“ war alles andere als einig. Hilfe aus dem Ausland war daher dringendst nötig. Jeder einzelne Freiwillige war willkommen. Nicht nur Frontkämpfer, sondern auch Ärzte wie Dr. Erben.

Eng zusammengepfercht und unter dem klaren Sternenhimmel fröstelnd fuhren die müden Männer auf offenen Lastautos durch die spanische Landschaft. Das silberschimmernde Meer lag zu ihrer Linken.

Am frühen Morgen erreichte der Konvoi Barcelona. Als die Wagenkolonne im Verkehrsgewühl an der Plaza de Cataluna zum Stehen kam, sprang Dr. Erben rasch entschlossen auf die Straße und ließ sich von seinen verdutzten Kameraden seinen schwarzen Koffer nachreichen. Bis der Transportführer alarmiert war und verschlafen aus der Wagenkabine kletterte, war der Ausreißer längst in der Menge der Passanten verschwunden.

Dr. Erben schlenderte die breite Allee der Ramblas hinunter, wo die Blumenkioske und Zeitungsstände in der Mitte der Promenade soeben ihre Fensterläden öffneten. Wie im tiefsten Frieden.

Gegenüber dem „Teatro Lirico“ bog Erben in eine Seitengasse ein. Im zweiten Gäßchen rechts, der Calle Quintana, fand er das Hotel Casa Culleretes. Wie „Kaganovich“ es ihm beschrieben hatte.

Flynn landete am Abend desselben Tages in Barcelona. Er war nicht überrascht, als er am Flughafen von einem livrierten Chauffeur abgeholt wurde, der ihn zu einer schwarzen Limousine geleitete. Was ihn überraschte, war, daß im Fond des wartenden Wagens, bequem in die Polster zurückgelehnt, „Doc" Erben saß. Und ihm entgegengrinste.

„Son of..."

Erben deutete ihm, zu schweigen. Er wußte nicht, ob der Chauffeur Englisch verstand. Und vielleicht den Auftrag hatte, alles, was sie sprachen, weiterzumelden. Von jetzt an befanden sie sich in Feindesland. Die kleinste Unvorsichtigkeit konnte sie das Leben kosten.

Obwohl „putas" jeden Alters, manche noch Kinder, pausenlos vor ihrem Hotel durch die enge Calle Quintana auf und ab pendelten, und sie ihnen vor ihrem Fenster aus zurufen konnten, widerstanden die beiden Freunde der Versuchung, eine von ihnen auf ihr Zimmer zu holen. Nicht aus freiwilliger Abstinenz, sondern gezwungenermaßen. Sie hatten nämlich eine fatale Entdeckung gemacht.

Sämtliche Präservative, die Errol in seinem Reisenecessaire mitgebracht hatte, waren perforiert. Als Erben einen Gummi versuchsweise aufblies, ging dem kleinen Ballon sofort die Luft aus. Auch dem nächsten. Und dem nächsten. Alle waren mit einer Nadel angestochen worden.

Das konnte nur Lili getan haben. Nicht einmal in Spanien waren sie vor ihrer Eifersucht sicher. Ohne Kondom aber wollte es Errol nicht riskieren. Er war ohnehin für Gonorrhoe anfällig, und mit einem Tripper zu seiner Frau zurückzukehren, konnte er sich nicht leisten. Ohne Errols Beteiligung hatte auch Erben keine Lust.

Samstag, der 27. März, ein sonniger Tag mit flimmerndem, azurblauem Licht, war der Tag, an dem Erben und Flynn ihre Tätigkeit in Francos „Fünfter Kolonne" aufnahmen.

„Fünfte Kolonne" war der Name, den der Faschistengeneral Mola für die Spitzel, Spione und Saboteure geprägt hatte, die hinter den Linien der Loyalisten für Franco aktiv waren. Vier Armeeinheiten der Rebellen kämpften offen im Feld, die fünfte getarnt im feindlichen Hinterland.

Wie zwei Schauspieler für ihren großen Auftritt kostümierten sich Flynn und Erben an diesem Morgen für die Rollen, die sie von nun an zu spielen hatten: Erben, der Kommunist aus dem kapitalistischen Amerika, und Flynn, der Antifaschist und Sympathisant des Proletariats.

Flynn wählte einen grauen Zweireiher, der trotz seines eleganten Schnitts nicht extravagant wirkte, und Erben besaß ohnehin nur einen Anzug, aus blauem Serge. Er steckte sich das Parteiabzeichen der PCE (Partido Communista de Espana) ans Revers und einen roten Sowjetstern an seine alte Seemannskappe. Beide Ausstattungsstücke hatte er sich gleich nach seiner Ankunft besorgt.

Als Flynn und Erben zur vereinbarten Zeit aus dem Hotel traten, wartete bereits die schwarze Limousine mit dem Chauffeur vom Vorabend auf sie. Sonst war die Calle Quintana leer.

Die Limousine fuhr rasch durch den winkeligen „barrio gotico" zum Palast der ehemaligen Landesregierung, der nun das „Zentralkomitee der Miliz" beherbergte.

Das Zentralkomitee war zwei Tage nach Ausbruch des faschistischen Aufstands, sobald der Putsch der sympathisierenden Offiziere in Barcelona niedergeschlagen war, gegründet worden. Unter Führung von Generalsekretär Jaume Miravitles übte es in ganz Katalonien die Regierungsgewalt aus. Der frühere Präsident der Landesregierung, Jover Lluis Companys, der im Amt belassen worden war, hatte nur noch den nominellen Titel. Es war Genosse Miravitles gewesen, der Flynn und Erben durch „Kaganovich" nach Barcelona eingeladen hatte.

Der Kommissar für Öffentliche Angelegenheiten, J. Carner Ribalta, begrüßte die beiden Amerikaner im Regierungspalast und geleitete sie in die Amtsräume des Generalsekretärs.

Jaume Miravitles, eine imposante Erscheinung im blauen Anzug der Funktionäre und dem obligaten offenen weißem Hemd, kam ihnen mit ausgebreiteten Armen entgegen.

„Genosse Flynn, Genosse Erben, bienvenido!"

Er umarmte Flynn, dann Erben, und küßte sie nach spanischer Art auf beide Wangen. Er versicherte ihnen, wie willkommen ihr Besuch

war. Von nun an seien sie Gäste der Regierung, so lange sie wollten. Und sie könnten frei über alles verfügen, so weit es in seiner Macht stand. Sie brauchten nur zu sagen, was sie benötigten.
Genau das wollten die beiden hören.
Umgekehrt schnitt auch Genosse Miravitles nicht schlecht bei dem Handel ab. Da er außer dem Amt des Generalsekretärs auch das Amt des Kommissars für Propaganda bekleidete, wußte er natürlich genau, was der Besuch des internationalen Filmidols für die Regierungsseite bedeutete. Gerade in einem Land, wo Machismus, Virilität und Abenteuerlust, alles Eigenschaften, die der junge Hollywood-Star so überzeugend verkörperte, so hoch geschätzt wurden. Nach dem Austausch belangloser Höflichkeitsfloskeln zog Miravitles den Leiter der Filmsektion, Juan Castanyer, zur Unterredung hinzu und kam zur Sache.
Er schlug vor, daß die beiden Emissäre aus Hollywood den Vertretern der in- und ausländischen Zeitungen bei einer Pressekonferenz vorgestellt werden sollten. Dabei könnten die Genossen selbst den Zweck ihres Besuches erläutern.
Flynn war sofort einverstanden. Selbstverständlich war er bereit, vor der Presse zu sprechen. Dazu waren Dr. Erben und er ja gekommen. Um den Kampf der Spanier gegen Faschismus und für Demokratie zu unterstützen.
Die Pressekonferenz wurde kurzfristig für den übernächsten Tag angesetzt. Montag, zehn Uhr, im Gouverneurspalast. Sie würden vom Hotel abgeholt werden. Nach der Unterredung mit Miravitles statteten Flynn und Erben dem Kommandanten der XI. Internationalen Brigade einen Besuch ab. General Emilio Klebér wollte sie kennenlernen. Sie folgten seiner Einladung, ohne zu wissen, was sie erwartete.
General Klebér war gebürtiger Österreicher. Er hatte den Namen eines Helden der Französischen Revolution als Decknamen angenommen. Sein wirklicher Name war Lazarus Stern.
Stern war wie Erben im Ersten Weltkrieg k.u.k. Leutnant der Infanterie gewesen. Er war an der Rußlandfront in Kriegsgefangenschaft geraten und hatte sich in Moskau zum überzeugten Kommunisten

gewandelt. Er war in den sowjetischen Geheimdienst eingetreten, und 1935 hatte er mit den russischen Einheiten in der Mandschurei gegen die Japaner gekämpft. Zu einer Zeit, da auch Dr. Erben sich immer wieder im Fernen Osten aufhielt.

Trotz dieser Berührungspunkte ihrer Lebensläufe, die dem sowjetischen Geheimdienstler kaum unbekannt sein konnten, schenkte der hagere Mann mit dem glatten Kugelkopf seinem österreichischen Landsmann keine Beachtung. Er unterhielt sich ausschließlich mit Flynn. Herablassend, als gäbe er eine Privataudienz. Zugleich dozierend wie ein vergrämter Professor.

Er erläuterte Flynn in fließendem Englisch, das er, wie er behauptete, in Kanada gelernt hätte, den Aufbau der fünf „Internationalen Brigaden". Von der XI. bis zur XV.

„Die Angehörigen dieser Brigaden sind alles echte Freiwillige. Echte Idealisten aus aller Herren Länder. Nicht alle Kommunisten. Aber echte Antifaschisten, die wissen, was in Spanien auf dem Spiel steht. Und was ganz Europa droht, wenn Franco und seine Hintermänner, Hitler und Mussolini, den Sieg davontragen."

Der General schien das Wort „echt" hervorzuheben, sooft er es gebrauchte. Flynn und Erben empfanden es jedes Mal wie einen Nadelstich. Echte Freiwillige. Echte Idealisten. Echte Antifaschisten. – Waren sie durchschaut?

Wenn der General das Geheimnis der beiden Männer vor ihm kannte, so ließ er es sich nicht anmerken. Er dozierte mit seiner dünnen Stimme drauflos. Nur ein einziges Mal wandte er sich direkt an Erben. Als er darauf zu sprechen kam, daß das 4. Bataillon seiner Brigade fast ausschließlich aus Österreichern bestand. – Das „Bataillon 12. Februar".

„Sie wissen natürlich, warum es diesen Namen trägt, Genosse Erben."

Es war eine rein rhetorische Frage. Natürlich wußte er es. Aber er fühlte sich wie unter Zwang, darauf antworten zu müssen.

„Wegen dem Aufstand. Damals. Am 12. Februar 1934."

Der Professor war mit der Antwort seines Schülers nicht zufrieden.

„Wegen der Toten! Wegen unserer toten sozialistischen Kameraden.

Sie waren ja in Wien an diesem Tag und haben mit eigenen Augen das Blutbad gesehen, das die Austrofaschisten unter den Arbeitern angerichtet haben."

Auch das war keine Frage. Aber die hypnotisch auf ihn gerichteten Augen zwangen ihn zum Sprechen.

„Ja, ich habe es gesehen."

Wieso wußte der General, daß er an diesem Tag in Wien war? Was wußte er noch?

Der General erhob sich. Er überragte sogar Flynn.

„Aber die Vergeltung kommt. Uns entkommt keiner, der sich uns in den Weg stellt."

Flynn und Erben waren zugleich mit dem General aufgestanden. Einen Atemzug lang standen die drei Männer einander gegenüber, schweigend, bewegungslos. Dann geleitete der General seine Besucher zur Türe. Er verabschiedete sie ohne Händeschütteln, nur mit einem Lächeln auf seinen dünnen Lippen.

Flynn fand als erster die Sprache wieder, als sie nebeneinander die breite Treppe hinuntergingen.

„I didn't like that guy. Did you?"

„Hell, no."

„I think I need a drink."

Sie schickten die wartende Limousine weg und setzten sich in eines der Straßencafés.

Am nächsten Tag, Sonntag, widmeten sich Flynn und Erben, die inzwischen die nötigen Requisiten aufgetrieben hatten, ihrem sexuellen Vergnügen. Gelegenheit bot sich an jeder Ecke. Barcelona schien ein einziges Bordell zu sein.

Vor dem Einschlafen trug Dr. Erben das Resumée in seinen roten Taschenkalender ein: „Miranda, Puta de calle, 18, vagina, einmal, 3 Peseten". Flynn, als Sexathlet bekannt, war auch auf diesem Gebiet der Star. – „Errol, Miranda, dreimal" Wie immer teilten sie sich das Mädchen und die Spesen.

Montag war der Tag der Pressekonferenz. Kurz nach zehn betrat Flynn den bis auf den letzten Platz besetzten Saal im Gouverneurspalast. Er ging, die Hüften leicht schwingend, durch den Mittelgang wie auf dem Laufsteg einer Modeschau, lächelnd die Hände schüttelnd, die sich ihm entgegenstreckten.

Erben trottete in gebührendem Abstand grinsend hinter Errol her.

Applaus im Saal, sobald sie das Podium betraten. Miravitles und die übrigen Funktionäre, die bereits an dem mit den Farben der Republik geschmückten Tisch Platz genommen hatten, standen auf und applaudierten ebenfalls. Die spanischen Journalisten erhoben sich demonstrativ von ihren Sitzen. Ihren ausländischen Kollegen blieb nichts anderes übrig, als ihrem Beispiel zu folgen, wollten sie nicht auffallen. Und das konnte sich keiner leisten, denn sie waren von der Unterstützung der Regierung abhängig, wenn sie ihre Aufgabe als Kriegsberichterstatter erfüllen wollten.

Der Generalsekretär stellte die prominenten Gäste mit dem Worten vor, die mit Flynn und Erben bereits bei der ersten Unterredung vereinbart worden waren.

„Mister Errol Flynn, der international bekannte Filmstar und zugleich Verfasser des Romans *Beams End*, der das Leben in Australien schildert. Ein Buch, das zur Zeit auf der ganzen Welt gelesen wird. Und Dr. Hermann F. Erben, ein Wissenschaftler des Rockefeller Instituts in San Francisco und ein führendes Mitglied der kommunistischen Partei in den Vereinigten Staaten. Die beiden Genossen vertreten die Schauspieler und Studioarbeiter der amerikanischen Filmindustrie. Sie haben den weiten Weg zu uns auf sich genommen, um auf diese Weise Hollywoods Solidarität mit dem kämpfenden spanischen Volk zum Ausdruck zu bringen."

Neuerlicher Applaus, der erst verebbte, als Flynn zu sprechen begann. Flynn schilderte einleitend, wie überrascht er vom friedlichen Leben in Barcelona war. Aufgrund der ausländischen Zeitungsberichte sei er auf katastrophale Zustände vorbereitet gewesen. Überall sei Aufbauarbeit zu sehen, die Gesichter der Menschen auf dem Straßen zeigten Zuversicht und Siegeswillen. Aber das werde im sogenannten neutralen Ausland verschwiegen, kein Wort stehe darüber in den Zeitungen. Deshalb seien Dr. Erben und er gekommen, um sich an Ort und Stelle selbst ein Bild von der Lage zu machen und nach ihrer Rückkehr wahrheitsgemäß darüber zu berichten.

Nach dieser Einleitung beantwortete Flynn die Fragen der Journalisten. Der erste, ein Spanier, in der ersten Reihe, war offensichtlich von Miravitles präpariert:
„Mister Flynn, es heißt, sie hätten aus Hollywood einen größeren Geldbetrag zur Unterstützung der Regierung mitgebracht. Stimmt das?"
„Ja. Das stimmt."
„Wieviel?"
„Eineinhalb Millionen Dollar."
Es war das erste Mal, daß Flynn die Höhe der angegebenen Geldspende mit 1,5 Millionen Dollar bezifferte. Zu George Seldes hatte er gesagt, eine Million. Den Spaniern gegenüber hatte er bis jetzt überhaupt keine Ziffer genannt. Sie hatten taktvoll nicht danach gefragt. Miravitles nickte seinen Begleitern befriedigt zu. Eineinhalb Millionen amerikanische Dollar! Flynn fuhr fort:
„Dieser Betrag wurde von Schauspielern wie James Cagney, Frederick March, Jeanette MacDonald, Donald Woods, mir selbst und vielen anderen Schauspielern, aber auch von einfachen Arbeitern in den Studios aufgebracht. Als unwiderlegbarer Beweis dafür, daß Hollywood mehr und mehr mit der legitimen Regierung Spaniens sympathisiert und nicht mit den aufständischen Verrätern."
„Warum engagiert sich Hollywood plötzlich auch politisch in Europa, wenn es bis jetzt nur daran interessiert war, in Europa gute Geschäfte zu machen?"
Der Fragesteller war offensichtlich ein Amerikaner. Die Frage war heikel. Aber Flynn hatte gelernt zu improvisieren.
„Weil Hollywood als Ganzes antifaschistisch ist. Ganz gleichgültig, ob der einzelne von uns nun demokratisch oder republikanisch gesinnt ist. In Hollywood weiß man heute sehr gut, welche Anstrengungen das spanische Volk im Kampf um seine Freiheit unternimmt. Welche Opfer es bringt. Unser Beitrag zu diesem Kampf besteht nicht nur in dem Geld, das wir gesammelt haben, sondern in unserer Entschlossenheit, die Lügen aufzudecken, die in den ausländischen Zeitungen über die Lage in Spanien verbreitet werden. Das ist Defätismus."

Defätismus. Das war Dr. Erbens Stichwort. Mit seinen zu langen Armen wild gestikulierend, brüllte er in den Saal:
„Die amerikanische Presse ist das Werkzeug der herrschenden Klasse. In den kapitalistischen Ländern sind Kräfte am Werk, die die Legitimität des Kampfes des spanischen Volkes zu diskreditieren versuchen. Aber es wird ihnen nicht gelingen, nicht, wenn wir als Boten der Wahrheit nach Amerika zurückkehren."
Der amerikanische Konsulatsbeamte, der mit einem Presseausweis, als Reporter getarnt, an der Pressekonferenz teilnahm, stenografierte jedes Wort mit.
„Spaniens Feinde sind nicht nur innerhalb seiner Grenzen zum Entscheidungskampf angetreten, sondern auf der ganzen Welt. Überall auf der Welt ist der Faschismus im Vormarsch. Auch in Amerika. Deshalb ist der Kampf des spanischen Volkes auch unser Kampf!"
Flynn unterbrach den agitatorischen Wortschwall und lenkte in gemäßigtere Bahnen zurück. Er erläuterte, daß Dr. Erben und er während der nächsten Wochen mit Unterstützung der Regierung durch Spanien reisen würden, um an Ort und Stelle Informationen und fotografisches Material zu sammeln – für ein Buch und mehrere Artikelserien, für die er bereits Verträge abgeschlossen habe.
„Daß ich dabei die volle Unterstützung des Zentralkomitees habe, erfüllt mich mit tiefster Genugtuung. Dafür möchten Dr. Erben und ich dem Genossen Generalsekretär öffentlich unseren wärmsten Dank aussprechen."
Anerkennendes Nicken von Miravitles. Applaus. Damit war der politische Teil der Pressekonferenz beendet. Die weiteren Fragen der Journalisten, vor allem der ausländischen, beschäftigten sich mit dem, was ihre Leser wirklich interessierte und wofür sie Platz in ihren Blättern bekamen: Flynns Privatleben, seine Karriere und seine Zukunftspläne. Der Stenograf des amerikanischen Konsulats verließ bei diesem Teil unbemerkt den Saal. Er mußte sich mit dei Niederschrift beeilen.
Sein Stenogramm bildete das Material für einen ausführlichen Bericht, den der amerikanische Konsul noch am selben Tag verfaßte und an das State Departement schickte, wo er zu der jahrelangen

Verwirrung der amerikanischen Geheimdienste beitrug, ob „Erben, Hermann F. – 202, Espionage“ nun als Kommunist oder als Nationalsozialist einzustufen sei.
Am nächsten Tag waren Flynn und Erben aus Barcelona verschwunden. Noch bevor der taktvolle Miravitles Flynn fragen konnte, wann und wo er die eineinhalb Millionen Dollar deponieren würde.
Das Freundespaar hatte in den frühen Morgenstunden den ersten Zug nach Valencia genommen. Valencia war der provisorische Sitz der Regierung unter Ministerpräsident Largo Caballero, die vor den anrückenden Truppen Francos aus Madrid geflüchtet vor.
Constancia de la Mora, die zu diesem Zeitpunkt Leiterin des „Auslandspressebüro“ war, das die Regierung in Valencia eingerichtet hatte, um einerseits die Auslandskorrespondenten zu akkomodieren, andererseits aber auch um sie zu kontrollieren und ihre Berichte zu zensurieren, schreibt in ihrer Autobiografie über Flynns Auftritt in ihrem Büro:*

> „Ich werde nie den gutaussehenden, hochgewachsenen, schlanken Hollywoodschauspieler Errol Flynn vergessen, der plötzlich vor mir stand. Er tauchte zu einem Zeitpunkt in der Pressestelle auf, an dem wir enorm beschäftigt waren und alle Hände voll zu tun hatten. Er verlangte ohne viel Umschweife ein Auto, Benzin, Passierscheine und die nötigen Genehmigungen. Wir waren gerade äußerst knapp an Treibstoff. Jeder Tropfen war daher wertvoll. Die akkreditierten Kriegsberichterstatter mußten ihre üblichen Fahrten verschieben, bis wir eine neue Zuteilung bekamen. Aber so lang konnte Mr. Flynn nicht warten. Dafür war seine Zeit zu kostbar. Also fuhr er mit unserem letzten Benzin im Tank los nach Madrid.“

Auch George Seldes, der mit seiner Frau nach Valencia gekommen war, beobachtete Flynns selbstherrliches Auftreten und schreibt in seinen Memoiren darüber:

*) Constancia de la Mora y Maura: *In Place of Splendor*. London 1940.

„Während wir in Valencia auf unseren Transport an die Front warteten, gaben Regierungsvertreter für Flynn ein Bankett. Zu einer Zeit, als der größte Teil des Landes hungerte. Er verlangte ein Auto und einen Chauffeur. Er bekam beides. Zu einem Zeitpunkt, als Menschenleben mit Benzin aufgewogen werden konnten. ‚Ein Liter Benzin, ein Liter Blut'."

Während Errol Fahrzeug, Chauffeur, Passierscheine und Benzin requirierte, verschaffte sich Dr. Erben unter Vorlage seiner Registrierung bei der Londoner „Spanish Aide Society" im Kriegsministerium eine Dienstzuweisung als Militärarzt zum britischen Kontingent der „Internationalen Brigaden". Am 1. April fuhren sie los.
Aber statt den kürzesten Weg nach Madrid einzuschlagen, nahmen sie auf einer schlechten Nebenstraße den Umweg über Albacete. Dieses Städtchen, südwestlich von Valencia, war der Sammelpunkt der „Internationalen Brigaden". Hier wurden die neuangekommenen Freiwilligen ausgebildet, nach Nationalitäten zusammengefaßt, notdürftig mit Waffen versorgt und an die Front geschickt.
Es fiel dem „Genossen Erben" nicht schwer, das Vertrauen der in Albacete stationierten deutschen Spanienkämpfer zu gewinnen. Die spanische Presse hatte gute Vorarbeit geleistet. Am Tag ihrer Ankunft in Albacete schrieb das Regierungsblatt in Valencia, das auch in Albacete gelesen wurde:

„Die beiden prominenten Amerikaner, der berühmte Filmstar Errol Flynn und der führende amerikanische Kommunist Dr. Erben, die durch Valencia reisten, haben die echte Solidarität eines großen Teiles der Bevölkerung der Vereinigten Staaten mit der republikanischen Regierung und ihr Interesse am Freiheitskampf des spanischen Volks bestätigt."

Nach dieser Vorauspropaganda brauchte es von seiten des Gestapo-Spitzels Erben keinerlei Überredungskunst, die Männer des „Thälmann-Bataillons" vor seine Kamera zu bekommen. Sie drängten sich um ihn und den Hollywoodstar.

Erben stellte sie zu Gruppen zusammen und machte Dutzende Aufnahmen. Jeder Schnappschuß ein Todesurteil, sobald die Aufnahmen in die Hände der Nazischergen gelangten. Der angebliche „Kommunist Erben“ tat noch ein übriges. Unter dem Vorwand, daß er vor seiner Rückkehr in die USA nach Berlin fahren und sich in Hamburg einschiffen werde, lockte er den ahnungslosen Männern auch ihre Namen und die Anschriften ihrer Familien heraus, indem er ihnen versprach, er werde ihren Angehörigen in Deutschland diskret die Nachricht zukommen lassen, daß ihre Gatten, Väter, Söhne und Brüder in Spanien am Leben und wohlauf waren. Er hätte sich selbst davon überzeugt.
Viele gingen leichtgläubig in diese Falle. Mit den schlimmsten Folgen für ihre Verwandten in der Heimat, die oft aufgrund der von den Nazis praktizierten „Sippenhaft“ in Konzentrationslager geschickt wurden. Statt eines Lebenszeichens schickten die „Thälmann-Soldaten“ ihren Angehörigen die Gestapo ins Haus.
Flynn und Erben hielten sich nur kurz in Albacete auf. Ihre Sicherheit lag in der Geschwindigkeit, mit der sie sich von Ort zu Ort bewegten. Freitag, den 2. April, trafen sie verstaubt, erschöpft, aber zufrieden mit ihrer bisherigen Ausbeute am Abend in Madrid ein, wo trotz des kriegsbedingten Platzmangels bereits im eleganten Hotel Gran Via ein Zimmer für sie reserviert war.
Es war dasselbe Hotel, in dem Ernest Hemingway, der als Kriegsberichterstatter auf der Seite der Loyalisten nach Spanien zurückgekehrt war, regelmäßig seine Mahlzeiten einnahm. Er wohnte mit seiner späteren Frau, der Journalistin Martha Gellhorn, und seinem Begleiter, dem amerikanischen Stierkämpfer Sidney Franklin, wie die meisten Reporter im nahegelegenen Hotel Florida. Eine Begegnung zwischen dem Hollywoodstar und dem gefeierten Autor im gemeinsamen Speisesaal schien unvermeidlich, doch es kam nicht dazu. Hemingway ging seinem berühmten Landsmann, um den sich alle anderen Journalisten drängten, aus dem Weg. Er erwähnte die gleichzeitige Anwesenheit Flynns in seinen veröffentlichten Tagebüchern mit keinem Wort. Dr. Erben hatte eine Erklärung dafür:

„Der Hemingway, der sich immer als Supermacho ausgegeben hat, war im Grund ein Feigling. Wie einmal eine Granate von der Francoseite im Gran Via eingeschlagen hat und im Speisesaal der Mörtel von der Decke gefallen ist, hat er in die Hose gemacht. Buchstäblich. Wir waren dabei. An einem anderen Tisch. Außerdem hat er in seinem Zimmer Lebensmittel und Spirituosen gehamstert. Salami, Schinken und Unmengen von Whiskey. Während die anderen Journalisten nichts mehr zum Fressen und Saufen gehabt haben. Weil er gewußt hat, daß wir das wissen, hat er uns geschnitten. Errol hat das natürlich nichts ausgemacht. Er hat sich amüsiert darüber."

Hemingways Freund, Sidney Franklin, vermied den Kontakt mit den beiden nicht. Er schreibt in seiner Autobiografie ***Bullfighter from Brooklyn*** über sein Zusammentreffen mit Flynn, dem er eines Abends in Begleitung eines „Österreichers", der sein „Privatarzt" war, begegnete. Franklin schreibt, daß Flynn an diesem Abend vorhatte, sich auf die gegnerische Seite abzusetzen. Ein Beweis dafür, daß ihm auf der Seite der Regierung, der er noch immer die versprochenen eineinhalb Millionen Dollar schuldete – auch wenn er Franklin offensichtlich den Bären aufband, er hätte den Betrag bereits abgeliefert –, der Boden unter den Füßen zu heiß zu werden begann.

„Flynn war aus Frankreich eingeflogen und hatte in Barcelona einen in Hollywood gesammelten Betrag übergeben. Nun wollte er die Front durchqueren und auf der Francoseite einen ähnlichen Betrag abliefern, um dadurch die Unparteilichkeit der Filmkolonie unter Beweis zu stellen. Dann wollte er Spanien verlassen.
Ich setzte ihm das Risiko auseinander, das er damit einging, und sagte ihm, daß er dabei erschossen werden könnte. – Ob ich es nicht doch so einrichten könnte, daß er noch heute Nacht durchkäme? – Ich schlug ihm vor, daß er zurück nach Valencia fährt, dort ein Schiff nach Gibraltar nimmt und diesen Weg einschlägt. Aber davon wollte er nichts wissen. Er wollte quer durch die Frontlinie. Und zwar noch in der gleichen Nacht."

Diese Nacht, von der Sidney Franklin in seinen Memoiren schreibt, war die Nacht des 3. April. An jenem Samstag hatten Flynn und Erben die Guadalajara-Front nördlich von Madrid inspiziert. Guadalajara war im Kampf um Madrid einer der wichtigsten Berührungspunkte der feindlichen Heere. Der angebliche Pressefotograf Erben hatte im Verlauf des Tages, gedeckt durch den angeblichen Journalisten Flynn, Hunderte Aufnahmen dieses strategischen Frontabschnittes gemacht. Er hatte mit seinem Winkelobjektiv und der Zoomlinse unbeobachtet die Geschützstellungen der Regierungstruppen, die Verteilung der Mannschaften und die vorgeschobenen Beobachtungsposten der Republikaner fotografiert. Von seiner einmaligen Position hinter den Linien. Mit mehr als einem Dutzend Filme waren die beiden Spione von dieser Expedition in ihr Hotelzimmer zurückgekehrt. Die Filmrollen brannten Flynn in den Händen. Er mußte sie loswerden. Außerdem war ihr militärischer Wert zeitlich begrenzt. Sobald der Stellungskrieg in Bewegung geriet, veränderten sich die Fronten und Dr. Erbens Aufnahmen waren wertlos. Er mußte sie so rasch wie möglich auf der Francoseite abliefern. Sollte der Frontwechsel aber doch zu riskant sein, wie Franklin ihn gewarnt hatte, so mußte er sie nach Paris schmuggeln, in die Hände Bradish Johnsons.

Um Mitternacht verließen Flynn und Erben gemeinsam das Hotel. Sie wurden von allen gesehen, die sich noch in der Bar aufhielten. – „Where are you going?“ – „To a whorehouse we know“ – Niemand kümmerte sich weiter um sie. Dr. Erben kehrte erst in den frühen Morgenstunden in das Hotel zurück. Ohne Errol.

Um zehn Uhr vormittag begab sich Erben in das dem Hotel schräg gegenüberliegende Telefonamt. Im 4. Stockwerk befand sich das Pressebüro für Auslandskorrespondenten, ein Zimmer weiter die „Kriegszensurstelle“. Jedes Telegramm, das ins Ausland ging, mußte der Zensurstelle zur Genehmigung vorgelegt werden.

Die Leiterin der „Kriegszensurstelle” war die ehemalige österreichische Sozialistin Ilse Kulcsar, die in Wien gemeinsam mit ihrem Mann dem revolutionären Flügel der Partei angehört hatte. Ilsa, wie sie nun genannt wurde, teilte sich die Kontrolle der ins Ausland gehenden

Telegramme mit ihrem spanischen Lebensgefährten Arturo Barea. An diesem Sonntagmorgen war Ilsa allein im Büro.
Ilse Kulcsar kannte ihren Landsmann bereits. Er hatte sich bei ihr vorgestellt. Sie wußte, daß Dr. Erben als Arzt für die „Internationalen Brigaden" tätig war und den amerikanischen Filmstar Errol Flynn auf einer von der Regierung genehmigten Mission begleitete. Sie hatte daher gegen die kurze Depesche, die Erben ihr überreichte und die an einen Mr. Bradish Johnson in Paris adressiert war, nichts einzuwenden. Sie gab sie frei.
Ilsa konnte nicht wissen, daß der harmlos erscheinende Text das verschlüsselte Signal an Bradish war, sechs Stunden später die Nachricht zu verbreiten, Errol Flynn sei bei den Kampfhandlungen in Spanien schwer verwundet worden.
Nach der vereinbarten Sperrfrist traf die Sensationsmeldung durch die internationalen Agenturen, die sie von dem akkreditierten Journalisten Bradish Johnson gutgläubig übernommen hatten, auch in Madrid ein. Und erzielte die erhoffte Wirkung.
Erben war in seinem Element. Er war der Mittelpunkt. Er wurde von den anwesenden Journalisten bestürmt. – Stimmte die Agenturmeldung? – Wenn ja, wohin war der verwundete Flynn gebracht worden? – Dutzende Male mußte er wiederholen, daß Errol in der vergangenen Nacht von einem Schuß aus einem Maschinengewehr getroffen worden war. Er erzählte den Vorgang mit immer den gleichen Worten. Wie er sie mit Errol einstudiert hatte:
„Wir sind in der vergangenen Nacht, so um Mitternacht herum, mit unserem Auto zur Universität gefahren. Um aus nächster Nähe das Feuergefecht zu beobachten, das dort im Gang gewesen ist. Errol wollte persönliche Eindrücke für sein geplantes Buch und für die Artikel sammeln. Wir haben unser Auto stehen lassen und sind zu Fuß weitergegangen. Plötzlich eine Maschinengewehrsalve von der anderen Seite. Ich gehe in Deckung. Sehe, wie Errol vornüberfällt. Ich stürze zu ihm, hebe ihn auf und trage ihn in meinen Armen zum Auto zurück. Als er im Auto lag, habe ich ihm Erste Hilfe geleistet. Ich stellte fest, daß er von einem Streifschuß über dem linken Auge getroffen worden war. Einen Zentimeter tiefer, und er wäre tot."

„Und wo ist Flynn jetzt?“
„Wahrscheinlich schon in Valencia. Im Spital.“
„Warum in Valencia und nicht gleich hier in Madrid?“
„Weil das Spital in Valencia vor Angriffen sicherer ist. Und bestimmt weniger überlastet als die Spitäler an der Front in Madrid.“
„Und wie ist Flynn nach Valencia gekommen.“
„Mit dem Auto, das die Regierung uns zur Verfügung gestellt hat.“
„Allein?“
„Nein. Mit einem Chauffeur, den wir noch in der Nacht aufgetrieben haben.“
Erben war vorsichtig genug, nicht zu behaupten, er sei ihnen von der Regierung zur Verfügung gestellt gewesen, da dieser sich noch ahnungslos in Madrid aufhielt. Niemand fragte Dr. Erben, warum er seinen verwundeten Freund nicht begleitet habe. Die Journalisten hatten keine Zeit für Logik. In Gedanken waren sie bereits mit der Formulierung ihrer Schlagzeilen beschäftigt: „Hollywoodstar Flynn – durch Rebellenfeuer schwer verwundet!“ – „Flynn – Opfer des Spanischen Bürgerkriegs!“ Oder so ähnlich.
Flynn war nicht verwundet. Weit weg vom nächtlichen Feuergefecht im Universitätsviertel hatte Dr. Erben seinem Freund fachmännisch einen dicken Kopfverband angelegt, durch den über dem linken Auge Blut zu sickern schien. So war Flynn noch vor Morgengrauen losgefahren. Er hatte eine weite Strecke vor sich. Er fuhr auf der Hauptstraße zurück nach Valencia, wo er auftankte, ohne erkannt zu werden, und weiter, entlang der Küste, nach Barcelona.
Noch am selben Abend bestieg er unbehindert die Kursmaschine nach Paris. Mit dreizehn unentwickelten Filmrollen in den Taschen seines weiten Kamelhaarmantels.
Am Montagmorgen brachten Zeitungen in aller Welt auf den Titelseiten die Meldung von der Verwundung des internationalen Filmlieblings. Die Korrespondenten in Madrid hatten ganze Arbeit geleistet. Sie hatten Dr. Erbens Geschichte noch weiter ausgeschmückt, einige Blätter hatten Flynn überhaupt bereits sterben lassen.
George Seldes, der ebenfalls in Madrid war, schreibt:

„Am nächsten Tag brachten die New Yorker *Daily News* über die ganze Titelseite die Schlagzeilen: ‚ERROL FLYNN KILLED ON SPANISH FRONT'. Daraufhin veröffentlichte das Pariser Büro von Warner Bros. ein Statement mit der Überschrift: ‚ERROL FLYNN WOUNDED ON SPANISH FRONT'. (Den *Daily News* zufolge war Flynn ‚an der Guadalajara-Front durch einen Schuß aus einem Maschinengewehr getötet worden'.) Am nächsten Tag war es nur noch ‚eine Kopfwunde'."

Die Rundfunkstationen hatten die sensationelle Meldung von Flynns Tod bereits am Sonntagabend gebracht. Lili Damita, die sich bei Freunden in London aufhielt, erlitt auf Grund der Falschmeldung einen Nervenzusammenbruch.

Die Verwirrung, wo der verwundete oder bereits tote Flynn sei, dauerte vierundzwanzig Stunden. Bis sich herausstellte, daß er im Verlauf der Nacht bereits wieder in seinem Luxusquartier im Pariser Plaza Atheneé eingetroffen war. Die Verteidigungsjunta in Madrid, die Flynn schon in einer spanischen Leichenhalle vermutet hatte, veröffentlichte am Dienstag eine offizielle Stellungnahme. Um Gesicht zu wahren. Und zu vertuschen, daß sie hintergangen worden war. Colonel Fernando Redonda unterzeichnete die Erklärung:

„Hiermit wird bekanntgegeben, daß weder bei der Verteidigungsjunta in Madrid noch beim Operationskommando eine Meldung vorliegt, daß der Filmschauspieler Errol Flynn verwundet wurde. Außerdem wird festgestellt, daß ihm zu keinem Zeitpunkt eine Genehmigung zum Besuch der Front in der Universitätsstadt noch irgendeiner anderen Kampflinie im Bereich der Hauptstadt erteilt wurde."

Flynn, der noch immer den von Dr. Erben blutgetränkten Kopfverband trug, tobte, als er die Erklärung der spanischen Junta las:

„Natürlich will die spanische Regierung keine negative Publizität. Das ist der ganze Grund, warum diese Banditen behaupten, ich sei nicht verwundet worden." Da es dem Machohelden um seine Ehre ging, gab er dem Pariser Korrespondenten der *New York Herald Tribune* ein Interview, in dem er selbst schilderte, was sich in jener Nacht in Madrid abgespielt hat.

„‚Die Dementis aus Spanien sind falsch' erklärte Flynn, während er sich in ein bequem gepolstertes Sofa im Plaza Atheneé sinken ließ, das ihm in der Erinnerung an alles, was er in Madrid durchgemacht hat, noch bequemer erscheinen mußte. – ‚Ich bin tatsächlich verwundet worden. Und zwar sehr arg. Samstag nachts bin ich verwundet worden. An der Front in Madrid, die wir aufgesucht haben, um uns das nächtliche Feuergefecht anzusehen. Wir hatten keine offizielle Genehmigung dafür, aber wir gingen trotzdem hin. Wir arbeiteten uns zu einem bestimmten Sektor vor, wo ich annahm, daß wir das Gefecht genau verfolgen könnten. Die Gebäude in diesem Sektor waren einige Wochen vorher unter Beschuß geraten und fast zur Gänze zerstört worden. Seither war es dort ruhig gewesen. Wir suchten Deckung in einer Hausruine und kletterten auf einen Geröllberg hinauf, um das Aufblitzen des Feuers und das Resultat der Treffer besser sehen zu können. Nachdem wir alles eine Weile beobachtet hatten und schon umkehren wollten, schlug plötzlich eine Granate ungefähr fünfzig Meter von uns entfernt ein. Durch die Erschütterung hat sich ein großes Stück Verputz losgelöst und ist mir wie ein spanischer Sombrero auf den Kopf gefallen. Ich verlor sofort das Bewußtsein. Als ich wieder zu mir kam, stand Dr. Erben vor mir und sagte: Trink das. – Das war vier Stunden später.'"

Niemandem – weder den Journalisten noch den Lesern – schien die Diskrepanz zwischen einer Schußwunde, wie Dr. Erben sie konstatiert hatte, und einer Verwundung durch herabfallenden Verputz aufgefallen zu sein.

Bevor Errol zur Aussöhnung mit Lili nach London flog, traf er sich mit Bradish Johnson und übergab ihm Dr. Erbens dreizehn Filme zur Weiterleitung nach Burgos.

Der Hollywoodstar Errol Flynn spielte die Rolle des Kuriers des

Nazispions Dr. Erben in der Maske des verwundeten Kriegsberichterstatters meisterhaft zu Ende. – Schade, daß er für diese Leistung keinen „Oskar“ bekommen konnte. George Seldes widmete ihm stattdessen einen Nachruf:

> „Flynn war einer der verabscheuungswürdigsten Menschen, die je gelebt haben.“

Unmittelbar nach Errols Flucht und dem gelungenen Coup verschwand auch Erben aus Madrid. Er kehrte nach Barcelona zurück und tauchte im Elendsviertel des „barrio chino“ unter. Dort, unter Huren, Bettlern, Dieben und Rauschgiftsüchtigen, würde ihn niemand suchen. Zu diesem Zeitpunkt nahm er zum ersten Mal Kontakt zu seinem Führungsoffizier Hans Hellermann auf, dem er bei seinem Abschiedsbesuch im RSHA in Berlin zugeteilt worden war. Hellermann, der die Gestapo-Leitstelle Barcelona führte, übertrug ihm weitere fotografische Spionageaufträge.

Am 25. April wurde Erben dabei ertappt, wie er verbotenerweise das Zentralpostamt fotografierte, und auf der Stelle verhaftet. Am nächsten Tag wurde er wieder auf freien Fuß gesetzt, die Verhaftung war ihm jedoch eine Warnung.

Das Risiko, als Spion gefaßt und entlarvt zu werden, wuchs mit jedem Tag. Er mußte weg. Außerdem mußte er die Ausbeute von Albacete in Berlin abliefern.

Er versuchte, auf einem auslaufenden französischen Frachter eine Passage zu buchen, wurde jedoch abgewiesen, da er kein spanisches Ausreisevisum besaß. Bei den spanischen Behörden um eines anzusuchen, wagte er nicht.

Am amerikanischen Konsulat machte man ihn darauf aufmerksam, daß er mehrfach gewarnt worden war, nicht ohne einen gültigen Paß nach Spanien zu reisen, und verweigerte ihm jede Unterstützung.

Er wandte sich sogar an das österreichische Konsulat, wo man noch weniger Verständnis für seine Lage zeigte, da er kein österreichischer Staatsbürger mehr war.

Nicht nur seine, auch die allgemeine Situation verschlechterte sich in

Barcelona zusehends. Die deutschen Stukas der „Legion Condor" hatten die baskische Stadt Guernica in Trümmer gelegt und die Menschen, die an diesem Markttag auf der Straße waren, als lebende Zielscheiben benutzt.

Anfang Mai wurde auch in den Straßen Barcelonas geschossen. Die Kommunisten, die versuchten, die Telefonzentrale auf der Plaza de Cataluna unter ihre Kontrolle zu bringen, lieferten sich Straßenschlachten mit den Syndikalisten, den sozialistischen Gewerkschaftern und den anarchistischen Freischärlern.

Dr. Erben nahm die Anstecknadel der PCE von seinem Rockaufschlag. Er verließ nur selten sein Zimmer. Als die Schießerei näher rückte, übersiedelte er aus seinem Elendsquartier in das teure, aber sicherere Hotel Oriente an den unteren Ramblas. Von seinem Fenster aus konnte er den Hafen sehen. Aber seine Zimmermiete wurde nur von einem Tag auf den anderen verlängert.

An einem dieser Tage des „Bürgerkriegs innerhalb des Bürgerkriegs" erhielt Dr. Erben unerwartet Besuch. Von einem Spanier mit dem Decknamen „Rakenia", den er auf dem im Hafen liegenden sowjetischen Truppentransporter *Komsomol* kennengelernt und mit dem er sich angefreundet hatte. „Rakenia", der auch Dr. Erben für einen echten Kommunisten hielt, hatte gute Beziehungen zu seiner Fraktion innerhalb des Zentralkomitees. Er warnte Erben, daß sein Name auf einer Suchliste der Miliz stand. Fand man ihn, so war das sein Tod. Die täglichen Erschießungen in den Kerkern der Regierung waren ein offenes Geheimnis. Ordentliche Gerichtsverfahren gab es schon lange nicht mehr.

Erben packte sofort seine Koffer. Der Spanier sollte sehen, daß er seinen freundschaftlichen Rat nicht in den Wind schlug. Wenige Stunden später verließ er das Hotel Oriente. Er ging die leeren Ramblas hinauf. An der Plaza de Cataluna versperrte ihm Gewehrfeuer den Weg, und er mußte einen weiten Bogen durch Seitengassen machen, bevor er das amerikanische Konsulat erreichte. Dort bat er, wegen der unsicheren Situation in seinem Hotel seinen Koffer auf kurze Zeit einstellen zu dürfen. Das wurde ihm erlaubt.

Er kehrte nicht mehr ins Oriente zurück, sondern verbrachte die

Nacht in einer Männersauna, wie er in seinem Kalender vermerkte.
Am nächsten Tag, dem 8. Mai, erschien er kurz vor Büroschluß im amerikanischen Konsulat und holte in aller Eile seinen Koffer ab. „Thank you and good bye." Er hatte einen Fluchtweg gefunden.
Bei seiner ziellosen Wanderung durch die Stadt hatte er das unglaubliche Glück gehabt, im richtigen Augenblick auf den Sammelplatz eines Verwundetentransportes zu stoßen. Die französische Regierung hatte ihre Einwilligung gegeben, daß verwundete Angehörige der „Internationalen Brigaden" – aber keine Spanier – zur Rekonvaleszenz in französische Spitäler und Sanatorien verlegt werden durften. Dr. Erben hatte sich bei der Transportleitung mit seinem in London ausgestellten Dienstausweis als Militärarzt des britischen Kontingents der „Internationalen Brigaden" vorgestellt und sich angeboten, den Verwundetentransport zu begleiten. Dieses Angebot wurde dankbar angenommen.
Wie Dr. Erben penibel in seinem Taschenkalender notierte, verließ er Barcelona um 19 Uhr 10. Auf die gleiche Weise, wie er gekommen war, mit einem Transport der „Internationalen Brigaden".
Die Wagenkolonne rollte durch die langsam dunkelnde Landschaft. Auf derselben Küstenstraße, auf der er sechs Monate vorher auf einem ähnlichen offenen LKW in umgekehrter Richtung gefahren war. Damals waren die Männer um ihn herum heil gewesen und hatten darauf gebrannt, in einem Krieg zu kämpfen, den sie für den ihren hielten. Jetzt sah er sich von Männern umgeben, die verwundet waren, zerschossen, mit bandagierten Gliedern. Mancher hatte in Spanien nicht nur seine Gesundheit, sondern auch seinen Idealismus eingebüßt. Einige der Verwundeten waren Deutsche. Sie wußten nicht, daß der Arzt, der ihre Sprache sprach und sie so fürsorglich betreute, in dem selben schwarzen Koffer, aus dem er seine Arzneimittel holte, die Todesurteile für Angehörige ihrer Kameraden mit sich trug.
Um Mitternacht erreichte der Transport die spanisch-französische Grenze. Der begleitende Arzt Dr. Erben passierte sie anstandslos. In der Grenzstadt Cerber verabschiedete er sich.
Er war auf französischem Boden. In Freiheit.

Noch von Cerber aus telefonierte er mit Bradish Johnson, der ihm mitteilte, daß Errol mit Lili auf der *Queen Mary* von Southampton in die Staaten zurückgekehrt und am 19. April in New York gelandet war und bereits wieder filmte. Am selben Tag noch übergab Bradish Johnson* Dr. Erben 200 Francs für die dreizehn Filme, die Errol erfolgreich aus Spanien geschmuggelt hatte. Erben verbuchte die Einnahme in seinem Taschenkalender.

Nach vier Tagen in Paris, während der er die Weltausstellung besuchte, fuhr Erben nach Berlin. Er wohnte wieder bei Klara. Als Beitrag zur Miete brachte er ihr zwei Gläser Marmelade mit. Innerhalb von vierundzwanzig Stunden machte er in der improvisierten Dunkelkammer in Klaras Wohnung Kontaktabzüge von den mitgebrachten Filmen, vergrößerte die besten davon auf Hochglanzpapier und lieferte sie zusammen mit den Listen der Namen der fotografierten „Thälmann-Freiwilligen" und der Anschriften ihrer Angehöriger im RSHA in der Prinz-Albrecht-Straße Nr. 8 ab.

Einen Packen Vergrößerungen von Aufnahmen, die er noch nach Errols Flucht in Madrid und später im Auftrag Hellermanns in Barcelona gemacht hatte, trug er, wie sein Führungsoffizier ihn beordert hatte, ins Hauptquartier der „Abwehr" am Tirpitzufer Nr. 72–76. Die Fotos wurden in der „Abteilung für Auslandsinformationen" geprüft, und Dr. Erben wurde angewiesen, sie zur weiteren militärischen Auswertung direkt in die Franco-Legation** zu tragen.

Drei Mal stattete Dr. Erben während seines Berliner Aufenthalts der Franco-Legation einen Besuch ab. Jedes Mal brachte er einen Stapel neuer Fotos. Bei einem dieser Besuche war ein junger spanischer

*) Bradish Johnson Jr. wurde am Neujahrstag 1938 als Kriegsberichterstatter auf der Franco-Seite bei den Kämpfen um Terül durch ein Schrapnell von der Seite der Regierungstruppen getötet, während er mit drei anderen Reportern in seinem Wagen saß. Einer davon, der unverletzt blieb, war der sowjetische Spion Kim Philby, der mit der Wienerin Lizzi Friedmann verheiratet war.

**) Obwohl der Krieg noch nicht zu seinen Gunsten entschieden und Generalissimo Francisco Franco noch zwei Jahre lang nicht Regierungschef war, wurde seine Legation, im Haus der bisherigen Spanischen Botschaft, von Hitler als einzige legitime diplomatische Vertretung Spaniens anerkannt.

Aristokrat anwesend, den das FBI sechseinhalb Jahre später in New York als Spion der „Abwehr“ verhaftete.
Graf Carlos Vejerano y Cassina hielt sich zu diesem Zeitpunkt in Berlin auf. Angeblich, um sich in der Charité wegen eines Rückenleidens behandeln zu lassen, in Wahrheit, um sich vom Militärdienst bei den Franco-Truppen zu drücken.
Der sechsundzwanzigjährige Graf war ein Cousin zweiten Grades des Franco-Agenten in London, dem Herzog von Alba, einem der reichsten Landbesitzer in Spanien, und der Großneffe der Kaiserin Eugenie von Frankreich, der Gattin Napoleons III. Der Vater des Grafen war der Conde de Naya de Tajo, seine Mutter stammte aus Kuba.
Charlie Vejerano, als Playboy und aristokratischer Gigolo in der internationalen Society der Vorkriegsjahre bestens bekannt, trat nach der Besetzung Frankreichs durch die Wehrmacht aus Opportunismus in den deutschen Militärgeheimdienst ein. Er war von Hauptmann Weiß, einem Angehörigen der „Abwehr“, in Biarritz für die Spionage in den Vereinigten Staaten rekrutiert worden. Mit einem Jahressold von 3000 Dollar.
Am 22. November 1940 landete der frischgebackene Spion mit einem für sechs Monate gültigen Besuchervisum in New York. Sein Auftrag war, Berichte über den Frachtschiffverkehr in den Häfen von New York und New Jersey zu liefern, außerdem sollte er Kontakt zu einflußreichen Amerikanern suchen, Politikern und Geschäftsleuten, und sie aushorchen, wie sie die Möglichkeit eines Eintritts der USA in den Krieg einschätzten. Seine Berichte sollte er verschlüsselt an die Anschrift seines Vaters im okkupierten Frankreich richten, der sie an den Abwehr-Offizier Hauptmann Weiß, Deckname „Onkel Richard“, weiterleiten würde.
Der junge Graf ließ sich in New York nieder, und es fiel ihm nicht schwer, rasch Anschluß an die dortige gesellschaftliche Elite zu finden. Zu seinem engsten Freundeskreis gehörte Lady Elsie Mendl, eine international gefeierte Innendekorateurin, die auch zum nazifreundlichen Intimkreis um den Herzog und die Herzogin von Windsor gehörte, und die mannstolle Millionenerbin Barbara Hutton. Er kannte beide bereits aus Europa.

Barbara Hutton, die zu dieser Zeit mit dem Hollywoodstar Cary Grant verheiratet war, unterstützte Charlie Vejerano finanziell, da sein „Abwehr"–Sold für seine regelmäßigen Nightclub-Besuche nicht reichte. Als Graf Vejerano Wilma von den Baard heiratete, die Tochter eines Schleppbootkapitäns, die sich als gefeiertes Fotomodell Zugang zur feineren New Yorker Gesellschaft verschafft hatte, überließ Barbara Hutton dem jungen Paar ihre Wohnung am vornehmen Sutton Place.

In Barbara Huttons Apartment wurde Graf Vejerano dann am 4. Dezember 1943 von zwei FBI-Beamten wegen Spionageverdachts verhaftet. Am Tag vorher hatte er noch bei einer New Yorker Bank einen von Barbara Hutton ausgestellten Scheck auf 5000 Dollar eingelöst.

VERWANDTER DES HERZOGS VON ALBA ALS AGENT DER NAZI GESTAPO HIER GEFASST, überschrieb die *New York Times* die Meldung auf der Titelseite. Die New Yorker „Café Society" hatte ihre Sensation.

Vejerano kooperierte mit dem FBI, um glimpflich davonzukommen. Er war geständig, nannte Namen und erzählte im Verlauf seiner Einvernahme auch, was er an jenem Tag im Mai 1937 in Berlin beobachtet hatte. Er schilderte den Mann, an dessen Namen er sich nicht mehr erinnerte, der jedoch in seiner Gegenwart bei der Franco-Dienststelle wichtiges strategisches Fotomaterial abgeliefert hatte, als „massig, breitschultrig, mit rötlichblondem zurückgekämmtem Haar und einer auffallenden Spalte zwischen den oberen Vorderzähnen":

> „Mir wurde gesagt, daß er aus Los Angeles stammt und soeben in Begleitung Errol Flynns verschiedene Frontabschnitte in Spanien besucht hat und daß die beiden zahlreiche fotografische Aufnahmen von Geschützpositionen und Militärobjekten auf der loyalistischen Seite gemacht haben. Diese Fotos lagen in einem riesigen Stapel auf einem der Schreibtische.*

*) Nach eigenen Angaben hat Dr. Erben mehr als 2000 Aufnahmen in Spanien gemacht.

Sobald der Mann den Raum verlassen hatte, wurde mir mitgeteilt, daß er ein Angehöriger des deutschen Geheimdienstes war und für Deutschland in den Vereinigten Staaten arbeitete.
Ein deutscher Geheimdienstbeamter hatte vorher in der Botschaft angerufen und gesagt, daß sie diesen Mann herüberschicken würden, damit die Botschaftsangehörigen die Aufnahmen, die ihr Agent aus Spanien gebracht hat, selbst dahingehend studieren könnten, ob sie für die Franco-Einheiten von militärischem Nutzen sein."

Der FBI-Bericht vom 19. März 1944 über die Aussagen des geständigen Abwehr-Agenten trägt die Aufschrift: „201 – Espionage: Vejerano y Cassina, Carlos; Flynn, Errol; Erben, Herman F."
Durch das Geständnis des Spaniers erfuhr FBI-Direktor J. Edgar Hoover von Flynns und Erbens gemeinsamer Spionagetätigkeit. Allerdings war Erben zu diesem Zeitpunkt für ihn nicht mehr greifbar: Er war in Schanghai und nicht mehr amerikanischer Staatsbürger.
Aber Flynn war in Hollywood – und Amerikaner. Trotzdem machte Hoover von diesem Beweismaterial gegen ihn nie Gebrauch.
Man kann über den Grund dieser Unterlassung nur spekulieren. Aber der bisexuelle Flynn wußte über die Eskapaden Hoovers während seiner jährlichen Urlaubsaufenthalte in Kalifornien zweifellos Bescheid.
Sie waren in den entsprechenden Kreisen Hollywoods kein Geheimnis.

ZWEITES BUCH

1897 – 1933

6

1897/1922

Wie Erben sich seine erste Schußwaffe beschaffte, sich zum ersten Mal mit Gonorrhoe ansteckte, heiratete, nach Südamerika ausriß und in *Sodom und Gomorrha* mitwirkte.

Erben war von Kindheit an ein Waffennarr. Diese Besessenheit hatte er von seinem Vater. Dr. jur. Hermann Erben, 1871 in Znaim geboren, politisch großdeutsch eingestellt, zugleich überzeugter Monarchist, Reserveleutnant im 49. Infanterieregiment „Freiherr von Hess", protestantisch getauft, dabei mütterlicherseits das, was man in Wien damals höflich als „von mosaischer Herkunft" umschrieb, war Generaldirektor der „Prager Eisenindustrie Gesellschaft", eines der größten Stahlwerke der Monarchie, wichtiger Waffenlieferant der k.u.k. Armee. Der Firmensitz war in Wien. Seine Vorfahren stammten aus Siebenbürgen, wo sein Vater an einem Gymnasium in Hermannstadt Mathematik unterrichtete. Seine Mutter, bei der Geburt ihres Enkels noch am Leben, hatte darauf bestanden, daß dieser nach jüdischem Ritus beschnitten wurde, obwohl er wie der Rest der Familie bereits evangelisch getauft worden war.

Eines der ersten Fotos aus der Kindheit, mit Stativ und Selbstauslöser selbst aufgenommen, selbst entwickelt und kopiert, zeigt den zehnjährigen Hermann vor der elterlichen Wohnung mit einem Werndl-Gewehr aus der Sammlung seines Vater.

Ein Jahr später besaß er seine erste eigene Schußwaffe. Eine Flobertpistole, die er sich auf ungewöhnliche Art beschafft hatte. Sein Vater erfuhr erst davon, als die Nachbarn sich bei ihm über die Schießübungen beschwerten, die sein Sohn im Hof des vornehmen Wohnhauses am Arenbergplatz abhielt, in das die Familie zwei Jahre zuvor in eine Elfzimmerwohnung im 2. Stock eingezogen war.

Der Vater tadelte Hermann nicht. Er meinte nur, es sei schade, das gute Zeichenbrett als Zielscheibe zu benutzen. Von Mama wurde die Geschichte – wie alle Unannehmlichkeiten – ferngehalten.
Jeannie Erben, geborene Reichel, um drei Jahre jünger als ihr Gatte, war als Tochter eines vermögenden Baumwollfabrikanten in Prag zur Welt gekommen. Sie war leichtlebig bis zur Frivolität, liebte modische Kleider, Gourmetdelikatessen, Schokoladen, alles was teuer war, und, im Gegensatz zu ihrem Mann, gesellschaftliche Vergnügen. Sie überließ die Erziehung des Kindes zwar dem Vater und den Bediensteten, dominierte ihren Sohn aber mit ihren Ansprüchen bis an ihr Lebensende.
Hermann Friedrich Karl Theodor Erben kam am 15. November 1897 im Haus Streichergasse 10 im 3. Wiener Gemeindebezirk zur Welt. Praktisch um die Ecke vom „Arenberg-Hof", wo er siebenundachtzig Jahre später, am 16. Jänner 1985, in der Küche seiner ungeheizten Dachbodenwohnung tot aufgefunden wurde.
Hermann besuchte die evangelische Volksschule am Karlsplatz. Er legte den einstündigen Schulweg zu Fuß zurück, wenn sein Vater ihn nicht in der Kutsche mitnahm, mit der er täglich in sein Büro gefahren und wieder abgeholt wurde.
Hermann kam häufig zum Mittagessen zu spät, das gemeinsam eingenommen wurde.
„Wo warst du so lange?" fragte sein Vater ihn dann, der auf Pünktlichkeit großen Wert legte. Die Gouvernante Miß Heath spitzte mißbilligend ihre dünnen Lippen und kontrollierte Hermanns Fingernägel, bevor er sich mit den anderen zu Tisch setzen durfte.
„Die Schule hat so lange gedauert", redete er sich jedes Mal aus. Das stimmte meistens nicht. Er zog es vor, lange Umwege zu machen, statt auf dem kürzesten Weg nach Hause zu gehen. Oft schlenderte er über den Rennweg, wo an einer steil ansteigenden Stelle neben die beiden Pferde, die die Pferdestraßenbahn zogen, ein drittes Pferd gespannt wurde. Die Hufe der Pferde schlugen Funken auf dem Pflaster. Er wartete darauf, daß eines der Pferde ein Hufeisen verlieren würde und er es aufheben könnte. Er wußte, daß dem Finder eines Hufeisens ein Wunsch in Erfüllung ging. Er wünschte sich, daß

sein Vater Miß Heath davonjagen würde. Aber er fand nie ein Hufeisen, und Miß Heath blieb, bis er ins Gymnasium kam und die englische Gouvernante durch einen Hauslehrer ersetzt wurde. Dieser Dr. Mack erteilte ihm Nachhilfeunterricht und streichelte ihm übers Knie, wenn er neben ihm saß.

Im Sommer nach Abschluß der vierklassigen Volksschule nahmen sein Vater und dessen Bruder, Onkel Karl, ihn auf seine erste Seereise mit, nach Ägypten. Er fotografierte seinen Vater und seinen Onkel, wie sie auf einem Kamel ritten. Als sie von der Reise nach Hause kamen, hatte er eine Schwester. Gretl.

Im Herbst übersiedelte er in das „Akademische Gymnasium", wohin die meisten jüdischen Eltern ihre Söhne schickten. Das „Akademische" war neben dem „Schottengymnasium" und dem „Theresianum" eine der drei Eliteschulen Wiens. Der neue Schulweg war etwa gleich lang wie der alte, nur ging Hermann jetzt, wenn er einen Umweg machte, durch den Stadtpark.

Er hatte eine neue Attraktion. Am Rande des Stadtparks, stadtauswärts, an der selben Stelle, wo heute eine schlichte, gemauerte öffentliche Bedürfnisanstalt steht, stand damals, durch Sträucher und Bäume halb verborgen, ein laubgrün gestrichenes Metallhäuschen, mit Giebeldach und Zierornamenten im Jugendstil.

Nachdem Hermann dieses Pissoir entdeckt hatte, führte ihn sein Heimweg durch den Stadtpark fast jeden Tag dorthin. Der versteckte Ort zog ihn an. War es der scharfe Karbolgeruch der geteerten Wände, der ihn an den Geruch der Schiffe während seiner Ägyptenreise erinnerte? Oder waren es die Männer, die manchmal, regungslos wie Statuen, vor den braunen Wänden standen und nur ab und zu den Kopf nach rechts oder links wandten? Er wußte es nicht. Aber er konnte sich dem Zwang nicht entziehen.

An einem Nachmittag im Spätherbst, während seines ersten Jahres im Gymnasium, betrat Hermann wieder einmal das grüne Häuschen, das nun, da das Laub von den Sträuchern und Bäumen gefallen war, für alle sichtbar dastand. Er öffnete die metallene Türe. Die Gasflamme an der Decke brannte noch nicht. In dem schummerigen Licht, das durch die hoch angebrachten Fenster fiel, sah er, daß nur ein

Mann an einer der beiden gegenüberliegenden Wände stand. Er stellte sich in einigem Abstand auf die selbe Seite.
Der Mann starrte unbeweglich vor sich hin, als ob ihn nichts als die Ankündigung interessierte, daß das Patent für die geteerten Pissoirwände in verschiedenen Ländern angemeldet war. Hermann blickte auf die Wand, von der der scharfe Geruch ausging. Nach einer Weile wandte sich der Mann ihm zu und flüsterte: „Du kommst öfter da her."
Hermann antwortete nicht. Er hörte sein Herz schlagen.
„Gehst du in der Nähe in die Schule?" Hermann nickte ein stummes Ja. „Du bist ein hübscher Bub. Sicher hast du da was Hübsches in der Hand. Darf ich's angreifen?"
Hermann schüttelte den Kopf, ohne auf den Mann zu blicken.
„Warum nicht? Es tät dir bestimmt gefallen. Alle tun's."
Der Mann tat einen halben Schritt in Hermanns Richtung. Hermann merkte, wie ein süßlicher Duft den Karbolgeruch verdrängte. Er blickte zum ersten Mal auf den Mann. Er wirkte jugendlich, obwohl er nicht mehr jung war. Glattrasiert, blond, soweit Hermann das in der Dämmerung sehen konnte. Er trug einen beigefarbenen Regenmantel, und mit der freien Hand stützte er sich auf einen eingerollten Regenschirm.
„Was geben Sie mir?" hörte Hermann sich fragen.
„Was willst du?"
„Eine Pistole."
Hermann hatte keine Sekunde mit seiner Antwort gezögert. Er wußte, welche Pistole er wollte, wo sie zu haben war und was sie kostete. Er hatte den Waffenkatalog studiert, den ihm der Hausdiener auf sein Drängen für eine Krone besorgt hatte, bis die Seiten auseinanderfielen. Aber Johann hatte sich auch gegen ein noch so hohes Trinkgeld geweigert, eine Pistole zu kaufen. Jetzt würde er sie bekommen. Von dem Fremden.
„Eine Flobertpistole."
Er nannte dem Fremden das Geschäft, wo die zu haben war. Ecke Graben und Dorotheergasse.
„Ich kenn's."

„Und eine Schachtel Munition dazu."
„Jaja." Der Mann schien es plötzlich eilig zu haben. Hermann stellte sich ihm in den Weg.
„Wann bekomm ich das Ganze?"
„Morgen. Morgen um die gleiche Zeit."
Als sie sich am nächsten Tag wieder trafen, waren sie nicht allein. Sie mußten warten, bis der alte Mann gegangen war, der auf der anderen Seite stand und sich ständig nach ihnen umdrehte. Aber Hermann übersah das Päckchen nicht, das die Manteltasche seines neuen Bekannten ausbeulte. Sobald sich die Türe hinter dem Alten geschlossen hatte, trat der Mann an Hermanns Seite und reichte es ihm.
„Ich habe mein Versprechen gehalten. Jetzt mußt du auch deines halten", flüsterte er.
Hermann war zu beschäftigt, das Päckchen aufzuschnüren, als daß er bemerkt hätte, daß der Fremde begann, ihm den Hosenschlitz aufzuknöpfen. Endlich hielt er die schimmernde Waffe in der Hand. Er hatte noch nie etwas so Schönes gesehen. Er führte die Pistole an seine Lippen. Er hatte das Bedürfnis, den Lauf zu küssen. Er nahm zwei Geschosse aus der Schachtel und begann, die Pistole zu laden. Er hatte noch nie eine Pistole geladen, aber trotzdem gelang es ihm. Der Umgang mit der Waffe war ihm ganz selbstverständlich. Erst jetzt merkte er, was der Fremde tat.
Er riß sich los und richtete die geladene Pistole auf den knieenden Mann. Schritt für Schritt wich er zurück, die Pistole in der Rechten. Mit der Linken brachte er seine Hose in Ordnung. Der Mann rührte sich nicht von der Stelle. Hermann stieß mit dem Rücken die Türe auf und trat ins Freie. Es war dunkel geworden, Nebel war eingefallen. Er wußte, daß der Mann ihm nicht folgen würde. Er sicherte die Pistole und schob sie in seine Rocktasche. Zufrieden trat er seinen Heimweg an. Er hatte eine Lektion gelernt, die er sein Leben lang nicht vergessen würde: Es gab Menschen, die er erpressen konnte.
Der Mann im Stadtpark war nicht der einzige Homosexuelle, dem Hermann auf seinem Schulweg begegnete. Kurz nach dieser Begebenheit holte ihn sein Vater, der durch Zufall dazugekommen war, von einem Fiaker herunter, in dem er neben einem älteren Herrn saß,

der ihm versprochen hatte, ihn im Prater spazieren zu fahren. Und fürsorglich eine Decke über ihre Knie gebreitet hatte.

„Wenn du in den Prater fahren willst, so kannst du mit mir fahren", war der einzige Kommentar seines Vaters. Während der Mann im Fiaker rasch davonfuhr.

Mit vierzehn Jahren hatte Hermann sein erstes wirkliches sexuelles Erlebnis: Auf dem Weg zum Eislaufplatz, mit einer Prostituierten. Er zahlte dafür eine Krone und handelte sich seinen ersten Tripper ein.

Eislaufen war Hermanns liebster Sport im Winter. Sobald er seine Schulaufgaben gemacht hatte, hängte er sich seine Schlittschuhe über die Schulter, nahm die Krone, die Mama ihm hingelegt hatte, bevor sie ausgegangen war, und stürmte aus dem Haus. Er schlug jedes Mal den Weg mitten durch den Stadtpark ein, obwohl es kürzere Wege zum Eislaufplatz gab. Er beobachtete gerne die Mädchen und Frauen, die nach Einbruch der Dunkelheit in einem bestimmten Teil des Park scheinbar ziellos hin und her spazierten.

Mit ihren rotgeschminkten Mündern und dem dickaufgetragenen Rouge auf ihren Wangen erinnerten sie ihn an die tropischen Fische in seinem Aquarium. Ihre farbigen Halstücher aus billigem Chiffon, die hinter ihnen herwehten, waren die Flossen, mit denen sie lautlos durch die Dämmerung schwammen. Hermann fand immer einen Platz, von wo er seine Fische unentdeckt beobachten konnte. Eines Abend löste sich eines dieser Geschöpfe aus dem Schwarm und kam schnurstracks auf das Gebüsch zu, in dem er sich versteckt hatte. Das Mädchen war kaum älter als er, und es kam Hermann komisch vor, daß sie ihn als „junger Mann" ansprach.

„Haben Sie Geld, junger Mann?" Die Hände des Mädchens steckten in einem Muff, die seine Beine in schwarzen Stiefletten, die sichtbar waren, da der Mantel nur knapp bis unter die Knie reichte. Keine Mode, in der Mama sich gezeigt hätte, dachte Hermann. Mamas Kleider und Mäntel waren knöchellang. „Ohne Geld geht nichts."

Hermann zog die Krone aus der Tasche. Er zeigte sie der jungen Prostituierten. Seine Worte überschlugen sich fast, als er ihr erklärte, daß die Krone eigentlich für Anton bestimmt war, der ihm am Eislaufplatz immer die Schlittschuhe anschraubte, aber daß er, wenn

er einmal nicht Schlittschuhlaufen ging, mit der Krone machen konnte, was er wollte.
„Und was wollen Sie mit der Krone machen?"
Hermann schwieg. Das einzige Wort für das, was er wollte, kannte er nur von seinen Schulkameraden, und er hatte es noch nie einem weiblichen Wesen gegenüber gebraucht. Er wußte nicht, ob es jetzt passend wäre oder ob die Prostituierte ihn auslachen würde. So fragte er forsch zurück.
„Was würden Sie für eine Krone machen?"
Auf keinen Fall würde sie ihn für eine Krone mit auf ihr Zimmer nehmen. Das kostete fünf Kronen. Aber da er wahrscheinlich noch nie etwas mit einer Frau zu tun gehabt hat und sie die erste war, würde sie ihm einen Gefallen tun. Sie nahm Hermann das Geldstück aus der Hand, ließ es im Schlitz ihres Muffs verschwinden, faßte ihn am Arm und führte ihn zu einer Parkbank, die völlig im Dunkel lag. Sie wischte mit dem Muff den Schnee von der Bank, setzte sich, knöpfte ihren Mantel auf und hob den Rock bis zu den Hüften hoch. Für einen Augenblick sah Hermann ihre schwarzen Strümpfe und nackten Schenkel. Dann zog sie ihn zu sich und begann, seine Hose aufzuknöpfen. Hermann sah nun nur mehr die rote Wollmütze auf ihrem Kopf. Sie nahm sein Glied zwischen ihre Finger.
Hermann begann zu zittern. Er wußte nicht, ob vor Kälte oder aus Angst, daß jemand kommen und ihn sehen könnte, oder vor Erregung. Die Prostituierte hatte begonnen, ihre Hand auf und ab zu bewegen. Hermann wußte, was geschehen würde, wenn sie nicht damit aufhörte. Das wollte er nicht. Dafür zahlte er keine Krone.
„Nicht so!" pfauchte er.
Aber die Frau hörte nicht auf, mechanisch sein Glied zu pumpen. Hure! Sie will mich beschwindeln. Er spürte, wie die Wut auf das Mädchen in ihm hochstieg und jedes andere Gefühl verdrängte. Verdammte Hure!
Er packte die nackten Schenkel und riß sie an sich. Die Prostituierte rutschte fast von der Bank. Sie brauchte beide Hände, um sich festzuhalten. Sein Glied war frei. Keuchend warf er seinen Körper gegen den ihren. Er fand die Öffnung, die sie ihm verweigern wollte, und

stieß zu. Wie mit einem Messer. Immer wieder. Immer rascher. Bis die junge Hure aufstöhnte, ihre Beine um ihn schlang und er sich nicht mehr bewegen konnte. Sie drückte ihn noch enger an sich und bohrte die Absätze ihrer Schuhe in sein Gesäß. Der Schmerz schoß ihm die Wirbelsäule entlang bis in den Kopf und brannte dort wie eine Flamme in sein Gehirn. Im selben Augenblick spürte er seinen Erguß. Schmerz und Wollust waren ein und dasselbe für ihn. Er konnte sie nicht voneinander trennen.

Die Schenkel des Mädchens gaben ihn frei, Hermann taumelte zurück. Nach ein paar keuchenden Atemzügen bückte er sich nach seinen Schlittschuhen, die ihm von der Schulter geglitten waren. Dabei neigte sich das Mädchen zu ihm, als wollte es ihn küssen. Hermann wich aus. Etwas in ihm sträubte sich gegen jede Zärtlichkeit. Er fühlte sich rein. Gereinigt. Jetzt das Mädchen zu berühren, würde ihn wieder beschmutzen. Ohne sich noch einmal nach der Gestalt auf der Bank umzudrehen, lief er davon.

Drei Tage später spürte er ein Brennen, wenn er urinierte. Am nächsten Morgen merkte er, daß sein Nachthemd an seinem Penis klebte. Er hatte einen gelblichen Ausfluß, anders als der nächtliche Erguß, den er kannte. Er wußte, was der Ausfluß bedeutete: Er hatte sich angesteckt. Es blieb ihm nichts anderes übrig, als es Papa zu gestehen. Er ging im Nachthemd in die Bibliothek, wo sein Vater die Morgenzeitungen las, bevor er ins Büro fuhr. Mama schlief um diese Stunde noch.

Der Vater hörte sich ruhig an, was Hermann ihm zu sagen hatte. Er fragt seinen Sohn nicht, mit wem er beisammengewesen war, sondern meinte nach kurzem Nachdenken, Hermann sollte sich ein reines Taschentuch um seinen Penis wickeln, damit seine Unterhose keine verräterischen Flecken bekäme. Auf keinen Fall dürfte Mama etwas davon erfahren.

Statt ins Büro ließ Dr. Erben sich an diesem Morgen mit seinem Sohn zur Ordination Dr. Stritzkos fahren. Dr. Stritzko war nicht nur der Arzt der Familie Erben, sondern auch ein Corpsbruder Dr. Erbens in der schlagenden Verbindung „Symposion“ und daher doppelt zum Schweigen verpflichtet.

Dr. Stritzko stellte fest, daß Hermann sich mit Gonorrhoe angesteckt hatte.
Entweder müßte sich Hermann für vier Wochen in ein Sanatorium begeben, bis er ausgeheilt war, sagte Dr. Stritzko, oder er müsse sich vier Wochen lang selbst behandeln.
„Ich mach's selber", sagte Hermann.
Sein Vater war erleichtert. Ein vierwöchiger Aufenthalt in einem Sanatorium hätte bedeutet, daß Hermann vier Wochen Gymnasium versäumt und dadurch wahrscheinlich ein Schuljahr verloren hätte, da er ohnehin nicht zu den besten Schülern zählte. Außerdem hätte Mama den Grund für einen Sanatoriumsaufenthalt erfahren müssen.
Dr. Stritzko gab Hermann eine kleine metallene Spritze, eine metallene Klammer und ein Fläschchen mit einer grünlichen Flüssigkeit. Er erklärte ihm, was er damit zu tun habe. Acht mal pro Tag, alle drei Stunden, müsse er seinen Penis mit der grünen Flüssigkeit mit Hilfe der Spritze ausspülen. Damit die Flüssigkeit nicht sofort wieder ausfloß, müsse er ihn mit der Metallklammer abklammern und die Flüssigkeit mindestens zehn Minuten halten, auch wenn es brannte, bis sie ihre Wirkung getan hatte. Diese Prozedur dauere vier Wochen. In der Schule müsse er sich auf der Toilette behandeln, nachts müsse er sich alle drei Stunden von seinem Wecker wecken lassen. Wenn er die Behandlung zu oft versäumte, könne er nicht kuriert werden. Dann würden die kleinen Tierchen, die von der anderen Person in ihn gekrochen waren, durch seinen ganzen Körper kriechen und ihn unheilbar krank machen.
Hermann wußte, daß die kleinen Tierchen, von denen Dr. Stritzko sprach, Gonokokken hießen. Aber er sagte nichts. Er packte die medizinischen Instrumente und das Fläschchen schweigend in seine Schultasche.
„Wenn die Flasche leer ist, kommst du und holst dir eine neue."
„Ja."
„Gleich beim ersten Mal", seufzte der Vater, als sie sich von Dr. Stritzko verabschiedeten.
„Ich hoffe, es ist das letzte Mal", sagte Dr. Stritzko und blickte durch seine goldene Brille streng auf Hermann.

Es war nicht das letzte Mal. Zwei Jahre später hatte sich Hermann erneut angesteckt, und diesmal durfte er sich nicht selbst auskurieren. Dr. Stritzko schickte seinen rückfälligen jungen Patienten zur Heilung in ein Sanatorium bei Rekawinkel. Diesmal mußte Mama es erfahren.
Kurz nachdem er geheilt aus dem Sanatorium nach Hause gekommen war, machte Hermann Mama erneut Sorgen. Er wurde mitten im Schuljahr, im Februar 1912, vom „Akademischen Gymnasium“ ausgeschlossen. Weil er seinem Lateinlehrer, einem Professor Dienel, vor der ganzen Klasse eine Ohrfeige gegeben hatte.
Dienel habe während des Unterrichts eine abfällige Bemerkung über eine junge Dame gemacht, mit der er, Erben, befreundet war.
Nach Professor Dienel, der Dr. Erben bei seiner Vorsprache im Gymnasium die Umstände auseinandersetzte, die zu diesem Zwischenfall geführt hatten, hätte Hermann ihn provoziert. Indem er der fraglichen jungen Dame, die in einem Zimmer wohnte, dessen Fenster man vom Klassenraum aus sehen konnte, ständig zuwinkte und ihr Küsse zuwarf, sooft sie sich am Fenster zeigte. Das hätte natürlich den Lateinunterricht gestört. Schließlich hätte Hermann vor der ganzen Klasse erklärt, er werde die besagte junge Dame demnächst heiraten. Dadurch hätte er, Professor Dienel, sich zu einem Ausdruck hinreißen lassen, den er sonst nicht gebrauche. Nicht für Damen. Jedenfalls nicht, wenn sie Damen waren.
Dr. Erben verstand und entschuldigte sich bei Professor Dienel für das Benehmen seines Sohnes.
Aufgrund seiner Beziehungen fiel es Generaldirektor Erben nicht schwer, seinen Sprößling sofort im „Landstraßer Gymnasium“ unterzubringen, sodaß Hermann kein Schuljahr verlor. Hermann fühlte sich in seiner neuen Schule in bester Gesellschaft. Zwei seiner neuen Klassenkameraden waren Erzherzöge des Hauses Habsburg, Erzherzog Leopold und Erzherzog Rainer Salvator. Sie hatten ebenfalls wegen schlechten Benehmens die Schule wechseln müssen.
1915 maturierte Hermann und zog sofort freiwillig „für Kaiser und Vaterland“ in den Krieg. Er wurde einem Feldartillerie-Regiment zugeteilt und ein Jahr später an der italienischen Front verwundet.

Und seinen Eltern irrtümlich als gefallen gemeldet. Während eines ausgedehnten Genesungsurlaubes inskribierte er auf Drängen Mamas, die sich einen Arzt als Sohn wünschte, Medizin.
Als der Krieg verloren war, kehrte er verbittert und voll Haß auf alle, denen er die Schuld am Zusammenbruch der Monarchie zuschob, in seine Heimatstadt zurück.
Die Welt, in der er aufgewachsen war, gab es nicht mehr. Die „Prager Eisenindustrie-Gesellschaft" gehörte nicht mehr Österreich, sondern den verhaßten Tschechen. Sein Vater, Generaldirektor Dr. Erben, war arbeitslos. Er starb 1919, erst 48 Jahre alt, an Tuberkulose und vor Scham, daß er seine Familie in den finanziellen Ruin gestürzt hatte.
Als die USA in den Krieg eingetreten waren, hatte er aus patriotischen Überlegungen seine Dollaranleihen, die ein enormes Vermögen darstellten, gegen österreichische Staatsschuldscheine eingetauscht. Diese waren jetzt nicht einmal mehr das Papier wert, auf dem sie gedruckt waren. Die 400 000 Kronen, die Generaldirektor Erben hinterließ, reichten gerade für vier Laib Brot.
Hermann hatte nun mit zweiundzwanzig Jahren als Familienältester für Mama und seine zwei jüngeren Schwestern, Gretl und Hilde, zu sorgen. Er schwor am Grab seines Vater, daß sie nicht lange arm bleiben würden. Er hatte vor, reich zu heiraten.
Hermann versetzte einen Teil des Familiensilbers im Dorotheum und schrieb sich in eine Tanzschule im 1. Bezirk ein. Wo die Töchter und Söhne der Wiener Gesellschaft, so weit es eine solche noch gab, und die Kinder der Neureichen unter dem strikten Kommando eines ehemaligen Rittmeisters nicht nur Tanzen, sondern auch korrektes Benehmen erlernten.
Es dauerte nicht lange, bis Hermann unter seinen wechselnden Tanzpartnerinnen seine Beute fand. Klara Gottschalk hatte rotes Haar und alabasterweiße Haut und sah noch jünger aus als ihre siebzehn Jahre. Es störte Hermann nicht, daß ihre blauen Augen manchmal wie abwesend ins Leere starrten und daß sie immer länger als alle anderen brauchte, um einen Tanzschritt zu erlernen. Sie war eine gute Partie. Klaras Vater war ein preußischer Junker gewesen und im Krieg

gefallen. Er hatte Klara Ländereien hinterlassen, die ein Freund der Familie verwaltete. Klara und ihre jüngere Schwester waren mit ihrer Mutter von Leipzig nach Wien übersiedelt, nachdem sie bei der Kur in Marienbad den verheirateten Wiener Frauenarzt Dr. Floderer kennengelernt hatte, der dort im Sommer seine Praxis ausübte. Er hatte versprochen, ihr in Wien eine elegante Wohnung einzurichten, wenn sie ihm dorthin folgte. Und er hatte sein Versprechen gehalten. Das alles erfuhr Hermann von Klara. Er kannte den berühmten Frauenarzt dem Namen nach und wußte, daß er nur reiche Patientinnen, darunter auch Angehörige des Kaiserhauses, behandelte.

Nach ein paar Kaffeehausbesuchen, zu denen Hermann sie regelmäßig nach der Tanzschule einlud, hatte Klara den Eindruck gewonnen, daß sie und Hermann gute Freunde waren, und sie brach das strikte Verbot ihrer Mutter. Sie vertraute ihm an, daß sie von ihrem Vater nicht nur Ländereien, sondern auch ein ansehnliches Vermögen in Wertpapieren geerbt hatte, das ebenfalls von dem Freund der Familie, einem Anwalt, verwaltet wurde und über das sie ab ihrem einundzwanzigsten Geburtstag verfügen könne.

Hermann entschloß sich zu handeln. Klara leistete keinen Widerstand. Sie begleitete Hermann nach den Tanzstunden auf seine „sturmfreie Bude" im Dachgeschoß des Arenberg-Hofes. Mama, Hilde und Gretl wohnten in zwei Zimmern im zweiten Stock. Den Rest der ehemaligen Nobeletage vermietete Mama als möblierte Zimmer. Hauptsächlich an ausländische Studentinnen. Vor allem Amerikanerinnen, denn die stellten die wenigsten Ansprüche, machten ihre Betten selbst. Und sie zahlten mit Dollar, die Hermann am Schwarzen Markt verkaufte.

Knapp vor Weihnachten merkte Klara, daß sie schwanger war. Sie vertraute sich ihrer Mutter an. Frau Gottschalk kommandierte den Freund ihrer Tochter in ihre vornehm ausgestattete Wohnung.

Klaras Mutter, eine ausnehmende Schönheit, von der Klara ihr rotes Haar und den weißen Teint geerbt hatte, machte Hermann Vorwürfe, wie gerade er, als Medizinstudent, ihre Tochter in eine solche Situation bringen konnte. Frau Gottschalk, die wußte, daß Hermann aus guter, wenn auch jetzt verarmter Familie stammte und als zukünftiger Arzt für ihre Tochter standesgemäß wurde sorgen können, verlangte, daß er Klara heirate, bevor das Kind zur Welt kam. Die Ehre der Tochter eines preußischen Junkers müsse wieder hergestellt werden. Der Studiosus Erben erklärte sich sofort dazu bereit und besiegelte sein Versprechen mit dem Ehrenwort eines österreichischen Leutnants.

Hermann arbeitet noch in der selben Nacht einen Ehevertrag aus, den er auf der Schreibmaschine sauber abtippte. Der Vertrag widersprach in mehreren Punkten dem bestehenden österreichischen Recht und war daher im Streitfall nicht einklagbar. Er sah u. a. vor, daß keines der Kinder aus seiner Ehe mit Klara Gottschalk irgendwelche Ansprüche auf Unterhalt an ihn richten konnte. Sondern Klara trug, als Mutter, die alleinige Verantwortung für die gemeinsamen Kinder. Er erläuterte Klara, dies sei ganz selbstverständlich, da sie bei Erreichung der Großjährigkeit, in zwei Jahren, eine schwerreiche Frau, er hingegen auf Jahre hinaus nichts als ein arbeitsloser Student sein würde.

Frau Gottschalk war wütend, als Klara ihr den Vertrag zeigte und ihr die Argumente ihres zukünftigen Schwiegersohnes auseinandersetzte. Aber da Dr. Floderer, den sie konsultierte, feststellte, daß die Frist für eine gefahrlose Abtreibung überschritten war, ließ sie Klara das Dokument unterschreiben.

Hermann begann sofort mit den nötigen Amtswegen zur Vorbereitung der Trauung. Da Klara in Deutschland geboren war und ihre Dokumente aus Leipzig angefordert werden mußten, vergingen Monate, bis endlich ein Datum für die Hochzeit fixiert werden konnte.

Klara war bereits hochschwanger und mußte die Stufen zur Kirche hinaufgetragen werden, als Hermann sie am 15. Juni 1920 in der evangelischen Kirche im 3. Bezirk heiratete. Vier Tage später, am 19. Juni, gebar sie einen Sohn. Hermann bestimmte, daß er Kurt getauft wurde. Weder in der Familie Erben noch in der Familie Gottschalk hatte es je einen „Kurt“ gegeben.

Klara wohnte mit dem Neugeborenen in der kleinen Restwohnung ihrer Schwiegermutter im 2. Stock, während Hermann weiterhin, drei Stockwerke darüber, in seiner Dachbodenwohnung hauste. Klara durfte sie nur betreten, wenn er sie ausdrücklich dazu einlud. Sonst durfte er dort nicht gestört werden, denn nach wie vor brachten er und seine Freunde ihre Mädchen dorthin oder hielten ihre politischen Zusammenkünfte ab.

Zu Hermanns Freundeskreis gehörten außer den „Nudelbrüdern", die fast alle Medizinstudenten waren, auch einige „Blutsbrüder" aus dem „Corps Symposion". Hermann war dieser deutschnationalen schlagenden Burschenschaft, der auch sein Vater und der zweite Bruder seines Vaters, Onkel Fritz, als „Alte Herren" angehörten, bald nach seiner Heimkehr aus dem Krieg, am 20. Dezember 1918, beigetreten. Im Corps, das rasch sein zweites Zuhause wurde, hatte er sich bei einem Duell mit seinem jüdischen Corpsbruder Berger-Vösendorf den Schmiß auf seiner linken Wange verdient, der ihm sein Leben lang als „besonderes Merkmal" blieb.

Als das „Corps Symposion" sich auf „Krösener Korps" eindeutschte und wie andere deutschnationale Burschenschaften den sogenannten „Arierparagraphen" einführte, der alle „Judenstämmlinge" ausschloß, zogen sich etliche „Alte Herren" stillschweigend aus der Verbindung zurück. Unter ihnen auch Onkel Fritz.

Hermann Erben blieb.

Nur wegen des fehlenden Stückchens Vorhaut wollte er nicht zu den „Untermenschen" gehören. Er gehörte zur „Herrenrasse". Und er würde es beweisen.

Er gab sich antisemitischer als irgendein anderer seiner Corpsbrüder. Bei den Prügeleien an der Universität zwischen jüdischen und deutschnationalen Studenten drosch er härter und erbarmungsloser auf seine nichtarischen Mitstudenten ein als der rabiateste Judenhasser.

Der nächste logische Schritt für Hermann Erben war, sich der jungen nationalsozialistischen Bewegung anzuschließen, was früher oder später die meisten seiner „Blutsbrüder" aus dem „Krösener Korps" ebenfalls taten.

1922 trat der Medizinstudent Hermann F. Erben der „Deutschen Nationalsozialistischen Arbeiterpartei" (DNSAP) bei, einer österreichischen Vorläuferorganisation von Hitlers reichsdeutscher NSDAP.*

Bevor er jedoch diesen politischen Schritt tat, ließ er seiner Abenteuerlust und seinem ständigen Drang zu reisen, den er später selbst als Zwangsneurose charakterisierte**, freien Lauf.

Im Herbst 1921 erfuhr Hermann durch Freunde im Frontkämpferverband, daß eine brasilianische Baufirma in Wien Facharbeiter für den Bau der nächstjährigen Weltausstellung in Rio de Janeiro anwarb. Er überredete seinen Studienkollegen und besten Freund Alois Ecker, sich mit ihm anwerben zu lassen.

Die beiden Medizinstudenten, die keine Ahnung vom Baugewerbe hatten gaben sich als gelernte Zimmerleute aus und wurden aufgenommen. Am 23. November fuhren sie auf der *Duke de Caxias* von Hamburg nach Rio. Mit einem One-way-ticket in der Tasche. Bei der Anwerbung war ihnen mitgeteilt worden, die Schiffskarte zur Rückfahrt würden sie erst nach ordnungsgemäßer Erfüllung ihres Arbeitsvertrages ausgehändigt bekommen.

Obwohl den angeheuerten Arbeitern ausdrücklich verboten worden war, Waffen nach Brasilien mitzunehmen, hatte Hermann seine alte Armeepistole eingepackt. Ein Mann ohne Schußwaffe war für ihn kein Mann. Er hatte sich bereits ausgedacht, wie er sie durch eine eventuelle Leibeskontrolle schmuggeln würde.

Sobald die *Duke de Caxias* in Rio angelegt hatte, wurden die ausländischen Arbeiter zur ärztlichen Untersuchung in die Quarantänestation auf den „Islas des flores" gebracht. Ihr Gepäck wurde inzwischen von Zollbeamten durchsucht.

In der Quarantänestation mußten sie sich in einer Reihe aufstellen und, sobald ihr Name aufgerufen wurde, hinter einen Vorhang tre-

*) Hinweise in Dokumenten des amerikanischen Geheimdienstes CIC, Dr. Erben sei 1922 der NSDAP beigetreten und daher „illegales Parteimitglied" gewesen, beruhen auf der Verwechslung der beiden fast namensgleichen, jedoch nicht identischen nationalsozialistischen Organisationen. Dr. Erben wurde mit Wirkung vom 1. Mai 1938 in die NSDAP aufgenommen.

**) Dr. Erben: „Mein Drang, mich ständig von einem Land ins andere begeben zu müssen, war zweifellos pathologisch. Eine Manie."

ten, wo ein inspizierender Arzt und ein Dolmetscher saßen. Sobald Hermann hinter den Vorhang getreten war, kommandierte der Dolmetscher auf Deutsch, Hosen runter!
Hermann ließ seine Hose fallen, stieg heraus, hob sie auf, faltete sie sorgfältig zusammen und hielt sie so vor sich. Wie er es sich ausgedacht hatte. Weder dem Arzt noch dem Dolmetscher fiel die ungewöhnlich große Ausbuchtung in Hermanns Unterhose auf. Dort baumelte die Pistole zwischen seinen Beinen. Er hatte sie mit Leukoplast an sein Skrotum geklebt.
Alois Ecker, ein uneheliches Kind, dem seine Mutter als Köchin das Medizinstudium ermöglichte, erlernte rasch die notwendigsten Griffe des Zimmerhandwerks und arbeitete vertragsgemäß zehn Stunden am Tag unter der heißen brasilianischen Sonne am Bau der Weltausstellung. Hermann verabschiedete sich von ihm bereits nach zwei Monaten. Er hatte genug. Ein paar ersparte Cruzeros genügten ihm. Er versteckte sich auf dem britischen Frachter *Andes,* der im Hafen von Rio lag, und fuhr als Blinder Passagier nach Santos. Nach ein paar Tagen in Santos versuchte er sein Glück auf der deutschen *City of Montevideo,* deren nächster Bestimmungshafen Buenos Aires war. Von Buenos Aires wollte er in die Vereinigten Staaten. Der „Wilde Westen" war sein eigentliches Ziel. Sein Traum, seit sein Vater ihm einmal von einer Geschäftsreise in die USA aus Cleveland ein Kinderfahrrad mitgebracht hatte.
Auf der *Andes* hatte sich Hermann in den Toiletten versteckt und war erst herausgekommen, als das Schiff bereits auf hoher See war und der Kapitän ihn nicht mehr ausbooten konnte, auf der *City of Montevideo* entdeckte er zu seinem Schrecken, daß die Außentüre zu den Toiletten bei der Abfahrt versperrt war.
In allen Korridoren, treppauf, treppab, suchte er vergeblich nach einem Versteck, ehe er endlich eine unverschlossene Türe fand. Er tastete sich in einen dunklen Raum. Durch eine Öffnung im Boden fiel etwas Licht, der Raum war leer und groß genug, daß er sich ausstrecken konnte. Erschöpft schlief er ein.
Er wurde von einem metallenen Rasseln geweckt, das von den eisernen Wänden des Raums widerhallte. Um ihn herum war finstere

Nacht. Durch das Loch im Boden fiel kein Licht mehr. Er spürte es mehr, als daß er es sah, daß der Raum um ihn herum immer enger wurde. Ein Riese wuchs in der Mitte des Raums. Das metallene Rasseln ging von diesem Riesen aus. Hermann erkannte, wo er war. In der Ankerkammer. Sie wanden den Anker hoch. In ein paar Minuten würde die Ankerkette den Raum von Wand zu Wand füllen und ihn wie ein Fleischwolf zermalmen.

Er tastete sich an der Wand entlang, in der Richtung, in der er die Türe vermutete, durch die er gekommen war. Tappte er in die falsche Richtung, blieb ihm nicht mehr genügend Zeit zur Flucht. Das Rasseln der Kette schwoll immer mehr an. Es dröhnte in seinen Ohren. Endlich fand er die Klinke. Aber die Türe war versperrt. Jemand mußte sie abgesperrt haben, während er schlief. Wahrscheinlich, damit sich niemand in die Ankerkammer verirrte. Er riß an der Klinke. Hämmerte gegen die eiserne Türe. Er schrie um Hilfe.

Wenn ihn niemand hörte, war er verloren. Endlich wurde die Türe aufgerissen. Ein breiter Lichtstreifen erhellte die Kammer und die Kette, die sie beinahe bis zu den Wänden füllte. Hermann fiel einem Matrosen in die Arme.

Der Kapitän, zu dem der Matrose den Entdeckten schleppte, hatte keine Zeit für den nichtzahlenden Passagier. Er war mit dem Auslaufmanöver beschäftigt. Als er sich schließlich den beiden zuwandte, war die Küste bereits so weit entfernt, daß es außer Frage stand, wegen eines ungewollten Passagiers noch einmal umzudrehen.

Hermann entschuldigte sich beim Kapitän höflich, daß er sich auf sein Schiff geschlichen habe, aber es sei ihm keine andere Möglichkeit geblieben. Er sei Medizinstudent, mittellos, und versuche, nach Buenos Aires zu gelangen, wo er Bekannte habe, die ihm weiterhelfen würden, nach Amerika zu gelangen, wo ein Stipendium auf ihn warte. Er sagte, er sei bereit, sich seine Passage durch jede Art von Arbeit zu verdienen. Der Kapitän schickte den Ausreißer in die Kombüse und ließ ihn dort angebrannte Töpfe und verkrustete Pfannen schrubben, bis die *City of Montevideo* in Buenos Aires anlegte.

Hermann kannte in der argentinischen Hafenstadt keinen Menschen. Von New York war er weiter weg, als er in Rio gewesen war, und sich nochmals als Blinder Passagier einzuschiffen, wagte er nicht. Der deutsche Kapitän hatte ihn gewarnt, daß er alle anderen Kapitäne auf ihn aufmerksam machen würde und daß er beim nächsten Mal nicht so glimpflich davonkommen würde.

Daher entschloß er sich, nach Wien zurückzukehren.

Von einer der „putas“ im Hafen, mit denen er sich angefreundet hatte, erfuhr Hermann, daß der deutsche Frachter *Ludendorff* im Hafen lag und argentinische Rinder für Antwerpen lud. Sie stellte ihm einen ihrer Kunden vor, der dafür sorgte, daß ihr Schützling auf dem Schiff als Deckhand angeheuert wurde.*

Auf der *Ludendorff* wurde Hermann eingeteilt, die Schafe zu versorgen, die ebenfalls nach Holland verfrachtet wurden. Aber kaum war die südamerikanische Küste außer Sicht, geriet das Schiff in einen orkanartigen Sturm, und als Hermann am nächsten Morgen an Deck kam, war das Deck leer und von den Schafställen nichts mehr zu sehen. Der Sturm hatte die Verankerungen losgerissen und die Stallungen ins Meer gefegt.

Wenn ein Bekannter ihn am Wiener Westbahnhof gesehen hätte, als er aus dem aus Amsterdam kommenden Zug kletterte, hätte er Hermann Erben nicht erkannt. Der rötliche Vollbart, den er sich auf der *Ludendorff* zum ersten Mal in seinem Leben hatte wachsen lassen, verdeckte fast sein ganzes Gesicht. Er hatte während der ganzen Bahnfahrt mit sich diskutiert, ob er es wagen sollte, sich Mama mit dem Vollbart zu zeigen. Am Heimweg verließ ihn der Mut.

Einige hundert Meter vor dem „Arenberg-Hof“ kletterte er die Böschung zum Wienfluß hinunter, seifte sich mit dem Flußwasser ein und kratzte sich den Bart vom Gesicht. In seinem Taschenspiegel sah er, daß er sich ein paar Mal geschnitten hatte und blutete.

Mama tat einen Aufschrei, als er sich mit seinem eigenen Schlüssel in die Wohnung ließ und vor ihr stand. „Hermann! Mein Gott! Wie du ausschaust. Zerschnitten und voll Blut. Was ist dir passiert?“

*) Dr. Erben sagte dazu: „Die Huren verdienen unseren Respekt. Ich sage zwar auch putas, und das ist ein degradierendes Wort, aber manche hat mir zu essen gegeben oder gar das Leben gerettet. Die puta in Buenos Aires hat keinen Grund gehabt, mir zu helfen. Aber sie hat es getan.“

„Nichts. Rasiert hab ich mich. Mit einer alten Klinge. Weil ich kein Geld habe, mir neue zu kaufen."
Er log absichtlich, damit sie nicht glaubten, er käme mit einem Sack Geld nach Hause, und sie brauchten sich nur zu bedienen.
Mama schwieg. Sie blickte stumm auf Klara, Hilde und Gretl, die mit ihr am Küchentisch saßen. Jede hatte einen Teller graue Kartoffelsuppe vor sich.
Klara war während seiner Abwesenheit molliger geworden. Hilde und Gretl waren jede um ein Stück gewachsen. Mamas graues Haar war schlecht gefärbt. Die Falten in ihrem gepuderten Gesicht hatten sich tiefer eingegraben. Am meisten hatte sich Kurt verändert. Er hatte seinen Sohn nur als verschnürtes Bündel in einem Steckkissen gekannt. Nun hielt Klara ihn auf ihrem Schoß und schob ihm Löffel um Löffel die graue Suppe in den Mund.
Schließlich deutete Klara mit einem Blick zum Fenster, wo Kurts Kinderwagen stand. Hermann ging hin und blickte hinein. Ein rosa Babygesicht lächelte ihm entgegen. Er grinste zurück, auch wenn er kein Gefühl dabei verspürte. Klara trat zu ihm und begann, den Kinderwagen mit ihrer freien Hand zu schaukeln.
„Es ist wieder ein Junge."
„Wie heißt er?"
„Er ist noch nicht getauft."
„Aber höchste Zeit, daß er getauft wird", rief Mama. „Drei Monate alt und noch nicht getauft!"
„Wir wollten auf dich warten", sagte Klara und ließ Kurt von ihrem Arm gleiten. Er sank wie ein Sack zu Boden. Obwohl er achtzehn Monate alt war, konnte er noch nicht stehen.
„Wann ist er geboren?"
„Am 30. Jänner."
Hermann holte seinen Taschenkalender hervor und begann, darin zu blättern.
„Am 30. Jänner war ich in Santos. Also soll er Santos heißen."
„Santos?" Mama war die einzige, die gegen den Namen protestierte. „Santos! Was ist das für ein Name für einen Wiener? Santos Erben!"
„Ja. Santos Erben!" brüllte Hermann. „Dabei bleibt es!"

„Willst du was essen?“ versuchte Hilde das Thema zu wechseln. Hermann sagte nein, obwohl er hungrig war. Er war gereizt. Er war wütend darüber, daß er überhaupt zurückgekommen war, und suchte nach einem Streit.
„Wo sind die Untermieter?“
Mama rührte in ihrer Suppe ohne zu antworten. Gretl antwortete für sie.
„Wir haben keine Untermieter mehr.“
„Was heißt keine Untermieter? Wo sind die amerikanischen Studentinnen, die ich gekannt habe?“
„Davon. Ohne ihre Miete zu bezahlen.“
„Was? Mama, habe ich nicht immer gesagt, du mußt die Miete im voraus kassieren?“
„Ich weiß. Aber ich bin keine Geschäftsfrau. Das hat immer alles der Papa gemacht. Mit Geld habe ich nie etwas zu tun gehabt!“
Hermann hatte sich noch immer nicht gesetzt. Er blickte auf die vier Frauen. Wie blöd Weiber sind. Lassen sich von anderen Weibern hineinlegen.
„Klara hat dir was noch Schlimmeres zu sagen“, sagte Mama. „Na, rück nur heraus damit.“
Ohne ihren Gatten anzusehen, gestand Klara stockend, daß ihr Vormund mit ihrem Vermögen durchgebrannt war.
„Ausgerechnet zwei Monate, bevor Klara großjährig ist.“ Mama wußte, daß das für sie das Schlimmste war. Nun war Klara an der Reihe.
Hermann spürte, wie ihm der Zorn in die Kehle stieg.
„Und wo ist dieser Herr jetzt?“
„Mutti glaubt, er ist nach Südamerika.“
„Mit dem ganzen Geld?“
„Ja.“
„Ich werde dir sagen, was ich glaube. Ich glaube, daß es diesen Herrn, diesen angeblichen Freund der Familie, der dein Vermögen verwalten sollte, nie gegeben hat. Daß du überhaupt kein Vermögen gehabt hast. Daß dein Vater kein preußischer Junker gewesen ist. Wer weiß, von welchem Verehrer dich deine Mutter gehabt hat.“

Klara hob Kurt vom Boden auf und trug ihn zum Tisch zurück. Mit zitternder Hand versuchte sie, ihm einen Löffel Suppe in den Mund zu schieben. Kurt spuckte sie aus.
„Friß die Suppe!"
„Hörst du, was der Papa sagt. Iß jetzt brav."
„Und weißt du, warum er die Suppe fressen muß?"
„Damit er so groß wird wie sein Papa."
„Nein! Damit er so groß wird, daß er ins Waschbecken pissen kann!"
„Hermann! Wenn das der Papa gehört hätte. So bist du nicht erzogen worden!"
Hermann packte seinen Seemannssack und schlug die Wohnungstüre hinter sich zu. Er stürmte die vier Stockwerke zum Dachgeschoß hinauf, sperrte auf und trat ein. Es war dunkel. Ohne Licht zu machen, ging er durch den langen Gang und setzte sich im Eckzimmer an den Schreibtisch seines Vater. Er blickte durch das Giebelfenster auf den Park hinunter. Die Bäume trugen neue Blätter, die in den letzten Sonnenstrahlen hellgrün schimmerten. Sonst hatte sich währen seiner Abwesenheit nichts geändert. Die gleiche Scheiße. Und dazu die Pleite mit Klara, die Geld ins Haus hätte bringen sollen. – Scheiße. Warum war er denn eigentlich überhaupt zurückgekommen?
Er ging zum Telefon, das im Korridor neben der Küchentüre an der Wand hing. Er rief seinen Freund Ecker an. Der mußte längst aus Rio zurück sein. Ein Nachbar mußte Alois zum Telefon holen, der selbst keines hatte. Endlich die vertraute Stimme.
„Servus. Wann bist du zurückgekommen?"
„Vor fünf Minuten."
„Gerade im richtigen Moment."
„Wieso?"
„Weil wir morgen zu filmen anfangen."
„Wo?"
„Bei der Sascha Film. Der Graf Kolowrat sucht Statisten. Tausende. Es war am Schwarzen Brett in der Uni angeschlagen. Wir gehen alle hin. Du kommst natürlich mit."
„Wie heißt der Film?"

„Sodom und Gomorrha."
„Sodom und Gomorrha."
„Ja."
„Dann passen wir bestimmt. Da haben wir Erfahrung."
Die beiden Freunde verabredeten sich für den nächsten Tag. Um sieben Uhr früh standen sie vor den Baracken der Sascha-Film am Laaerberg, einem unverbauten Gelände am Stadtrand Wiens, wo die Massenszenen gedreht werden sollten. Tausende Studenten und Studentinnen, Arbeitslose, oder auch nur Neugierige, die dabeisein wollten, warteten fröstelnd im Morgengrauen, bis die Auswahl begann. Dreitausend wurden engagiert. Als Komparsen und Statisten. Hermann und Alois waren unter den Glücklichen. Fünf Schilling Tagesgage war ein Vermögen für sie. Dafür lohnte es sich, die Vorlesungen ein paar Tage lang zu schwänzen.
Sie wurden in knöchellange weiße Gewänder eingekleidet und sollten in den biblischen Traumszenen, die in die realistische Handlung des Stummfilms eingeflochten waren, Jünglinge aus Sodom und Gomorrha darstellen. Die beiden babylonischen Städte, die wegen der widernatürlichen Laster ihrer Bewohner von Gott zum Untergang in einem Schwefelregen verdammt worden waren.
Hermann und Alois waren begeistert bei der Sache. Ließen sich geduldig von den Assistenten herumkommandieren. Die männliche Hauptrolle spielte der junge Walter Slezak. Aber auch berühmte Burgschauspieler wirkten mit. Der Regisseur war ein junger Ungar. Mihal Kertesz. Er thronte auf einem Hochsitz und gab durch ein Megaphon seine Anweisungen. „Biddscheen. Nicht ziddern. Wir sind in Babylonien. Seeehr heiß."
Vierzehn Jahre später traf Hermann ihn in Hollywood wieder. Er hatte seinen Namen geändert und hieß nun Michael Curtiz. Aber sein ungarischer Akzent war ihm geblieben.

7

1924/1930

Wie Erben in die USA auswanderte, in China Zugang zum Rauschgifthandel fand, im australischen Busch die Aborigines betreute und amerikanischer Staatsbürger wurde.

Seit sein Vater ihm 1911 von einer Geschäftsreise nach Amerika aus Cleveland ein Kinderfahrrad mitgebracht hatte, das er über alles liebte und sein Leben lang aufbewahrte, hatte Hermann den Traum, selbst einmal in die Neue Welt zu reisen. Und wenn möglich, dort zu bleiben.

1924 ging dieser Traum in Erfüllung. Im März 1924 stand der Sechsundzwanzigjährige auf dem Deck der *S.S. Esperanza*, während das kubanische Schiff aus der Weite des Ozeans langsam in die sich verengende New Yorker Hafenbucht steuerte.

Warum er zuerst von La Rochelle aus auf der kubanischen *S.S. Oriana* nach Havanna gefahren war, statt die direkte Route von Europa nach Amerika zu nehmen, warum er, obwohl er bereits in Wien in seinen amerikanischen Reisepaß ein amerikanisches Einwanderungsvisum erhalten hatte, am amerikanischen Generalkonsulat in Havanna neuerlich um ein Visum ansuchte, das ihm allerdings verweigert wurde, ob er bereits einen zweiten österreichischen Paß besaß, in den er sich dieses neue Visum eintragen lassen wollte, und warum er in seinen Kalender notierte, er sei am 10. März in New York angekommen, und bei seinen Angaben gegenüber den Behörden stets bei diesem Datum blieb, während die Eintragung der amerikanischen Einwanderungsbehörde nachweist, daß er bereits vier Tage vorher, am 6. März, gelandet war – alle diese Fragen hat Dr. Erben nie zufriedenstellend aufgeklärt.

Erben stand wie eine Galionsfigur an der äußersten Spitze des Vorderdecks. Sein rotblondes Haar vom Seewind in die Stirn gepreßt, sein Gesicht zu einem zufriedenen Grinsen verzogen, starrte er durch den Sprühregen der Bugwelle auf die Freiheitsstatue, die auf dem grauen Wasser langsam heranschwamm. Eine grüne Erscheinung, die sich aus dem Nebel löste, blickte sie auf das Schiff und seine Passagiere herab. Erben grüßte sie im Vorübergleiten, als hätte er sie sein ganzes Leben lang gekannt. Er fühlte sich zu Hause.

Das Schiff hielt vor der Einwandererinsel Ellis Island. Ein Motorkahn brachte die Ankömmlinge und ihr Gepäck an Land. In einer großen glasüberdeckten Halle reihten sie sich in die Schlange der vor ihnen Angekommenen. Nur langsam, Schritt für Schritt, ihre Habe vor sich herschiebend, rückten die Wartenden vor, bis sie nach Stunden vor einem der Tische standen, an denen die Beamten saßen, die darüber entschieden, wer einreisen durfte und wer nicht.

Erben reichte dem Beamten, vor dessen Tisch er stand, seinen österreichischen Paß mit dem amerikanischen Sichtvermerk. Der Einwanderungsbeamte blickte prüfend auf den jungen Mann.

„Wieviel Geld haben Sie bei sich?"

Erben grinste. Geld. Das war das erste, nach dem sie fragten. In Amerika.

„Fifty bucks."

Er war stolz auf den saloppen Jargon, den er den Matrosen abgelauscht hatte.

Der Beamte studierte das Paßfoto. – Größe, Gewicht? – Beim Militär hatte er („in Socken") 176 cm gemessen. Und 70 Kilo gewogen. Jetzt sagte er:

„Six feet, two inches, 185 pounds."

Demnach wäre er ein Koloß und ein Riese gewesen. Der Beamte machte seine Eintragung, ohne die Wahrscheinlichkeit nachzuprüfen.

„Beruf?"

„Arzt."*

*) Nach den Akten der amerikanischen Immigrationsbehörden legte Erben als Beweis ein „Arztdiplom der Universität Wien" vor. Was Dr. Erben abstritt.

„Und wo werden Sie wohnen, Dr. Erben?“
„In Morristown, New Jersey. Am Institut von Dr. Frederick Madison Allen. Ich bin der neue Vorstand der klinischen Forschungsabteilung.“
Nicht einmal die Hälfte davon war wahr. Er hatte 1923, im fünften Semester, durch die Protektion von Professor Arnold Tureck, einem „Alten Herren“ seiner Burschenschaft, das einzige Stipendium für eine einjährige Praktikantenstelle am Labor von Dr. Allen erhalten, das der Medizinischen Fakultät der Wiener Universität zugeteilt worden war. Alles andere war Erfindung.
Der Beamte stempelte die Einreisegenehmigung in den österreichischen Paß und reichte ihn Erben zurück.
„Welcome to the United States, Dr. Erben.“
„Thank you, Sir.“
Erben steckte seinen Paß weg. Er wunderte sich, wie leicht alles gegangen war. Anders, als er erwartet hatte, einfacher, als es in Europa gewesen wäre. Er hatte das Geld nicht vorzeigen müssen. Der Beamte hatte ihm seine Größe und sein Gewicht aufs Wort geglaubt. Niemand hatte angezweifelt, daß er fertiger Arzt war. Und er war nicht gefragt worden, ob er eine Waffe mit sich führte. Dabei konnte er die ganze Zeit spüren, wie seine Armeepistole zwischen seinen Beinen baumelte, wo er sie in einem ledernen Suspensorium trug, wie Ärzte es bei einer Prostatahernie verschreiben.
Er nahm den schwarzen Lederkoffer, sein einziges Gepäckstück, und trat durch die offene Türe am Ende der Halle ins Freie. Er war legaler Einwanderer mit permanenter Aufenthaltsgenehmigung. Wie die anderen, die lachend und in allen Sprachen der Welt schwatzend neben ihm den Kiesweg zur Landestelle der Fähre hinuntergingen, die sie aufs Festland übersetzen würde.
Er stand am Geländer, als die Fähre sich von Ellis Island löste. Umringt von Frauen in Babuschkas, plärrenden Kindern, gestikulierenden Männern, die schwere Bündel über die Schultern geschlungen hatten oder auf Säcken und Pappkartons saßen, starrte er gebannt auf Manhattan, auf das er langsam zufuhr.
Die bizarren Konturen ragten steil aus dem Meer, als ob sie von

Riesen gemeißelt worden wären. Die Sonne versank jenseits des Hudson, und ihre letzten Strahlen ließen die Fenster der Wolkenkratzer aufleuchten wie tausend kleine Flammen.

New York brennt, dachte Erben einen Augenblick lang. „Jew York" brennt! – Er hatte sich diese Verballhornung selbst ausgedacht. Die „Nudelbrüder" hatten sich halb totgelacht, als er ihnen sagte, er fahre nach „Jew York". – „Wohin?" – „Nach Jew York!"

Als die Fähre anlegte, hatte der Abend das Feuer gelöscht. Erben trat aus der grüngestrichenen Landehalle ins Freie. Vor ihm lag ein runder Platz, um den sich der Verkehr wand. Er wußte so genau, wo er war, als wäre er schon einmal an dieser Stelle gestanden. Er brauchte niemanden um Auskunft fragen. Er wußte, daß der Platz Bowling Green hieß. Er wußte, daß die Züge der Hochbahn, die über ihm ratterten, die der „Elevated" waren, die von Bowling Green über die Dächer von Chinatown hinweg, entlang der Third Avenue, nach Harlem fuhr. Und daß die breite Straße, die trichterartig in den Platz vor ihm mündete, der Broadway war, dem er nur zu folgen brauchte, um zur Pennsylvania Station zu kommen, von wo die Züge nach New Jersey fuhren.

Er ging mehr als eine Stunde den Broadway hinauf. Er zählte die Straßen. Der Koffer, den er nach jedem Häuserblock von einer Hand in die andere wechselte, zog an seinen Schultern. Aber er weigerte sich, den Preis für eine der Taxidroschken zu bezahlen, die leer an ihm vorbeifuhren.

Es war bereits Nacht, als er vor der säulenverzierten Fassade des Bahnhofsgebäudes stand, das zwischen der 33. und 34. Straße und der Seventh und Eigth Avenue einen ganzen Häuserblock einnahm. Er stieg die Stufen zu dem hohen Portal hinauf und beschloß, in der großen, mit ihrer gewölbten Decke an eine Kathedrale erinnernden Wartehalle zu übernachten. Es schien ihm vorteilhafter, bei Tag und nicht bei Nacht an seinem neuen Arbeitsplatz einzutreffen.

Es hielt ihn nicht lange auf seinem Nachtlager, das er sich auf einer der blankpolierten Bänke eingerichtet hatte. Die Neugierde trieb ihn immer wieder auf die Stufen hinaus, die zur Seventh Avenue hinunterführten. Er blickte staunend auf den endlosen Verkehrsstrom, der an ihm vorüberrollte. In der Hauptsache Pferdedroschken, ein paar hupende Autos dazwischen. Erst in den frühen Morgenstunden ließ das Gedränge der Fahrzeuge nach, und die Abstände zwischen dem Rattern der Züge der Hochbahn entlang der Sixth Avenue, einen Häuserblock entfernt, wurden länger.

Der Himmel über der Stadt war die ganze Nacht hindurch vom Widerschein ihrer Lichter erhellt, bis das Morgenrot sie verblassen ließ und das Signal für einen neuen Tag gab.

Erben nahm den ersten Zug der Shore-line, der ihn, entlang der Küste von New Jersey, nach Morristown brachte.

Das „Physiatric Institute of Morristown, New Jersey" war eine private Institution und nicht Teil des angesehenen „Rockefeller Institute" in New York, wie Dr. Erben stets behauptete. Der Leiter des Instituts, Dr. Frederick Allen, befaßte sich mit der Erforschung und Behandlung von Diabetes, einem vor der Erfindung des Insulin eher vernachlässigten Feld. Die sogenannten Stipendiaten, die er sich aus der ganzen Welt holte, waren im Grunde nichts anderes als billige Arbeitskräfte für ihn.

Erben arbeitete im Labor, Seite an Seite mit zwei deutschen Studenten. Es ärgerte ihn, daß er seine Mahlzeiten mit ihnen am Studententisch einnehmen mußte und nicht am Tisch der Ärzte sitzen durfte, über den Dr. Allen präsidierte und an dem neben ihm, nach Seniorität, Dr. Samuel Modern aus Bratislava, Dr. Harry Lundin aus Schweden und der Prager Deutsche Dr. Rudolf Scharff saßen.

Erben rächte sich für die vermeintliche Zurücksetzung, indem er sich mit seinen beiden deutschen Kollegen so laut auf Deutsch unterhielt, daß seine Stimme alle anderen Gespräche im Speiseraum übertönte. Wenn einer der Ärzte sich beschwerte und verlangte, er solle wenigstens Englisch sprechen, daß auch alle anderen verstehen, was er so lautstark vorträgt, hatte Erben eine Antwort parat: – Der Herr Kollege solle lieber Deutsch lernen, damit er es könne, wenn die Nazis kämen. Denn die kommen. Auch in Amerika. Darauf könne er sich verlassen.

Die Deutschen, die am Institut arbeiteten, teilten die politischen Ansichten des Österreichers, als seien sie nach diesem Gesichtspunkt

ausgewählt worden. Vor allem Dr. Scharff. Erben freundete sich rasch mit ihm an, und später deckte dieser als Arzt in der Park Avenue Dr. Erbens Spionagetätigkeit in den USA.
Die Zeichen der Zeit schienen ihnen recht zu geben. Viele deutschstämmige Amerikaner, Einwanderer der ersten Generation, übernahmen bereitwillig die nationalsozialistischen Propagandaparolen aus der Alten Heimat. Sie fühlten sich noch immer als Deutsche und nicht in den „Schmelztiegel Amerika“ eingeschmolzen. Wegen ihrer mangelnden Englischkenntnisse lasen sie in erster Linie deutschsprachige Zeitungen, die in fast jeder Ausgabe die Gründung eines neuen „deutschnationalen Vereins“ meldeten. Als am 24. Oktober 1924 in Chicago die „Teutonia“ gegründet wurde, der bisher mitgliederstärkste deutsche Verein, aus dem später die berüchtigte nationalsozialistische Schlägerorganisation „Der Bund“ hervorging, wurde auch unter den Deutschen in Morristown kräftig gefeiert. Erben teilte zur Erinnerung an diesen Tag kupferne Ein-Cent-Stücke aus, in die er ein Hakenkreuz gestanzt hatte und die er auch sonst anonym unter die Leute brachte. Mit solchen Gesten wollte er seinen Beitrag zu einer Entwicklung leisten, die er für unvermeidlich hielt.
Dr. Allen, dessen Institut inzwischen eingegangen war, erinnerte sich noch genau an seinen österreichischen Laboranten, als er 1940 im Zusammenhang mit Dr. Erbens Geheimdienstaktivitäten vom FBI verhört wurde.

> „Seine Erinnerungen an Erben als Person waren zur Gänze negativ. Er hatte den Eindruck gewonnen, Erben sei ein widerlicher Typ, aufrührerisch und unverträglich, der sich bei jeder Gelegenheit, die sich ihm bot, für Hitler stark machte.“

Die Arbeit am „Institute for Metabolic Research“, wie Dr. Allen seine Anstalt auch nannte, hielt Erben nicht davon ab, sein eigentliches Ziel zu verfolgen.
Am 24. März, knapp zwei Wochen nach seiner Ankunft, reichte er beim zuständigen Zivilgericht in Morristown sein Einbürgerungsgesuch ein.

Er erklärte eidesstattlich, er sei „Arzt", mit der „Gräfin Klara von Gottschalk" verheiratet, die mit seinen beiden Söhnen in Wien residiere, und sein eigener Familienname sei „von Erben". Seine Größe gab er diesmal mit „five feet, eleven inches" an. Immer noch um zehn Zentimeter größer, als er war.
Er unterzeichnete die übliche eidesstattliche Formel:

> „Ich bin kein Anarchist, kein Polygamist und glaube nicht an die Praxis der Polygamie. Es ist meine Absicht, Bürger der Vereinigten Staaten zu werden. So mir Gott helfe."

Wann immer sich Erben von seiner Laborarbeit freimachen konnte, fuhr er nach New York. Es waren vor allem die Hafengegenden und ihre Menschen, die ihn anzogen. Stundenlang schlenderte er durch die Dockanlagen am Hudson und am East River, wo Frachter und Passagierschiffe aus den verschiedensten Ländern Bug an Bug lagen. Er hörte den Dockarbeitern und Seeleuten zu, begann, ihre Sprechweise nachzuahmen, schloß Freundschaft mit einigen und bereicherte seinen englischen Wortschatz um ihre vulgärsten Ausdrücke.
Durch seine neuen Freunde unter den Seeleuten gelang es Erben, daß ihm die New Yorker Schiffahrtsbehörde am 15. Dezember 1924 seinen ersten „Ausländerseemannsausweis" ausstellte. Er hatte die Nummer 429 720. Unterzeichnet von einem Mr. W. J. Andrews. Der Ausweis identifizierte den Seemann Hermann F. Erben als Mannschaftsmitglied der *S.S. Esperanza*, dem kubanischen Schiff, auf dem er in New York gelandet war – allerdings als Passagier. Wichtig war für ihn: der neue Seemannsausweis öffnete ihm die Türe zum Seemannsheim der YMCA, das von nun an seine bevorzugte Herberge in New York wurde.
Am 1. März 1925, noch bevor sein einjähriges Stipendium abgelaufen war, schied Erben aus dem Institutsbetrieb in Morristown aus. Wenige Tage später heuerte er mit seinem neuen Ausweis als Kombüsenjunge auf der *S.S. Reliance* der United American Line an. Das Schiff lief am 10. März nach Europa aus und landete elf Tage später in Hamburg. Er nahm sofort den Zug nach Wien.

In Wien schien alles beim alten zu sein. Mama gab noch immer Geld mit vollen Händen aus, wenn sie es hatte. Klara stand wie immer in der Küche und schälte Kartoffel. Langsam, eine nach der anderen. Kurt und Santos waren ein Jahr älter, aber in ihrer Entwicklung kaum fortgeschritten. Gretl war noch hübscher geworden. Hilde hatte einen Mathematikstudenten namens Schnirch geheiratet und hieß nun Frau Schnirch. Herr Schnirch, der in die Wohnung im Arenberg-Hof eingezogen war, behauptete, daß ihn das Mathematikstudium so voll ausfüllte, daß er keine Stellung annehmen konnte und daher auf die Unterstützung durch seine Frau angewiesen war. Erben hatte Verständnis für seinen Schwager.
Hilde arbeitete nun zusätzlich bei einem jüdischen Juwelier am Graben als Putzfrau. Manchmal brachte sie einen kleinen Silbergegenstand nach Hause, den sie beim Putzen einsteckte, weil ihr Chef ihr die christlichen Feiertage, die sie sich freinahm, nicht bezahlte.
Hermann fühlte sich Mama noch immer eng verbunden und verteidigte ihre Extravaganzen. Er vergötterte nach wie vor seine Schwester Gretl, bedauerte Hilde, brachte Kurt und Santos obszöne Ausdrücke bei und schlief mit Klara, wenn ihm danach zumute war. Aber er fühlte sich in Wien nicht mehr zu Hause.
An der Universität, wo er sein Medizinstudium wiederum mit Nachdruck aufnahm, um rasch fertig zu werden, merkte er allerdings, daß sich einiges geändert hatte. Die Spannungen zwischen jüdischen und nicht-jüdischen Studenten hatten zugenommen und auch auf die Professorenschaft übergegriffen.
Die jüdischen Studenten kamen nun mit Spazierstöcken zu den Vorlesungen, die sie als Schlagstöcke verwendeten, wenn sie sich gegen Attacken antisemitischer Corpsbrüder verteidigen mußten.
Loisl Ecker erzählte ihm, daß sich in zunehmendem Maße auch Nichtstudenten an den Schlägereien in der Universität beteiligten. Einige Male schon seien Angehörige der SA in ihren braunen Uniformen eingedrungen und hätten dabei den Anschlagkasten der jüdischen Studentenorganisation zertrümmert und jüdische Studenten verprügelt.
Das alles interessierte den Heimkehrer. Er nahm auch selbst ein paar

Mal an solchen Schlägereien teil, ohne sich aber hervorzutun, wie es seinem Charakter entsprochen hätte. Im Grunde fühlte er sich hier nicht mehr dazugehörig. Sein Platz war in den USA. Wo er gebraucht wurde. Er sagte jedem, daß er es nicht mehr lange in Wien aushalten würde. Seine politischen Kumpel waren enttäuscht darüber.

Vor allem Ferry Probst, der die „Nudelbrüder" immer mit Nazipropaganda versorgte und einmal sogar Hitlers Buch *Mein Kampf*, das soeben in München erschienen war, auf Hermanns Bude brachte und die ganze Nacht mit den anderen über Hitlers Programm diskutierte, versuchte ihn zu halten. Aber auch seine Argumente konnten Erben nicht von seinem Entschluß abbringen.

Die Tinte auf dem Arztdiplom, das der Dekan der Medizinischen Fakultät Hermann Friedrich Erben am 23. Juli 1926 überreichte, war kaum trocken, als der frischgebackene Medikus die letzten Vorbereitungen für seine Rückkehr nach Amerika traf.

Er hatte bereits einen neuen österreichischen Reisepaß beantragt. Sein alter, Paßnummer 657507, sei ihm abhanden gekommen oder gestohlen worden. Jedenfalls sei er nicht mehr in seinem Besitz, beteuerte er unter Eid. Fünf Tage nach seiner Promotion, am 28. Juli, wurde ihm ein neuer Paß ausgestellt. Paßnummer 800766. Mit dem neuen Paß beantragte er als „Arzt mit fixer Spitalsanstellung und einer Frau mit zwei Söhnen" am amerikanischen Generalkonsulat ein Besuchervisum, um „in den USA amerikanische Krankenhauseinrichtungen studieren zu können". Am 21. August erhielt er anstandslos ein Touristenvisum, gültig für sechs Monate. Niemand schien seine Angaben bezüglich seiner Anstellung überprüft zu haben. Niemand, weder in Washington noch in Wien, schien sich daran zu erinnern, daß demselben Mann vor zweieinhalb Jahren ein Einwanderungsvisum in die Vereinigten Staaten ausgestellt worden war, das unbegrenzt Gültigkeit hatte.

Fünf Tage danach saß Dr. Erben am Westbahnhof im Schnellzug nach Deutschland, in einem Abteil 3. Klasse. Er winkte Klara, Gretl und Hilde zu, die mit Santos und Kurt zu seiner Verabschiedung gekommen waren. Er schiffte sich am 17. September in Hamburg auf

der *S.S. Toledo* als zahlender Passagier ein. Wo er während der dazwischenliegenden drei Wochen gewesen war und was er während dieser Zeit gemacht hatte, hat er nie aufgeklärt.
Der erste Hafen, den das Schiff nach seiner langen Seereise quer über den Atlantik erreichte, war Tampico in Mexiko. Dr. Erben blieb an Bord, während die *Toledo* entlang der mexikanischen Küste langsam dem südlichsten Punkt ihrer Reise zudampfte; Vera Cruz. Es schien ihm nichts auszumachen, daß er die lange Fahrt von Vera Cruz zurück zur amerikanischen Grenze in einem heißen, überfüllten Abteil der mexikanischen Staatseisenbahn zurücklegen mußte.
Am 13. Oktober 1926 reiste Erben zum zweiten Mal in die USA ein und machte dabei gegenüber dem Grenzbeamten bewußt falsche Angaben. Das gilt in den Vereinigten Staaten als kriminelles Vergehen und kann mit Gefängnis bestraft werden. Er benahm sich, als wollte er eine solche Bestrafung herausfordern. Wie die Einwanderungsbehörde später in seinem Akt vermerkte,

> „... muß man annehmen dürfen, daß er sich zu diesem Zeitpunkt der Folgen seiner Handlung bewußt war."

Der Grenzbeamte, der am Grenzübergang Brownsville in Texas Dienst versah, war Inspektor Frank E. Hill, ein Mann mit professionellem Mißtrauen. Dr. Erben reichte ihm seinen neuen österreichischen Paß mit dem amerikanischen Besuchsvisum. Seinen ersten, mit dem amerikanischen Einwanderungsvisum, den er angeblich nicht mehr besaß, hatte er mit Leukoplast an seinen Körper geklebt.
„Woher kommen Sie?"
„Vera Cruz, Sir."
Inspektor Hill blätterte durch die leeren Seiten des Passes. Offensichtlich neu. Erst kürzlich ausgestellt. Trotzdem fragte er:
„Schon einmal in den USA gewesen?"
„Yes, Sir."
„Wann und wie lange?"
„Sechs Monate. Von März bis September 1924. Mit einem Besuchervisum."

„Und wo ist der Paß, mit dem Sie damals gereist sind?"
Erben sprudelte seine vorbereitete Geschichte hervor. Sein alter Paß sei gestohlen worden, und deshalb habe man ihm in Wien einen neuen ausgestellt und auch ein neues Visum gegeben.
Erben war erleichtert. Der Inspektor schien es zu glauben.
„Was ist der Zweck Ihres Besuches, Doc?"
Erbens Antwort kam wie aus der Pistole geschossen. „Beruflich. Ich möchte mir in New Orleans Krankenhäuser ansehen, die auf Tropenmedizin spezialisiert sind. Das ist mein Fach."
„Wieviel Zeit wird das in Anspruch nehmen?"
„Maximal zwei Wochen."
„Dann kehren Sie wieder nach Wien zurück?" Es war keine Frage, sondern eine Suggestion.
„Ja. Ich muß zu meinem Job zurück."
„Dann brauchen Sie kein sechsmonatiges Besuchsvisum. Dafür genügt ein Transitvisum. Für zwanzig Tage. Nicht?"
Dr. Erben schwieg. Was hätte er sagen sollen? Er war in die Falle getappt, die er sich durch seinen Übereifer selbst gestellt hatte.
Inspektor Hill tat etwas, was er nur dann tat, wenn sein Mißtrauen über das normale Maß hinaus geweckt wurde: Er nahm ein Protokoll auf. Er hielt darin Dr. Erbens Angaben bezüglich der Daten seines ersten Aufenthaltes und den angegebenen Reisezweck fest und ließ es Dr. Erben als eidesstattliche Erklärung unterzeichnen.
Dr. Erben setzte seinen Namen unter das Dokument. Diese Unterschrift sollte ihn später seine amerikanische Staatsbürgerschaft kosten.
Inspektor Hill genehmigte Dr. Erben einen zwanzigtägigen Transitaufenthalt in den USA. Mit dem Paß übergab der Inspektor dem österreichischen Besucher auch das sogenannte „Formular 505", mit dem die Regierung seit kurzem versuchte, die Wiederausreise fremder Staatsbürger zu kontrollieren, die häufig einfach untergetaucht und im Land geblieben waren.
„Verlieren Sie das Formular nicht. Sie müssen es bei Ihrer Ausreise abgeben. Wenn es nach Ablauf der Visumsfrist nicht in Washington einlangt, werden Sie zur Fahndung ausgeschrieben und gesucht."

„Ich weiß. Vom letzten Mal."

Dr. Erben fuhr nicht nach New Orleans. Er hatte nie vorgehabt, sich amerikanische Krankenhäuser anzusehen. Er wollte nach New York. So nahm er den nächsten Zug nach Galveston, wo er ein Schiff nach New York zu finden hoffte, und er hatte Glück.

Die *S.S. Concho* lag im Hafen. Sie war soeben aus Mexiko eingetroffen und für New York bestimmt. Erben stellte sich mit seinem Seemannsausweis dem Kapitän vor und wurde als Deckmatrose angeheuert. Sieben Tage später ging er in New York unbehindert an Land. Zwei Tage danach hatte er eine Anstellung.

Durch die Vermittlung des Deutschamerikaners Dr. William Scholer, eines städtischen Pathologen, den er von seinem ersten Besuch her kannte, wurde er am Psychiatrischen Krankenhaus der Stadt New York als Hilfsarzt aufgenommen.

Sein Monatsgehalt betrug 50 Dollar, bei freier Unterkunft und Verpflegung. Es war Dr. Erbens erster bezahlter Job in den USA und sein erster als Arzt überhaupt. Seine Tätigkeit bestand in der Hauptsache darin, die Geisteskranken körperlich zu bändigen und ihnen die Elektroden anzulegen für die bereits weitverbreitete Elektroschocktherapie.

Die New Yorker Psychiatrische Anstalt lag auf Ward Island, mitten im East River, zwischen den Stadtteilen Manhattan und Queens. Vom Fenster seines Zimmers aus konnte Dr. Erben den East River bis zum Meer verfolgen, und das langgezogene Tuten der Kähne, die den Fluß hinauf oder hinunter geschleppt wurden, weckte ihn häufig aus dem Schlaf.

Er hatte die Warnung Inspektor Hills nicht vergessen. Möglicherweise wurde bereits nach ihm gefahndet. Nach fünf Monaten kündigte er. Am 29. März 1927 fuhr er mit der Bahn nach Buffalo. Wie andere Touristen und Ausflügler ging er über die „International Bridge", die sich in kühnem Bogen über den Auslauf der Niagarafälle spannt und die USA mit Kanada verbindet. Dem amerikanischen Grenzposten zeigte er seinen neuen österreichischen Paß mit dem ursprünglich auf sechs Monate befristeten Besuchsvisum und übergab ihm das „Formular 505". Er gab an, er sei unterwegs nach Halifax in der

Provinz Nova Scotia. Der Grenzer nahm keine Notiz davon, daß das ebenfalls eingetragene Transitvisum längst abgelaufen war und ließ Dr. Erben auf die kanadische Seite passieren.

Wenige Stunden später, nachdem er sich vergewissert hatte, daß nun andere Grenzbeamte Dienst taten, kehrte Dr. Erben auf dem gleichen Weg in die Staaten zurück. Diesmal wies er seinen alten österreichischen Paß mit dem permanenten Einwanderungsvisum vor.

Bis zum Sommer des folgenden Jahres hastete Dr. Erben wie ein Getriebener quer durch die Vereinigten Staaten. Von New York die Ostküste hinunter bis Florida. Durch den Süden bis Louisiana. Quer durch Texas. Mit einem kurzen Abstecher über die mexikanische Grenze, dessen Zweck und wie er ihn bewerkstelligte, ohne daß sich dafür ein Sichtvermerk in seinem Paß findet, er nie aufklärte. Von Texas über Arizona nach Kalifornien, wo er in Los Angeles lange genug halt machte, um Mama schreiben zu können, er hätte seine Zehen in den Pazifik gesteckt. Schließlich die Westküste hinauf bis in den nördlichsten Bundesstaat, Washington. Schließlich kehrte er um und hielt sich im Sommer 1928 kurz in San Francisco auf.

Entlang dieser Route fand er immer wieder Anstellungen in dem einen oder anderen Krankenhaus, verlor sie aber immer wieder ebenso schnell – angeblich jedes Mal wegen einer Affäre mit der unrichtigen Partnerin. Einmal war es die Oberschwester, die zugleich die Freundin des Chefarztes war, ein anderes Mal die Gattin eines Kollegen.

Seine erste Anstellung nach New York erhielt Dr. Erben als Assistenzarzt am Eastern State Hospital in Jackson, Bundesstaat Louisiana. Voraussetzung war, daß er die für Nichtstaatsbürger für jeden Bundesstaat eigens erforderliche Zulassungsprüfung ablegte. Er bestand das Examen an der Tulane Universität mit dem beachtlichen Resultat von 91%. Als stolzer Besitzer der Arztlizenz Nr. 2729 des Bundesstaates Louisiana kehrte er nach Jackson zurück, um zu erfahren, daß er gefeuert worden war. Sein Verhältnis mit der bis dahin angeblich noch jungfräulichen Tochter des Spitalleiters war aufgeflogen.

Dr. Erbens letzte Anstellung vor San Francisco war am Medical Lake Hospital in Spokane, Bundesstaat Washington. Wieder mußte er die

„Medical Board Prüfung“ ablegen, und er bestand sie am 17. Juli an der Universität von Seattle mit Glanz und Gloria. Er erhielt die Arztlizenz Nr. 993 des Bundesstaates Washington, danach aber wurde er entlassen. Der eifersüchtige, aber einflußreiche Boyfriend einer Krankenschwester wollte den Nebenbuhler loswerden.
In San Francisco lebte Dr. Erben eine Woche von seinen Ersparnissen. Unterkunft fand er in einem Asyl für obdachlose Männer. Nicht in seinen eigenen vier Wänden, sondern in einem „cubicle“, einer „Kabine“. Nicht mehr als eine Schlafstelle. Für seine Bedürfnisse gab er an einem Tag kaum mehr als einen halben Dollar aus, wie sein penibel geführtes Kontobuch beweist: Wurstenden 16 Cents, Brot, Käse und Obst 25 Cents, Haarschnitt 10 Cents.
Aber er hatte grandiose Pläne.
Er hatte das State Department bereits mehrere Male darüber informiert, daß er vorhabe, eine einjährige Reise um die Welt anzutreten. Drei Mal beantragte er dafür die Ausstellung einer „Wiedereinreisegenehmigung“, das erste Mal, noch von New York aus, mit falschen Angaben.
Der Stellvertretende Einwanderungskommissar Shaugnessy schrieb am 26. April 1940 im Zusammenhang mit dem laufenden Ausbürgerungsverfahren gegen Dr. Erben an seine Vorgesetzte, die damalige Arbeitsministerin Perkins:

> „...Auf seinem Antrag gab er eidesstattlich an, daß er zum letzten Mal am 10. März 1924 in die USA eingereist sei. Diese Angabe ist unrichtig, da er bis zum 13. Oktober 1926 während einer nicht feststellbaren Zeitspanne nicht in den Vereinigten Staaten war.“

Washington erledigte jedoch jedes seiner drei Ansuchen positiv und stellte ihm drei Mal das beantragte Dokument aus, wie es damals jeder nichteingebürgerte Immigrant für seine Wiedereinreise brauchte. Das dritte, das „Permit to reenter the United States Nr. 399148“, stellte das Central Office for Immigration and Naturalisation dem Antragsteller „Hermann Erben, M.D., age 30, height 5 ft 11 ins, weight 250 pounds“ am 30. Juni aus.

Als Dr. Erben am 1. August auf der *Korea Maru*, einem Schiff der japanischen Nippon Yusen Kaisha Linie, von San Francisco abfuhr, trug er sein ganzes Sortiment von Reisedokumenten bei sich: mindestens zwei österreichische Pässe (die Frage eines möglichen dritten mit der Paßnummer 99980 konnte nicht geklärt werden), drei Genehmigungen zur Wiedereinreise in die USA und seinen Seemannspaß, der bei Reisen zur See ebenfalls als internationales Reisedokument anerkannt wird.

Der erste Hafen, den die *Korea Maru* anlief, war Hongkong. Dr. Erben hatte den Behörden gegenüber angegeben, er werde von Hongkong aus in die Philippinen weiterreisen und eine Stelle als Arzt antreten. Da die Philippinen damals amerikanisches Territorium waren, hätte sein Aufenthalt dort nicht als Unterbrechung der Wartezeit für seine Einbürgerung gegolten.

Dr. Erben hatte nie den Plan gehabt, in die Philippinen zu gehen. Dort wartete auch keine Arztposition auf ihn. Er wollte nach Schanghai. Zu seinem Freund Albert von Miorini, den er seit ihrer gemeinsamen Studienzeit an der Wiener Medizinischen Fakultät nicht mehr gesehen hatte.

Die beiden hatten Wien ungefähr zur gleichen Zeit verlassen. Erben als politischer Abenteurer mit einer vermeintlichen Mission, Miorini, weil er seine Freundin, die Tochter eines Generals, bei einer mißglückten Kürettage seines eigenen Kindes für ihr Leben verunstaltet hatte und deshalb als Arzt in Wien keine Zukunft mehr sah.

Außer ihrer Freundschaft hatten die beiden nicht viel gemeinsam. Albert von Miorini, von aristokratischer Abstammung und im Theresianum erzogen, sah gut aus, sein Körper war durch Sport gekräftigt, sein rötliches Haar stets pomadisiert und glatt zurückgekämmt. Der dünne Strich seines gepflegten Schnurrbärtchens über seinem vollen Mund mit den sinnlichen Lippen verlieh ihm den Anschein der Verruchtheit eines permanenten Don Juan, dessen dunkle Augen stets auf der Suche nach neuen Eroberungen waren.

War Erben ein Knauser, dem für seine Bedürfnisse das Billigste genügte, so war Miorini ein passionierter Genießer, ein Connoisseur guter Speisen, gepflegter Weine und schöner Frauen. Er liebte klassische Musik, spielte selbst ausgezeichnet Cello, und die Kammermusikabende, die er in seiner mit exquisiten chinesischen Antiquitäten eingerichteten Wohnung im vornehmen Medhurst-Appartementhaus an der Bubbling Well Road gab, waren in der Schanghaier Gesellschaft berühmt.

Er hatte Erben geschrieben, wie leicht es in Schanghai, dem „Paradies aller Abenteurer" sei, zu Reichtum zu kommen und sich auf jede nur denkbare Art zu vergnügen. New York sei dagegen wahrscheinlich ein „puritanisches Dorf".

Außer seiner Penthousewohnung mit tropischem Dachgarten, in der er sich auch seine Praxis eingerichtet habe, besäße er eine Yacht, und er denke nun daran, sich für die Tage, an denen es in Schanghai zu heiß sei, eine Sommerresidenz in den kühleren Bergen einzurichten. Beruflich gehe es ihm glänzend. Er habe sich vor allem als Gynäkologe etabliert, und zu seinen Patientinnen zählten auch reiche Chinesinnen, um die ihn prominentere und länger ansässige europäische Kollegen beneideten. Er beschäftige eine Sekretärin, die zugleich Ordinationshilfe war, einen exzellenten Koch und natürlich den obligaten chinesischen Hausboy.

Erben brannte darauf herauszufinden, wie Miorini das alles innerhalb weniger Jahre geschafft hatte. Durch seinen Charme allein gewiß nicht, und auch nicht mit seinen aristokratischen Allüren – obwohl die natürlich bei Frauen gut ankamen.

Albert von Miorini zögerte nicht, seinem Freund das Geheimnis seines Erfolges gleich am ersten Abend anzuvertrauen, während sie auf den mit chinesischer Seide bespannten Fauteuils im Salon saßen und ihnen eine zierliche Chinesin, die Albert als Mrs. Ruby Edwards, seine Sekretärin, vorgestellt hatte, lächelnd den Tee servierte. „Ihr verdanke ich meinen Erfolg."

Ruby stammte aus einer vornehmen, aber verarmten Familie und hatte sehr jung Mr. Edwards, einen britischen Ingenieur, geheiratet, um sich gesellschaftlich zu rehabilitieren. Kurz hintereinander hatte sie ihm zwei Söhne und zwei Töchter geboren, aber dieser Mr. Edwards hatte sich für ihre ehrgeizigen Pläne als gänzlich untauglich erwiesen. Er war schwerer Alkoholiker und hatte Ruby wie einen Kuli für die Familie sorgen lassen. Miorini hatte Mr. Edwards und seine Frau bei einem diplomatischen Empfang kurz nach seiner Ankunft in Schanghai kennengelernt und sich sofort in die kindlich wirkende Ruby verliebt.

„Ich war versessen auf sie. Verheiratet oder nicht. Das hat noch nie eine Rolle gespielt."

Ruby habe schon bei dieser ersten Begegnung gemerkt, daß er aus anderem Stoff war als ihr Mann. Sie war seine Geliebte geworden und zu ihm, in seine erste, bescheidene Wohnung gezogen. Sie hatte nur eine Bedingung gestellt: Er mußte sich vertraglich verpflichten, für den Mann und die Kinder, die sie verließ, finanziell zu sorgen. Darauf war er eingegangen. „Ich hätte ihr meine Seele verschrieben, wenn sie der Teufel gewesen wäre. Aber das war sie nicht. Sie ist mein Schutzengel geworden."

Albert tätschelte die Wange der Chinesin, sie sich an ihn schmiegte. „Sie hat mich reich gemacht." Ruby legte ihre Hand, die nicht größer war als die eines Kindes, auf Alberts Schenkel. Ihre langen, blutroten Nägel schienen sich in den seidenen Kimono zu krallen, den Albert trug. „Und glücklich."

Erben war irritiert von der Wendung, die das Gespräch nahm. Er haßte verliebtes Getue, wenn es um Geld ging. Irgendwie war Ruby zwischen ihn und Albert getreten. Aber er verstand, seine Verstimmung zu verbergen. Albert war offensichtlich Ruby verfallen. Also durfte er es sich mit ihr nicht verscherzen.

Ruby saß nun wie eine Puppe auf Alberts Schoß. Ihre Lippen trugen das gleiche Rot wie ihre Nägel. Ihr Mund wirkte wie ein obszöner Schlitz in der weißgepuderten Maske. Sie lächelte, sooft Albert ihren Namen sagte. Ruby. Das einzige, das sie vom Gespräch der beiden Männer verstand. Aber sie wußte, was Albert seinem Freund erzählte: was sie für ihn getan hatte und weiterhin tat. Sie hatte ihm zwei Wege zum Reichtum gewiesen. Und beide führten über die menschliche Schwäche.

Sie führte ihm reiche Chinesinnen zur Kürettage zu. Er war der einzige europäische Arzt, zu dem sie kamen. Denn sie vertrauten der Chinesin. Und sie hatte Albert in den lukrativen Rauschgifthandel

eingeführt, von dem die eine Hälfte Schanghais lebte und an dem die andere elend zugrunde ging. Für sie und Albert war es nur eine Frage, auf welcher Seite man stand, ob man zahlte oder kassierte. Arm oder reich. Etwas anderes gab es in Schanghai nicht.
Ruby hatte ihrem Freund den Schutz einer der chinesischen geheimen Bruderschaften gesichert, die Rauschgifthandel, Glücksspiele und Prostitution kontrollierten. Niemand konnte ohne ihre Zustimmung und ihre Beteiligung auf einem dieser Gebiete operieren. Nicht einmal die heutigen „Könige des Opiumhandels", die Söhne der legendären frühen Opiumhändler Edward Ezra und David Sassoon, der Mitbegründer der „Shanghai Opium Merchants Combine". Auch sie operierten innerhalb des „Systems". Außerhalb des „Systems", nur auf eigene Kasse handeln zu wollen, bedeutete den sicheren Tod.
„Ruby war für mich der Schlüssel zum System."
„Schade, daß es nur eine Ruby gibt."
Albert kannte seinen Freund zu genau, um nicht zu wissen, daß dieser einen Köder auswarf. Sollte er anbeißen? Warum nicht? Er konnte ihm vertrauen. „Wir könnten ja beide nach Gold kratzen. In meiner Ordination. Wenn du in Schanghai bist."
Erben grinste. Diesen Ausdruck für Kürettage hatte er seit seinen Studententagen nicht mehr gehört. „Sicher. Und das andere?" Albert wurde ernst.
„Darüber muß ich mit Ruby sprechen."
Er schob die Puppe sanft von seinem Schoß. Ruby lächelte, als hätte sie die Frage Dr. Erbens verstanden. Sie zog Albert hoch und führte ihn und den Gast in das anschließende Speisezimmer, wo der Boy bereits den Tisch für das Abendessen gedeckt hatte. Es war ein üppiges Mahl, bis spät in die Nacht. Anschließend spielten Albert und Ruby noch Domino, während Dr. Erben vor sich hinbrütete und über das nachdachte, was Albert ihm anvertraut hatte.
Das also war das Geheimnis. Opium. Und Morphin.
Obwohl Dr. Erben sich nur kurz in Schanghai aufhielt, gab Dr. von Miorini zu Ehren seines Gastes, und um ihn zu beeindrucken, eine seiner musikalischen Soirées. Mitglieder des Schanghaier Symphonie-

orchesters führten ein Haydn- und ein Schubert-Quartett auf. Albert spielte den Cellopart. Geladen waren in der Hauptsache Diplomaten des „International Settlement", wie die exterritoriale Enklave hieß, der Schanghai seine Bedeutung als Handelszentrum und seinen merkantilen Reichtum verdankte.

Der Hausmusikabend erhielt noch zusätzliche Würde und Farbe durch die Gegenwart eines Franziskanerpaters, der bei solchen Anlässen auf ausdrücklichen Wunsch des Hausherrn im purpurnen Ornat eines Monsignore erscheinen mußte. „Father Joe", wie er allgemein genannt wurde, war ein Graf Miraviglia-Crivelli, der als Missionar nach China gekommen war. Albert von Miorini kannte ihn noch aus ihrer gemeinsamen Schulzeit.

Am Abend vor Erbens Abreise teilte Albert seinem Freund mit, Ruby habe grundsätzlich zugestimmt, ihn an ihren diversen Unternehmen als Partner zu beteiligen. Die Details würden sie bei seinem nächsten Schanghai-Aufenthalt gemeinsam festlegen, wenn er mehr über seine berufliche Zukunft wüßte. In der Zwischenzeit würde Ruby mit ihren Leuten sprechen, wie und wo er eingesetzt werden könnte. „Gold kratzen" könnte er jederzeit mit ihm.

Dr. Erben war zufrieden. Er bat Albert nur jetzt schon, da die Zeiten unsicher waren, für seine zukünftigen Anteile am gemeinsamen Unternehmen Gold zu kaufen und im eigenen Safe für ihn aufzubewahren. Für Goldbarren erfanden sie den Decknamen „Chocolate bars", kleinere Einheiten sollten „Peanuts" heißen.

Nach diesem kurzen Zwischenspiel in Schanghai fuhr Dr. Erben wieder zur See. Planlos fuhr er von Hafen zu Hafen. Er nahm das Schiff, das ihn nahm. Heuerte einmal als Deckhand an, das nächste Mal als Schiffsarzt. Am 24. September landete er in Sidney.

Er stellte sich am Dekanat der Medizinischen Fakultät als Angehöriger des amerikanischen Rockefeller Instituts vor, der nach Australien gekommen sei, weil er gehört habe, daß Tropenärzte gesucht würden. Tropenmedizin sei sein Spezialgebiet. Die Universität empfahl ihn an den Missionsausschuß der Anglikanischen Kirche weiter, die im australischen Busch ein Netz von Missionsstationen unterhielt. Dort wurden Ärzte mit Tropenerfahrung immer gebraucht.

Es fiel Dr. Erben nicht schwer, einen Vertrag als Missionsarzt in Queensland für das kommende Jahr zu erhalten – und die Genehmigung, seine Frau mitbringen zu dürfen.
Er fuhr nach Wien und holte Klara. Vor ihrer Abreise nach Antwerpen, im Februar 1929, brachte das Ehepaar Erben die beiden Söhne in einem Städtischen Waisenhaus unter. Monatlicher Unterhaltsbeitrag für jeden der beiden: umgerechnet 10 Dollar.
In Antwerpen heuerte Dr. Erben als Schiffsarzt auf dem schwedischen Passagierdampfer *M.S. Margarete Johnson* an, der die Route zwischen Europa und Nordamerika befuhr. Am 15. Februar lief das Schiff von Antwerpen aus. Aber es dauerte mehr als fünf Monate, bevor Klara ihren Fuß auf amerikanischen Boden setzen konnte. Erben entschloß sich, seinen Posten für drei Rundfahrten zu behalten. Auf der dritten Überfahrt fand er zum ersten Mal Gelegenheit, sich die Einrichtungen des Panamakanals näher anzuschauen, da das Schiff auf dieser Reise durch den Kanal an die amerikanische Westküste fuhr und in Balboa, in der Kanalzone, anlegte.
Sämtliche Passagiere verließen das Schiff am 20. Juli in San Diego. Doch Dr. und Mrs. Erben blieben an Bord, in ihrer Erste Klasse-Kabine, bis die *Margarete Johnson* in San Francisco anlegte.
Eigentlich hätte Klara mit ihrem Besuchervisum keine Stelle annehmen dürfen, aber gleich am ersten Tag, bevor sie noch irgend etwas von der Stadt gesehen hatte, fand Dr. Erben durch die Vermittlung der „German Benevolent Association" einen Arbeitsplatz für sie.
Die „German Benevolent Association" schickte Klara als Hausgehilfin zu einer Mrs. Goldmann. 50 Dollar pro Monat, Unterkunft und Verpflegung. Da Dr. Erben noch am selben Tag eine Anstellung als Hausarzt am St. Joseph's Hospital fand, ebenfalls 50 Dollar bei freier Unterkunft und Verpflegung, konnte er am Abend befriedigt feststellen, daß er weder für sich noch für Klara eine Hotelrechnung bezahlen hatte müssen.
Noch vor Monatsende suchte Dr. Erben neuerlich um eine Wiedereinreisegenehmigung an, um seine Rückkehr aus Australien abzusichern. Er erwähnte Australien in seinem Antrag jedoch nicht, sondern schrieb stattdessen, er habe vor, „nach Europa und Afrika zu

reisen". Auch seine übrigen Angaben stimmten nicht. Er gab an, er sei am Medical Lake Hospital in Spokane angestellt und am 10. März 1924 zum letzten Mal in die Vereinigten Staaten eingereist.
Das „Permit to reenter Nr. 523545" wurde Dr. Erben anstandslos am selben Tag ausgestellt und an seine angegebene Adresse in San Francisco geschickt, an dem er und Klara, die bis zum letzten Augenblick als Hausgehilfin gearbeitet hatte, auf der *M.S. Parakoola* von San Francisco Richtung Sidney abfuhren. Dr. Erben hatte auf dem schwedischen Schiff eine Anstellung als Schiffsarzt bekommen, und so fuhren er und seine Frau diesmal wieder in einer Kabine Erster Klasse. Als sie Ende September in Sidney ankamen, war die Wiedereinreisegenehmigung bereits von San Francisco nachgeschickt worden und eingetroffen.
Nach einer Woche in Sidney trat das Ehepaar Erben an Bord der *S.S. Changte* die lange Reise nach Queensland im nördlichsten Teil des Kontinents an. Zuerst entlang der Küste, ums Kap York, zu den Donnerstaginseln. Von dort mit dem Flußdampfer *S.S. Francis Pritt* den breiten Mitchell River hinauf bis zur Eingeborenensiedlung Kowan Yama, wo sich die anglikanische Missionsstation befand, 2000 km Luftlinie von Sidney entfernt.
Der Leiter der Mission, Reverend Frank Laughton, hieß den neuen, bärtigen Missionsarzt und seine junge Frau herzlich willkommen.
Während der ersten Tage wohnte das Ehepaar in einer Wellblechhütte, wie die übrigen Missionsangehörigen. Aber bald gefielen Dr. Erben die Grashütten besser, in denen die Einheimischen hausten, und er ließ für sich und seine Frau eine solche errichten. Reverend Laughton war entsetzt, daß sich der neue Arzt einfach über die Trennungslinie zwischen Weißen und den „Kanaken" hinwegsetzte. Dr. Erben schilderte diese Episode offensichtlich mit Vergnügen:

> „Hell, ich bin nicht wegen irgendeiner Solidarität mit den Pygmäen mit meiner Frau in eine Grashütte gezogen, sondern wegen des Komforts. Während der ersten Trockenzeit war es in den Wellblechhütten so heiß, daß man Brandblasen bekam, wenn man die Wände berührte. Und während der Regenzeit haben die

Regentropfen wie Maschinengewehrfeuer auf das Blechdach getrommelt, daß man drinnen sein eigenes Wort nicht verstanden hat. In unserer Grashütte war es kühl, auch wenn die Sonne alles verbrannt hat. Und auch während des stärksten Tropenregens war es still im Innern, weil das Wasser ohne Lärm abgelaufen ist."

Mit der Übersiedlung in eine Eingeborenenhütte begannen die Probleme erst, die Reverend Laughton mit seinem Arzt aus Amerika hatte. Statt sich wie die anderen glatt zu rasieren, ließ Dr. Erben seinen rötlichblonden Bart weiter wuchern, bis er das ganze Gesicht bedeckte und ihm bald bis an die Brust reichte.

Das Maß war voll, als Dr. Erben und seine Frau sich auch äußerlich dem Habitus und den Lebensgewohnheiten der Buschbewohner anpaßten.

„Klara war eine sehr gute Partnerin für mich in Kowan Yama. Sie bereitete unsere Mahlzeiten von dem zu, was ihr die Eingeborenen brachten, statt aus den Konserven, die uns von der Mission zur Verfügung gestellt wurden. Sie verständigte sich mit den Aborigines durch Zeichen und Gesten, und es machte ihr nichts aus, als ich sagte, daß es für uns während der heißen Zeit besser war, statt unserer westlichen Kleidung nur den Lendenschurz der Einheimischen zu tragen, den lap-lap. Was den armen Pastor natürlich wiederum schockierte. Aber uns war nicht halb so heiß wie ihm in seinem langen schwarzen Talar und seinem weißen Stehkragen. Die Eingeborenen, Männer, Frauen und Kinder trugen während der heißen Jahreszeit oft nicht einmal den lap-lap.

Ich erinnere mich noch, an einem solchen heißen Tag kam der Anglikanische Bischof aus Sidney auf seine erste Visitation nach Kowan Yama. Er konnte seinen Augen nicht trauen, als er alle diese nackten Männlein und Weiblein in der Missionsstation herumlaufen sah. Sie waren gekommen, um Seine Eminenz zu begrüßen. Er ordnete sofort an, daß alle Eingeborenen von nun an nur mehr bekleidet in die Mission kommen dürften. Er trug Reverend Laughton auf, in entsprechendem Abstand zur Mis-

sionsstation eine Hütte errichten zu lassen, in der die Eingeborenen sich anziehen konnten, bevor sie sich den Weißen näherten. Ein Missionar wurde eingeteilt, der in der Hütte Dienst machen und den Einheimischen die Kleidungsstücke aushändigen und auf ihrem Heimweg wieder abnehmen mußte. Seine Eminenz versicherte, daß er dafür Sorge tragen werde, daß genügend Kleidungsstücke von Sidney nach Kowan Yama verfrachtet würden. Tatsächlich trafen die Kisten mit den Kleidungsstücken, die eine Caritasorganisation in Sidney gesammelt haben mußte, auf einem der nächsten Schiffe ein. Die Kleidungsstücke wurden in der inzwischen gebauten Hütte gelagert und nach Bedarf ausgeteilt, und eine Weile lief alles, wie der Bischof es angeordnet hatte.
Dann, eines Tages, näherte sich ein vielköpfiger Eingeborenenstamm der Missionsstation. Die Hütte war gerade an diesem Tag unbesetzt. Aber nachdem es sich inzwischen herumgesprochen hatte, daß niemand mehr nackt in die Mission kommen dürfe, bedienten sich die Eingeborenen selbst in der Hütte.
Einer erschien mit nichts als einem seidenen Zylinder, den ein Gentleman in Sidney abgelegt und den Buschpygmäen aus christlicher Nächstenliebe geschickt hatte. Eine Eingeborene trug nichts anderes als eine weiße Schleife um den Bauch. Ihrer Vorstellung nach waren sie alle bekleidet und nicht mehr nackt. Ich erinnere mich an einen würdig aussehenden grauhaarigen Mann, der nichts anhatte als ein Paar Manschetten – an den Fußgelenken. Wenn man sich lustig machen wollte – nicht über die Einheimischen, sondern über die unsinnige Art und Weise, wie sich christliche Moralität gegenüber noch in der Steinzeit lebenden Pygmäen manifestierte –, man könnte sich keine groteskere Parade vorstellen."

Für den Arzt Erben war jedoch das Interessanteste in Kowan Yama, daß er an Ort und Stelle und am lebenden Beispiel Krankheiten studieren konnte, die er bisher nur aus medizinischen Lehrbüchern kannte.

„Sie können sich nicht vorstellen, was es für einen Arzt bedeutet, Fälle von Schwarzwasserfieber studieren zu können, eine Form von Malaria, bei der sich der Urin des Erkrankten schwarz färbt. Oder Framboesia tropica, auch Yaws genannt, bei der erdbeerförmige Geschwüre den ganzen Körper des Befallenen bedecken und häufig zur Erblindung führen. Wir hielten es damals für eine Geschlechtskrankheit. Für mich war Kowan Yama das Paradies. Für jemand anderen, der nicht meine Interessen hatte, hätte es die Hölle sein können."

Dr. Erben machte auch die Entdeckung, daß man manchmal Medizin und Religion nicht trennen konnte.

„Manche der Krankheiten der Eingeborenen stammten von ihren religiösen Gebräuchen her. Wenn plötzlich in einer Familie eine Epidemie von Bindehautentzündung auftrat, konnte ich sicher sein, daß kürzlich ein Familienmitglied gestorben war. Die Einheimischen dieser Region haben nämlich ihre Toten nicht begraben. Stattdessen wurden sie, wie ein Paket verschnürt, in die Äste eines Baums gehängt. Sie praktizierten die sogenannte ‚Baumbestattung'. Die Familienangehörigen saßen dann tagelang unter dem Toten, im Glauben, daß sich dabei die besten und edelsten Eigenschaften des Verstorbenen auf sie übertrügen. Möglich. Aber medizinisch haben die faulenden Substanzen, die aus dem Leichenpaket auf sie herabtropften, ihre Augen infiziert. – Ich habe sie als Arzt behandelt. Aber ihren Glauben habe ich ihnen nicht genommen. Das habe ich den Missionaren überlassen."

Am 9. Juni 1930 kehrte das Ehepaar Erben nach San Francisco zurück – im Triumph, als lokale Berühmtheiten. Dafür hatte Dr. Erben gesorgt. Schon Tage vorher hatte er den wichtigsten Zeitungen „die Rückkehr des Forscherehepaares Dr. und Mrs. Erben aus der Steinzeit" telegrafisch avisiert.
Sobald die japanische *Chichibu Maru* auf ihrer Jungfernfahrt aus dem Orient anlegte, stürmten Reporter und Fotografen das Deck. Am

nächsten Tag brachten die lokalen Blätter ausführliche Berichte über die beiden Heimkehrer. Nicht immer wahrten sie die journalistische Sorgfalt. Ein Lokalblatt schrieb, die beiden seien „in Afrika" gewesen, ein anderes schilderte ihre Forschungsarbeit „im Dschungel des Amazonas".

Am korrektesten und ausführlichsten berichtete der angesehene *San Francisco Chronicle* unter der Balkenüberschrift EINGEBORENER GEWORDEN – IM DIENSTE DER WISSENSCHAFT:

> „Nachdem er während des vergangenen Jahres unter einem Kohlbaum gehaust hatte, ist Dr. Hermann F. Erben, ein San Franciscoer Chirurg, heute froh, wieder ein wirkliches Dach über dem Kopf zu haben. Nach einjähriger medizinischer Forschungsarbeit unter den Aborigines in der Weite des Nördlichen Queensland, in Australien, kehrte er an Bord des japanischen Postschiffes *Chichibu Maru* zurück. Mit Mrs. Erben als einziger Weißen an seiner Seite arbeitete er 700 Meilen von der nächsten weißen Zivilisation entfernt in einer sandigen, leeren Gegend, die nur auf einer langen Schiffsreise einen sich windenden Fluß aufwärts zu erreichen ist, an seinen wissenschaftlichen Theorien. Er will nächstes Jahr wieder zurück. Ohne Mrs. Erben. Sie sagte: ‚Ohne Eis. Wir haben uns die ganze Woche von verfaultem Büffelfleisch ernährt. – Wie lange können einem tropische Früchte schmecken – Mango und Brotfrucht? In einem Kohlbaum hausen ist auch kein Vergnügen. Man kann seine Blätter nicht essen.'
>
> Dr. Erben gelang auf seiner primitiven Reise eine bis jetzt unbekannte medizinische Entdeckung. Durch Zufall kam er darauf, daß ‚Schwarzwasserfieber', von dem man angenommen hatte, daß es eine ausschließlich afrikanische Krankheit sei, weitverbreitet war. Er sagte: ‚Aber das Land ist das Grab des Weißen Mannes. Wasser ist rar. Während acht Monaten ist das Land zur Dürre ausgetrocknet, und während der übrigen vier Monate ist es überschwemmt. Es gibt wenig Vegetation. Flintsteine und Sand, so weit das Auge reicht. Die zwerghaften Eingeborenen leben noch

> wie in der Steinzeit. Sie verwenden Äxte und Speerspitzen aus Stein.'"

Das Blatt veröffentlichte auch zwei Fotos: Dr. Erben mit struppigem Vollbart und Klara, die sich der Presse gegenüber „Claire" nannte, freundlich lächelnd, ihre Baskenmütze tief in die niedrige Stirn gezogen.

Dr. Erben nahm seine Tätigkeit am St. Josephs Spital sofort wieder auf, und für Klara fand sich eine neue Stelle als Putzfrau in einem deutschen Altersheim in Oakland.

Kurz nach seiner Rückkehr trat Dr. Erben in Sacramento, dem Sitz der bundesstaatlichen Regierung, zur „State Medical Board"-Prüfung an, bestand sie jedoch nicht. Was er dem Neid der Prüfenden auf seine Erfolge als Forscher zuschrieb. Erst im zweiten Anlauf kam er durch und erhielt seine dritte amerikanische Zulassung als Arzt. Beruflich abgesichert, wandte er sich wieder seinem Ziel zu: der amerikanischen Staatsbürgerschaft.

Am 1. August reichte er beim Distriktsgericht in San Francisco sein Ansuchen um Verleihung der amerikanischen Staatsbürgerschaft ein und erklärte unter Eid:

> „Ich habe mich während der fünf Jahre vor dem Zeitpunkt der Einreichung dieses Ansuchens, genau seit dem 10. März 1924, ohne Unterbrechung in den Vereinigten Staaten aufgehalten und im Bezirk von San Francisco seit dem 15. August 1928, womit ich vor dem Zeitpunkt der Einreichung dieses Ansuchens mindestens sechs Monate in diesem Bezirk wohnhaft war."

Die angebliche Richtigkeit dieser Angaben, was seinen Aufenthalt in San Francisco betraf, wurde von Dr. Emil Otto Jellinek, einem bekannten Arzt in San Francisco, und einer Miß Arley Fossey als Zeugen bestätigt. Sie erklärten eidesstattlich:

> „...den Antragsteller, Hermann Frederick Erben, seit 15. August 1928 gekannt zu haben und zu wissen, daß der Antragsteller seit

dem 15. August 1928 ohne Unterbrechung in San Francisco wohnhaft war... und er ihrem Urteil nach in jeder Weise geeignet sei, als Staatsbürger der Vereinigten Staaten zugelassen zu werden."

Dr. Jellinek, selbst naturalisierter Amerikaner, war Corpsbruder von Dr. Erbens Vater und Onkel gewesen, und Miß Fossey, die Dr. Erben im Leben nie gesehen hatte, war seine Ordinationshilfe.
Der Einbürgerungsakt Dr. Erbens wurde von einem Inspektor Hoover bearbeitet. Erben hatte größte Schwierigkeiten, Inspektor Hoover zwei Zeugen dafür namhaft zu machen, daß er während der letzten fünf Jahre tatsächlich ohne Unterbrechung in den USA gewesen war. Drei der Zeugen, von denen Erben angegeben hatte, sie hätten ihn während seiner Zeit in New York gekannt, Dr. William Scholer, ein Dr. Louis Jacob Doshay und ein Dr. Homer L. Day, waren, wie sich herausstellte, inzwischen verstorben. Andere, die Dr. Erben angab und Inspektor Hoover anschrieb, antworteten entweder gar nicht oder konnten sich an einen Dr. Erben nicht erinnern. Am 7. Oktober erhielt er den schriftlichen Bescheid:

„...Es ist dem Gericht trotz intensivster Anstrengungen nicht gelungen, einen oder mehrere Zeugen, die Sie dem Gericht genannt haben, zu finden. Das Gericht sieht sich daher veranlaßt, das Einbürgerungsverfahren mangels notwendiger Zeugen auszusetzen."

Es blieb Dr. Erben nichts anderes übrig, als sich wenigstens durch ein Teilgeständnis zu rehabilitieren. Er gestand Inspektor Hoover, daß er während der fraglichen fünf Jahre die USA tatsächlich zwei Mal verlassen habe. Beide Male aus „dringenden persönlichen Gründen". Vom Dezember 1928 bis März 1929 und vom November 1929 bis Februar 1930. Beide Male hätte er seine „schwerkranke Mutter in Wien besucht". Kein Wort von den übrigen Reisen, den Anstellungen auf Schiffen fremder Nationen, seinem Besuch in China oder seiner publizierten Expedition in Australien.

Entweder hatte Inspektor Hoover den lästigen Bittsteller, der jeden Tag mit neuen Versionen seiner Vergangenheit kam, satt, oder er tat ihm tatsächlich leid; er genehmigte schließlich Dr. Erbens Einbürgerung.

Am 10. November, nur drei Tage nach dem abschlägigen Gerichtsbescheid, wurde Dr. med. Herman Frederick Erben vom Distriktsgericht San Francisco als amerikanischer Staatsbürger eingebürgert.

Dr. Jellinek und Miß Fossey waren anwesend, als ihr Schützling, eine Hand auf der Brust, die andere zum Schwur erhoben, den Treueeid auf die Verfassung der Vereinigten Staaten von Amerika leistete und jedem anderen Land die Gefolgschaft abschwor. Klara fehlte bei dieser Zeremonie. Die Leitung des deutschen Altersheims hatte ihr nicht freigegeben.

Die Einbürgerungsurkunde, die dem neuen Staatsbürger überreicht wurde, trug die Nummer 3446093. In seinem Spitalszimmer fotografierte Dr. Erben sie sofort und fertigte selbst mehrere Verkleinerungen davon an, obwohl er durch einen Handzettel der Einwanderungsbehörde gewarnt worden war, daß dies als Straftat galt, die mit bis zu 10 000 Dollar Geldbuße oder bis zu zehn Jahren Gefängnis oder beidem, bestraft werden konnte.

Fünf Tage nach seiner Einbürgerung, genau an seinem dreiunddreißigsten Geburtstag, erhielt Dr. Erben seinen ersten amerikanischen Reisepaß. Paßnummer 9486. Am selben Tag stellte ihm die Seemannsgewerkschaft sein „Seamen's Protection Certificate Nr. 1805" aus.

8

1930/1933

Wie Erben auf „Goodwill Tour“ nach Südamerika ging, in China den angeblichen Spion Ignatius Trebitsch-Lincoln und den wirklichen Spion Richard Sorge kennenlernte und wegen des Verdachts auf Rauschgiftschmuggel als Schiffsarzt gefeuert wurde.

Während Klara weiterhin im deutschen Altersheim in Oakland putzte, gab ihr Gatte kurz nach seiner Einbürgerung seine Stelle am St. Joseph's Hospital auf und nahm bei der amerikanischen McCormick Linie eine Position als Schiffsarzt an. Am 6. Dezember lief der Frachter *S.S. West Notus* mit Dr. Erben an Bord zu einer mehrmonatigen Fahrt nach Südamerika aus.

Er verdiente auch hier nicht mehr als 50 Dollar im Monat, aber er fuhr wieder auf See. Außerdem hatte er einen Plan, wie er sich der Öffentlichkeit wieder ins Gedächtnis rufen und für die Presse weiterhin „newsworthy“ bleiben konnte. Daran lag ihm. Sein Ruhm als Forscher war nach den Zeitungsartikeln unmittelbar nach seiner Rückkehr allzu rasch wieder verblaßt.

So deklarierte er seine Fahrt auf der *West Notus* ohne jede Autorisierung als „medizinische Goodwill-Tour“, die er angeblich im Auftrag des „Pacific Institute of Tropical Medicine“ und der „George William Hooper Foundation for Medical Research“ der Universität von Kalifornien unternahm.

Alles, was er zu seiner Legitimierung besaß, war ein Schreiben der „Hooper Foundation“, in dem sie ihn ersuchte, für sie in Südamerika „einschlägige Literatur auf dem Gebiet der Tropenmedizin zu sammeln“, und eine Visitenkarte, die ihn als Repräsentanten der beiden angesehenen wissenschaftlichen Institutionen auswies. Er hatte sie sich in San Francisco drucken lassen. In seinem grenzenlosen Selbst-

vertrauen und seiner hochstaplerischen Unverfrorenheit schreckte er vor keiner noch so grotesken Unwahrheit zurück.
Aber offensichtlich genügte das. Kaum war die *West Notus* in diversen südamerikanischen Häfen eingelaufen, begannen die Blätter über „el profesor Dr. Erben de la Universidad de California", den eminenten „médico norteamericano" und „hombre de ciencia" zu schreiben. In Ekuador. In Paraguay. In Chile. In Argentinien.
Die englischsprachige Zeitung in Buenos Aires nannte ihn einen „Medical Ambassador", der die Reise nach Südamerika unternommen habe, um „die Institutionen, die er repräsentiert", mit den „Autoritäten und Forschern Lateinamerikas auf eine freundschaftliche Basis zu bringen."

> „Er wird den Präsidenten des nationalen Gesundheitswesens, Dr. Gregorio Aráoz Alfaro, einladen, an einem Kongreß für Tropenkrankheiten teilzunehmen, der in Kalifornien stattfinden wird. Prominente Ärzte Uruguays haben ihre Teilnahme bereits zugesagt.
> Obwohl er erst einen Tag hier ist, hat Dr. Erben bereits Vorkehrungen getroffen, viele Städtische Spitäler, die Asistencia Publica und private und öffentliche Forschungslabors zu besuchen. Er hofft, sich bis zu seiner Abreise mit dem Fortschritt der Wissenschaften in Argentinien voll vertraut machen zu können, vor allem im Bezug auf Krankheiten, die ihn selbst besonders interessieren.
> Dr. Erbens lateinamerikanische Tour, die von den Institutionen, die er vertritt, und von der McCormick Schiffahrtslinie finanziert wird, soll fünf Monate dauern. Nach seiner Rückkehr wird Dr. Erben einen ausführlichen Bericht über die Entwicklung der wissenschaftlichen Forschung in den Ländern, die er besuchte, verfassen."

Dr. Erbens Tätigkeit als Schiffsarzt der McCormick Linie endete ebenfalls, auf den Tag genau, nach fünf Monaten. Als er am 6. April mit der *West Notus* wieder in San Francisco eintraf, wurde er ohne Angabe von Gründen fristlos entlassen.

Statt den angekündigten „ausführlichen Bericht“ zu verfassen, bewarb sich „el profesor“ um die Aufnahme als Reservist in die amerikanische Kriegsmarine, wurde jedoch wegen Kurzsichtigkeit und Übergewicht abgewiesen.

Eine Ausbeute brachte Dr. Erben von seiner fingierten Goodwill Tour jedoch mit: einen zweiten amerkanischen Paß.

In Montevideo hatte er unter Vorlage seines amerikanischen Seemannsausweises, „weil er im Auftrag des ‚Pacific Instituts nach Ascuncion müsse“, um die Ausstellung eines amerikanischen Reisepasses angesucht, ohne zu erwähnen, daß er bereits einen besaß. Im Gegenteil. Wie der amerikanische Generalkonsul Leslie E. Reed, der von seiner vorgesetzten Dienststelle in Washington wegen der Ausstellung des Passes einen Verweis bekommen hatte, zu seiner Rechtfertigung am 25. März 1931 an das State Department schrieb,

> „...war er sorgfältigst geprüft und ausdrücklich gefragt worden, warum er sich nicht vor seiner Abreise aus den Vereinigten Staaten einen Reisepaß habe ausstellen lassen. Seine Antwort war, er habe in den USA um keinen Paß angesucht, weil für den Arzt eines amerikanischen Schiffes ein Seemannsausweis als Ausweis genügt. Er machte keinerlei Andeutungen, daß er bereits einen Paß besaß.“

Dr. Erben schilderte den Sachverhalt in einem Schreiben an das Paßamt in San Francisco ganz anders.

Der Beamte am Generalkonsulat in Montevideo hätte dem Vermerk auf seiner Einbürgerungsurkunde ersehen müssen, daß ihm bereits einmal ein amerikanischer Paß ausgestellt worden war. Ihn hätte niemand danach gefragt, also hätte er auch nichts gesagt. Seinen in San Francisco ausgestellten Paß hätte er deswegen nicht bei sich gehabt, weil er ihn an die Universität von Louisiana geschickt hatte, damit man dort seine befristete Zulassung als Arzt für den Bundesstaat Louisiana gegen eine unbefristete austausche. Den Paß hatte er als erforderlichen Nachweis seiner inzwischen erlangten amerikanischen Staatsbürgerschaft mit seinem Antrag mitgeschickt und bei

seiner Rückkehr aus Südamerika bereits wieder zu Hause vorgefunden. Zusammen mit seiner unbefristeten Arztlizenz für Louisiana.
Dr. Erben konnte sich jedoch des Besitzes zweier amerikanischer Pässe nicht lange erfreuen. Der zweite Paß (Service-Paß Nr. 12) wurde auf Anordnung des State Department vom Paßamt in San Francisco eingezogen. Das war allerdings erst im August möglich, nachdem Dr. Erben von einer plötzlich notwendig gewordenen Reise nach Wien wieder nach San Francisco zurückgekehrt war.
Er hatte diese Reise ohne Klara unternommen, die noch immer im deutschen Altersheim arbeitete, und jeden Cent, den sie sich ersparte, getreulich auf ihr Sparbuch legte. Als Dr. Erben dieses am 7. April, gleich am ersten Tag nach seine Rückkehr aus Südamerika, kontrollierte, betrug der Kontostand 390 Dollar. Auf seinen eigenen beiden Sparbüchern lagen 2879 Dollar und 13 Cents.
Angeblich war der Zweck seiner plötzlichen Reise nach Wien gewesen, Kurt und Santos zu sich und Klara nach San Francisco zu holen. Er hätte sich bereits bei zwei Waisenhäusern über die Unterbringungsmöglichkeiten erkundigt, gab er im Zusammenhang mit dem Visaantrag für seine beiden Söhne dem Beamten der Einwanderungsbehörde gegenüber zu. („Für den Fall, daß mir oder meiner Frau etwas zustößt.“) Das eine Waisenhaus hätte für die Unterbringung eines Kindes 20 Dollar pro Monat verlangt, das andere 25 Dollar.
Aber die Einwanderungsbehörde hatte sein Ansuchen, seinen Söhnen aufgrund der amerikanischen Staatsbürgerschaft ihres Vaters ein Einwanderungsvisum außerhalb der regulären Quote zu gewähren, abgelehnt. Der leitende Beamte, Thomas E. Shoemaker, war der Ansicht, daß die Lebensumstände des Ehepaares Erben, ihre finanzielle Situation und ihr bisheriges Verhalten gegenüber ihren Söhnen keine ausreichende Garantie böten, daß sie für das Wohl und die Entwicklung ihrer minderjährigen Kinder entsprechend sorgen würden. Außerdem war der Einwanderungsbehörde zu Ohren gekommen, daß „Dr. Erben beabsichtige, seine Söhne in den USA zu verkaufen“. So war dieser Reisegrund eigentlich hinfällig geworden. Trotzdem reiste Dr. Erben nach Wien.
Der wahre Grund war politischer Natur.

Erben traf sich mit dem deutschen Reichstagsabgeordneten und Generalinspekteur Hitlers für österreichische Nationalsozialisten Theodor Habicht, der in diesen kritischen Jahren immer wieder bei Massenkundgebungen in Österreich als „Landesinspekteur" auftrat, um propagandistisch den Boden für den Anschluß vorzubereiten. („Ich wollte aus erster Hand etwas über die Zukunft des Nationalsozialismus in Österreich erfahren, und so hat mir der Ferry Probst, der immer illegal das Material vom Habicht verteilt hat, dieses Treffen vermittelt.")
Ob dies der einzige Grund war und ob er diese Mission auf eigene Faust oder im Auftrag amerikanischer Nationalsozialisten unternahm, ließ Dr. Erben ungeklärt.
Am 18. Juli traf er auf der *Margarete Johnson* wieder in San Francisco ein. Er blieb ohne Anstellung, bis er im September, auf dem Höhepunkt der weltweiten Wirtschaftskrise, während andere Ärzte sich um eine Suppe anstellten und auf der Straße Äpfel verkauften, auf dem amerikanischen Luxusdampfer *S.S. President Garfield* als Schiffsarzt anheuerte.
Die *Garfield* war ein Schiff der Dollar-Linie, alle nach amerikanischen Präsidenten benannt, die wie schwimmende Paläste mit den Reichsten der Reichen an Bord auf Vergnügungsreisen um die Welt kreuzten.
Diese Position verdankte er dem stets hilfsbereiten Dr. Jellinek. Der prominente Arzt, der seine Pflichten als „Alter Herr" des „Corps Symposion" immer noch ernst nahm, auch wenn er sich als Nichtarier davon hatte zurückziehen müssen, kannte durch seinen Klub den Schiffsarzt der *President Cleveland*, einen Dr. Coffey. Durch dessen Vermittlung war es ihm gelungen, seinen arbeitslosen Protegé auf dem Schwesterschiff unterzubringen.
Am 8. September stand Dr. Erben zum ersten Mal stolz in seiner weißen Offiziersuniform auf der Brücke der *Garfield*, als sie zu einer ihrer regelmäßigen Kreuzfahrten auslief. Er wußte, er hätte es nicht besser treffen können. Das Schicksal schien ihm in die Hände zu spielen. Oder der Zufall.
War es Schicksal oder Zufall, daß die *Garfield* auf ihrer Fahrt um die

Welt jedes Mal auch Schanghai anlief? Und vierundzwanzig Stunden lang im Yangtse lag, bevor sie in ihren Heimathafen San Francisco zurückkehrte?

Diese Route gestattete dem neuen Schiffsarzt, mit seinen Geschäftspartnern Albert und Ruby unauffällig Kontakt zu halten und für das „System“ Kurierdienste zwischen Schanghai und San Francisco zu leisten. Der Kapitän der *Garfield*, Kapitän Gregory Cullen, wußte nicht nur davon, sondern war daran auch aktiv beteiligt.

Als die *Garfield* zum ersten Mal mit Dr. Erben an Bord im Yangtse ankerte, kam Dr. von Miorini, während die Passagiere des Luxusdampfers sich an Land vergnügten, mit seiner Yacht hinaus. Er ging an Bord, um mit seinem alten Freund, dem Schiffsarzt zu plaudern. Und mit dem Kapitän. Die gesellschaftliche Verbindung der drei war ihre beste Deckung.

Beim zweiten Schanghai-Aufenthalt, im Sommer 1932, lud er Dr. Erben und Kapitän Cullen zu einem seiner Kammermusikabende ein. Dabei lernte Dr. Erben, während nach dem musikalischen Teil des Abends im Salon Tee, Kaffee und Alkohol serviert wurde, einen buddhistischen Mönch kennen, der ihm bereits den ganzen Abend über aufgefallen war. Er hatte jedoch nicht gewagt, ihn anzusprechen, da er ihn für einen Chinesen hielt. Oder einen Tibetaner. Auf jeden Fall einen Orientalen. Stattdessen sagte Albert zu seiner Überraschung:

„Der? Das ist ein Landsmann von uns. Zumindest war er einer. In der Monarchie.“

Er führte Dr. Erben zu dem Mönch.

„Venerable Chao Kung, may I introduce to you a close friend of mine, Dr. Hermann Erben.“

Damit ließ Albert die beiden allein. Er wußte, sie hatten viele Gemeinsamkeiten und würden sicherlich rasch ein Gesprächsthema finden, das sie beide interessierte.

Der Mann, den Albert Venerable Chao Kung genannt hatte, mußte Mitte der Fünfzig sein, war von mittlerer Größe, mit asiatischem Gesichtsschnitt, einer scharfen Adlernase und auffallend großen, spitzen Ohren. Das Auffallendste an ihm waren jedoch seine pechschwarzen

Augen, die sich sofort in sein Gegenüber brannten. Sein Mönchshabit bestand aus einer weiten dunklen Robe, engen weißen Hosen, die darunter hervorsahen, Stoffpantoffeln und einem seidenen Käppi. Um den Hals trug der Mönch eine Schnur schwarzer Gebetsperlen. Obwohl der Buddhist Englisch sprach, hatte Erben sofort den ungarischen Akzent erkannt. Jetzt verstand er, was Albert mit Landsmann gemeint hatte. Der Mann war Ungar. Magyar. Deshalb antwortete ihm Erben auf Deutsch, als dieser ihn fragte, woher er stammte.

„Nicht weit von dort, wo Sie herstammen. Aus Wien."

„Österreicher!"

Das war keine Frage und auch keine Feststellung, sondern kam so, als wollte der Mann in der Mönchsrobe seinem Gegenüber jeden einzelnen Buchstaben des Wortes ins Gesicht spucken. Er wandte sich abrupt um und ließ seinen verblüfften Gesprächspartner stehen. Erben sah, wie er sich in eine Gruppe von Diplomaten mischte, und hörte, wie er mit den Deutschen Deutsch und mit allen anderen in ihrer Muttersprache parlierte. Einen Diplomaten kannte Dr. Erben. Es war der deutsche Konsul in Schanghai, Baron Rüdt von Collenberg. Der Mönch wurde rasch zum Mittelpunkt der Gruppe, jeder schien sich für ihn zu interessieren.

Sobald sich der letzte Gast verabschiedet hatte, fragte Erben seinen Freund, wer dieser Ungar in der buddhistischen Aufmachung eigentlich sei.

„A Jud."

„A Jud?"

„Ja. A ungarischer Jud. Seine Eltern waren orthodoxe Juden. Er ist irgendwo in einem Nest bei Budapest zur Welt gekommen."

„Und jetzt ist er a buddhistischer Mönch."

„Erst seit ein paar Wochen. Ich glaub, im Mai ist er zum Mönch geweiht worden. In einem Kloster bei Nanking. Seither heißt er Chao Kung. Der ‚verehrungswürdige' Chao Kung. Darauf legt er großen Wert. Wie ich ihn kennengelernt hab, es muß so 1927 oder 28 gewesen sein, bald nachdem ich hergekommen bin, hat er Jack Fisher geheißen. Aber das war auch nicht sein richtiger Name."

„Und wie heißt er wirklich?"

„Ignatius Trebitsch-Lincoln. Aber das stimmt auch nur zur Hälfte. Sein Familienname ist Trebitsch. Das stimmt. Aber den Lincoln hat er dazuerfunden. In England. Er hat dauernd neue Namen für sich erfunden."

Albert zählte die Pseudonyme und Decknamen auf, die er selbst kannte oder von anderen gehört hatte oder in Zeitungen gelesen hatte: Lamprecht, Trautwein, Tandler, Hermann Ruh, Wilhelm Ludwig, Dr. Hermann Lange und Dr. Tibor Lehotzky.*

„Und was macht er? Das heißt, was hat er gemacht, bevor er Mönch geworden ist."

„Alles. Einmal das, einmal das. Alles, was Geld bringen könnte, weil er sein ganzes Leben lang in jedem Beruf gescheitert ist und immer wieder Pleite gemacht hat. Einmal war er Pastor, dann wieder Journalist, dann sogar Präsident einer Pipeline-Firma in Rumänien. In England hat er es bis zum Parlamentsabgeordneten gebracht. Aber nie ist etwas von Dauer gewesen. Er hat seine Berufe gewechselt wie ein Chamäleon die Farben. Drum hat es mich auch nicht gewundert, wie ich gehört hab, daß er zuerst Schauspieler hat werden wollen und in Budapest Schauspielunterricht genommen hat. Wir werden ja sehen, ob dieser ganze buddhistische Klimbim mehr ist als nur eine neue Rolle. Wie alle andern, die er gespielt hat. Einmal soll er sogar eine Zeitlang Spion gewesen sein. Doppelagent. Während des Kriegs. Für die Deutschen und die Engländer zugleich. Hat er jedenfalls selbst behauptet und sogar ein Buch darüber geschrieben, und Zeitungsartikel. Jetzt streitet er das alles wieder ab."

Erben war fasziniert. Er wollte mehr über den Mann hören, und Albert, der passionierte Raconteur, erzählte, was er über Trebitsch-Lincoln wußte. Daß er verheiratet ist, mit einer Hamburgerin, vier Söhne hatte, jetzt nur mehr drei, weil ein Sohn vor ein paar Jahren wegen Mord in London gehängt wurde. Daß er mit seiner Familie nur sporadisch zusammengelebt hat, nur immer lange genug, um einen neuen Sprößling in die Welt zu setzen. Daß er als junger Mann von mosaischen Glauben zum Protestantismus übergetreten und als

*) Bernard Wasserstein, *The Secret Lives of Trebitsch Lincoln,* Yale University Press, New Haven und London, 1988.

Missionar für die Bekehrung der Juden tätig gewesen ist. Zuerst in Hamburg, dann in Montreal. Nach seiner Übersiedlung nach England, wo er eine Pfarre bekam, hatte er es durch die Protektion des Schokolademillionärs Seebohn-Rowntree, dessen Sekretär er geworden war, sogar zu einem Sitz im Parlament gebracht. Für eine kurze Legislaturperiode. Als Liberaler. Sonst sei er politisch eher rechtsradikal gewesen. Mit General Ludendorff und Hauptmann Max Bauer sei er zum Beispiel einer der Hauptverschwörer beim Kapp-Putsch in Berlin gewesen. Das war im März 1920. Er ist sogar Pressesprecher der Kapp-Regierung gewesen. Und hat dabei Hitler kennengelernt."

„Hitler?"

„Ja. Hitler ist mit seinem damaligen Pressemann Dietrich Eckhardt von München nach Berlin geflogen, um zu schauen, ob bei dem Putsch etwas für ihn herausschaut. Aber Trebitsch soll ihm angeblich geraten haben, wieder umzukehren. Weil alles schon verloren und der Putsch schon zusammengebrochen war. Der Kapp war damals selber schon auf der Flucht, und Trebitsch-Lincoln ist in Berlin untergetaucht."*

„Unglaublich."

„Das meiste davon kannst du in seiner Autobiografie lesen, die erst kürzlich erschienen ist und viel Staub aufgewirbelt hat. Ist zuerst auf Deutsch erschienen, übrigens in Wien, und kommt jetzt auch auf Englisch heraus: ‚Der Größte Abenteurer des 20. Jahrhunderts'. Dafür hält er sich. Vielleicht hat er nicht unrecht damit."**

„Das Buch kauf ich mir."

Nun tat es Erben doppelt leid, daß er mit dem Mann nicht ins Gespräch gekommen war.

„Aber was hat er gegen uns Österreicher?"

„Warum?"

„Weil er mich vorhin fast gefressen hat, wie ich gesagt hab, daß ich aus Wien bin."

*) Werner Maser, *Die Frühgeschichte der NSDAP, Hitlers Weg bis 1924,* Frankfurt 1965.

**) Ignatius Trebitsch-Lincoln, *Der größte Abenteurer des 20. Jahrhunderts?* Leipzig u.a. 1931.

„Vielleicht, weil man ihn in Wien wegen Urkundenfälschung und Hochverrat angeklagt hat. 1921 war das. Angeblich ist er in ein Komplott zum Sturz der österreichischen Regierung verwickelt gewesen. Er ist zwar mangels Beweisen freigesprochen worden, aber nach Österreich darf er heute noch nicht. Das verzeiht er uns Österreichern natürlich nie, daß er aus Österreich ausgewiesen worden ist."

Über Alberts Schilderung war es weit nach Mitternacht geworden, und Kapitän Cullen, der sich, während die beiden Freunde Deutsch sprachen, mit Ruby auf Englisch unterhalten hatte, drängte zum Aufbruch.

In dieser Nacht steuerte Kapitän Cullen Alberts Yacht selbst durch die finsteren Hafengewässer zurück zur *Garfield*. Niemand beobachtete ihn und den Schiffsarzt, wie sie mehrmals schwerbepackt vom Boot aus das Fallreep hinaufkletterten.

Nach der zweiten Kreuzfahrt unterbrach Dr. Erben seinen Dienst bei der Dollar-Linie. Klara war erkrankt und hatte deswegen ihren Arbeitsplatz aufgeben müssen. Er fuhr mit ihr nach New York, heuerte bei der Jungfernfahrt der *S.S. Manhattan* für die Überfahrt nach Europa an und ersparte sich auf diese Art die Kosten der Seereise für sie beide. Am 22. August war das Ehepaar wieder in Wien, wo Erben seine Frau der Aufsicht und Pflege seiner Schwester Hilde anvertraute. Er selbst kehrte sofort nach San Francisco und auf seinen früheren Posten zurück.

Noch im September trat er auf der *President Garfield* seine dritte Reise um die Welt an. Es war seine letzte. Am 23. Dezember 1932, einen Tag vor dem Heiligen Abend, wurde er „wie ein räudiger Hund" vom Schiff gejagt.

„Get that Doc off my ship before I throw him off!"

Kapitän Cullen stand mit hochrotem Gesicht an der Reling und brüllte, daß man ihn am ganzen Schiff und noch unten am Pier hören konnte. Während Dr. Erben, ebenfalls mit rotem Gesicht, aber ohne ein Wort zu sagen, in einer Hand seinen Koffer, mit der anderen seinen Seemannssack auf der Schulter balancierend, im hellen Licht der Wintersonne schwitzend die Gangway hinunterging.

Er nahm dem Kapitän seine Worte nicht übel. Er wußte, warum sein Komplize, „Captain Gregory Cullen, Lieutenant Commander of the U.S. Navy“, so laut schrie: Die zwei FBI-Beamten, die er in ihren hellen Trenchcoats und den obligaten breitkrempigen Hüten inmitten der wartenden Menge sofort ausgemacht hatte, sollten jedes Wort verstehen. – Poor devil. Er hat die Hosen voll. – Die Konterbande war noch an Bord. Nun konnte er zusehen, wie er sie herunterbrachte. Er selber war sauber, bis auf die paar Ampullen Morphin, die die zwei Inspekteure der Rauschgiftbehörde, die an Bord gekommen waren, in seinem versperrten Arzneischrank gefunden hatten. Aber das war eine Frage der Interpretation, wieviel Morphin ein Arzt legal mit sich führen darf.
Kapitän Cullen hatte Dr. Erben seine fristlose Entlassung, die ohne Angabe von Gründen erfolgte, erst knapp vor der Landung mitgeteilt, obwohl er die Weisung dazu bereits kurz nach dem Auslaufen aus Yokohama telegrafisch erhalten hatte. Er rechtfertigte sich später der Reederei gegenüber, er hätte damit so lang gezögert, weil er fürchtete, „der als jähzornig und unberechenbar bekannte Schiffsarzt könnte vor den Passagieren eine Szene machen.“ In Wahrheit fürchtete Cullen, daß Erben ihn erpressen könnte, sich bei der Reederei für seinen Verbleib auf dem Schiff zu verwenden. Davor hatte er Angst. Deshalb hatte er Dr. Erben, als dieser sich aus dem Schiffsregister austrug, unter vier Augen wissen lassen, daß an dem Beschluß der Reederei nicht zu rütteln sei. Seine Entlassung sei auf Wunsch Washingtons erfolgt.
Dr. Erben konnte sich nicht erklären, warum die amerikanische Regierung sich plötzlich dafür interessieren sollte, ob er auf der *Garfield* Schiffsarzt war oder nicht. Aber er schwieg, denn er wußte, daß Cullen nichts an seiner Entlassung ändern konnte. Er glaubte nicht, daß man in Washington von seinen Nebengeschäften Wind bekommen haben konnte. Er wußte zwar, daß es auf einem anderen Schiff der Dollar-Linie vor nicht allzulanger Zeit einen Skandal wegen Rauschgiftschmuggels gegeben hatte. Der Schiffsarzt und die Krankenschwester waren bei dem Versuch gefaßt worden, eine größere Menge Kokain und Morphin von Schanghai in die Vereinigten Staa-

ten zu schmuggeln. Sie waren nur die Begleiter der illegalen Fracht gewesen. Der eigentliche Besitzer war Goly Ezra, und der Transport war für seine beiden Onkel bestimmt, die in San Francisco ein Importunternehmen aufgezogen hatten. Ezra war an Bord, als das Rauschgift entdeckt wurde, und er legte sofort ein Geständnis ab, weil er glaubte, daß die amerikanischen Behörden ihm als britischem Staatsbürger mit Wohnsitz im exterritorialen „International Settlement“ in Schanghai nichts anhaben könnten. Obendrein glaubte er, seine beiden Helfer durch sein Geständnis zu entlasten. Er irrte sich. Der Schiffsarzt beging noch vor der Verhandlung Selbstmord, die Krankenschwester wurde zu acht Jahren Zuchthaus verurteilt und er, obwohl nicht Amerikaner, hatte nun acht Jahre in San Quentin abzusitzen.
Das wußte Erben, aber das alles hatte sich auf einem anderen Schiff abgespielt, nicht auf der *Garfield*, und darüber war auch schon wieder Gras gewachsen, beruhigte er sich, während er nach einem Grund für seine plötzliche Entlassung suchte. Was allerdings weder er noch Kapitän Cullen wußte, war, daß die Staatliche Rauschgiftbehörde nach diesem spektakulären Fang auf allen Schiffen der Dollar-Linie, die Schanghai anliefen, als Passagiere getarnte Agenten eingeschleust hatte.
Im Rückblick kam Dr. Erben sehr viel später zu der Ansicht, daß eine hübsche Passagierin, mit der er sich intim angefreundet hatte, einer dieser amtlichen Spitzel gewesen sein dürfte.
Sie hieß Helen Haskin-South, war angeblich Journalistin und mit einem Amerikaner, einem Mr. South, verheiratet. Sie war erst in Neapel an Bord gekommen, nicht wie die anderen Passagiere in San Francisco, was ihm damals nicht weiter aufgefallen war. Der Strohwitwer Erben hatte die alleinreisende verheiratete Frau äußerst attraktiv gefunden. („Ich habe öfter mit ihr getanzt als mit irgendeiner anderen Dame. Was sogar dem Kapitän aufgefallen ist.“) Helen erwiderte die Avancen ihres Verehrers. Sie nannte den verliebten Schiffsarzt schmeichelnd ihren „russischen Bären“. („Weil ich am ganzen Körper voller Haare war. Wie ein Bär. Ob sie mich für einen Russen gehalten hat, weiß ich nicht.“) Während eines ihrer langen

Gespräche in der Kabine gestand Helen, sie sei einmal für kurze Zeit die Geliebte Mussolinis gewesen. Er hatte ihr geglaubt. Nicht nur wegen ihres Opalringes, den ihr angeblich der Duce geschenkt hatte. Jahre später hielt er ihr Geständnis für einen Teil der sogenannten „Legende“, mit der Agenten, Informanten und Spione ihre angenommene Identität zu untermauern versuchen. Er hatte sich gewundert, daß Helen bei der Landung in San Francisco nirgends zu sehen gewesen war, als er sich von ihr verabschieden wollte. Später wunderte er sich nicht mehr darüber. Wahrscheinlich war sie damit beschäftigt gewesen, ihren Bericht über ihn abzufassen.
Dr. Erben hatte mit seinem Gepäck das Ende der Gangway erreicht. Die beiden FBI-Beamten lösten sich aus der Menge. Nachdem einer von ihnen nur eine Sekunde lang in seiner flachen Hand das metallene Schild des Bundeskriminalamtes aufblitzen hatte lassen, nahmen sie ihn in ihre Mitte und führten ihn, ohne daß jemand von den Umstehenden davon Notiz zu nehmen schien, zu einem wartenden Auto. Sie schoben ihn samt seinem Gepäck auf den rückwärtigen Sitz und fuhren zur lokalen FBI-Dienststelle.
Er wurde, von weiteren FBI-Agenten umringt, zu denen sich auch die beiden Vertreter der Rauschgiftbehörde gesellten, die aufs Schiff gekommen waren, mehrere Stunden lang verhört. Abwechselnd freundlich, dann wieder drohend. Aber er brach unter dem Wechselbad und dem ständigen Bombardement der Fragen nicht zusammen, wie sie gehofft hatten. Es war ihm kein Geständnis zu entlocken, im Gegenteil: nach einiger Zeit hatte es den Anschein, als ob er die Beamten verhörte statt sie ihn.
Als sie ihr Pulver verschossen hatten und er überzeugt war, daß sie keinerlei Beweise gegen ihn hatten, sagte er mit aller Arroganz und Herablassung, deren er fähig war:
„Gentlemen. (‚Dabei hab ich mir gedacht: Wer ein Polizist ist, ist kein Mann. Die FBI-Beamten sind nichts anderes als bessere Polizisten. Also bin ich der einzige Mann in der Runde. Das hat mir geholfen. Ich hab aber trotzdem gesagt: Gentlemen.‘) Sie haben mich jetzt schon drei oder vier oder fünf Stunden verhört. Wenn Sie jetzt noch nicht wissen, wer ich bin, nämlich ein Schiffsarzt und kein

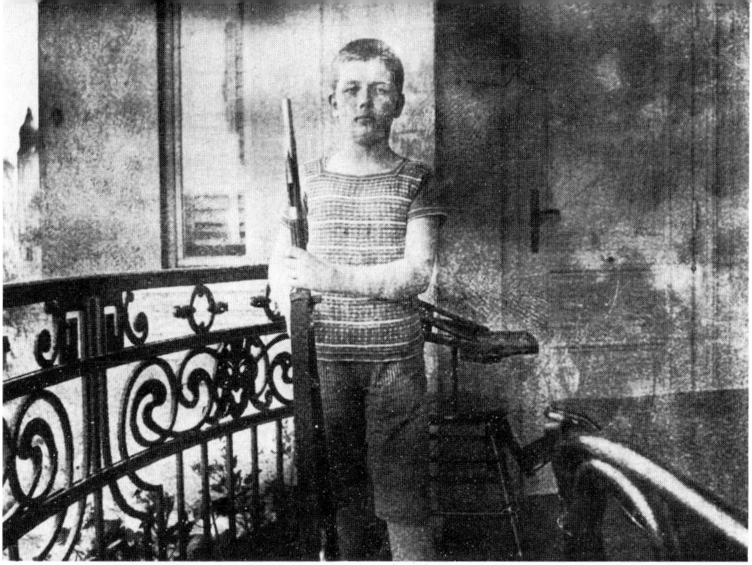

Hermann Erben als Zehnjähriger mit dem Werndl-Gewehr seines Vaters im elterlichen Wohnhaus am Arenbergplatz – an diesem Ort starb er ein Dreivierteljahrhundert später.

Erben als k.u.k. Leutnant im 1. Weltkrieg an der Italien-Front, 1916.

Dr. Erben mit Eingeborenen und einem Leichnam in der nordaustralischen Missionsstation Kowan Yama.

Dr. Erben als Schiffsarzt auf der
President Garfield, 1932.

Auf der *President Garfield* mit einer Passagierin
(möglicherweise Helen Hascott-South).

Klara und Santos Erben.

NOS RECTOR UNIVERSITATIS
LITTERARUM VINDOBONENSIS

Carolus Luick, philosophiae doctor, professor philologiae anglicae publicus ordinarius; Richardus Wasicky, universae medicinae doctor, professor pharmacognosiae publicus ordinarius, ordinis medicorum h. t. decanus; Julius Wagner-Jauregg, universae medicinae doctor, professor psychiatriae publicus ordinarius, promotor rite constitutus, in virum clarissimum

ARMINIUM ERBEN

Vindobonensem, postquam examinibus legitimis cum doctrinam tum facultatem artis medicae probavit, doctoris universae medicinae nomen et honores potestatemque universae artis medicae exercendae contulimus in eiusque rei fidem hasce litteras universitatis sigillo sanciendas curavimus.

Vindobonae, die XXIII. mensis Iulii MCMXXVI.

Dr. Erbens Promotionsurkunde der
Universität Wien, 1926.

Dr. Erben mit seiner Mutter am
Grab ihres Vaters, 1933.

Dr. Erben und Errol Flynn beim „Pinkelspiel“ auf der *Friderun*.

Ein Freund fürs Leben: Errol Flynn, der eingeschmuggelte Passagier auf der Flucht vor der britischen Polizei – Bilder von der gemeinsamen Überfahrt nach Europa, 1933.

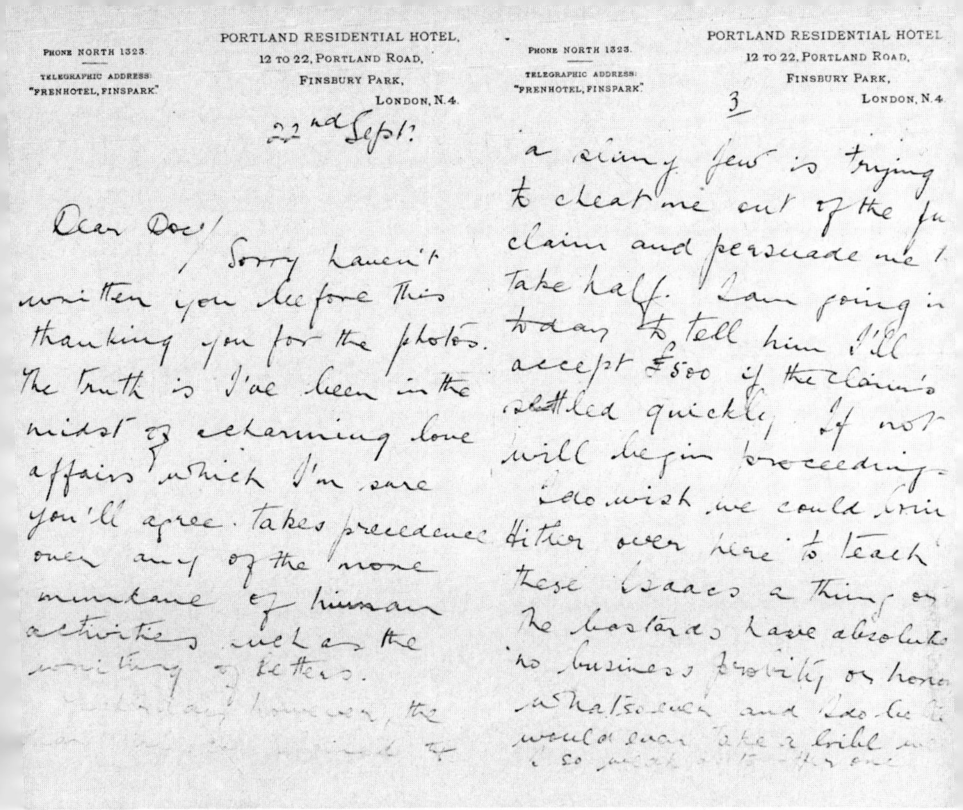

Phone North 1323.
Telegraphic Address: "Frenhotel, Finspark."

PORTLAND RESIDENTIAL HOTEL,
12 to 22, Portland Road,
Finsbury Park,
London, N.4.

22nd Sept.

Dear Doc/
Sorry haven't written you before this thanking you for the photos. The truth is I've been in the midst of charming love affairs which I'm sure you'll agree takes precedence over any of the more mundane of human activities such as the writing of letters.
Yesterday however, the [illegible]

Phone North 1323.
Telegraphic Address: "Frenhotel, Finspark."

PORTLAND RESIDENTIAL HOTEL
12 to 22, Portland Road,
Finsbury Park,
London, N.4

3

a slimy Jew is trying to cheat me out of the fu[illegible] claim and persuade me to take half. I am going in today to tell him I'll accept £500 if the claim's settled quickly. If not will begin proceeding[illegible]
I do wish we could brin[illegible] Hitler over here to teach these Isaacs a thing or [illegible] The bastards have absolute[illegible] no business probity or hono[illegible] whatsoever and I do be[illegible] would even take a bribe [illegible]

Ein Brief von Errol Flynn an Dr. Erben: „I wish we could bring Hitler over here!" Der Schüler hat seine Lektion gelernt.

Später ein Weltstar und Herzensbrecher – hier noch ein schüchterner Hochstapler auf der Suche nach Glück und Geld.

New York Herald Tribune

Brings 1,000 Monkeys as Research Subjects

Herald Tribune photo—Zerbe

Dr. Herman F. Erben, research specialist of tropical diseases, who arrived from India on the City of Rayville yesterday, shown with two of his charges to be used for medical research experiments

30 Monkey Skulls Prove Poser For Dr. Erben at Customs Here

Dr.
searc
ran a
yester
lessne
monk
in hu
pione
After
vince
collec
scient
"prim
monk
For
Dr. Er
cian,
masse
9 per
was u
as it g
duct
detern
why
macac
sea jo
Sna
great
sighed
freedo
monke
he n
would
the ro
He s
Americ
an Au
peditio
simian
bough
Assam,
he sai
ments
and at
He
peditio
China,
divulge
in con
such a
laria.
researc
made
Dr.
made
geon f
to sav
his re
elated
to co

Der Tropenspezialist Dr. Erben mit seinen Affen.

Errol Flynn als Captain Blood (mit Olivia de Havilland).

Der Weltstar interveniert vergeblich für seinen Freund bei E. Roosevelt.

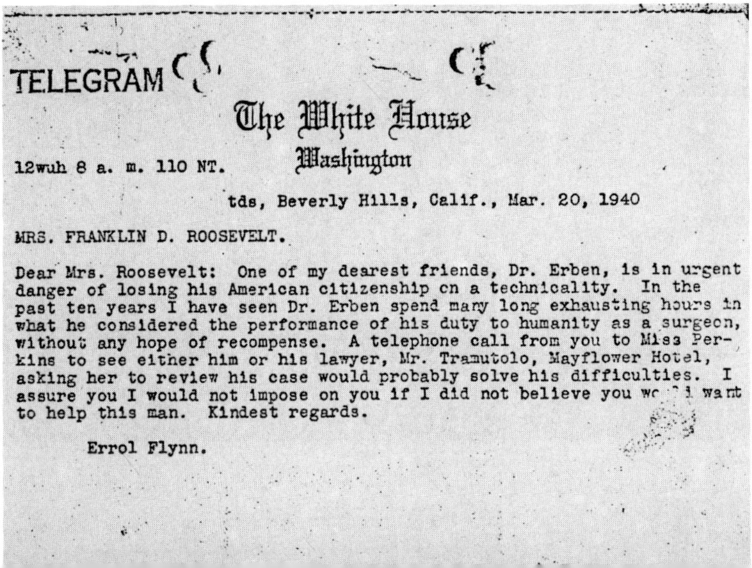

TELEGRAM

The White House
Washington

12wuh 8 a. m. 110 NT.

tds, Beverly Hills, Calif., Mar. 20, 1940

MRS. FRANKLIN D. ROOSEVELT.

Dear Mrs. Roosevelt: One of my dearest friends, Dr. Erben, is in urgent danger of losing his American citizenship on a technicality. In the past ten years I have seen Dr. Erben spend many long exhausting hours in what he considered the performance of his duty to humanity as a surgeon, without any hope of recompense. A telephone call from you to Miss Perkins to see either him or his lawyer, Mr. Tramutolo, Mayflower Hotel, asking her to review his case would probably solve his difficulties. I assure you I would not impose on you if I did not believe you would want to help this man. Kindest regards.

Errol Flynn.

Gretl und Kurt Erben beim Start der Transasien-Expedition.

Dr. Herbert Tichy.

Max Reisch, Helmuth Hahmann, Dr. Erben (v.l.n.r.) während der Transasien-Expedition.

Dr. Albert von Miorini in Schanghai, 1933. Mit ihm zog Dr. Erben durch die Bordelle, und gemeinsam „kratzten sie nach Gold."

Dr. Albert von Miorini und Max Reisch (r.) in Schanghai, 1937.

Lili Damita und Errol Flynn in Paris, 1937.

Die Freunde ziehen in den Spanischen Bürgerkrieg.

Flynn irgendwo zwischen Barcelona und Valencia.

Angehörige der Internationalen Brigade:
Eines der Photos, mit denen Dr. Erben deutsche
Spanienkämpfer der Gestapo ans Messer lieferte.

Flynn mit einem republikanisch-
spanischen Soldaten.

Flynn in Madrid.

Die toten Besatzungsmitglieder der *Admiral Graf Spee.*

Fritz Julius Kuhn, der Führer der amerikanischen Nationalsozialisten.

Kapitän Hans Langsdorff beim Begräbnis.

Dr. Christian Zinsser. Faksimile eines Photos aus dem FBI-Archiv, 1940.

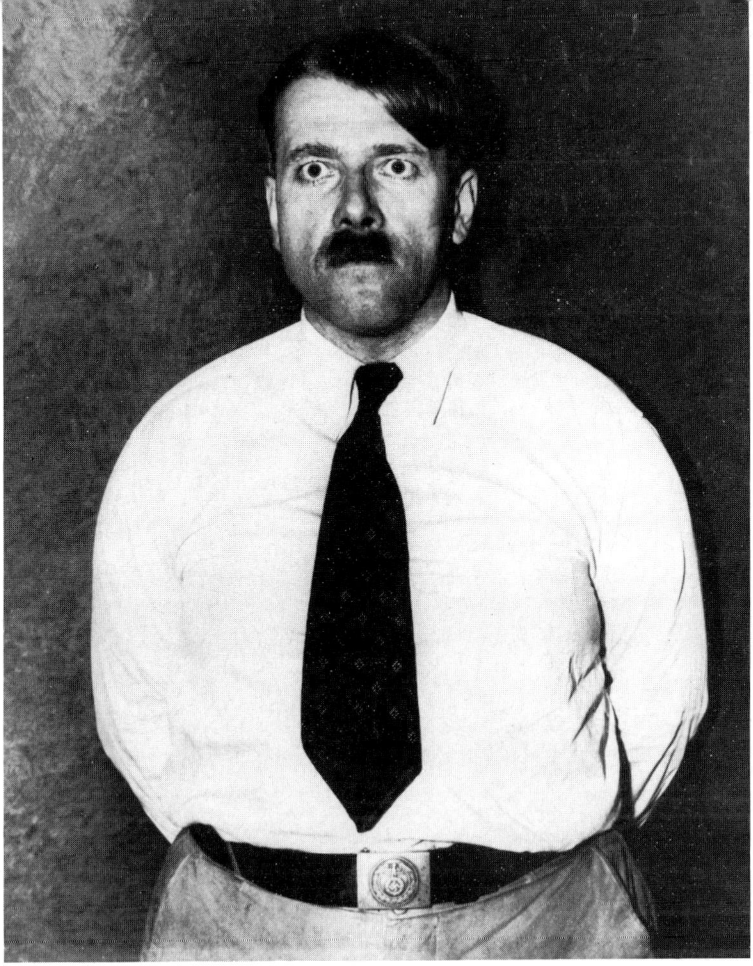

Dr. Erben als „Adolf Hitler“.

Dr. Erbens NSDAP-Mitgliedskarte.

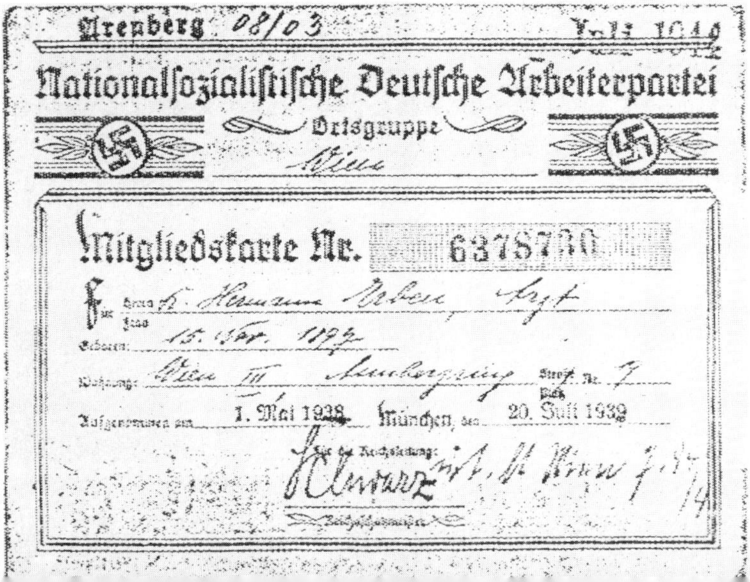

08/03

Nationalsozialistische Deutsche Arbeiterpartei

Ortsgruppe

Wien

Mitgliedskarte Nr. 6378730

Für Herrn / Frau

Geboren:

Wohnung: Straße Nr. 7

Aufgenommen am 1. Mai 1938 München, den 20. Juli 1939

Für die Reichsleitung:

Reichsschatzmeister

Dr. Erben mit Abt Chao-Kung in Schanghai.

Dr. Erbens Zulassung als Arzt in Schanghai, 1937.

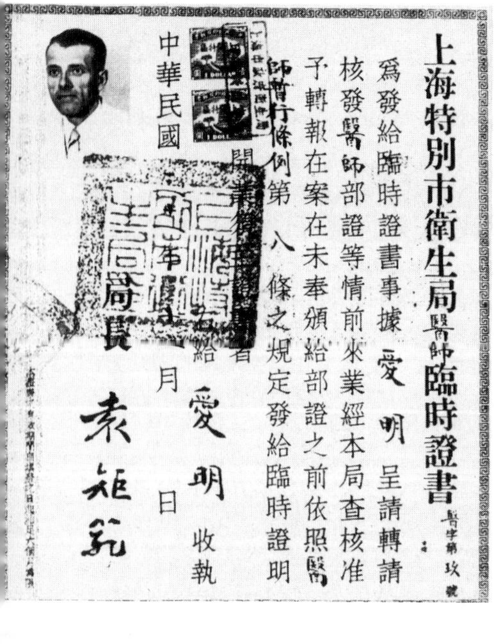

上海特別市衛生局醫師臨時證書 醫字第 玖 號

爲發給臨時證書事據 愛 明 呈請轉請
核發醫師部證等情前來業經本局查核准
予轉報在案在未奉頒給部證之前依照醫
師暫行條例第 八 條之規定發給臨時證明
開業 者
給 愛 明 收執

中華民國 月 日

局長 袁矩範

Ruby Edwards in Schanghai.

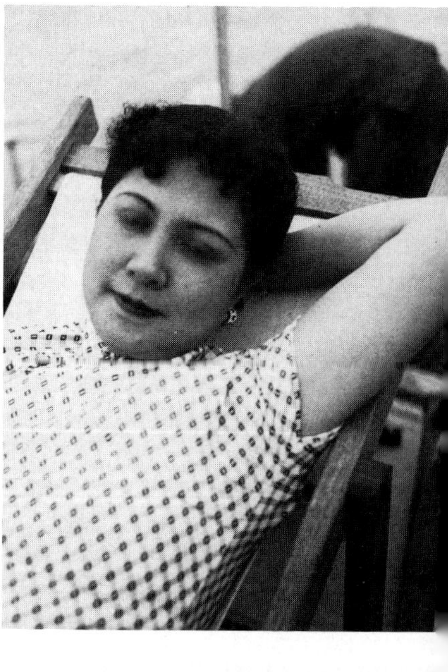

Joan Erben.

Der zum Islam übergetretene Dr. Erben als Hadschi in Mekka, 1956.

Der Mekkapilger mit saudiarabischen Würdenträgern.

Sterling Cole, der sich für Dr. Erben aus verschiedenen Gründen einsetzte,, war der erste Generaldirektor der IAEO in Wien. Hier bei der Unterzeichnung des Abkommens mit Leopold Figl, 1958.

Dr. Erben.

1974 steht Dr. Erben wegen Vernachlässigung seiner ärztlichen Pflichten mit tödlichem Ausgang in Wien vor Gericht.

Verleihung des Goldenen Ehrenzeichens für Verdienste um die Republik Österreich, 1973.

Rauschgifthändler, dann glaube ich, daß es an der Zeit ist, daß Sie sich einen anderen Beruf suchen. Vielleicht sollten Sie Schuhmacher oder sonstwas werden. Statt weiter unsere Zeit zu verschwenden, schlage ich vor: entweder Sie erheben Anklage gegen mich, weswegen weiß ich nicht, das müssen Sie wissen, oder sie lassen mich gehen."

Die Männer um ihn herum schwiegen. Bis der FBI-Beamte, der ihm gegenübersaß, die Schreibtischlade öffnete, ein vorbereitetes Schriftstück herausnahm, es Dr. Erben hinschob und ihn aufforderte, es zu lesen. Das Papier trug den Briefkopf der Staatlichen Rauschgiftbehörde und das Datum des 23. Dezember.

Nachdem Dr. Erben einen Blick auf den Text geworfen hatte, war er sicher, daß sie keinen konkreten Beweis gegen ihn hatten. Sie gaben sich mit Lappalien ab. Das aufgesetzte Protokoll besagte nichts anderes, als daß zwei Inspektoren der Staatlichen Rauschgiftbehörde an Bord der *President Garfield* bei einer angeordneten Suchaktion im Ordinationsraum des Schiffsarztes Dr. Herman F. Erben „fünf bindles Morphin" gefunden hätten.

„Unterschreiben Sie diese Erklärung, Doc, und Sie sind frei."

„Oh nein. Diesen Gefallen tue ich Ihnen nicht."

„Es ist die Wahrheit. Die beiden Inspektoren bestätigen es mit ihrer Unterschrift."

Die beiden Vertreter der Rauschgiftbehörde hatten tatsächlich ihre Unterschriften bereits unter das vorbereitete Geständnis gesetzt.

„Gentlemen. Die beiden Herren, die mich heute in meiner Ordination auf der *Garfield* besuchten, haben keine ‚fünf bindles Morphin' bei mir gefunden. Was sie im versperrten Arzneischrank eines zugelassenen Arztes gefunden haben, waren so und so viele Gramm Morphin. Darf ich Sie daran erinnern, daß ‚bindles' ein terminus technicus der Unterwelt ist. Ein Ausdruck aus dem Jargon der Drogenhändler und Süchtigen. Da ich weder das eine noch das andere bin, kenne ich den Ausdruck nicht. Ich weiß nicht, was ‚bindles' sind. Daher kann ich das auch nicht unterschreiben. Aber nehmen wir an, ich wüßte, was dieser Ausdruck bedeutet, ich weiß es nicht, aber nehmen wir an, ich wüßte es. Dann wüßte ich auch, daß ‚fünf bindles‘ eine viel zu geringfügige Menge sind, um einen Arzt wegen unerlaubten Besitzes illegaler Drogen anzuklagen. Gentlemen, ich bin als Arzt in den Bundesstaaten Louisiana, Washington, Kalifornien und sogar in China zugelassen. Und Sie wollen mir wegen des Besitzes von, was Sie ‚fünf bindles Morphin‘ nennen, den Prozeß machen? Nein. Mir nicht, Gentlemen.“

Dr. Erben wurde entlassen. Er hatte gesiegt. Aber nur scheinbar.

Obwohl keinerlei Beweise für Rauschgiftschmuggel vorlagen und zu keiner Zeit mehr als geringfügige Mengen unerlaubter Substanzen in seinem Besitz gefunden wurden, wurde „Dr. med. Herman F. Erben“ unter der Registriernummer „249“ auf die geheime Liste der amerikanischen Regierung „der des internationalen illegalen Rauschgifthandels Verdächtigen“ gesetzt. Da die US-Rauschgiftbehörde auch die Regierungen anderer Länder sowie andere amerikanische Dienststellen routinemäßig über diese Einstufung informierte, erwuchsen Dr. Erben während der nächsten sechs Jahre schwere Nachteile daraus.

Erst am 25. April 1938 gelang es ihm bei einer persönlichen Vorsprache im Finanzministerium, zu dem die Rauschgiftbehörde gehörte, die Streichung seines Namens von der Liste „wegen Mangels an Beweisen“ zu erwirken. Der stellvertretende Leiter John W. Bulkley bestätigte ihm schriftlich, daß sein „Name nicht mehr länger auf der Liste der des unerlaubten Drogenhandels Verdächtigen aufscheint.“

An seiner Überwachung durch die diversen amerikanischen Geheimdienste änderte sich dadurch jedoch nichts, denn zu diesem Zeitpunkt wurde er bereits unter dem Code „201 – Espionage“ als Naziagent und Spion geführt und überwacht. Er ist seine amerikanischen Beschatter bis lange nach Kriegsende nicht losgeworden.*

Der gefeuerte Schiffsarzt verbrachte den Heiligen Abend und den Weihnachtsfeiertag allein in einem Zimmer der YMCA an der Turk Street. Der Raum war nicht viel größer als eine Kerkerzelle. Wenn er neben seinem Bett stand und die Arme ausstreckte, konnte er beide

*) „Ich habe Uncle Sam eine Stange Geld gekostet“, war Dr. Erbens Resümee, wenn er darüber sprach. Der Aktenstapel umfaßt tatsächlich mehr als tausend Schriftstücke.

Wände berühren. Das störte ihn nicht. Im Gegenteil. Er fühlte sich geborgen in seiner engen Zelle. Er war froh, daß sein Fenster nicht auf die belebte, mit Lichtgirlanden überspannte Turk Street blickte, sondern auf die kahle Mauer eines Luftschachts. Auf diese Weise war er von allem abgeschnitten, das ihn an Weihnachten erinnert hätte.
Nur einmal hörte er das Glockengebimmel der spendensammelnden Weihnachtsmänner und den fröhlichen Lärm der Passanten, als er den Laden neben der YMCA aufsuchte, um Proviant für die Feiertage einzukaufen: Brot vom Vortag, Käse, Marmelade und Orangen. Er hätte in der Cafeteria der YMCA wenigstens am Weihnachtstag eine warme Mahlzeit essen können. Den traditionellen Truthahn, mit Kartoffelbrei, Sauce und Cranberries. Er dachte nicht daran. Erstens wollte er allein sein, zweitens keinen Cent unnötig ausgeben. Er hätte die Feiertage auch gemütlich bei Freunden verbringen können. Im eleganten Haus Dr. Jellineks an der Sutter Street wäre er sicher wie ein Mitglied der Familie aufgenommen worden. Bestimmt hätte jemand in letzter Minute auch für ihn ein verschnürtes Päckchen unter den mit echten Wachskerzen geschmückten Christbaum geschoben.

Das alles wollte er nicht.

Dazu hätte er sich in seine Schiffsoffiziersuniform werfen oder wenigstens einen dunklen Anzug anziehen müssen. Das paßte ihm nicht. Als er in das Lebensmittelgeschäft ging, zog er absichtlich die schäbigsten Klamotten an, die er in seinem Seemannssack hatte finden können. Den Rest der Zeit verbrachte er im Bett, nackt unter der groben Decke, seinen Proviant in Reichweite, so daß er auch zum Essen nicht aufstehen brauchte.

Die Türe seines Zimmers blieb versperrt. Wegen der Feiertage mußte er nicht damit rechnen, daß jemand kam, sein Zimmer aufzuräumen. Er sah niemanden, sprach mit niemandem. Er urinierte in das Waschbecken, und nur wenn er sich vergewissert hatte, daß niemand im Flur war, ging er zu den Duschräumen und Toiletten.

Dr. Erben hatte sich Isolationshaft verordnet. Er brauchte Zeit zum Nachdenken. Er kam zu dem Schluß, daß er im Grunde allein sein wollte. So allein wie jetzt in seiner Zelle. Er wollte für niemanden die

Verantwortung tragen und niemandem Rechenschaft ablegen müssen. Er allein entschied. Ohne Einspruch. Ohne Widerspruch. Ohne Rücksicht auf andere. Auf Moral. Auf Anstand. Auf gute Sitten. Oder die Stimme des Gewissens.
Wenn er den ganzen Tag nackt im Bett lag und ins Waschbecken pißte, so war das seine Sache und ging niemanden etwas an. Er war sein eigener Herr. Er gehörte niemandem, und niemand gehörte zu ihm. In Gedanken trennte er sich von seiner Familie. Klara, Santos, Kurt, Hilde, Gretl, Mama. Er legte ihre Köpfe auf ein imaginäres Schafott. Nur als Mama an der Reihe war, kamen ihm die Tränen. – Arme Mama. Ohne Hermann. Armer Hermann. Ohne Mama. – Er weinte noch eine Weile, bevor er erschöpft von den Exekutionen einschlief.
Am Tag nach Weihnachten ging Dr. Erben zum ersten Mal wieder auf die Straße. Er hatte sich entschlossen, nach Schanghai zu fahren, zu Albert und Ruby. Er wollte ihnen erklären, was vorgefallen war und daß ihn keine Schuld traf.
Im dichten Nebel, der vom Meer hereinrollte, wanderte er die steilen Hügelstraßen hinauf und hinab. Zum Embarcadero. Er trat der „Seefahrergewerkschaft des Pazifik“ (SUP) bei. Es war nicht schwierig, Mitglied zu werden. Alles, was verlangt wurde, war der Nachweis seiner amerikanischen Staatsbürgerschaft, sein alter Seemannsausweis und die Ablegung des Eides, sich an die Vorschriften der Gewerkschaft zu halten und pünktlich seine Mitgliedsbeiträge zu bezahlen.
Der ehemalige Schiffsarzt aß in der Kantine, die die Gewerkschaft für bedürftige Mitglieder eingerichtet hatte. Es war seine erste warme Mahlzeit, seit er von der *Garfield* gefeuert worden war. Die Ausspeisung war kostenlos.
Sein nächster Weg führte ihn zum Paßamt. Sein Paß, der ihm unmittelbar nach seiner Einbürgerung ausgestellt worden war, war am 15. November abgelaufen. Auf dem Paßformular gab er an, er sei seit 1929 geschieden und beabsichtige, nach Japan zu reisen. Als seinen ständigen Wohnsitz gab er 84 Turk Street, San Francisco an. Was ebenfalls nicht stimmte. Als das FBI später seine Angaben überprüfte, meldete der Beamte:

„Ein Besuch beim Haus 84 Turk Street ergab, daß Dr. Erben bei der Angabe seiner Adresse in San Francisco entweder ein Fehler unterlaufen ist oder daß er absichtlich eine falsche Angabe gemacht hat. Diese Hausnummer ist ein schäbiges einstöckiges Gebäude, in dem sich ein Tabakladen befindet. Es stand einige Monate leer. Vorher befand sich darin ein Warenhaus."

Am 10. Jänner verlängerte das Paßamt in San Francisco Dr. Erbens Paß anstandslos um zwei Jahre bis zum 15. November 1934. Als der erledigte Akt in der Paßabteilung im State Department zur Ablage eintraf, wies die Leiterin des Paßamtes, Mrs. Ruth Shipley, die Dienststelle in San Francisco an, die Paßverlängerung sofort wieder rückgängig zu machen. Sie schrieb:

„Beachten Sie dazu Geheime Liste Nr. 249. Rauschgift. 1932. Pseudonyme. Ein Band dieser Liste befindet sich in Zimmer Nr. 168."*

Mrs. Shipleys Weisung kam zu spät. Dr. Erben hatte San Francisco am 12. Jänner auf dem japanischen Dampfer *Tatsu Maru* verlassen.
Vor seiner Abreise hatte er der Ortsgruppe der NSDAP San Francisco einen Besuch abgestattet, um sich auf unbestimmte Zeit zu beurlauben. Der anwesende Ortsgruppenleiter hatte ihm mitgeteilt, daß in Kürze neue Mitgliederausweise ausgestellt würden, auch für die Angehörigen der österreichischen Partei. Erben hatte daraufhin ersucht, seinen neuen Ausweis an seine Anschrift in San Francisco, p.A. Dr. Emil Jellinek, 450 Sutter Street, zu schicken.
Zu diesem Zeitpunkt, 1932, waren die Vereinigten Staaten bereits als „Gau USA" organisiert worden. Der „Gau USA" war nach dem Vorbild in der Heimat in Kreise und Ortsgruppen unterteilt. Die Gauleitung befand sich in New York. Ortsgruppen gab es außer in New York auch in Chikago, Seattle, Milwaukee, San Francisco und Detroit. In Detroit arbeitete eine große Zahl der Mitglieder der

*) Hier ist das Amtszimmer Nr. 168 im State Department gemeint

deutschnationalen „Teutonia“ und der aufstrebenden NSDAP in den Werken der Ford Motor Co. des als Erzantisemiten bekannten Henry Ford.*

An Bord der *Tatsu Maru* erfuhr Dr. Erben, daß Adolf Hitler am 30. Jänner als Reichskanzler die Macht in Deutschland übernommen hatte. Er jubelte auf, als er die Nachricht aus dem Bordradio hörte. Er war nun mehr denn je von der Richtigkeit seines politischen Credos überzeugt, daß es nur eine Frage der Zeit war, bis der Nationalsozialismus auch in den USA den Sieg über die „vermorschte und vom Judentum zersetzte Demokratie“ davontragen würde.

Da er bereits mit Plänen beschäftigt war, wie er sich den neuen Machthabern in Berlin bemerkbar machen und ihnen am nützlichsten sein konnte, traf es ihn nicht zu hart, daß Albert ihn gleich mit der Nachricht empfing, daß ihr gemeinsames Unternehmen bis auf weiteres eingestellt war, und ihm den dringenden Rat gab, sich nicht zu lange in Schanghai aufzuhalten, wenn er nicht in große Schwierigkeiten geraten wollte.

In Schanghai hatte sich das Blatt gewendet. Ein nationalistischer Wind konnte jeden Augenblick zum Sturm werden und die Europäer aus ihren privilegierten Positionen hinwegfegen. Jeden Tag brachten die chinesischen Zeitungen nun Hetzartikel gegen die Europäer, die „China durch Opium versklaven wollen“. Lautstark forderten die Blätter die „Säuberung“ Schanghais, was nichts anderes bedeutete als die Vertreibung der „weißen Ausbeuter“, die mit nichts „als ein paar dürftigen Anzügen und natürlich ohne Monokel an diesen ‚dreckigen, verschmutzten‘ Ort gekommen sind und es innerhalb von wenigen Jahren durch die Gutmütigkeit der chinesischen Geschäftsleute

*) Colin Ross, *Die Westliche Hemisphäre als Programm und Phantom des amerikanischen Imperialismus:* „Henry Ford war der erste Amerikaner, der die jüdische Gefahr für die USA erkannte. Er versuchte, dagegen anzugehen, aber er erlag. Er veröffentlichte seinen ursprünglich im *Dearborn Independent* erschienenen Beitrag in Buchform unter dem Titel *Der Internationale Jude.* Das Aufsehen, das diese Veröffentlichungen auslösten, war ungeheuer. Nicht geringer war das Kesseltreiben, das sofort gegen Ford einsetzte. Selbst dieser unabhängigste Amerikaner mußte nachgeben und sein Buch zurückziehen.“

zu Reichtum gebracht haben und nun durch ihre Monokel auf uns ‚arme Einheimische' herabblicken."
Albert war erbost, wenn er solche Pauschalanschuldigungen las. Aber er war hilflos, und auch Ruby konnte nicht helfen.

> „Natürlich haben wir uns vieles davon selbst eingebrockt. Durch unsere Überheblichkeit. Vor allem die Engländer. Die Verhaftung Goly Ezras und die Aufdeckung der Rauschgiftgeschäfte der Ezrabrüder in San Francisco ist nur das Signal gewesen, auf das viele Chinesen gewartet haben. Aber der Zündstoff hat sich natürlich seit langem gesammelt. Daß kein Chinese den Shanghai-Club betreten darf oder an der Bar im Palace Hotel einen Drink serviert bekommt, ist natürlich eine Schande. Daß sie darüber empört sind, kann man den Chinesen nicht übel nehmen."

Albert zeigte Dr. Erben den Leserbrief, den *China Weekly* abgedruckt hatte:

> „... Ihr duldet keine Asiaten innerhalb der vier Wände eures Clubs. Keinem Chinesen ist es gestattet, an der längsten Bar des Orients* einen Johnnie Walker zu trinken. Ich weiß nicht, woher ihr diese niederträchtige Idee habt, andere Leute, mit denen ihr Geschäfte macht, nicht als Gleichgestellte zu behandeln. ... Warum seid ihr dann nicht konsequenter und habt überhaupt nichts mit Orientalen zu tun, vor allem mit Chinesen, auf die ihr mit Verachtung herabschaut, und packt eure Sachen und schert euch zum...?"

Dieses neue Nationalgefühl der Chinesen wurde allerdings auch durch eine Veränderung der geopolitischen Lage angespornt. Die Japaner hatten in ihrem unerklärten Krieg gegen China, dem im Jahr vorher die Mandschurei zum Opfer gefallen und als sogenanntes „Protektorat Mandschukuo" dem japanischen Kaiserreich einverleibt

*) Im Palace Hotel.

worden war, auch Schanghai militärisch mit eisernem Griff umschlossen. Bereits ein Jahr zuvor, im Jänner 1932, waren japanische Marineeinheiten am Stadtrand gelandet und hatten in wochenlangen Kämpfen chinesische Stadtteile schwer beschädigt. Nur die exterritorialen Enklaven der Europäer waren von ihrem Zugriff ausdrücklich verschont geblieben. Bis jetzt.

Albert, sonst immer voller Zuversicht, war pessimistisch. Erben hatte gleich am ersten Tag gemerkt, daß sein Freund sich verändert hatte. Er war ängstlich, nervös, gereizt. Auch Ruby gegenüber. Die beiden stritten häufig. Kein Wort von einem Hausmusikabend. Oder dem üblichen Hurenbummel durch die Bordelle des französischen Sektors, den kaum jemand so gut kannte wie Albert.

Dr. von Miorini dachte daran, sich einige Zeit von Schanghai abzusetzen und seine Mutter in Wien zu besuchen, bis die Lage sich wieder normalisiert hatte. Ruby war dagegen. Daher der Streit.

Während der wenigen Tage, die sich Dr. Erben als Gast in der Wohnung seines Freundes in der Bubbling Well Road aufhielt, machte er die Bekanntschaft eines deutschen Journalisten, der ihn vom ersten Augenblick an faszinierte. Jahre später sollte er den Mann in Tokio wieder treffen.

Der Mann, der beim Gehen leicht hinkte, war großgewachsen, gutaussehend, etwa gleichaltrig wie er, jedoch mit dem Temperament und dem Benehmen eines wesentlich Jüngeren. Albert stellte ihn als Dr. Richard Sorge vor, Auslandskorrespondent für deutsche Publikationen, die an Eigenberichten aus China interessiert sind. „Und sich einen Richard Sorge leisten können."

Dr. Sorge lachte über das Kompliment des Gastgebers.

Dr. von Miorini erzählte Erben später, daß Sorge schon einige Jahre in Schanghai lebte und China besser kannte als die meisten anderen Auslandskorrespondenten, die sich auf den Tratsch verließen, den sie sich gegenseitig an der Bar im Palace Hotel zusteckten, während er seine Informanten und Zuträger in allen Ämtern sitzen hatte und manchmal mit seinem Motorrad selbst lange Erkundungsfahrten ins Landesinnere unternahm. Sorge sei vor allem auf Wirtschaftsinformationen spezialisiert und schreibe für die *Deutsche Getreidezeitung*,

deren Leser über die Entwicklung auf den fernöstlichen Getreidemärkten auf dem laufenden sein wollten.
Erben wußten nicht, warum der Journalist ihn an den buddhistischen Mönch Trebitsch-Lincoln erinnerte. Vielleicht war es der stechende Blick, mit dem beide ihr jeweiliges Gegenüber prüften. Nur: die Augen des Mönches waren dunkelglühend, fast schwarz, während Dr. Sorges Augen von einem eisigen Blau waren. Oder es war ihr Gesichtsschnitt. Beide hatten hochstehende mongolische Backenknochen. Trebitsch-Lincoln als Erbe seiner magyarischen Herkunft, Dr. Sorge von seiner russischen Mutter.
Sonst hatten sie nichts Gemeinsames. Trebitsch-Lincoln war asketisch, rührte keinen Alkohol an. Sorge trank ohne Zurückhaltung von dem Whiskey, den Albert vorsorglich auf den Tisch gestellt hatte. Er war extrovertiert, witzig und voller Geschichten, ein Charmeur und, seinen Erzählungen nach, ein Frauenheld.
Dr. Sorge hatte Miorini einen Besuch abgestattet, um sich von ihm zu verabschieden. Er würde für einige Zeit nach Berlin fahren, um sich umzuschauen, ob nicht auch andere Zeitungen an seinen Berichten interessiert seien. Schanghai werde von Tag zu Tag teurer, sogar die Huren, also müsse er versuchen, sein Einkommen ein bißchen aufzubessern. Im übrigen war er gekommen, um den Briefumschlag zu holen, den er ein paar Tage vorher bei Albert zur Aufbewahrung hinterlegt hatte. Er hatte Albert gesagt, das große verschlossene Kuvert enthalte wichtige Informationen über bevorstehende Getreidetransaktionen, die ein japanischer Informant ihm geliefert hätte. Die würde er nun nach Berlin mitnehmen.
Miorini konnte nicht ahnen, daß das harmlos aussehende Geschäftskuvert, das er einige Tage bei sich verwahrt hatte und nun Dr. Sorge aushändigte, nichts so Harmloses wie Preisquotierungen für Getreide enthielt. Er konnte auch nicht ahnen, daß der Journalist, bevor er nach Berlin fuhr, in Moskau haltmachen und den Inhalt des Kuverts seinem Vorgesetzten übergeben würde, Armeekommissar General Bersin, Chef der Abteilung für Militärspionage im Kreml.*

*) General Bersin wurde 1938 von Stalin liquidiert.

Richard Sorge war der Leiter eines sowjetischen Spionagerings im Fernen Osten und einer der erfolgreichsten Spione der Geschichte überhaupt. Er übermittelte Stalin am 20. Mai 1941 die Nachricht, daß Hitler, Stalins Verbündeter, die Sowjetunion am 20. Juni überfallen werde. Er korrigierte dieses Datum am 15. Juni auf den 22. Juni, den tatsächlichen Tag des deutschen Angriffs.*
Sorge war allerdings nicht der einzige, der Stalin eine solche Warnung zukommen ließ. Auch Winston Churchill warnte den Diktator, zu diesem Zeitpunkt noch nicht sein Alliierter, am 13. Juni 1941 vor der bevorstehenden deutschen Invasion.**
Miorini und Erben wußten von der wahren Identität ihres gemeinsamen Bekannten nichts, bis die Nachricht von der Festnahme des deutschen Journalisten Dr. Richard Sorge durch die japanische Polizei auch in Schanghai bekannt wurde. Zu diesem Zeitpunkt waren sie beide selbst bereits als Spione tätig.

*) Sorge wurde am 18. Oktober 1941 von den Japanern gefaßt und drei Jahre später, am 27. Jahrestag der Oktoberrevolution, gehängt.
**) John Costello, *Mask of Treachery,* William Morrow, New York, 1988.

DRITTES BUCH

1937–1941

9

1937/39

Wie Erben auf Einladung Tschiang Kai-scheks nach China reiste, die amerikanische Regierung Belastungsmaterial gegen ihn sammelte, er seine zukünftige zweite Frau kennenlernte und zum ersten Mal Hochverrat beging.

Obwohl Erben „wegen extremer nationalsozialistischer Betätigung“ landesverwiesen worden war, kehrte er nach seiner Mission in Spanien und seinem anschließenden Aufenthalt in Berlin im Oktober 1937 mit seinem amerikanischen Reisepaß ohne Schwierigkeiten nach Wien zurück. Er vermied es allerdings, sich polizeilich anzumelden. Er hatte nicht vor, lange in seiner Heimatstadt zu bleiben.

Während seines Wiener Aufenthalts erfuhr er, daß Generalissimus Tschiang Kai-schek das Österreichische Rote Kreuz ersucht hatte, eine Gruppe von Ärzten nach China zu entsenden, die in Nanking ein Militärspital mit 3000 Betten einrichten und leiten sollten. Obwohl von sechzig Bewerbern die endgültigen sechs bereits ausgewählt waren, gelang es Dr. Erben, sich ihnen als siebter anzuschließen. Er hatte als einziger Chinakenntnisse, und es wurde ihm die Leitung der Gruppe anvertraut.

Die sieben Ärzte, die in Wien mit Vertretern des Chinesischen Roten Kreuzes die entsprechenden Dienstverträge unterzeichnet hatten, traten ihre Reise am 3. Dezember in Triest an Bord des italienischen Passagierschiffes *Conte Verde* an.

Während der Überfahrt machte Dr. Erben die Bekanntschaft einer Berlinerin. Margarete Höbich war Lehrerin. Die Tochter eines preussischen Offiziers fuhr mit ihrem dreijährigen Sohn Christian nach Schanghai zu ihrem Gatten, einem Ingenieur. (Aus dieser Zufallsbekanntschaft wurde während der sieben Jahre, die Dr. Erben von

1941 bis 1947 kontinuierlich in Schanghai verbrachte, eine Lebensgemeinschaft.)*

Als die *Conte Verde* kurz nach Weihnachten in Hongkong eintraf, erfuhren die österreichischen Ärzte, daß Nanking bereits am 13. Dezember gefallen war und die siegreichen Japaner unter der chinesischen Zivilbevölkerung ein entsetzliches Massaker angerichtet hatten. Die Regierung Tschiang Kai-scheks hatte nun keine Verwendung für die österreichischen Ärzte und weigerte sich, die Dienstverträge anzuerkennen. Dr. Erben war das egal. Er war bereits unbemerkt nach Kanton weitergereist.

Noch bevor die *Conte Verde* in Hongkong angelegt hatte, war eine Abordnung der britischen Polizei der Kronkolonie an Bord gekommen und hatte Dr. Erben in seiner Kabine eingeschlossen, bis alle Passagiere das Schiff verlassen hatten. Seine österreichischen Kollegen und Frau Höbich hatten vergeblich nach ihm Ausschau gehalten. Er war spurlos verschwunden. Die Türe seiner Kabine war versperrt, niemand öffnete auf ihr Klopfen.

Die vier Polizisten, die sich mit Dr. Erben in seiner Kabine eingeschlossen hatten, erklärten ihm den Grund für diesen unfreundlichen Empfang. Da er auf der amerikanischen Liste der des internationalen Rauschgifthandels Verdächtigen stand, war ihm das Betreten der britischen Kronkolonie untersagt. Er hätte die Wahl, entweder an Bord der *Conte Verde* zu bleiben und auf ihr die Rückreise nach Europa anzutreten oder ohne jeden Aufenthalt in Hongkong nach China weiterzureisen.

Dr. Erben einschloß sich für China.

Sobald die Passagiere den Pier verlassen und die Schaulustigen sich zerstreut hatten, eskortierten die Polizisten ihn zur Bahnstation. Das Zugsabteil, in das sie ihn brachten, wurde versperrt, und der Schaffner erhielt den strikten Auftrag, es erst aufzusperren, wenn der Zug sich außerhalb des britischen Territoriums, in China, auf der Strecke nach Kanton befand.

*) Telefoninterview mit Frau Höbich in ihrem Wohnort San Francisco, 1981.

Ironischerweise war China, neben Spanien, das zweite Land, für das Dr. Erbens Paß ungültig war. Als er ihn in Wien am amerikanischen Konsulat erneuern hatte lassen, war wegen des in China herrschenden Kriegszustands dieser Vermerk in seinen Paß gestempelt worden. Er hatte sich darum nicht weiter gekümmert.

Konsul Linell am amerikanischen Konsulat in Kanton war überrascht, als der bärtige Besucher sich mit einem Paß auswies, der ihm die Einreise nach China untersagte. Aber Erben war um eine Erklärung nie verlegen. Diese offensichtliche Verletzung der amerikanischen Paßbestimmungen sei nicht seine Schuld, da er nicht freiwillig nach China gekommen war, sondern sozusagen durch höhere Gewalt. Er ersuchte Konsul Linell, die Eintragung in seinem Paß zu tilgen, da er trotz aller Schwierigkeiten mit den chinesischen Behörden beabsichtige, sich in China als Militärarzt nützlich zu machen.

Der amerikanische Konsul setzte Dr. Erben geduldig auseinander, daß er dazu nicht befugt sei. Das könne nur das State Department. Aber er sei bereit, diesbezüglich nach Washington zu schreiben. Allerdings müsse Dr. Erben die Antwort in Kanton abwarten. Das lehnte Erben ab. Er habe weder das Geld, noch die Zeit, noch die Geduld, untätig herumzusitzen, bis die Bürokraten in Washington sich überlegten, ob er seiner Pflicht als Arzt in einem Land nachkommen dürfe, das nichts so dringend brauche wie Ärzte. Er würde nach Japan reisen und hoffe in Kobe auf mehr Verständnis.

„Sie können meinetwegen von China bis Japan fahren, aber ich kann Ihnen versichern, daß man Ihnen in Kobe die gleiche Antwort geben wird."

Dr. Erben fuhr trotzdem in das mehr als 1500 km entfernte Kobe; nur um herauszufinden, daß der dortige amerikanische Konsul, Konsul Scott, ihm mit den fast identischen Worten seines Kollegen in Kanton mitteilte, daß nur das State Department die verhängte Paßsperre aufheben könne.

„Wie gibt es das? Amerikanische Missionare können jederzeit, auch in Kriegszeiten, kreuz und quer durch China fahren, und ich nicht?"

„Sie sind kein Missionar."

„Ich bin ein Missionar. Ein Missionar der Medizin. Hunderttausende

Soldaten und Zivilisten sterben, verbluten, ich könnte ihnen helfen, und ich darf nicht! Die amerikanische Regierung hindert mich an der Erfüllung meines hippokratischen Eids! Ich hoffe, Konsul, daß Sie sich nie in einer Lage befinden, in der sie zwischen Nächstenhilfe und Amtspflicht wählen müssen!"

Konsul Scott blieb ungerührt. Er war von seinem Kollegen in Kanton auf den Besuch des Störenfrieds vorbereitet worden. Trotzdem sagte er:

„Wenn Sie wollen, telegrafiere ich an das State Department um Weisung."

„Meinetwegen können sie tun, was Sie wollen. Ich bleibe nicht hier in Kobe sitzen. Ich fahre nach Yokohama."

„Das steht Ihnen frei."

Dr. Erben fuhr nicht nach Yokohama. Er nahm am nächsten Tag ein Schiff nach Schanghai, in die Stadt, die von allem Anfang an sein Ziel gewesen war.

Er assistierte seinem Freund Miorini bei seinen zahlreichen Kürettagen. Gemeinsam „kratzten sie nach Gold". In Alberts Safe lagen bald einige „Peanuts", die seinem Partner gehörten.

Währenddessen erfuhr Dr. Erben, daß sich die chinesischen Behörden weiterhin hartnäckig weigerten, die vertraglichen Ansprüche der österreichischen Ärzte – und auch seine – anzuerkennen. Sie behaupteten nun, keiner von ihnen sei als Chirurg qualifiziert, daher auch nicht als Militärarzt verwendbar. Damit gerieten sie aber bei Dr. Erben an den Falschen. Er setzte sich mit Händen und Füßen, mit Eingabe um Eingabe, gegen eine solche Herabsetzung zur Wehr.

Inzwischen war die Lage der sechs gestrandeten Ärzte äußerst kritisch geworden. Sie hatten kein Geld, litten Hunger und fanden nur die schäbigste Unterkunft. Schließlich griffen chinesische Zeitungen den Fall auf. Ein Blatt schrieb, einer der bekanntesten Ärzte Europas, Dr. Milch, müsse sich von Abfällen ernähren, die nicht einmal für einen Kuli geeignet waren, und sei gezwungen, in einem verlassenen Gebäude in Kanton zu hausen.

Die Regierung Tschiang Kai-schek mußte einlenken und bot jedem der unter Vertrag genommenen Ärzte eine einmalige Entschädigung von hundert britischen Pfund und freie Heimreise an. Alle außer Dr. Milch und Dr. Erben nahmen an. Dr. Milch hatte sich entschlossen, auf eigene Faust in China zu bleiben, und Dr. Erben forderte eine höhere Entschädigung unter Verzicht auf die bezahlte Heimreise. Er bekam sie: dreihundert Pfund. *China Weekly* berichtete:

> „Dr. Erben, der einzige der Gruppe, der auf seinem Recht beharrte, fuhr daher am besten von allen Mitgliedern der Mission, obwohl die Chinesen ursprünglich behauptet hatten, er besitze überhaupt keinen Vertrag und hätte daher auch keinerlei Anspruch auf Entschädigung."

Am 28. Jänner 1938 traf am amerikanischen Konsulat in Schanghai die Antwort des State Department auf die telegrafische Anfrage von Konsul Scott ein. Die Antwort trug die Unterschrift von Außenminister Cordell Hull, ein Zeichen, auf welcher Ebene der „Fall Erben" bereits behandelt wurde.

> „Zu Telegramm Kobe 21. Jänner Paß Herman F. Erben nicht (wiederhole nicht) gültig für China. Erben ist in verschiedenen Ländern in Schwierigkeiten gewesen und wird beschuldigt, Spion und Rauschgifthändler zu sein. Außer amerikanischem Paß benutzt er auch seinen Seemannsausweis und einen österreichischen Paß. Wurde im November ausdrücklich gewarnt, nicht nach China zu reisen. Erben soll keine (wiederhole keine) Unterstützung bei Landung oder Reisen in China gewährt werden."

Dr. Erben wurde auf das Konsulat vorgeladen, und der Inhalt der im Wortlaut vertraulichen Depesche wurde ihm mitgeteilt. Erben reagierte mit einem Wutausbruch und, wie Konsul C.E. Gaus in einem Memorandum nach Washington berichtete, „führte sich auf wie ein rabiater Nazi":

> „Er behauptete, er sei Mitglied der Nazipartei in Österreich (illegal) und in Deutschland und zeigte seine angebliche Mitglieds-

karte vor. Er erklärte, er gehöre auch zu sogenannten Naziorganisationen in den Vereinigten Staaten und vertrat die Ansicht, daß seiner Meinung nach mindestens zwei Millionen Mitglieder diesen Gruppen im ganzen Land angehörten. Er fügte hinzu, er sei zuversichtlich, daß die Vereinigten Staaten in zwei oder drei Jahren eine Naziregierung haben werden und daß die Juden dann die gleiche Behandlung erfahren werden, wie sie ihren Glaubensbrüdern in Deutschland zuteil wird."

Kurz danach nahm er ein Schiff nach Kobe und heuerte dort als Schiffsarzt auf dem norwegischen Frachter *S.S. Triton* an, der nach Los Angeles auslief und nach einem kurzen Aufenthalt seine Fahrt durch den Panamakanal nach New York fortsetzen würde. Für ihn eine ideale Route. Sie ermöglichte ihm, Errol zu besuchen, den er seit der Nacht in Madrid vor fast einem Jahr, als er ihm den Scheinverband anlegte, nicht mehr gesehen hatte.

Am 28. März legte die *Triton* in San Pedro an, dem Hafen von Los Angeles. Sobald die Paßformalitäten erledigt waren, lief Dr. Erben unter den ersten die Gangway hinunter, zu den öffentlichen Fernsprechern, die am Pier aufgereiht standen. – Alle besetzt. – Überall hingen Matrosen an den Strippen. Lachend. Gestikulierend. Pausenlos redend. – Bestimmt mit ihren Huren! Fucking bastards! Nichts als Ficken im Kopf. Während er eine wichtige Verabredung zu treffen hatte. Mit einem Hollywoodstar! – Die *Triton* lag nur achtundvierzig Stunden im Hafen, und diese geilen Hurensöhne stahlen ihm kostbare Minuten! – So viel hatte er Errol zu erzählen. So viel hatte sich in dem einen Jahr geändert. Auch politisch.

Der Führer hatte seine Heimat Österreich heim ins Reich geholt. Vor zwei Wochen. Er hatte das Gebrüll seiner Landsleute aus dem Lautsprecher an Bord gehört. – Sieg Heil! Sieg Heil! Sieg Heil! – Nun sah er auf den Titelseiten der Zeitschriften an den Kiosken die dazugehörenden Bilder. – Fahnen, Hakenkreuzfahnen überall. – Look at these fucking flaggs! Will you? – Wo haben die Österreicher plötzlich alle die Hakenkreuzfahnen hergenommen? – Endlich wurde ein Apparat frei.

Erben wählte die Nummer von Errols neuer Villa am North Linden Drive. Eine Stimme antwortete, die er nicht kannte. – Mister Flynn? Mister Flynn ist mit seiner Yacht unterwegs. – Auf wie lange? – Das wissen wir nicht. – Shiiit! Er hatte Errol sein Kommen nicht angekündigt, weil er angenommen hatte, er würde ohnehin in Hollywood sein. Und filmen. – Filmt er nicht? – Nein. Mister Flynn hat seinen letzten Film, *Four's A Crowd*, vor mehr als einer Woche abgedreht, danach ist er mit seiner Yacht losgefahren. Vielleicht in die Karibik. Um sich zu erholen. – Allein? – So viel wir wissen. – Könnte ich Lili Damita sprechen. – Ihr Name? – Erben. Dr. Erben. Sie kennt mich. – Lili kam nicht ans Telefon. Sie ließ Erben ausrichten, er solle Bill Best anrufen. Errols Business Manager. Vielleicht wisse er, wo Errol sei. – Erben hing auf. – Cunt!*

Erben wählte Bill Bests Nummer. Er kannte Errols Business Manager. Best meldete sich. Seine Stimme klang aufgeregt, als er Dr. Erbens Namen hörte. – Wo sind Sie? – In San Pedro. – Auf welchem Schiff? – Auf der *Triton*. – Gehen Sie sofort auf Ihr Schiff zurück. Ich komme hinaus. – Erben, der lieber in die Stadt gefahren wäre, schlug

*) Es ist bis heute ungeklärt, wo sich Flynn von Mitte März bis Ende Mai aufhielt. Sicher nicht in den USA. Er hatte bereits am 28. Februar um ein Wiedereinreisepermit angesucht, da er „mit seiner Yacht eine Fahrt nach Mittel- und Südamerika vorhat. Dieses Wiedereinreisepermit Nr. 119070 wurde ihm am 4. März ausgestellt, und er ist am 30. Mai per Flugzeug in Miami wieder eingereist.“ (FBI) Es ist nicht ausgeschlossen, daß er sich unter dem cover einer Reise in die Karibik geheim nach Europa begeben hat. Dr. Erben berichtete Colonel William Williamson, nach Kriegsende an Bord des amerikanischen Truppentransporters *General Black*, Flynn hätte während dieser Zeit Hitler getroffen. Er blieb auch dem Autor gegenüber bei dieser Behauptung. Eine Verifizierung war nicht möglich. Eine politische Mission Flynns darf für diese Zeitspanne jedoch nicht ausgeschlossen werden. Einem verläßlichen britischen Gewährsmann zufolge, der Einblick in die noch gesperrte umfangreiche Flynn-Akte der britischen Regierung hatte, beobachtete der britische Auslandsgeheimdienst MI6 Flynn bei einem Treffen in Lissabon mit Sean Russel, dem damaligen Anführer der illegalen IRA, dem Flynn, ein Sympathisant der IRA, durch seine Verbindungen Geld und Waffen verschafft haben soll. Sean Russel wurde auch von Berlin unterstützt. Bemerkenswert ist, daß Flynn seinen ersten Sohn, den ihm Lili gebar, Sean nannte. Dr. Erben zufolge nach dem IRA-Führer Sean Russel.

vor, er könne ebensogut zu ihm in sein Büro kommen. – Nein. Sie gehen sofort auf Ihr Schiff zurück. Verstehen Sie mich? Ich komme zu Ihnen hinaus. – Bill Best legte auf.

Als er sich mit Erben in dessen Kabine auf der *Triton* traf, warnte er ihn, die amerikanische Regierung sei hinter ihm her. Flynn und ein paar Leute, denen Flynn Erben vorgestellt hatte, so wie er oder Bill Armand, seien von der Einwanderungsbehörde auf das schärfste verhört worden. Ob sie wüßten, wo er sich aufhielt. Und was er trieb. Ein Inspektor Martin hätte jeden von ihnen aufgesucht und gesagt, Erben würde verhaftet, sobald er seinen Fuß auf amerikanischen Boden setzte, und seine amerikanische Staatsbürgerschaft würde ihm aberkannt. Natürlich hätten sie alle gesagt, sie wüßten nicht, wo er war, da sie schon längere Zeit nichts von ihm gehört hätten. Ob Inspektor Martin ihnen glaubte, war eine andere Sache.

„Was hat Errol dem Inspektor über mich gesagt."

„Errol hat gesagt, das letzte, was er über Sie gehört hat, war, daß Sie vor ein paar Monaten auf der Rückfahrt von Europa gestorben sind."

Erben grinste. – Good old Errol. Auf ihn konnte er sich verlassen.*

„Ich wollte, ich wüßte, wo der Cocksucker jetzt steckt."

„Da kann ich Ihnen leider nicht helfen. Aber wenn ich Sie wäre, würde ich auf der *Triton* bleiben, bis das Schiff wieder ausläuft."

„Werde ich auch."

Nachdem Bill Best gegangen und es langsam dunkel geworden war, ging Dr. Erben trotzdem an Land. Er nahm den Bus nach West Hollywood und läutete am Tor zur Villa des deutschen Generalkonsuls Dr. Georg Gyssling. Gyssling war auf Urlaub in Mexiko. Verflucht. Ging heute alles schief? Er hatte Gyssling, dem Chef der „Abwehr" für Südkalifornien, mitteilen wollen, daß er durch den Panamakanal fahren und Aufnahmen von den strategisch wichtigen Anlagen ma-

*) Ein FBI-Memorandum vom 20. Dezember 1937 bestätigt die Richtigkeit dessen, was Bill Best Dr. Erben erzählte: „Im Zusammenhang mit der kürzlichen Investigation in Los Angeles bezüglich der Reisen Dr. Erbens wurde einem Inspektor mitgeteilt, daß Dr. Erben drei oder vier Monate vorher bei einer Überfahrt über den Atlantik nach New York verstorben ist. Diese Information stammt von Mr. Errol Flynn, einem der Stars der Warner Bros. Studios in Hollywood."

chen würde. Er hatte gehofft, daß Gyssling ihm einen Vorschuß auf das Honorar für seine Fotos auszahlen würde. – Well, never mind. Er würde die Fotos in New York bei Konsul Dräger abgeben.
Es war zu spät, nach San Pedro zurückzukehren. Es fuhr kein Bus mehr. Also übernachtete Dr. Erben in einem Ein-Dollar-Hotel an der South Seventh Street, das er kannte.
Als die *S.S. Triton* am 14. April in New York anlegte, kam der Untersuchungsbeamte der US-Einwanderungsbehörde Kinard D. Abbott mit einem Stenographen an Bord, um den Schiffsarzt Dr. med. Herman F. Erben einzuvernehmen. Eine einundzwanzig Seiten umfassende Niederschrift dieser Einvernahme existiert. Sie zeigt, daß die amerikanische Regierung zu diesem Zeitpunkt bemüht war, ausreichendes Material für ein Ausbürgerungsverfahren gegen Dr. Erben zu sammeln. Obwohl einer der Gründe für seine Ausbürgerung „unwahre eidesstattliche Erklärungen" war, scheute Dr. Erben nicht davor zurück, auch Inspektor Abbott einen Pack Lügen aufzutischen.

Frage: Wie lange sind Sie nach Ihrer Ankunft am 10. März 1924 in den Vereinigten Staaten geblieben?

A. Lassen Sie mich nachdenken. Ich habe in meinem Gepäck einige Aufzeichnungen. Darf ich sie holen?

F. Selbstverständlich. (Der Zeuge verläßt die Kabine und kehrt mit dem Formular A-2214 zurück.)

A. Ich bin irgendwann im Dezember 1928 abgereist.

F. Well, 1925 waren Sie abwesend. Dann reisten Sie in Brownsville, Texas, wieder ein. Dann waren Sie wieder abwesend.

A. Ja – natürlich – stimmt.

F. Zum ersten Mal sind Sie im Jahre 1925 ausgereist...

A. Oh – ja – aber verstehen Sie. Damals hatte ich ein Wiedereinreisepermit.

F. Das war 1928 oder 29. Aber was ich von Ihnen wissen will, ist, wann Sie ohne Wiedereinreisepermit abwesend waren.

A. Das weiß ich ganz genau. Das war zwei Mal der Fall. Einmal, für acht Tage, bin ich über die Grenze nach Laredo und Monterey gefahren. Das war am Weg zum Eastern State Hospital und muß 1927 gewesen sein.

Inspektor Abbott, offensichtlich frustriert in seinen Bemühungen, der Wahrheit auf den Grund zu kommen, fragte Dr. Erben schließlich, wieso er es als praktizierender Arzt mit gutem Einkommen bis jetzt nie zu einem festen Wohnsitz in den USA gebracht habe. Erben gab sich erstaunt: Er habe sehr wohl einen festen Wohnsitz. In Kalifornien. In Hollywood. Bei seinem Freund Errol Flynn.

A. Ich habe alles, was ich besitze – alle meine Sachen – bei Errol Flynn in Hollywood untergebracht.

Nachdem er sich im Seemannsheim der YMCA eine Unterkunft gesichert hatte, führte ihn sein erster Weg in New York zu einem Bürogebäude an der untersten Spitze Manhattans. 17 Battery Place. Dort befand sich das deutsche Generalkonsulat, zugleich Gestapo-Hauptquartier und Informations- und Spionagezentrum für den Ostteil der Vereinigten Staaten. Dort gab er die von ihm gemachten Aufnahmen der Installationen des Panamakanals zur Weiterleitung ab.
Derartiges Spionagematerial wurde routinemäßig von Kurieren, häufig waren es Besatzungsmitglieder der Schiffe des Norddeutschen Lloyd und der Hamburg-Amerika-Linie, nach Deutschland gebracht.
Am 20. April war Dr. Erben dabei, als 3.500 Mitglieder der radikalen Naziorganisation „Bund“ im Yorkville Casino Adolf Hitlers 40. Geburtstag feierten. Dabei kam es zu Schlägereien zwischen dem uniformierten NS-Sicherheitsdienst und Angehörigen der amerikanischen Veteranenorganisation „American Legion“, die sich unter das Publikum gemischt und mit Zwischenrufen gegen die Beleidigungen Präsident Roosevelts und Außenminister Cordell Hulls durch einige Festredner lautstark protestiert hatten.

„Sieben Legionäre wurden mit Schlagringen, Lederknüppeln und

Gürteln mit Hakenkreuzschließen verdroschen und bei dem Zusammenstoß verletzt. Vier ‚Nazi Storm Trooper' in grauen Uniformen wurden verhaftet." (*New York Times*, 21. April 1938)

In der Woche zwischen Hitlers Geburtstag und dem 27. April, als er auf dem deutschen Passagierschiff *S.S. Hamburg* von New York abfuhr, hielt Dr. Erben sich in Washington auf. Am 25. gelang ihm die Streichung seines Namens von der Liste „der des internationalen Rauschgifthandels Verdächtigten", anschließend stattete er der Visaabteilung im State Department einen Besuch ab. Bei dieser Gelegenheit äußerte er sich dem diensthabenden Beamten gegenüber, Kommissar A. J. Nicholas, der einzige Grund für seine bevorstehende Reise nach Wien sei, „sich an den österreichischen Polizeibeamten zu rächen, die dafür verantwortlich waren, daß er wegen seiner nationalsozialistischen Betätigung landesverwiesen worden ist".
Kommissar Nicholas legte über diesen Auftritt Dr. Erbens ein Gedächtnisprotokoll an.
Am 13. Mai, zwei Tage bevor Dr. Erben per Bahn von München kommend, wo er sich im Braunen Haus eine neue Parteimitgliedskarte hatte ausstellen lassen, in Wien eintraf, verfaßte George F. Kennan, der von seinem diplomatischen Posten in Wien nach Washington in die Abteilung für Europäische Angelegenheiten versetzt worden war, folgendes Memorandum bezüglich Dr. Erben:

„...außer daß er ein unverbesserlicher Gauner ist, der unseren Beamten im Ausland vier Jahre lang ununterbrochen Schwierigkeiten gemacht hat, ist dieser Mann

1) ein selbsterklärter Nazispion,
2) hat er seit seiner Naturalisierung im Jahre 1930 offensichtlich nicht einmal ein Jahr in diesem Land zugebracht,
3) hielt er sich in Spanien und China auf, während sich diese Staaten im Kriegszustand befanden und sein Reisepaß zu diesen Zeiten für diese Länder nicht gültig war,
4) hat er die Ausweispapiere mißbraucht, die ihm in der Vergangenheit ausgestellt wurden,

5) ist er nun nach Wien unterwegs, um die österreichischen Polizeibeamten, die ihn vor einigen Jahren unter dem Schuschnigg-Regime deportierten, bei den deutschen Behörden zu denunzieren. (...)

Ich bin der festen Überzeugung, daß es besser wäre, statt weiterhin Dr. Erbens Aktivitäten in fremden Ländern nachzuspüren (was wir einige Jahre lang vergeblich und ohne Erfolg getan haben), dafür zu sorgen, daß diesen Aktivitäten, soweit sie unter dem Schutz eines amerikanischen Reisepasses ausgeübt werden, zum frühest möglichen Zeitpunkt überhaupt ein Ende bereitet wird. Ich kann mir nicht vorstellen, daß unsere Paßgesetze dazu da sind, um von einem Abenteurer dieser Sorte mißbraucht zu werden."

Die amerikanischen Dienststellen schienen George Kennans Ansicht zu teilen. Am 14. Juni ersuchte die Einwanderungsbehörde den Justizminister:

„...ein Gerichtsverfahren zur Widerrufung der Naturalisierung Dr. Erbens einzuleiten, da diese rechtswidrig und auf betrügerische Weise durch falsche Angaben bezüglich seines permanenten Aufenthaltes in den USA erwirkt wurde."

Der Justizminister zögerte nicht lange, diesem Wunsch nachzukommen. Als Dr. Erben im September nach der Überfahrt von Antwerpen auf der *S.S. Margarete Johnson*, wieder einmal als Schiffsarzt, in Portland, im Bundesstaat Oregon, landete, wurde ihm der Gerichtsbescheid über die Einleitung des Verfahrens überreicht. Am 19. September wurde ihm im Hafen von San Pedro seine Einbürgerungsurkunde abgenommen, am 24. September beantragte die amerikanische Regierung offiziell die Annullierung seiner Staatsbürgerschaft, „die er auf betrügerische Weise erworben hat".

Dr. Erben stellte sich endgültig auf die deutsche Seite. Noch vor Jahresende wurde er von der „Abwehrstelle" (Ast) Hamburg, die für den Militärdistrikt X zuständig war, für den Dienst auf allen Schiffen

deutscher Flagge im Offiziersrang zugelassen. (Der einzige bekannte Fall, daß ein amerikanischer Staatsbürger dieses politische Clearing erhielt.)
Bereits im Jänner heuerte Dr. Erben als Schiffsarzt auf der *Wangoni*, einem Schiff der deutschen Wörmann-Linie, an.
Die *Wangoni* war eines der Frachtschiffe, die auch eine beschränkte Zahl von Passagieren aufnahmen. Sie fuhr regelmäßig die Route um Afrika, südwärts entlang der Ostküste und zurück an der Westküste nach Norden. Mit Zwischenstationen in den meisten größeren Häfen.
Auf der Hinreise lernte Dr. Erben seinen späteren Abwehr-Führungsoffizier Louis Siefken kennen, auf der Heimreise seine zukünftige zweite Frau. Sie war damals siebzehn Jahre alt. Zwischen den beiden Begegnungen zeugte er eine Tochter, die er niemals sehen würde.
Er hatte auf der Rückfahrt vom Kap an Bord der *Wangoni* eine Engländerin kennengelernt. Mrs. Mabel Clover hatte sich von ihrem Gatten in Südafrika getrennt und fuhr mit ihren beiden Töchtern bis Southampton. Sie hatte sich vorgenommen, ihren Gatten wegen seiner ehelichen Untreue zu bestrafen, indem sie ein drittes Kind zur Welt brachte, das nicht seines war, für das er aber trotzdem würde sorgen müssen, da ihre Ehe nicht geschieden war. Der Schiffsarzt hatte nichts dagegen einzuwenden, der eventuelle Vater des geplanten Kindes zu werden. (Mabel Clover schickte die Nachricht von der Geburt einer Tochter an Dr. Erbens Wiener Anschrift, aber Dr. Erben fand die Nachricht erst bei seiner Rückkehr nach Wien 1948 vor. Er versuchte nie, Kontakt mit Mrs. Clover aufzunehmen.)
Nachdem die *Wangoni* aus Southampton ausgelaufen war, suchte Dr. Erben noch einmal Mabels Kabine auf, von der er annahm, daß sie leer war, da die *Wangoni* nur mehr die kurze Strecke bis Hamburg fuhr.
Die Türe war unversperrt. Als er sie öffnete, stand in der Kabine ein Mädchen. Ihr hellblaues Kleid wehte im plötzlichen Luftzug. Sie war blond, mit dem hellen, makellosen Teint mancher Angelsachsen. Wie eine Erscheinung. Aber bereits erwachsen genug, um den Ein-

dringling zu fragen, was er wünschte, und da er nur unzusammenhängend eine Entschuldigung stammelte, ihm energisch die Türe zu weisen. Die junge Dame war mit dem Auspacken ihres Koffers beschäftigt.
Nach dem Lunch fand der Schiffsarzt die junge Dame an Deck. Sie posierte an der Reling. In dem selben hellblauen Kleid, das der Wind an ihre schmale Figur drückte, und mit einem breitkrempigen Sonnenhut. Mit der einen Hand hielt sie die Krempe des Hutes, mit der anderen stützte sie sich auf das Geländer, wie sie es in Modejournalen gesehen hatte. Sie hieß Joan Scott und war unterwegs nach Deutschland.
„Ganz allein?"
„Ja. Ganz allein."

„Ich fuhr nach Deutschland. Um Deutsch zu lernen. Das hatte ich jedenfalls meiner Mutter und meiner Großmutter aufgebunden, die mir zu meiner Graduierung fünfhundert Pfund gegeben hatten. Meine Mutter ließ mich einfach fahren, ohne irgendwelche Nachfragen anzustellen. Sie machte für mich die Zimmerbestellungen, in den besten Hotels, in Hamburg im Atlantic, in Berlin im Adlon. Und sie kaufte mir einen riesigen Schiffskoffer, den ich mit allen ausländischen Aufklebern vollpickte, die ich auftreiben konnte, damit es aussah, als sei ich bereits auf Weltreise gewesen. Was ich im geheimen vorhatte, war, nach Deutschland zu fahren und einen wirklichen Nazi kennenzulernen. Ich wollte selbst ein Nazi werden. Das war mein Traum. – What can you say? – Es war 1939, und ich war siebzehn. Und da stand plötzlich dieser Mann neben mir und sagte, daß er ein prominenter Nazi war. Natürlich interessierte ich mich sofort für ihn. Und als ob das nicht genügte, sagte er noch, daß er mit Errol Flynn befreundet war. Daß er ihn entdeckt hatte. Flynn! Errol Flynn war mein Movieidol! Ich hatte jeden Film, in dem er spielte, mindestens drei Mal gesehen. Und jetzt traf ich seinen besten Freund! Natürlich war ich dem Mann in der weißen Uniform des Schiffsarztes, mit dem gebräunten Gesicht und dem Grinsen, das ich später so gut kennenlernen sollte, verfallen. So lernte ich Dr. Erben kennen. Natürlich dachte ich nicht daran, daß er einmal mein Mann werden könnte. Nicht einmal mein Liebhaber. Er erschien mir mehr wie eine Vaterfigur. Ein Ersatz für meinen Vater, der starb, als ich noch sehr klein war."*

Dr. Erben verabschiedete sich in Hamburg von Joan. Er müsse wegen dringender Familienangelegenheiten nach Wien. Nach ein paar Tagen in Hamburg fuhr Joan nach Berlin weiter und erlebte die Parade zu Hitlers 50. Geburtstag.

„Ich stand Unter den Linden. Ich sah die SS-Männer an mir vorbeimarschieren, in ihren schwarzen Uniformen. Sie sahen fantastisch aus. Am liebsten wäre ich mit ihnen marschiert. Aber dazu war ich zu scheu. Und dazu die Marschmusik! Und überall Fahnen. Alles beflaggt in Rot, Weiß und Schwarz. Man mußte davon beeindruckt sein."

Im Adlon erreichte Joan ein Schreiben Dr. Erbens, in dem er sie bat, zu ihm nach Wien zu kommen. Die siebzehnjährige Joan folgte dem zweiundvierzigjährigen Mann. Da sie noch genügend Geld hatte, stieg sie im Hotel Sacher ab.
Sie lernte Dr. Erbens Familie kennen. Mama, Hilde und Professor Schnirch. (Gretl war ein paar Jahre vorher bei einem Motorradunfall tödlich verunglückt.) Und Dr. Erben führte sie in seine „sturmfreie Bude" im Dachgeschoß. Sie war schockiert von dem, was sie sah. Sie kam aus einem Haus „with maid and cook".
Dr. Erbens Freunde, überwiegend Arztkollegen, kümmerten sich mehr um die junge Engländerin als er selbst. Sie luden sie ins Theater ein, in die Oper, führten sie zum Heurigen und in den Prater. Dr. Erben war nur selten mit von der Partie. Er gab sich als zu sehr beschäftigt.

*) Interview mit Mrs. Scott Smith-Erben, 1982, in ihrem Haus in der Nähe Londons.

„Er war geizig. Und ließ lieber seine Freunde für mich bezahlen. Das hätte mir schon damals eine Warnung sein sollen. Aber wie konnte ich ahnen, daß ich ihm nie wirklich etwas bedeuten würde? Daß er überhaupt eine so niedrige Meinung von Frauen hatte. Daß er sie gegenüber Männern für minderwertig hielt. Weil seiner Meinung nach das Gehirn von Männern mehr wiegt als das von Frauen. Er verglich Frauen, wie er mir nach unserer Hochzeit sagte, mit Aschenbechern, in die Männer ihre Zigaretten abstreifen. Auf keinen Fall etwas sehr Appetitliches."

Als Dr. Erben das Angebot erhielt, den Posten eines Schiffsarztes auf dem deutschen Passagierdampfer *Westernland* zu übernehmen, der die Nordatlantikroute befuhr, nahm er sofort an und fuhr nach Hamburg. Joan reiste ebenfalls ab. Nach Venedig. Sie wohnte im Danieli, bis die fünfhundert Pfund bis auf den letzten Rest zusammengeschmolzen waren und ihr gerade noch Geld genug für eine Fahrkarte nach London blieb.

Dr. Erben hielt Kontakt mit ihr. Er schrieb ihr vom Schiff, und sie schrieb zurück. Als die *Westernland* einmal in Antwerpen landete, stand sie winkend am Pier. Dr. Erben schien sich darüber zu freuen. („Ich habe sie bereits als meine Verlobte betrachtet.") Kurz danach erhielt Joan die Nachricht, ihren Freund am 15. Juli in Hamburg zu treffen. Sie folgte der Aufforderung.

Dr. Erben hatte den Posten gewechselt und war auf Weisung der Ast-Hamburg Schiffsarzt auf der *Ussukuma* geworden, einem Passagierdampfer der Deutschen Afrika Linie. Die *Ussukuma* sollte am 15. Juli von Hamburg auslaufen. Den beiden blieb gerade genug Zeit für ein Rendezvous an Bord.

Joan war überrascht, daß auch Dr. Erbens Sohn Santos nach Hamburg gekommen und an Bord war. Er war ein schlaksiger, unbeholfener Junge, gleich alt wie Joan.

„Er war offensichtlich geistig zurückgeblieben, konnte nicht mit Messer und Gabel umgehen und lief immer wie ein Hund hinter seinem Vater her."

Santos war aus Berlin gekommen, um seinen Vater zu bitten, ihn mitzunehmen. Irgendwohin. Nur weg aus Deutschland. Über Europa brauten sich die Wolken des kommenden Krieges zusammen. Santos mußte mit seiner Einberufung rechnen. Sein Bruder Kurt war bereits beim Militär. Aber Dr. Erben gab sich entrüstet. Er diene im Offiziersrang auf einem deutschen Schiff, da könne er nicht seinem Sohn helfen, sich vom Wehrdienst zu drücken. Jeder müsse seine Pflicht tun.

„Das waren alles Ausreden. Natürlich hätte er Santos mitnehmen können. Schließlich war er amerikanischer Staatsbürger und nicht deutscher. Aber er wollte sich einfach nicht mit seinen Kindern belasten."

Santos verließ das Schiff in Bremerhaven.*
Joan blieb an Bord, bis die *Ussukuma* in Southampton landete. Dr. Erben führte sie wie seine Braut die Gangway hinunter. Sie trug dasselbe hellblaue Kleid, das sie bei ihrer ersten Begegnung getragen hatte, Dr. Erben dieselbe weiße Uniform mit den goldenen Tressen und der Äskulapschlange. Er schob seine weißbehandschuhte Hand unter ihren Arm.
„Ich wollt', ich könnte dich mitnehmen."
„Wohin?"
„Wohin wir fahren."
„Was würde ich dort machen?"
„Mich heiraten."
Joan hatte nie an eine solche Möglichkeit auch nur gedacht.
„Wenn ich zurückkomme, heiraten wir."
„Und wenn es zum Krieg kommt?"
„Dann heiraten wir nach dem Krieg. Nach unserem Sieg. Dann bist du mein Siegespreis."
Joan sah ihm voll ins Gesicht. Sie nickte.

*) Es war das letzte Mal, daß Dr. Erben seinen jüngsten Sohn sah. Santos ist am 9. Oktober 1942 im Rußlandfeldzug gefallen. Sein Bruder Kurt kehrte nach dem Krieg schwer verwundet nach Berlin zurück.

„Dann fahren wir nach Hollywood und wohnen bei deinem Freund Errol Flynn."
„Ja."
„Und ich spiel in einem Film mit ihm."
„Ja."
Erben zog Joan an sich. Er küßte sie zum ersten Mal auf den Mund. Joan erschauerte. Sie zitterte, als stünde sie plötzlich in einem Stromkreis. Erben preßte seinen Körper an den ihren. Zum ersten Mal spürte sie den Körper eines Mannes. Jetzt küßte sie seinen Mund. Der Stromkreis war erneut geschlossen. Bis er sie abrupt von sich schob. Ohne jedes weitere Wort machte er kehrt. Er ging mit raschen, weitausholenden Schritten die Gangway hinauf und verschwand im Schiffsinnern.
Nach ein paar Minuten erschien er an der Reling und winkte zu ihr hinunter. Waren das Tränen in seinen Augen? Der Abstand war zu groß, als daß Joan es mit Sicherheit hätte sagen können. Aber es sah so aus. Nun grinste Erben. Er legte die Hand an den Kappenrand und salutierte, dann hob er die Rechte zum Deutschen Gruß. Joan tat das gleiche. Zum Zeichen ihres Einverständnisses.
Die *Ussukuma* löste sich vom Pier, rieb sich ächzend an den Bohlen der Hafenmauer und wandte ihren Bug langsam dem offenen Meer zu. Joan stand noch eine Weile unbeweglich mit erhobenem Arm am Kai, bis sie sicher war, daß der Mann, der sie heiraten würde, sie nicht mehr ausnehmen konnte.
1. September. Die Nachricht kam über Funkspruch: Seit den frühen Morgenstunden rücken deutsche Einheiten in Polen ein. Der Kriegsausbruch überraschte die *Ussukuma* und vier weitere Schiffe der deutschen Handelsmarine im Hafen von Lourenço Marques, in der portugiesischen Kolonie Mozambique, an der ostafrikanischen Küste.
Sofort nach Eintreffen der Meldung öffnete der Kapitän der *Ussukuma* den verschlossenen Umschlag, den ihm die Reederei unmittelbar vor der Ausfahrt ausgehändigt hatte und der den Vermerk „Im Kriegsfall öffnen" trug. Er enthielt ein Schreiben des Oberkommandos der Kriegsmarine, in dem der Kapitän davon in Kenntnis gesetzt

wurde, daß die *Ussukuma* mit sofortiger Wirkung der Kriegsmarine eingegliedert und Kapitän, Offiziere und Mannschaft des Schiffes der Kriegsmarine unterstellt seien. Die gesamte Besatzung sei vom Kapitän auf den Oberkommandierenden aller Streitkräfte Adolf Hitler zu vereidigen. Sämtliche nicht zur Besatzung gehörenden Passagiere seien anzuweisen, die *Ussukuma* im nächsten Hafen, den sie anlief, zu verlassen. „Zuwiderhandelnde sind sofort namentlich und unter Angabe des Deliktes der Admiralität zu melden. Deserteure und Saboteure sind auf der Stelle standgerichtlich zu erschießen."

Der Kapitän ließ die Besatzung antreten und versammelte die rund zwei Dutzend Passagiere an Deck. Er verlas ihnen den publik zu machenden Teil des Befehls, den geheimen Teil, über die Tarnung des Schiffes und seine zukünftige Aufgabe als Begleitschiff der *Graf Spee*, behielt er für sich.

Spätestens zu diesem Zeitpunkt, noch vor der Vereidigung, hätte Dr. Erben als amerikanischer Staatsbürger seinen Posten auf der *Ussukuma* quittieren müssen, wollte er sich nicht durch seinen Dienst im Offiziersrang auf einem Schiff einer kriegführenden fremden Nation des Hochverrats gegenüber den USA schuldig machen.

Er blieb und hob die Hand zum Schwur auf Adolf Hitler.

10

1939/40

Wie er auf der *Ussukuma* das Kommando übernahm, die Versenkung des Panzerschiffes *Graf Spee* fotografierte und sich in Süd- und Mittelamerika als Marinespion betätigte.

Kurz nach Mitternacht stahl sich die 10 000 Tonnen große *Ussukuma,* das älteste und langsamste der fünf in Lorenco Marques vor Anker liegenden deutschen Handelsschiffe, aus dem Hafen. Bei Sonnenaufgang war aus der deutschen *Ussukuma* die portugiesische *Quanza* geworden.

Der geheime Teil des Schreibens an den Kapitän hatte den Befehl enthalten, die *Ussukuma* auf hoher See und unbeobachtet als das in den afrikanischen Gewässern bekannte portugiesische Handelsschiff zu tarnen. Die notwendige Ausrüstung dafür war in Kisten verpackt in Hamburg an Bord gebracht und im Laderaum des Schiffes gelagert gewesen: rot-weiß gestreifte Markisen für das Sonnendeck, zwei sechs Meter lange Schilder, die bereits den neuen Namen trugen und genau über die alten paßten, und Versatzstücke aus Sperrholz, die dem Schiffsaufbau das exakte Profil des portugiesischen Frachters gaben. Die Hakenkreuzflagge, die bis dahin vom Heck des Schiffes geweht hatte, wurde gegen die Flagge der portugiesischen Handelsmarine ausgewechselt.

Die Tarnung eines deutschen Schiffes im Kriegseinsatz als Handelsschiff eines neutralen Staates stellte eine Verletzung internationaler Abkommen dar.*

*) Dr. Erben behauptete unbewiesen, daß er von der Ast-Hamburg von vornherein in diesen Plan eingeweiht und deshalb zum Dienst auf der *Ussukuma* beordert worden war. Das sei auch der wahre Grund gewesen, warum er Santos nicht hatte mitnehmen können.

Der Rest des Geheimbefehls bezog sich auf die zukünftige Aufgabe der *Ussukuma*. Sie sollte unverzüglich Kontakt zum Panzerschiff *Admiral Graf Spee* aufnehmen, das vor der westafrikanischen Küste lag, und dem „Paradeschiff der deutschen Kriegsmarine" auf seiner geplanten Fahrt nach Südamerika unauffällig folgen und notfalls als Begleitschiff zur Verfügung stehen.
Es gelang dem Kapitän nicht, mit der *Admiral Graf Spee* in Funkverbindung zu treten, und die *Ussukuma* bekam das Panzerschiff während ihrer Atlantiküberquerung kein einziges Mal zu Gesicht. Der Schiffsarzt, der sich auf seine angebliche geheime Beauftragung durch die Hamburger Abwehr-Stelle berief und dadurch für sich ein Mitspracherecht bei Manövern der *Ussukuma* beanspruchte, kreidete dem Kapitän dieses Versagen schwer an.
Die *Graf Spee* wurde auf ihrer Überfahrt von zwei schnelleren und wendigeren Schiffen versorgt, der *Altmark* und der *Tacoma*. Die *Tacoma* nahm rund 300 britische Seeleute an Bord, deren Schiff von der *Graf Spee* mitten im Atlantik aufgebracht und versenkt worden war, und einige Dutzend Seeleute, vor allem Offiziere, wurden von der *Graf Spee* aufgenommen. Der Kommandant des Panzerschiffes, Kapitän Hans Langsdorff, der bereits in der Marine des Kaisers gedient hatte, achtete darauf, daß die Gefangenen gut behandelt wurden.
Der Krieg auf den Meeren hatte begonnen.
Auf der *Ussukuma* war davon nichts zu merken. Sie überquerte, als harmloses portugiesisches Handelsschiff getarnt, den Atlantik; immer vergeblich nach dem Panzerschiff Ausschau haltend, das sie begleiten sollte. Sie blieb von feindlichen Schiffen unbehelligt, bis nach fast sechs Wochen Wasser der dünne Küstenstreifen des südamerikanischen Festlands am Horizont auszunehmen war. Hätten sich nicht die Spannungen an Bord mit jedem Tag verschlimmert, so wäre es eine ereignislose, friedliche Überfahrt gewesen, nur unterbrochen vom Haifischfang, mit dem die Matrosen versuchten, den Schiffsproviant aufzubessern.
Jedoch hatten sich schon bald nach der Umfahrung des südafrikanischen Kaps an Bord zwei Gruppen gebildet. Eine kleinere um den

Kapitän und den Ersten Offizier, und eine größere um den Schiffsarzt, der begonnen hatte, die Entscheidungen des Kapitäns bei jeder Gelegenheit öffentlich zu kritisieren und dessen Autorität bei der Mannschaft zu untergraben.

Als der Kapitän versuchte, sein Schiff auf südlichem Kurs ums Kap Horn zu steuern, um den deutschfreundlichen chilenischen Hafen Talcahuano zu erreichen, und bei diesem Versuch in Treibeis geriet, so daß die *Ussukuma* wenden mußte, benutzte die Erbengruppe den Zwischenfall, um dem Kapitän schwere Dispositionsfehler und navigatorische Unfähigkeit vorzuwerfen. Er hätte mit seinem waghalsigen Unternehmen, das gefährliche Kap Horn um diese Jahreszeit zu umfahren, das Leben seiner Männer leichtfertig aufs Spiel gesetzt.

Während die *Ussukuma* nach ihrer Kursänderung lustlos entlang der unwirtlichen patagonischen Küste nach Norden dampfte, die Bordvorräte langsam zu Ende gingen und die Gewißheit wuchs, daß die Angehörigen des deutschen Schiffes bei der Landung in einem neutralen argentinischen Hafen mit ihrer Internierung auf Kriegsdauer zu rechnen hätten, kam es zu den ersten handgreiflichen Auseinandersetzung zwischen den beiden Gruppen.

Der Erste Offizier ohrfeigte einen aufbegehrenden Matrosen, der Schiffsarzt bedrohte daraufhin den Ersten Offizier mit seinem messingenen Schlagring, der Kapitän ließ sich hinreißen und würgte einen Seemann so stark am Hals, daß man die Würgespuren sehen konnte, und Dr. Erben, immer die Kamera bei der Hand, fotografierte, wo er nur konnte. Vor der argentinischen Küste brach die Disziplin an Bord endgültig zusammen. Die Mannschaft stand vor der Meuterei, die von Dr. Erben noch geschürt wurde.

Am 11. Oktober, nach einundvierzig Tagen auf See, hielt die *Ussukuma* außerhalb der Hafengewässer von Bahia Blanca, einem argentinischen Hafen südlich von Buenos Aires. Der Kapitän meldete das Eintreffen seines Schiffes mit Funkspruch dem zuständigen Marineattaché an der deutschen Botschaft in Buenos Aires, Kapitän zur See Dietrich Niebuhr. Zugleich funkte er, daß es an Bord der *Ussukuma* „Schwierigkeiten" gäbe.

Der Kapitän wußte nicht, daß sich hinter dem Mann, den er kontaktierte und um Unterstützung gegen seinen Schiffsarzt, einen angeblichen Angehörigen der „Abwehr", ersuchte, unter dem Deckmantel des Marineattachés zugleich der Chef der Marine-Abwehr Organisation für ganz Lateinamerika verbarg, der unter dem Codenamen „Diego" operierte.*

Der deutsche Botschafter Freiherr Edmund von Thermann und Niebuhr beschlossen, den jungen Legationssekretär Dr. Christian Zinsser zur Untersuchung der Lage nach Bahia Blanca zu schicken.

Zinsser, 32, unverheiratet, Jurist, ehrgeiziger Karrieretyp, schon seit 1927 Mitglied der NSDAP, enger Freund von Hitlers Persönlichem Adjutanten Fritz Wiedemann, vom Außenamt schon als junger Diplomat mit heiklen Sonderaufgaben betraut – z.B. Mussolini bei einem Deutschlandbesuch an der Grenze abzuholen – war wie geschaffen für diese Mission.

Dr. Zinsser war kein unbeschriebenes Blatt für die amerikanischen Geheimdienste, als er im Sommer 1938 von Warschau nach Buenos Aires versetzt worden war. Sein Dossier in den Akten der U.S. Regierung in den „National Archives" liest sich wie eine Eintragung im „Who's Who der NS-Prominenz":

> „ZINSSER, Christian, geboren Bärenstein bei Dresden. 26. Dez. 07, Evang. – Frühes Mitglied der NSDAP. Vom Juni 32 – März vom Dienst bei der Sächsischen Gerichtsverwaltung beurlaubt, um die ‚Deutsche Studentenschaft' und den ‚NS-Deutscher Studentenbund' (NSDStB) bei der italienischen Studentenorganisation (Gruppi Universitaria Fascisti) in Rom zu vertreten. Rang: SA-Obersturmbannführer der ‚SA-Führergruppe Sachsen'. Ausgezeichnet mit dem ‚Goldenen Ehrenzeichnen der NSDAP'. Eines der ältesten Mitglieder des NSDStB. ‚Hatte entscheidenden Anteil an der Eroberung der Universität Leipzig für den Nationalsozialismus'. Attaché an der deutschen Botschaft in Warschau, 24. März 1937..."

*) Leslie B. Rout jr. und John F. Bratzel, *„The Shadow War, German Espionage und United States Counterespionage in Latin America during World War II"*, University Publication of America, Inc. 1986.

Über die Nebenbeschäftigung des Diplomaten Zinsser in Warschau heißt es in einem FBI-Bericht:

> „...während er in Warschau stationiert war, hatte er die Leitung der deutschen Spionage inne. Dazu gehörten: Propaganda, fotografische Aufnahmen von Brücken, Flüssen und Terrain, Unterstützung subversiver Tätigkeiten von Deutschen, Ukrainern und polnischen Dissidenten und im allgemeinen die Vorbereitung des Bodens (...) für die spätere Invasion."

Am darauffolgenden Tag, nachdem der Kapitän die deutsche Botschaft in Buenos Aires mit seinem Funkspruch alarmiert hatte, erschien Dr. Zinsser überraschend an Bord der *Ussukuma*. Großgewachsen, mit blondem Bürstenhaarschnitt, eingenommen von der Wichtigkeit seiner Aufgabe und seiner Person.
Auf Anordnung Zinssers ließ der Kapitän die Besatzung antreten. Der Legationssekretär stellte sich als Abgesandter des deutschen Botschafters und des Marineattaché in Buenos Aires und in eigener Person als Vertreter der AO (Auslandsorganisation) vor. Die AO, das wußten die Männer, war der lange Arm der Partei, der bis ins Ausland reichte.*
Nachdem er sich den Konflikt von den Sprechern beider Gruppen, dem Kapitän und Dr. Erben, hatte vortragen lassen, entschied Zinsser den Streit rasch zugunsten des Schiffsarzts. Er übertrug ihm das einstweilige Kommando über das Schiff.

> „Der Schiffsarzt hat sofort einen guten Eindruck auf mich gemacht. Ein kräftig gebauter Mann, blond, mit blondem Bart, blauäugig. Ein richtiger Vikingertyp, der geradeheraus sagte, was er sich dachte. Der Kapitän schien mir dagegen ein Schlapp-

*) Die AO, unter ihrem Gründer Ernst-Wilhelm Bohle, hielt engen Kontakt mit „SD" und „Abwehr". Angehörige der AO waren häufig in einem der beiden Geheimdienste tätig, gerade in Argentinien und Chile. Bohle, im Rang eines Gauleiters des Gau Ausland, leitete die Berichte seiner AO-Vertreter regelmäßig an Hess, Himmler und Bormann weiter. 1939 hatte die AO 52 648 Angehörige.

schwanz zu sein. Unentschlossen. Ohne viel Gefolgschaft auf seinem eigenen Schiff. Total isoliert. Das Kommando führte jedenfalls der Schiffsarzt. Dabei beließ ich es."*

Zinsser forderte den Kapitän der *Ussukuma* auf, mit ihm zur persönlichen Berichterstattung nach Buenos Aires zu kommen. Der weigerte sich anfänglich, sein Schiff zu verlassen, aber nachdem Zinsser ihn daran erinnerte, daß der Befehl von Kapitän Niebuhr kam, und Niebuhr sein militärischer Vorgesetzter war, blieb ihm keine Wahl. Er fuhr mit dem Nachtzug gemeinsam mit Dr. Zinsser nach Buenos Aires. Dem im Zweikampf mit dem Kapitän als Sieger hervorgegangenen Schiffsarzt besorgte Zinsser vor seiner Abreise noch ein argentinisches Aufenthaltszertifikat, mit dem sich Dr. Erben, „in Ausübung seiner Geschäfte", zwischen Bahia Blanca und Buenos Aires frei bewegen konnte.

„Er ist am nächsten Tag allein nach Buenos Aires gereist und hat sich auf der Botschaft gemeldet."

Dr. Erben übergab das Fotomaterial über die Vorgänge auf der *Ussukuma* Kapitän Niebuhr, der versprach, es mit dem entsprechenden Kommentar nach Berlin, an Admiral Canaris, weiterzuleiten und dabei, selbstverständlich, die Verdienste Dr. Erbens gebührend zu erwähnen.
Da die argentinischen Behörden der *Ussukuma* als Schiff einer kriegführenden Nation die Ausfahrt aus Bahia Blanca nicht mehr gestatteten, wurde sie am 10. Dezember von der eigenen Besatzung versenkt. Dr. Erben fotografierte ihren Untergang.
Die Besatzung der *Ussukuma*, Kapitän, Offiziere und Mannschaft, wurde für die Dauer des Krieges auf den Falkland-Inseln interniert. Nur der harmonikaspielende Bordmusiker Hellmuth Schütze, der

*) Zwei mehrstündige Interviews mit Generalkonsul a. D. Dr. Christian Zinsser in seiner Münchner Wohnung. Dr. Zinsser stellt sämtliche Berichte der amerikanischen Geheimdienste über seine geheimdienstliche Tätigkeit in Süd- und Zentralamerika energisch in Abrede.

wie Dr. Erben naturalisierter Amerikaner war und vom amerikanischen Vizekonsul von Bord geholt wurde, und der Schiffsarzt entgingen diesem Schicksal.

Mit Dr. Erben hatte Kapitän Niebuhr etwas anderes vor. Er wurde in das Spionagenetz, das in der deutschen Botschaft seinen Knotenpunkt hatte, miteingeknüpft. Bei Kriegsausbruch verfügte „Diego" bereits über eine Reihe solcher „Zivilisten", die bereit waren, für ihn Sonderaufgaben zu übernehmen, obwohl sie keine bestallten Agenten der „Abwehr" waren. Für seine Spionagetätigkeiten und die Bezahlung dieser zivilen V-Männer stand „Diego" 1939 eine volle Kasse von 350 000 Dollar zur Verfügung.

Kaum war die *Ussukuma* in den Gewässern des Atlantik versunken, erreichte Buenos Aires zum ersten Mal Nachricht vom Schicksal des Schiffes, das sie hätte begleiten sollen. Der *Admiral Graf Spee.*

Das Panzerschiff *Admiral Graf Spee,* Hitlers Stolz, war unmittelbar unter der Küste Uruguays von zwei britischen Kreuzern, der *Ajax* und der *Achilles,* gestellt und in ein Feuergefecht verwickelt worden. Die *Graf Spee* war bei diesem ersten Seegefecht des Krieges schwer beschädigt worden. Es gab Tote an Bord. Kapitän Langsdorff steuerte sein havariertes Schiff in den Hafen von Montevideo, an der Mündung des Rio de la Plata, der der Schlacht den Namen geben würde.* Die beiden britischen Kreuzer hatten außerhalb der Hoheitsgewässer Uruguays Position bezogen und warteten auf Verstärkung, um ein mögliches Ausbrechen des deutschen Kriegsschiffes zu verhindern.

Sobald Dr. Erben vom Eintreffen der *Graf Spee* hörte, packte er seine Contax, eine der drei Kameras, die er ständig bei sich führte, dazu Weitwinkel- und Teleobjektive, und löste ein Bahnticket nach Montevideo. Er wußte, Aufnahmen der *Graf Spee* würden nicht nur historischen, sondern auch militärischen und geheimdienstlichen Wert haben.

Am Freitag, den 15. Dezember, wurden die Gefallenen des deutschen Kriegsschiffes in Montevideo unter großer Anteilnahme der

*) Sir Eugene Millington Drake, *The Drama of the Graf Spee and the Battle of the River Plate,* London, 1964.

zahlreichen deutschen Kolonie, aber auch der Bevölkerung, mit allen militärischen Ehren auf dem britischen Friedhof beigesetzt. Dr. Erben war dabei und fotografierte.

Jeder der sechsunddreißig Särge war mit der Hakenkreuzfahne drapiert. Die erschienenen deutschen Würdenträger, Vertreter der deutschen Dienststellen und Handelsniederlassungen, trugen entweder Uniform oder die Hakenkreuzschleife am Ärmel. Sie alle, sowie die Offiziere des Schiffes, hoben den gestreckten rechten Arm zum Deutschen Gruß, als die Särge unter den Klängen des Deutschlandliedes in die Erde gesenkt wurden. Alle bis auf Kapitän Langsdorff.

Der Kapitän, als erster vor der Gräberreihe stehend, auffallend in seiner weißen Uniform, die Linke am Säbel, hob die rechte Hand an den Mützenrand. Zum letzten Salut. Er war der einzige anwesende deutsche Würdenträger, der sich nicht mit dem Nazigruß von den Toten verabschiedete.

Es war das erste Zeichen, daß Langsdorff zur Kenntnis nahm, daß er bei den Kriegsherren in Berlin in Ungnade gefallen war. Er hatte nicht nur die „Schlacht am Rio de la Plata“ sondern auch eine wichtige Propagandaschlacht verloren. Die Welt hatte erfahren, daß die deutsche Kriegsflotte nicht unverwundbar war. Langsdorff wußte, daß Hitler ihm das nie verzeihen würde.

Am nächsten Tag, Samstag, fotografierte Erben pausenlos die sechzig oder siebzig Einschüsse und die Treffer und Schäden im Maschinenraum und bei den Kesselanlagen, die die beiden britischen Kreuzer der *Graf Spee* zugefügt hatten.*

Als Kriegsschiff einer kriegführenden Nation gestattete Uruguay, den Neutralitätsbestimmungen entsprechend, dem havarierten Schiff nur einen vierundzwanzigstündigen Aufenthalt in seinen Hoheitsgewässern. In Berlin übernahm Hitler, wütend über diesen ersten spektakulären Rückschlag des Krieges, persönlich das Kommando über die *Spee*-Affäre. Er erteilte von Thermann und Marineattaché Niebuhr, der zu Verhandlungen mit der Regierung nach Montevideo gekom-

*) Dr. Erben behauptete, daß er sich an Bord der *Graf Spee* frei bewegen durfte, weil er ein Schreiben Niebuhrs besaß, das ihn als offiziellen deutschen Fotografen auswies.

men war, den Führerbefehl, eine Verlängerung der Frist auf zwei Wochen zu erwirken, die, wie ihm gemeldet worden war, notwendig sei, um das Panzerschiff wieder seefähig zu machen.
Die Regierung Uruguays, die von Großbritannien und Frankreich unter Druck gesetzt wurde, der deutschen Forderung nicht nachzugeben und sich strikt an die Neutralitätsbestimmungen zu halten stimmte schließlich einer Verlängerung der Aufenthaltsgenehmigung auf zweiundsiebzig Stunden zu. Da diese Frist jedoch von dem Zeitpunkt an berechnet wurde, zu dem eine uruguayische Inspektion das Schiff verlassen hatte – und weil die Briten ihre Taktik geändert hatten –, betrug sie in Wirklichkeit sechsundneunzig Stunden. Sie lief Sonntag, den 17. Dezember, um 20 Uhr Ortszeit ab.
Großbritannien zog rasch seine verfügbaren Flotteneinheiten zusammen. Sie bildeten außerhalb der Drei-Meilen-Zone, aber von Montevideo aus sichtbar, einen stählernen Riegel.
Der Führer bestand darauf, daß Langsdorff die britische Blockade durchbrechen und die *Graf Spee* in die Hoheitsgewässer des benachbarten und deutschfreundlichen Argentinien steuern solle. – Das hätte Langsdorff von allem Anfang an machen sollen, statt Uruguay anzulaufen! Soll Hitler immer wieder gebrüllt haben.
Kapitän Langsdorff, der ein Durchbrechen der Blockade mit seinem schwerbeschädigten Schiff für aussichtslos hielt und der Ansicht war, daß ein solcher Versuch nur noch mehr Leben kosten würde, schlug vor, das Schiff außerhalb der Hoheitsgewässer zu versenken und auf diese Weise dem Zugriff des Feindes zu entziehen.
Nach einem hektischen Austausch von Depeschen und einer stürmischen Lagebesprechung in Berlin, bei der Hitler zu der Einsicht gebracht wurde, daß eine Flucht der *Graf Spee* unmöglich war, kabelte der Oberkommandierende der Marine, Großadmiral Erich Raeder, das Einverständnis des Führers an Niebuhr. Die uruguayische Regierung, die vertraulich von dem Plan in Kenntnis gesetzt wurde, erklärte sich damit einverstanden und versprach, daß den Offizieren und Mannschaften des versenkten Schiffes gestattet würde, nach Argentinien in die Internierung zu gehen.
Am Sonntagnachmittag verbreitete sich das Gerücht in Montevideo,

das deutsche Kriegsschiff werde noch vor Sonnenuntergang wieder auslaufen. Eine riesige Zuschauermenge versammelte sich entlang des Prado, von wo man die beste Aussicht auf den Hafen und das Meer hatte. Es herrschte Fiestastimmung. Wetten wurden darüber abgeschlossen, was geschehen würde, wenn das lädierte deutsche Schiff gegen die Barriere der britischen Kriegsschiffe anlief, die vom Pier aus als zackige Silhouette gut zu sehen waren.

Dr. Erben befand sich mit seinen Kameras auf dem Versorgungsschiff *Tacoma.*

Im Verlauf des Tages waren fast tausend Mann der Besatzung der *Graf Spee* auf die *Tacoma* verlegt worden. Nur etwa vierzig Mann, Offiziere, Ingenieure und Matrosen blieben unter dem Kommando von Kapitän Langsdorff zurück. Um Punkt 19 Uhr wurden die Anker gelichtet. Der massige Schiffskörper, an dem die Löcher der Einschüsse wie unverheilte Wunden zu sehen waren, glitt langsam aus seinem Bett. Der Bug des Panzerschiffs wies nun geradeaus zur offenen See, als wollte der stählerne Riese seine auf der Lauer liegenden Feinde herausfordern. Aber schon auf halbem Weg schien der Riese es sich zu überlegen, er zögerte und wandte sich um. Um volle 180 Grad. Die *Spee* lief auf exakt westlichem Kurs auf die Küste zu. Als wollte Langsdorff sie mitten in den feuerroten Ball der untergehenden Sonne hineinsteuern. Da lief das Schiff, als wäre der Steuermann von der Sonne geblendet worden, auf eine Sandbank auf. Der Bug grub sich in den Schlamm Die Ankerketten rasselten nieder. Stille. Die *Graf Spee* hatte ihren letzten Liegeplatz gefunden.

Wenige Minuten später kletterten die Männer der Nachhut über ein Fallreep in eine wartende Barkasse. Als letzter Kapitän Langsdorff. Niemand außer der Gefolgschaft, die mit ihm an Bord gewesen war, wußte, daß Fähnrich Ascher, der ranghöchste Offizier der Gruppe, Langsdorff mit physischer Gewalt zum Verlassen seines Schiffes hatte zwingen müssen. Der Plan des Kapitäns war gewesen, mit der *Graf Spee* unterzugehen.

Die Barkasse setzte zur *Tacoma* über.

Knapp fünfzehn Minuten später, während die Sonne hinter den Bergen von Montevideo versank, ging eine zweite Sonne auf und

erleuchtete weithin den Horizont. Eine Feuersäule schoß aus dem Bauch des Panzerkreuzers himmelwärts. Es war 19 Uhr 55. Der Zeitpunkt des örtlichen Sonnenunterganges. Langsdorff hatte den Untergang seines Schiffes mit dem der Sonne synchronisiert. Die Schiffsuhr hatte auf die Sekunde genau die Zündung ausgelöst.
Weitere Explosionen, über das ganze Schiff verteilt, folgten, explodierten wie gigantische Knallfrösche. Der Schiffskörper schien sich unter der Macht der Detonationen aus dem Wasser aufzubäumen, bis eine weitere Batterie von Sprengkörpern, an die die Torpedos angeschlossen waren, seinen Aufbau zerrissen und Kanonenrohre wie Streichhölzer in die Luft schleuderten. Losgerissene Schiffsteile trieben in weitem Umkreis um den zerstörten Rumpf. Die *Admiral Graf Spee* brannte. Wie eine einsame Fackel. Noch mehrere Tage und Nächte.
Dr. Erben fotografierte jede Phase ihrer Agonie.
Als er seine Aufgabe erfüllt hatte – er hatte die Filme noch in der gleichen Nacht bei einem befreundeten Arzt in der Clinica Barrionueva entwickelt und die besten Aufnahmen vergrößert –, kehrte Erben mit dem zwischen Montevideo und Buenos Aires verkehrenden Motorschiff nach Argentinien zurück. Bei seiner Ankunft wurde er verhaftet. Die argentinischen Einwanderungsbeamten hielten ihn fest, da er keine gültigen Einreisepapiere besaß. Sie erläuterten ihm, daß sein argentinisches Aufenthaltszertifikat, das er ihnen zeigte, nur für den Aufenthalt im Land, aber nicht zur Aus- und Einreise berechtigte. Auch in seinem amerikanischen Reisepaß, den er vorwies, befand sich kein argentinischer Sichtvermerk. Nach Ansicht der Argentinier war er illegal ausgereist und versuchte nun, wieder illegal einzureisen.
Dr. Erben hätte die deutsche Botschaft kontaktieren können, aber er wollte seine Verbindung zu den deutschen Behörden geheimhalten, deshalb wandte er sich an das amerikanische Generalkonsulat um Hilfe. Nichtsahnend verhalfen die Amerikaner dem deutschen V-Mann wieder zu seiner Freiheit. Vizekonsul Robert E. Wilson berichtete an das State Department:

„Kurz nach der Selbstversenkung der *Graf Spee* wurde das Generalkonsulat von den argentinischen Immigrationsbehörden telefonisch verständigt, daß ein amerikanischer Staatsbürger, Dr. Erben, wegen des Versuches auf dem aus Montevideo kommenden Motorschiff unerlaubt in Argentinien einzureisen, verhaftet worden war. Vizekonsul English und ich suchten Dr. Erben im Arrest auf. Er erzählte uns gelassen, die große Aufregung über den Zwischenfall mit der *Graf Spee* in Montevideo hätte ihn enorm interessiert, deshalb sei er hingefahren, ohne sich zu überlegen, daß sein neuer, in Argentinien ausgestellter Paß für die Wiedereinreise nicht gültig war. English und ich bezeugten vor den Einreisebehörden, daß Dr. Erben ursprünglich legal als Seemann mit seinem Seemannsausweis eingereist war und inzwischen bereits, wie er uns sagte, Vorkehrungen für seine Rückkehr in die USA getroffen hat. Aufgrund unserer Intervention wurde Dr. Erben die neuerliche Einreise ohne jede Verzögerung gestattet."

Am Tag nach Dr. Erbens Rückkehr brachten die Blätter in Buenos Aires in Extraausgaben die Nachricht vom Tod Kapitän Langsdorffs. Selbstmord. Die allgemeine Ansicht war, er hätte nach dem alten Seefahrerbrauch den Freitod gewählt, weil er den Untergang seines Schiffes nicht überleben wollte. In Wirklichkeit hatte er auf den Befehl Hitlers gehandelt.* Jemand hatte ihm im Auftrag des Führers die Todeswaffe in die Hand gegeben.

Leutnant Hans Dietrich, der persönliche Adjutant Langsdorffs, hatte den Kapitän, als er ihn zur befohlenen Stunde wecken wollte, tot in seinem Bett aufgefunden. Sein Kopf, mit einer Einschußwunde in der rechten Schläfe, lag in einer Lache Blut. Sein Körper war mit der kaiserlichen schwarz-weiß-roten Kriegsflagge bedeckt. Seine Dienstpistole lag neben dem Bett, als sei sie seiner Hand entglitten. Auf dem Tischchen neben dem Bett lagen drei verschlossene Briefe, adressiert

*) William F. Shirer, der amerikanische Historiker und damalige Deutschlandkorrespondent vermerkte in seinem *Berliner Tagebuch* am 21. Dezember 1939: „Hitler hat in einem Wutausbruch über die Niederlage dem Kapitän befohlen, sich selbst das Leben zu nehmen."

an seine Frau, seine Eltern und einer an Botschafter von Thermann. Dietrich rief sofort Legationssekretär Dr. Zinsser in seiner Wohnung an. Ohne etwas über den Grund zu sagen, bat er ihn, unverzüglich ins Hotel Immigracion zu kommen. Als Zinsser kurz danach mit seinem Wagen im Hof des weitläufigen Gebäudes eintraf, fand er eine kleine Gruppe von Offizieren mit Tränen in den Augen vor. Dietrich trat auf Zinsser zu.

„Etwas Schreckliches ist passiert."

„Ich kann es mir denken. Langsdorff hat sich erschossen."

Zinsser war der erste, der nach dem Adjutanten das Zimmer des Toten betrat. Nichts war verändert oder berührt worden. Trotzdem ordnete Zinsser keinen polizeilichen Lokalaugenschein und keine Untersuchung der Pistole auf Fingerabdrücke an. Er nahm die Pistole und die drei verschlossenen Briefe an sich und verabschiedete sich rasch von Dietrich.

„Ich muß sofort dem Botschafter und Kapitän Niebuhr Bericht erstatten."

Marineattaché Niebuhr hatte unmittelbar nach der Versenkung des Schiffes die militärische Seite der *Spee*-Affäre übernommen. Die Sorge um das Wohl von Kapitän Langsdorff und seine Männer hatte Botschafter von Thermann Dr. Zinsser anvertraut.

Zinsser hatte mit Hilfe von Rudolf Hepe, der als „Zivilist" zur Geheimdienstfront Niebuhrs gehörte, den Transport der insgesamt 965 Besatzungsmitglieder von Uruguay nach Argentinien durch das Schiffsunternehmen Antonio Delfino arrangiert. Er hatte, etwa eine Stunde flußabwärts von Buenos Aires, im Morgengrauen in einem Motorboot auf das Eintreffen der zwei Transportschiffe gewartet und Langsdorff, der sich an Bord des ersten befand, versichert, er und seine Männer würden bei ihrer Ankunft in Buenos Aires freundlich empfangen werden.

Bei der Landung an der Darsena Norte, wo der Kapitän und die Besatzung von Niebuhr begrüßt wurden, stellte sich allerdings heraus, daß die argentinische Regierung in letzter Minute beschlossen hatte, die gesamte Besatzung der deutschen *Graf Spee* auf Kriegsdauer zu internieren.

Die erschöpften und zutiefst enttäuschten Männer waren im Hotel Immigracion, die Mannschaft in Schlafsälen, die Offiziere in Einzelzimmern im Spitalstrakt und ein Teil der Besatzung im nahen Marinearsenal untergebracht worden.
Am Nachmittag hatte Kapitänleutnant Kay, der Erste Offizier, der Besatzung mitgeteilt, daß sie als Internierte ihre Waffen abliefern müßten. Das geschah noch vor abends. Niemand konnte im nachhinein mit Sicherheit sagen, ob sich die Dienstpistole Kapitän Langsdorffs unter den eingesammelten Waffen befand.
Um die gedrückte Stimmung etwas aufzuhellen, hatte sich die Besatzung am Abend im Hotel Immigracion zu einem Kameradschaftsabend versammelt. Es war eine rasch improvisierte Angelegenheit („mit Brötchen und Bier") gewesen, zu der auch die Angehörigen der Botschaft eingeladen worden waren. Botschafter von Thermann und der Marineattaché hatten sich jedoch entschuldigen lassen; sie hätten vorher eingegangene Verpflichtungen, die sie nicht absagen könnten. Es war allen klar gewesen, daß die beiden sich nach allem Vorgefallenen von Langsdorff distanzieren wollten.
Sie hatten den übermüdeten Kapitän unmittelbar nach seiner Ankunft zur regulären Morgenbesprechung in die Botschaft gebracht und ihm ohne Umschweife eröffnet, daß der Führer „wütend sei über die Schande, die er über die deutsche Kriegsmarine" gebracht habe. Der Führer hätte einen detaillierten Bericht über sämtliche Ereignisse angefordert, die zu dem Desaster geführt hatten.*
Nur drei Botschaftsmitglieder hatten an dem Kameradschaftsabend teilgenommen: ein Dr. Klingenfuß, Legationssekretär Dr. Zinsser und der Presseattaché Sandstede, die beiden letzteren geheimdienstlich für Niebuhr tätig. Generalkonsul a.D. Dr. Zinsser behauptet**, daß Langsdorff an diesem Abend „äußerst niedergeschlagen war". Sandstede hätte sich dadurch veranlaßt gesehen, zu einem Offizier in der Begleitung Langsdorffs zu sagen: „Paßt heute nacht gut auf auf euren Kommandanten, damit er sich nichts antut." Die Offiziere um

*) Dieser Bericht samt Aufnahmen Dr. Erbens wurde von Niebuhr an seinen Abwehr-Chef Admiral Canaris gesandt und von diesem an Hitler weitergeleitet.

**) Interview, 1982, in Zinssers Wohnung in München.

Langsdorff, darunter Dietrich, hätten Sandstede beruhigt. Sie kannten ihren Kapitän, und es bestünde kein Grund zur Sorge.
F. W. Rasenack, einer der Offiziere auf der *Graf Spee,* berichtet in seinem veröffentlichten Tagebuch* über die gleiche Episode, allerdings abweichend von Dr. Zinssers Darstellung, und fügt noch ein wesentliches Detail hinzu:

> „Er (Langsdorff) war gut aufgelegt und fröhlich, wie wir ihn schon lange nicht gesehen hatten, so daß keiner von uns etwas Schlimmes ahnte. Nur ein Herr, der zur Botschaft gehörte und von dem, wie ich später erfuhr, der Kapitän seinen Revolver zurückverlangt und auch erhalten hatte, sagte zu einem von uns: ‚Paßt heute nacht gut auf euren Kapitän auf.'"**

*) F.W. Rasenack, *Panzerkreuzer Graf Spee*

**) Rasenack, den Dr. Zinsser auf Ersuchen des Autors um Aufklärung bezüglich dieses Punktes ersucht hatte, schrieb an ihn, er hätte die Information bezüglich der Pistole von Leutnant Vagt erhalten. Vagt, der offensichtlich Zeuge der Rückgabe der Pistole war, flüchtete aus der argentinischen Internierung und fand später beim Untergang seines U-Bootes den Tod. Sandstede ist inzwischen ebenfalls verstorben, sodaß nur Dr. Zinssers Aussage bleibt, Sandstede hätte die Warnung ausgesprochen und sei daher auch der Botschaftsangehörige gewesen, der Langsdorff seine Waffe zurückgab. Verschiedene lateinamerikanische Zeitungen, und später britische, brachten Dr. Zinsser in Zusammenhang mit dem Tod Langsdorffs. Genau wie zwei weitere mysteriöse Selbstmorde deutscher Diplomaten, die bei Hitler in Ungnade gefallen waren – Honorarkonsul Motz und Konsul Heinitz –, mit Zinsser, der jeden der beiden unmittelbar vor seinem Tod besucht hatte, in Verbindung gebracht wurden. Generalkonsul a.D. Dr. Zinsser bestreitet vehement, etwas mit den beiden angeblichen Selbstmorden oder geheimdienstlichen Aufgaben überhaupt zu tun gehabt zu haben. Er erklärte: „Meine Weste ist weiß. Ich habe mir nichts zuschulden kommen lassen. Sonst hätten sie mich nach dem Krieg nicht sofort wieder im Außenministerium eingestellt." (Dr. Zinsser, bei Kriegsende Konsul in Tientsin, wurde nach seiner Rückkehr aus russischer Kriegsgefangenschaft erst nach zweijähriger Wartezeit und herabgestuft zum Legationsrat 2. Klasse wieder in den diplomatischen Dienst aufgenommen; und zwar auf persönliche Intervention Bundeskanzler Adenauers, dessen zweite Gattin eine geb. Zinsser und mit Dr. Christian Zinsser verwandt war. Nach Auskunft des Bundesarchivs des Außenamtes in Bonn wurden sämtliche Personalakten Dr. Zinssers aus der Nazizeit „noch vor Kriegsende verbrannt.")

Rasenack identifiziert diesen „Herren, der zur Botschaft gehörte" in seinem Buch nicht.

Kapitän zur See Hans Langsdorff wurde bereits am Nachmittag nach seinem Tod auf dem deutschen Friedhof in Buenos Aires unter starker Anteilnahme der Bevölkerung beigesetzt.

Dr. Erben fotografierte.

Erben verbrachte, nachdem er die *Ussukuma* verlassen hatte, mehr als zwei Monate in Buenos Aires. Während dieser Zeit ließ ihn der amerikanische Militärgeheimdienst nicht aus den Augen. Allerdings teilte das Militär seine Beobachtungen nicht mit den Diplomaten. So wußte man in Washington, was am amerikanischen Generalkonsulat in Buenos Aires unbekannt war: daß der amerikanische Staatsbürger Dr. Erben im deutschen Seemannsheim wohnte, in der deutschen Botschaft ein und ausging, sich mit dem Botschaftsangehörigen Dr. Zinsser häufig auch außerhalb der Botschaft traf* und dabei beobachtet wurde, wie er mit dem Vertreter des Norddeutschen Lloyd Thilo Martin, der dem amerikanischen Geheimdienst ebenfalls als V-Mann im Dienst „Diegos" bekannt war, die Banco Aleman betrat und dort von diesem einen größeren Geldbetrag ausgehändigt bekam.

Dr. Erben meldete sich erst nach sechs Wochen in Buenos Aires zum ersten Mal am amerikanischen Generalkonsulat. Er fabulierte dem ahnungslosen Vizekonsul Clifton B. English vor, er hätte nicht gewagt, früher zu kommen, da die Deutschen ihn dauernd beobachteten. Sie wüßten nicht, daß er amerikanischer Staatsbürger sei, da er auf der *Ussukuma* mit einem deutschen Paß gereist sei. Seinen amerikanischen Paß hätte er, in sterilisierte Gaze gewickelt, in seinem Arzneischrank versteckt gehabt.

Nun sei es ihm gelungen, Botschafter von Thermann zu überzeugen, daß er darauf brenne, nach Deutschland zurückzukehren und für Hitler zu kämpfen. Deshalb habe ihm der Botschafter auch die Erlaubnis „zur Rückkehr nach Deutschland über die Vereinigten Staaten" gegeben.

*) Dr. Zinsser: „Das stimmt. Ich traf mich mit Dr. Erben manchmal zu freundlichen Gesprächen in einer gemütlichen kleinen Bar."

Vizekonsul English glaubte Dr. Erben offensichtlich alle diese Ungereimtheiten, denn er stellte ihm am 1. Dezember einen neuen amerikanischen Paß aus, der – wegen der vom State Department erlassenen Restriktionen bezüglich Dr. Erbens Reisedokumente – allerdings „nur für die Rückkehr in die Vereinigten Staaten bis 1. März 1940" gültig war.

Das mache nichts, sagte Dr. Erben, da er ohnehin vorhabe, auf dem kürzesten Weg nach New York zu fahren. Wäre er einmal in den USA untergetaucht, würden ihn die Deutschen nie mehr wiedersehen. Einstweilen müsse er jedoch vorsichtig sein und dürfe den Kontakt zu ihnen nicht abbrechen, da sich seine Familie in ihren Händen befinde und er Angst habe, die Nazis könnten sich an seinen Angehörigen rächen, wenn sie herausfänden, daß er nicht wirklich nach Deutschland zurück wolle.

Vom amerikanischen Generalkonsulat eilte Dr. Erben mit seinem neuen amerikanischen Paß zum chilenischen Konsulat und beantragte ein chilenisches Touristenvisum.

Drei Tage später wurde es ihm ausgestellt, gültig auf drei Monate.

Vizekonsul English schöpfte auch dann noch keinen Verdacht, als Dr. Erben am 23. Dezember aufs Generalkonsulat kam, um sich von ihm zu verabschieden, und ihm mitteilte, er hätte es sich überlegt, er fahre nun doch nicht auf kürzestem Weg nach New York, sondern zuerst nach Chile.

Warum nach Chile?

> „Auf meine Frage teilte er mir mit, daß er vorhat, nach Chile zu reisen, ‚um einen befreundeten Arzt zu treffen, der kürzlich dort angekommen war'."

Erben hatte auch ein Weihnachtsgeschenk für den hilfsbereiten amerikanischen Diplomaten.

> „Vor seiner Abreise gab er mir mehrere Fotos der *Graf Spee* und der *Ussukuma*, die er in Bahia Blanca und in Lourenço Marques

aufgenommen hatte, und versprach mir, später noch weitere zu schicken."*

Als Erben seine Reise per Bahn über die Anden nach Chile antrat, war er mit Ausweispapieren und Reisedokumenten bestens ausgestattet. Außer dem neuen amerikanischen Reispaß mit dem chilenischen Touristenvisum führte er einen ebenfalls neuen deutschen Paß bei sich, der ihm von der Botschaft in Buenos Aires ausgestellt worden war, einen Ausweis, der ihn als Mitglied des „Kolonialamtes" in Berlin identifizierte, seinen Parteiausweis der NSDAP und seine Mitgliedskarte des NS-Ärztebundes. In seiner Brieftasche trug er eine größere Summe Geldes in verschiedenen Währungen, im Kopf den Auftrag „Diegos".

Genau einen Monat, nachdem Dr. Erben sich von ihm verabschiedet hatte, erfuhr Vizekonsul English, daß er nicht einem etwas verschrobenen und schwierigen amerikanischen Arzt geholfen hatte, sondern einem gesuchten deutschen Spion aufgesessen war. Am 23. Jänner erschien in seinem Büro ein Mr. Leslie Farmer von der Überwachungsstelle der britischen Kriegsmarine. Ein pfeifenrauchender junger Mann.

Farmer reichte English ein Stück Papier mit den Personaldaten Dr. Erbens und der Nummer seines abgelaufenen amerikanischen Passes und bat ihn, sie auf ihre Richtigkeit zu prüfen. Der Diplomat brauchte nicht lange hinzusehen. Er kannte sie auswendig.

„Sie stimmen."

„Wenn sie stimmen, dann handelt es sich bei dem Mann um einen gefährlichen Nazispion."

„Woher wollen Sie das wissen?"

„Der Geheimdienst Seiner Majestät hält den Mann seit Jahren unter

*) Dr. Erben benutzte die Tatsache, daß er 1939 Vizekonsul English einige belanglose Fotos hinterlassen hatte, sieben Jahre später in Schanghai beim Hochverratsprozeß, den ihm die Amerikaner machten, als Beweis dafür, daß er während des Krieges nicht nur für die Deutschen spioniert hatte, wie die Anklage ihm vorwarf, sondern – wie die Fotos der beiden deutschen Schiffe bewiesen – auch für die Amerikaner. Daß er also schlimmstenfalls Doppelagent gewesen sei.

Beobachtung. Genau seit 1935, seit er sich im Vorderen Orient und in Indien herumgetrieben hat. Jetzt, da Krieg ist, wollen wir ihn natürlich nicht aus den Augen verlieren. Deshalb bin ich zu Ihnen gekommen. Sie wissen nicht, wo er sich jetzt aufhält?"
„Nein. Das heißt – nicht genau. Entweder ist er noch in Chile oder auf dem Weg in die Vereinigten Staaten oder schon in New York."
Zu diesem Zeitpunkt war Dr. Erben noch in Chile. Er wohnte in Valparaiso im Deutschen Seemannsheim und war seit seiner Ankunft unter der Leitung von Friedrich Tadeo Schulz-Haussmann als Marinespion tätig. Schulz-Haussmann, der den Codenamen „Casero" trug, war Direktor der Campannia Transportes Maritimos in Valparaiso, einer Schiffahrtslinie, die mit dem Norddeutschen Lloyd affiliiert war. Er war 1938 von der Ast-Hamburg angeworben worden, der gleichen Abwehr-Stelle, die im selben Jahr auch Dr. Erben für den Dienst auf deutschen Schiffen zugelassen hatte und die von 1939 bis 1945 unter der Leitung von Kapitän zur See Herbert Wichmann stand.
Wie „Diego" an der atlantischen Küste Lateinamerikas, so hatte „Casero" an der pazifischen ein dichtgeflochtenes Agentennetz aufgebaut. Wie Niebuhr war auch er, um selbst im Hintergrund bleiben zu können, auf „zivile" V-Männer wie den Schiffsarzt Dr. Erben angewiesen.
Chile war zu jenem Zeitpunkt der lateinamerikanische Staat, der am stärksten von Naziagitateuren durchsetzt war. Die amerikanische Botschaft in Valparaiso warnte Washington immer wieder vor dieser Wühlarbeit. So z.B. in einem Schreiben vom 5. Juli 1940 an das State Department:

> „Wenn man sich bei irgend jemandem hier erkundigt, ob es in Chile eine deutsche ‚Fünfte Kolonne' gibt, so erhält man die Antwort, daß die Deutschen nicht nur über eine straffe und gut organisierte Organisation verfügen, sondern daß die Nazibewegung so stark und einflußreich ist, daß sie die Macht im Staat übernehmen könnte, wann immer es dem Dritten Reich paßt."

Nazideutschland war vor allem wirtschaftlich an Chile interessiert; an seinen kriegswichtigen Rohstoffen, an Kupfer, das es durch Mittelsmänner aufkaufen ließ, und vor allem an Platin, das von Kolumbien nach Chile geschmuggelt und dort von Schulz-Haussmann an verläßliche Seeleute zur Weiterbeförderung nach Deutschland übergeben wurde.
Schulz-Haussmanns größter Coup war, vom Dezember 1939 bis zum August 1940 sieben deutsche Frachter, die der Krieg in chilenischen Häfen überrascht hatte, mit kriegswichtigen Rohstoffen zu beladen und diese über Japan und Wladiwostok nach Deutschland zu verfrachten.
Berlin war aber auch an Informationen über die wirtschaftlichen Tätigkeiten der gegnerischen Seite interessiert. Dr. Erben registrierte im Auftrag Schulz-Haussmanns Namen, Tonnage und Ladung der alliierten Frachter und erkundete ihre Fahrtroute und Bestimmungshäfen, so daß die deutschen U-Boote im Atlantik aufgrund solcher Informationen wirksam gegen sie eingesetzt werden konnten.
Drei Wochen lang verschaffte sich der Marinespion Erben zum Zweck seiner Erkundungen entweder Zugang zu den Schiffen selbst, oder er freundete sich mit Besatzungsmitgliedern an, die ihm bei ein paar Drinks die gesuchten Auskünfte gaben. Beides fiel ihm als amerikanischem Staatsbürger und Mitglied der amerikanischen Seefahrergewerkschaft SUP nicht schwer. Drei Wochen lang wurde er, immer im selben zerknitterten, schmuddeligen Khakianzug und immer mit einer seiner Kameras vom Hals baumelnd, vom britischen Geheimdienst bei dieser Tätigkeit beobachtet. Bevor die Engländer zuschlagen konnten, war er verschwunden.
Er hatte sich als zahlender Passagier auf dem japanischen Dampfer *Heiyo Maru* eingeschifft, der am 20. Jänner nach Callao, einem peruanischen Hafen außerhalb von Lima, auslaufen sollte. Er hatte von Schulz-Haussmann einen neuen Auftrag erhalten: In Valparaiso war allgemein bekannt, daß sich unter den Passagieren der *Heiyo Maru* auch 23 Besatzungsmitglieder des Standard Oil Tankers *H.G. Seidel* befanden, die über Yokohama für den Kriegsdienst nach Deutschland repatriiert werden sollten.

Nach einem FBI-Dokument, das sich auf die geheimdienstlichen Tätigkeiten Dr. Erbens in Südamerika bezieht,* beabsichtigten die Deutschen in Chile mit Hilfe der Japaner einen internationalen Zwischenfall zu provozieren, bei dem Dr. Erben als Augenzeuge fotografieren sollte. Seine Aufnahmen würden als willkommenes Propagandamaterial gegen Großbritannien verwendet werden.

> „Man rechnete fest mit der Möglichkeit, daß das Schiff von britischen Patrouillen angehalten und durchsucht wird und daß die deutschen Seeleute von Bord geholt werden. Wie Dr. Erben behauptete, sei diese Situation absichtlich geschaffen worden, um die britische Regierung in eine peinliche Zwangslage zu bringen. Entweder sie holt die Deutschen nicht vom Schiff, dann verliert sie das Gesicht, oder sie holt die Männer herunter, dann schafft sie einen schweren diplomatischen Konflikt zwischen Großbritannien und Japan."

Als amerikanischer Staatsbürger mit einem gültigen amerikanischen Paß in der Tasche fühlte sich der Fotograf Erben auf dem japanischen Schiff sicher. Das änderte sich schlagartig, als die *Heiyo Maru* auf ihrem nördlichen Kurs in der chilenischen Hafenstadt Antofagasta anlegte und Dr. Erben dem dortigen amerikanischen Vizekonsul einen Höflichkeitsbesuch abstattete.

Vizekonsul George H. Adams teilte seinem Besucher in krasser Verletzung der diplomatischen Spielregeln mit, was ihm sein britischer Amtskollege vertraulich mitgeteilt hatte, als sie die Möglichkeit einer britischen Suchaktion auf der *Heiyo Maru* erörtert hatten. Adams hatte den britischen Konsul darauf aufmerksam gemacht, daß, sollten sie dabei einen Dr. Erben an Bord finden, dieser nicht deutscher, sondern amerikanischer Staatsbürger sei. Die Briten seien aber entschlossen, Dr. Erben bei einer solchen Aktion, gleichgültig welcher Nation er sei, zu verhaften. Weil er, wie es in dem selben FBI-Dokument heißt:

*) HERMAN FREDERICK ERBEN (with aliases), CHARACTER: ESPIONAGE. N.Y. NO. 65-1715.

„...Nr. 1 auf der Liste jener Personen war, die die Briten der feindlichen Geheimdiensttätigkeit verdächtigten."

Dr. Erben bedankte sich bei Vizekonsul Adams für diese Information, eilte zurück zur *Heiyo Maru*, die in wenigen Stunden wieder auslaufen würde, holte sein Gepäck herunter, ließ sich das Geld für den nicht benutzten Teil seiner Fahrkarte rückerstatten, entledigte sich sämtlicher deutscher Dokumente und Ausweise, indem er sie durch die Ast-Antofagasta an seinen Freund Dr. Rudolf Scharff in New York schicken ließ, und tauchte unter.
Wenige Tage später heuerte er – vermittelt durch Vizekonsul Adams – auf der amerikanischen *S.S. Nightingale* an. Da der Posten eines Schiffsarztes besetzt war, als Kombüsenjunge. Er hätte es – zur Erfüllung seiner Aufgabe als Marinespion – nicht besser treffen können.
Die *Nightingale* war einer der modernsten Frachter der amerikanischen Handelsflotte. Mit einer Maschinentechnik, die so fortgeschritten war, daß sie aus strategischen Gründen noch geheimgehalten wurde; weshalb der Zutritt zum Maschinenraum für alle Nichtbeschäftigten verboten war. Außerdem sollte sie in Chile 4800 Tonnen Kupfer laden, das für die alliierte Kriegsindustrie bestimmt war.
Die *Nightingale* lief am 26. Jänner in südlicher Richtung aus und kehrte am 7. Februar auf ihrer nördlichen Route wieder nach Antofagasta zurück, um dort das Kupfer zu laden. Der Schiffskapitän, Kapitän Laurence B. Parker, beobachtete, wie der Mann, den er für 55 Dollar monatlich als Kombüsenjunge angeheuert hatte, mit einer offensichtlich teuren Kamera das Lademanöver von Bord aus heimlich fotografierte.
Sobald die Ladung unter Deck war, suchte Kapitän Parker den Mann auf, der ihm diese Laus in den Pelz gesetzt hatte. Vizekonsul Adams. Er teilte dem Diplomaten mit, daß er, nach allem, was er bis jetzt gesehen hatte, den zweiundvierzigjährigen Kombüsenjungen für einen Spion hielt. Vizekonsul Adams verfaßte darüber einen Bericht an seine vorgesetzte Stelle im State Department:

„Parker teilte mir mit, daß Dr. Erben, sobald das Schiff Valparaiso erreichte, von einer großen Abordnung des deutschen Segelschiffs *Privall* * empfangen wurde, das dort Zuflucht gefunden hatte. Nach dem Respekt zu urteilen, mit dem die Besatzung ihn dauernd mit dem Nazisalut grüßte, nimmt der Kapitän an, daß es sich bei Dr. Erben um eine bekannte Nazipersönlichkeit handelt. Während die *Nightingale* in Valparaiso lag, verbrachte Dr. Erben die ganze Zeit, die er nicht Dienst hatte, auf dem deutschen Schiff. Oder er fotografierte, was ihm vor die Kamera kam. Er verschaffte sich ein Boot, mit dem er rund um das chilenische Kriegsschiff *Latorre* fuhr und es von Bug bis Heck fotografierte. Ähnliches soll sich auch auf der Rückfahrt in Coquimbo abgespielt haben."

„Aber das Ärgste ist, der Kerl spioniert auf meinem eigenen Schiff! Ich habe strikte Anweisung gegeben, ihn nicht aus den Augen zu lassen. Und was geschieht? Mein Erster Offizier ertappt ihn dabei, wie er sich mit seiner verfluchten Kamera in den Maschinenraum schleichen will! Und jetzt will er auch noch, daß ich ihn während der Fahrt durch den Panamakanal in der Kanalzone absetze!"
„Werden Sie es tun?"
„No, Sir. Ich habe ihm schon gesagt, daß das nicht möglich sei."
Kapitän Parker sagte, natürlich könne er den Mann in der Kanalzone absetzen, wenn die Behörden es wünschten, und Vizekonsul Adams versicherte ihm, daß bis zu diesem Zeitpunkt bestimmt schon eine Entscheidung aus Washington einlangen würde.
Kaum hatte sich Kapitän Parker vom Vizekonsul verabschiedet, stürmte Dr. Erben in dessen Büro.
Der Kapitän halte ihn praktisch auf seinem Schiff gefangen.
Wieso?
Er lasse ihn nicht in der Kanalzone abmustern.

*) Die *Privall* wird in amerikanischen Geheimdokumenten als „Spionageschiff" identifiziert, von dem aus Funksprüche nach Deutschland übermittelt wurden.

„Ich mußte Dr. Erben mitteilen, daß ich in keiner Weise dazu befugt bin, Kapitän Parker oder der Kanalbehörde Anweisung zu geben, ihn dort abmustern zu lassen."

Am 14. Februar passierte die *Nightingale* den Panamakanal und legte sogar an. Aber trotz seines heftigen Protests wurde Dr. Erben nicht gestattet, an Land zu gehen:

„Dr. Erben setzte seine Bemühungen, vom Schiff abmustern zu dürfen, fort und bot, trotz seiner früheren Beteuerungen, daß er mittellos war, der Kanalbehörde eine Bargeldkaution von 150 Dollar an, wenn sie ihm gestattete, das Schiff zu verlassen. Diesem Ersuchen wurde jedoch nicht stattgegeben. Er blieb als Angehöriger der Besatzung an Bord."

Er stellte weiterhin den Seeleuten das Essen auf den Tisch und wusch das Geschirr, bis die *Nightingale* an einem grauen, kalten Wintermorgen am Pier der Grace Line in Manhattan festmachte.
Auf dem Hudson schwamm Treibeis, als Dr. Erben in kurzer Khakihose frierend an der Reling stand. Er wußte, daß auf dem Pier einige Männer auf ihn warteten.
Der Einwanderungsbeamte, der an Bord kam, zog den Reisepaß ein, den Vizekonsul English ihm in Buenos Aires ausgestellt hatte und der ohnehin neun Tage später abgelaufen wäre. Der Zollbeamte durchwühlte seinen Seemannssack und seinen Koffer, ohne etwas Unerlaubtes zu finden, und zwei FBI-Beamte unterzogen ihn einem langwierigen Verhör, das letztlich ebenfalls ergebnislos verlief.
Erben nahm die Fähre über den Hudson nach New Jersey und quartierte sich im Deutschen Seemannsheim in Hoboken ein.
Zwei Wochen später, an dem Tag, an dem die *Nightingale* zu ihrer nächsten Fahrt nach Südamerika auslief, erschien Dr. Erben an Bord – in neuer, dem New Yorker Winter angemessener Kleidung – und ersuchte den Zahlmeister, seine Dienstzeit auf der *Nightingale* in seinen Seemannspaß einzutragen.
Er hatte sich diesen neuen Seemannsausweis durch einen Meineid

erschwindelt, indem er am Marineamt des Handelsministeriums in New York eidesstattlich erklärt hatte, sein alter Seemannspaß sei „auf See verlorengegangen“. In Wirklichkeit hatte ihn Vizekonsul English in Buenos Aires eingezogen, als er ihm seinen befristeten Reisepaß ausgestellt hatte, und ihn an das State Department geschickt. Dort lag er nun. In Washington. Trotzdem stellte ihm der Shipping Commissioner in New York am 8. März ein Duplikat für das angeblich verlorene Original aus.

Der Zahlmeister der *Nightingale* fragte Dr. Erben, was er nun machen werde.

„Ich hoffe, daß ich eine Stelle als Schiffsarzt auf einem norwegischen Schiff bekomme. Ich möchte wieder nach Europa.“

Dr. Erben hatte bereits eine Anstellung als Schiffsarzt. Nicht auf einem norwegischen, sondern auf einem amerikanischen Schiff. Er fuhr nicht nach Europa, sondern zurück in den Panamakanal.

Der deutsche Generalkonsul Dräger hatte ihm den Posten auf der *S.S. Panama* verschafft. Daß es bei der Postenbesetzung auf der *Panama*, die der amerikanischen Regierung gehörte und die strategisch heikle Strecke zwischen den USA und der Kanalzone befuhr, nicht ganz mit rechten Dingen zugegangen war, konnte in der Atmosphäre des wachsenden politischen Mißtrauens, wo jeder bald in jeder dunklen Ecke einen deutschen Agenten vermutete, nicht lange verborgen bleiben.

Auf einen anonymen Tip hin trompetete der Zeitungs- und Radiokommentator Walter Winchell, der sich auf die Aufdeckung von Nazikomplotten spezialisiert hatte, in seinem gewohnten Stakkato eines Abends hinaus:

> „Auf dem regierungseigenen Schiff *S.S. Panama* sind fünfzehn Mann der Besatzung gebürtige Deutsche. Eingebürgerte und nicht hier geborene Amerikaner. Sie halten die wichtigsten Posten an Bord besetzt: Steuermann, Maschinist, Funker usw. – Good night, Mr. and Mrs. America and all the ships at sea.“

Winchells Warnung, von Millionen Zuhörern gehört, zeitigte Folgen. Die Fahrt, an der Dr. Erben als sechzehntes naturalisiertes Besatzungsmitglied teilgenommen hatte, war die letzte der deutsch-amerikanischen Crew. Auf direkte Anweisung der Regierung wurde die Besatzung nach der Rückkehr des Schiffes aus Cristobal von der Panama-Line ausgewechselt und der Schiffsarzt Dr. Erben, gerade erst angeheuert, wurde ohne Angabe von näheren Gründen wieder entlassen.

Die fristlose Entlassung störte Dr. Erben nicht. Er hatte den Auftrag, der ihm von „Diego“ und Dr. Zinsser in Buenos Aires übertragen worden war, erfüllt und die fotografische Ausbeute seiner Erkundungen in der Kanalzone bei Generalkonsul Dräger zur Weiterleitung nach Deutschland abgeliefert.

Dr. Erben hatte diese Aufnahmen unbemerkt während der vier Tage gemacht, die die *S.S. Panama* in Cristobal lag. Es war ihm offensichtlich gelungen, sich in der Kanalzone frei zu bewegen. Im FBI-Archiv liegt einsam eine einzige Aktennotiz, die sich auf diesen erfolgreichen Spionagecoup bezieht.

Der Chef der Spionageabwehr in der Kanalzone William Dawson berichtete:

> „Dr. Erben ist mit einer wertvollen Kamera und einem verschnürten Paket mit unbekanntem Inhalt in der Kanalzone gesehen worden. Er sagte, das Paket enthalte Radioröhren, die er einem Cousin nach Deutschland schicken wolle. Er erkundigte sich bei einem Zollbeamten nach dem Programm des bevorstehenden ‚Tages der Armee‘. Er sagte, er würde sich die militärischen Veranstaltungen an den verschiedenen Plätzen in der Zone gerne anschauen und dabei fotografieren. Der Zollbeamte gab ihm die gewünschte Auskunft.“

Am 15. März, um die gleiche Zeit, zu der Erben in der Kanalzone für die „Abwehr“ spionierte, erhielt Errol Flynn während einer Drehpause bei den Aufnahmen für den Warner Bros. Film *Sea Hawk* in seiner Stargarderobe wieder einmal Besuch vom FBI. Der FBI-Agent Richard Hood war Flynn kein Unbekannter mehr. Er hatte ihn schon mehrmals über Erben ausgefragt. Diesmal ging es weniger darum, wo er war, was Flynn, wie er beteuerte, tatsächlich nicht wußte, sondern darum, was er von seiner politischen Einstellung hielt: Kommunist oder Nationalsozialist? Nach dem Hitler-Stalin-Pakt des vergangenen Herbsts betrachteten die Amerikaner beides als „Un-American“.

Flynn deckte seinen Freund wie immer. Wie das FBI-Protokoll zeigt:

> „Dr. Erben ist ein Mann, dem man vertrauen kann. Er ist ein Kauz und sagt manchmal das Falsche am falschen Platz. Aber ich kenne ihn, und daher kann ich mit Gewißheit sagen: Dr. Erben ist ein entschiedener Gegner sowohl von Kommunismus als auch von Nazismus. Er wäre bestimmt der letzte, der etwas für die Nazis täte. Er haßt sie aus tiefster Seele.“

11

1940/41

Wie Errol Flynn an Mrs. Roosevelt schrieb, Erben in San Francisco vor dem Richter stand, vergeblich zu fliehen versuchte, sich in Hollywood versteckte, nach Mexiko flüchtete, als bestallter Agent bei der Abwehr eintrat und dadurch zum zweiten Mal Hochverrat beging.

Im Frühjahr 1940 war der Schiffsarzt Dr. Erben arbeitslos. Nach seiner Entlassung von der *S.S. Panama* war es ihm nicht mehr gelungen, eine Anstellung auf einem Schiff zu bekommen. Wenn er sich bewarb, so wurde er fast immer ohne Erklärung abgewiesen, oder mit einem wissenden Lächeln. Oder auf später vertröstet. Dabei wußte er, daß es freie Stellen gab. Der Krieg in Europa hatte auch die amerikanische Wirtschaft angekurbelt und Bedarf an zusätzlichem Schiffsraum geschaffen. Zugleich wußte Erben aber auch, daß seine Verfolger das Netz um ihn enger zogen und daß das Tempo der gegen ihn laufenden Untersuchungen sich beschleunigte.

Er wechselte fast jede Woche sein Quartier. Vom Deutschen Seemannsheim in Hoboken in den Seemanns-Annex der YMCA oder in die YMCA an der Westseite; von dort in ein Billighotel oder ein Männerasyl an der Bowery; er lebte unter Alkoholikern, Bettlern und sonstigem menschlichen Strandgut der Metropole.

Seine Post holte er sich jedoch nach wie vor in der eleganten Fifth Avenue ab, in der Ordination seines Freundes Dr. Rudolf Scharff. Auch die deutsche Dienststelle am Battery Place suchte er regelmäßig auf, lieferte ein paar Erkundungen über den Fahrplan alliierter Schiffe ab, übertrieb deren Wichtigkeit jedes Mal, um sich die weitere finanzielle Unterstützung der „Abwehr“ zu sichern und bei Generalkonsul Dräger als Informant nach wie vor unentbehrlich zu erscheinen.

Sein Drang zur Selbstbezichtigung, der jedoch immer die Form einer Unschuldsbeteuerung annahm, trieb ihn auch immer wieder ins Büro des FBI. Einmal, um nachzufragen, ob er denn noch beobachtet werde und wenn ja, warum; dann wieder, um ein Protokoll zu diktieren, daß alles ganz anders darstellte, als es wirklich gewesen war, oder auch um ein bereits vorbereitetes, mit der Hand gekritzeltes, abzugeben; oder auch, um sich darüber zu beschweren, daß einer seiner „engsten Freunde", der Hollywoodstar Errol Flynn oder der Prominentenarzt Dr. Scharff, schon wieder von FBI-Beamten belästigt worden sei, die Auskunft über ihn verlangten.
In zahlreichen Schreiben an das State Department und sogar an FBI-Direktor Hoover persönlich beklagte er sich, daß die „Inquisition" seiner Freunde ihm das Gefühl gebe, als sei er „ein moralischer Aussätziger, der jeden ansteckt, der mit ihm in Berührung kommt".
In Wahrheit war das die Meinung, die er über sich selbst hatte: Wegen seiner jüdischen Abstammung, an die ihn sein beschnittenes Glied jeden Tag erinnerte. Da für ihn die Maximen des Nationalsozialismus den Platz eines religiösen Glaubens eingenommen hatten, war er gezwungen, sich als „Untermensch" zu betrachten, der für sein „Untermenschentum" sühnen muß, wie der gläubige Christ für die Erbsünde, für die er ebensowenig kann wie Dr. Erben für den jüdischen Glauben einiger seiner Vorfahren.
Zwei Mal versuchte er sein Glück als Lagerarzt in einem der „CCC-Camps". Diese Arbeitsdienstlager hatte Präsident Roosevelt während der Wirtschaftskrise einrichten lassen, um die Jugendarbeitslosigkeit zu verringern. Beide Male wurde er nach ein paar Wochen gefeuert. Im ersten dieser Lager, in Fort Moultrie in South Carolina, wurde er von einer Militärpatrouille dabei gefaßt, wie er auf einem benachbarten militärischen Sperrgebiet fotografierte und Soldaten nach vertraulichen Informationen ausfragte. Aus Camp Sebring in Florida wurde er fristlos entlassen, nachdem Senator Claude Pepper vom Bundesstaat Florida ein geharnischtes Telegramm an FBI-Direktor Hoover gesandt hatte, in dem er eine Senatsuntersuchung der Umstände androhte, die eine Anstellung Dr. Erbens in einem Camp der Regierung ermöglicht hätten. Die Gattin des Präsidenten, Mrs. Elea-

nor Roosevelt war die Schutzherrin der „CCC-Camps“ und zugleich ein begeisterter Flynn-Fan. Flynn kannte sie persönlich und war auch schon im Weißen Haus eingeladen gewesen. So scheint es durchaus möglich, daß Dr. Erben diese beiden Anstellungen durch die Protektion von Mrs. Roosevelt erhalten hatte.

Nach New York zurückgekehrt, fand Dr. Erben unter seiner Post in der Fifth Avenue die Vorladung zum ersten Gerichtstermin seines Ausbürgerungsverfahrens vor. Er war für den 7. Mai angesetzt. Beim Distriktsgericht in San Francisco, dem Ort seiner Einbürgerung und seinem letzten ständigen Wohnsitz.

Erben fuhr sofort nach Kalifornien. Errol war soeben von einer Publicity-Tour durch Südamerika zurückgekommen, erschöpft und krank. Malariafieber, das er sich bereits in Neuguinea geholt hatte, schüttelte ihn. Dr. Erben spritzte Flynn Morphin, von dem dieser bereits abhängig war und sein ganzes Leben lang bleiben sollte. Errol trat sofort für seinen Freund in Aktion. Er telegrafierte an Mrs. Roosevelt.

> „Dear Mrs. Roosevelt, einer meiner besten Freunde, Dr. Erben, befindet sich in äußerster Gefahr, nur wegen einer Formalität seine Staatsbürgerschaft zu verlieren. Während der vergangenen zehn Jahre habe ich oft mitangesehen, wie Dr. Erben seine Pflicht als Chirurg im Dienste der Menschheit erfüllte, ohne mit Entlohnung rechnen zu können. Ein Anruf von Ihnen bei Miß Perkins* mit dem Ersuchen, seinen Fall zu prüfen, würde wahrscheinlich alle seine Schwierigkeiten beseitigen. Ich darf Sie versichern, daß ich Sie nicht bedrängen würde, wüßte ich nicht, daß Sie diesem Mann helfen wollen.“

Die First Lady wollte. „Dear Errol“ zuliebe. Aber sie konnte nicht. Erben saß neben Flynn und hatte sein Ohr an den Hörer gepreßt, als Mrs. Roosevelt aus dem Weißen Haus zurückrief. „Ma“ Perkins, bei

*) Miß „Ma“ Perkins war Arbeitsministerin in der Roosevelt-Administration und daher zuständig für Immigration und Naturalisierung.

der sie zugunsten Dr. Erbens zu intervenieren versuchte, hätte sie ausdrücklich vor ihm gewarnt. – Hände weg von ihm. Der Mann ist Dynamit! – hätte sie gesagt. Sorry, dear Errol.

Da der Gerichtstermin unmittelbar bevorstand, war keine Zeit zu verlieren. Auf Empfehlung seines eigenen Anwalts, Jerry Giesler, engagierte Errol Flynn auf seine Kosten einen der renommiertesten Anwälte San Franciscos für die Verteidigung seines Freundes. Der Italo-Amerikaner Chauncey Tramutolo vertrat auch die Interessen Mussolinis in den USA.

Tramutolo erwirkte sofort einen Aufschub des Gerichtstermins vom 7. Mai auf den 8. August. Dr. Erben verbrachte die dreimonatige Galgenfrist ausschließlich in Errols Gesellschaft, in dessen luxuriöser neuer Villa am Lindon Drive.

Das Hollywood, in das Dr. Erben 1940 zurückkehrte, war nicht mehr das Hollywood von 1937, als Errol und er ihr spanisches Unternehmen ausgeheckt hatten. Der Krieg in Europa warf seine Schatten auch auf die Sonnenküste Kaliforniens.

Jüdische Intellektuelle, Schriftsteller, Komponisten, Regisseure, Musiker, Schauspieler, denen es gelungen war, dem Naziterror zu entfliehen, hatten sich in und nahe Hollywood in der Hoffnung niedergelassen, in der Filmindustrie Arbeit und finanzielle Sicherheit zu finden. Manchen gelang es, wenn auch oft um den Preis der Selbstverleugnung. Vielen jedoch nicht. Diese mußten vielfach in untergeordnete Tätigkeiten ausweichen, um überleben zu können.

Aber über die politischen und ideologischen Barrieren hinweg, die in der alten Heimat Gültigkeit gehabt hatten, war es den deutschsprachigen Immigranten trotz aller persönlicher Querelen und Eifersüchteleien gelungen, ein Netz der gegenseitigen Hilfe und des Zusammenhalts zu spannen. Denn außer dem meist spärlichen materiellen Gepäck hatten sie ein Gemeinsames auf ihrer Flucht aus Europa mitgebracht: die Entschlossenheit, die amerikanische Öffentlichkeit gegen Hitler und für den Eintritt der USA in den Krieg zu mobilisieren.

Das war die Situation, die Dr. Erben bei seiner Ankunft in Hollywood vorfand: hier „Interventionisten“, da „Isolationisten“. An bei-

den Fronten agitierten Deutsche und suchten Verbündete unter den Amerikanern.
Goebbels, der sich des wachsenden Einflusses der jüdischen Emigranten auf die amerikanische Filmindustrie wohl bewußt war und die propagandistischen Möglichkeiten der Flimmerleinwand wie kaum ein anderer kannte, konzentrierte seine Stimmungsmache in den USA daher in erster Linie auf Hollywood.
Beeinflussungsagenten wurden von Deutschland aus in Marsch gesetzt. Darunter war eine blonde Filmschauspielerin, Freundin Hitlers und verhätschelter Liebling von Goebbels. Sie nahm sich in Los Angeles liebesbedürftiger einflußreicher Persönlichkeiten an: eines Ölmilliardärs mit Nazisympathien; eines deutschstämmigen Besitzers einer Großbrauerei, der sie sogar heiraten wollte; des Präsidenten einer Rundfunkstation; etlicher Hollywoodstars. Sie gefiel sich in der Rolle von Hollywoods Mata Hari.
Die kalifornischen Dienststellen des Dritten Reiches wurden entweder mit Topleuten neu besetzt oder zumindest aufgewertet. Aus dem deutschen Konsulat in Los Angeles wurde ein Generalkonsulat. Die Bezüge von Generalkonsul Gyssling wurden verdoppelt und sein Etat für Propaganda und geheimdienstliche Aktivitäten, die bis Mexiko reichten, aufgestockt.*
Generalkonsul Dr. Georg Gyssling machte von den Mitteln, die Berlin ihm zur Verfügung stellte, jedenfalls großzügig Gebrauch. Am 5. April 1940 lud er zu einer Party ins exklusive Beverly Hills Hotel ein, zu Ehren des Herzogs von Sachsen-Coburg-Gotha, der Kalifornien in seiner Funktion als Präsident der Deutschen Gesellschaft vom Roten Kreuz besuchte.
Die Liste der vierhundert Gäste, die nichts dabei fanden, die hakenkreuzgeschmückten Einladungen des deutschen Generalkonsuls anzunehmen, zu einem Zeitpunkt, da Hitlers Armeen Dänemark und

*) „Wild“ Bill Donovan, der spätere Gründer des amerikanischen Geheimdienstes OSS, schrieb nach einer Besuchstour durch Europa in der *New York Times,* daß Nazideutschland nach seiner Einschätzung 1940 für Propagandatätigkeit im Ausland das Äquivalent von 200 Millionen Dollar ausgab.

Norwegen überrollten und die Gestapo bald in halb Europa Jagd auf Juden machte, liest sich wie ein *Who's Who* der kalifornischen Prominenz.

Angeführt vom Gouverneur von Kalifornien, Culbert Olsen, machten ihre Aufwartung u.a. der Zeitungsmagnat William Randolph Hearst mit seiner Freundin, dem Filmstar Marion Davies; Mr. und Mrs. Walt Disney; Mr. und Mrs. Gary Cooper; der Filmzensor Will Hayes mit Gattin; und die Opernsängerin Maria Jeritza und ihr Gatte Winfield Sheean, der ehemalige Präsident von Twentieth Century Fox.*

Zur Bespitzelung seiner Gäste mischte Dr. Gyssling seine beiden Agenten Werner Plack und Hans Wolfram unter die fröhlich feiernde Menge.**

Auch San Francisco wurde vom gewöhnlichen Konsulat zum Generalkonsulat aufgewertet. Fritz Wiedemann, der Persönliche Adjutant des Führers, löste den äußerst unpopulären Konsul Baron von Killinger ab.

Der Hintergrund für diese Versetzung war, daß Hitler von der Liaison des verheirateten Wiedemann mit der jüdischen Prinzessin Stephanie Hohenlohe erfuhr. Der Führer, der selbst ein Faible für die angeheiratete österreichische Aristokratin hatte, seine „liebe Brinzessin", wie er ihren Titel nach österreichischer Art auszusprechen pflegte, verbannte beide aus seinen Augen. Wiedemann, um keinen internationalen Skandal auszulösen, als Generalkonsul ins ferne San Francisco. „Steph" floh mit ihrer Mutter von Schloß Leopoldskron bei Salzburg, das einmal Max Reinhardt gehört hatte und das ihr Göring und Hitler als Residenz zugeteilt hatten, nach London. Sie folgte jedoch bald danach ihrem Liebhaber nach San Francisco nach, wo sie

*) Dr. Gyssling wurde nach Kriegsende, am 7. Juni 1945, vom amerikanischen CIC in einem Versteck bei Meran aufgestöbert. Bei seiner Einvernahme gab er Winfield Sheean als Charakterzeugen an, der dafür bürgen würde, daß er während seiner Amtszeit in den USA nichts Unrechtes getan und sich stets amerikafreundlich verhalten habe.

**) Werner Plack benutzte den Cover eines Vertreters deutscher Weine, Hans Wolfram war bei der deutschen Nachrichtenagentur DNB akkreditiert; beide waren jedoch gleichzeitig geheimdienstlich tätig.

für eine Weile mit Wiedemann und seiner Frau in einer Ménage à trois lebte.

Aber die Interventionisten Hollywoods blieben ebenfalls nicht untätig. Sie konterten die deutschen Propagandabemühungen, wo sie nur konnten. Unter dem Einfluß der Immigranten war die amerikanische Filmindustrie bei der Demaskierung des Nationalsozialismus dem offiziellen Washington ein gutes Stück voraus.

Bereits im Frühjahr 1939, ein halbes Jahr vor Kriegsbeginn, hatte der erste von rund hundertfünfzig Anti-Nazi-Filmen Premiere, die Hollywood bis Kriegsende drehte. Es war der erste Film mit dem Wort „Nazi" im Titel: *Bekenntnisse eines Nazispions.* Produktion: Warner Bros., Regie: Anatole Litvak, in der Hauptrolle: Edward G. Robinson. Es war ein halbdokumentarischer Streifen, basierend auf den FBI-Dossiers tatsächlicher deutscher Spione. Neben der Aufdeckung eines deutschen Spionagerings durch das FBI zeigte der Film auch den „Deutsch-Amerikanischen Bund" als das, was er wirklich war: kein völkischer Verein deutscher Einwanderer, sondern eine paramilitärische Schlägerorganisation nach dem Vorbild der SA.

Die deutschen Dienststellen liefen sofort Sturm gegen das angebliche „Machwerk". Dr. Gyssling protestierte bei Warner Bros. und verlangte von Filmzensor Hayes ein Aufführungsverbot für den Film. Die deutsche Botschaft in Washington warnte Roosevelt, der Film sei „Teil einer Verschwörung gegen das deutsche Volk" und könnte das Klima zwischen den beiden Staaten „vergiften". Fritz Kuhn, der Führer des „Bund", dessen Massenkundgebung im New Yorker Madison Square Garden als Dokumentarmaterial zur Spielhandlung dazugeschnitten worden war, klagte die Produzenten wegen angeblicher Diffamierung auf 5 Millionen Dollar.

Das Weiße Haus gab den Protesten der deutschen Regierung noch einmal nach. *Bekenntnisse eines Nazispions* wurde zwar nicht abgesetzt, aber Charlie Chaplin, der bereits an seiner Hitlerparodie *Der große Diktator* arbeitete, wurde offiziell mitgeteilt, daß ein derartiger Film derzeit nicht „opportun" sei. Das galt zugleich als Warnung für alle anderen, die sich ebenfalls mit Plänen für Anti-Nazi-Filme trugen. Erst als Roosevelt seine Politik änderte und den Eintritt der

USA in den Krieg vorbereitete, für den die Öffentlichkeit begeistert werden mußte, durfte Hollywood die Propagandaschleusen öffnen. Scharmützel zwischen siegesgläubigen Hitleranhängern und ihren Opponenten wurden jedoch nicht nur an der großen Propagandafront des Films, sondern auch auf Nebenkampflinien ausgetragen. Sogar in Nightclubs.

Als die Wiener Diseuse Greta Keller bei ihrem Engagement im Nightclub „La Maze" am Sunset Boulevard ihre Lieder und Chansons demonstrativ nur auf Deutsch sang und sich weigerte, auch Englisch oder Französisch zu singen, verließ ein Teil des Publikums, überwiegend Emigranten, die diese Weigerung als politische Provokation auffaßten, als die sie auch gedacht war, ebenso demonstrativ den Klub. Das Management verwarnte die Sängerin. Jedoch ohne Erfolg. Greta Keller blieb bei ihrer Weigerung und ihr Engagement wurde nicht verlängert. Ähnlich war es ihr bereits in Montreal ergangen.

Die deutsche UFA-Filmschauspielerin Hilde Krüger, der es nach ihrem letzten Erfolg in Deutschland in *Rheinische Brautfahrt* auf nicht ganz erklärbare Weise gelungen war, Berlin noch nach Kriegsausbruch zu verlassen und nach Hollywood zu kommen, um dort angeblich ihre Filmkarriere fortzusetzen, erinnert sich an die Schwierigkeiten ihrer Freundin Greta Keller, die mehrmals bei ihr in ihrem luxuriösen Appartement im Beverly Wilshire Hotel wohnte:

> „Nachdem Greta Halbjüdin war, hätte sie es in Hollywood leicht haben können. Aber sie stellte sich bewußt auf die Seite der nichtjüdischen Deutschen und Österreicher. Deshalb hat sie dauernd Probleme gehabt. Weil sie bei ihren Engagements immer zu viele Songs auf Deutsch gesungen hat. Greta war eben der Überzeugung, wie wir alle, die damals zusammen ausgingen, und dazu gehörten viele prominente Amerikaner, daß Hitler den Krieg gewinnen würde. Kann man ihr oder uns daraus einen Vorwurf machen? Schließlich war das 1940."*

*) Interview mit Frau Krüger, die heute mexikanische Staatsbürgerin ist, 1982, in New York.

Nach dem dreimonatigen Aufschub, den ihm Tramutolo verschafft hatte, blieb Dr. Erben nichts anderes übrig, als nach San Francisco zu fahren. („I had to face the music.“)
Am Morgen des 6. August bestieg er den Greyhound-Bus für die 800 Kilometer lange Fahrt. Spät abends kam er an und quartierte sich in einer verwahrlosten Männerherberge ein.
Am 8. August, pünktlich um 10 Uhr, präsentierte sich Dr. Erben im dunklen Anzug dem Bundesgericht für Zivile Strafsachen in Downtown San Francisco. Niemand hätte ihm ansehen können, daß er die letzten beiden Nächte auf einer bloßen Matratze, ohne Decke und Polster, geschlafen hatte.
Er war bereit für den Auftritt, den Errol mit ihm einstudiert hatte. Aber es wurde nichts daraus. Noch nicht. Obwohl der Anklagevertreter energisch Einspruch erhob und das Kriegsministerium seit Juni drängte, „den Fall Erben in Hinblick auf gewisse Umstände beschleunigt abzuwickeln“*, konnte Tramutolo einen neuerlichen Aufschub bis zum 3. September erwirken.
Dr. Erben blieb in San Francisco. Tagsüber trieb er sich in der Stadt herum, verpflegte sich kostenlos in der Gewerkschaftskantine, besuchte Freunde von früher und schlief in seiner Herberge.
Die amerikanischen Zeitungen, die nun auf einen Wink der Regierung überwiegend die Stimmung für den Kriegseintritt verbreiteten und durchwegs eine deutschfeindliche Haltung eingenommen hatten, griffen mit Vergnügen den bevorstehenden Prozeß gegen den „Arzt als Spion“ auf. Der „Nazispion Doc Erben“ wurde von Küste zu Küste bekannt.
Erben half seiner notorischen Berühmtheit bei jeder Gelegenheit nach. In einem Interview erzählte er einem Journalisten, er hätte als Schiffsarzt des Begleitschiffes der *Graf Spee* Zyanidkapseln mit sich geführt, mit dem Führerbefehl die Besatzungsmitglieder zu zwingen,

*) Um einen offenen Konflikt mit Deutschland zu vermeiden, war es überwiegend Praxis der amerikanischen Regierung, einem naturalisierten Amerikaner, der unter dem Verdacht der Spionage für Deutschland stand, nicht den Prozeß zu machen, sondern ihn unter einem Vorwand auszubürgern.

sie im Falle, daß ihr Frachter von einem feindlichen Kriegsschiff aufgebracht würde, zu schlucken. Das trug ihm sofort den Titel „Todesarzt" ein. Er freute sich darüber diebisch.
Gleichzeitig besuchte er jedoch auch regelmäßig das FBI-Büro in San Francisco und erkundigte sich entrüstet:

> „...ob nicht etwas getan werden kann, um den Zeitungen zu verbieten, Stories über seine Tätigkeiten bei einer ‚Fünften Kolonne' zu drucken. (...) Es wurde ihm mitgeteilt, daß dieses Büro ihm keinerlei Rat bezüglich der von ihm aufgeworfenen Fragen geben könne oder wolle."

In der Nacht vor dem Gerichtstermin, nach einem sonnigen Labour Day Weekend, wurde San Francisco von den Ausläufern eines Hurrikans heimgesucht. Der Wirbelsturm knickte Bäume und Masten, und die Stadt war für Stunden ohne Strom. Schwere Regenfälle folgten, die Kanäle waren verstopft, die Straßen überschwemmt, der Sturm peitschte hohe Wellen gegen die Felsklippen von Alcatraz.
„Good bye, Sommer, hallo Herbst", betitelte der *San Francisco Chronicle* den Bericht über die Unwetterkatastrophe. Die politischen Schlagzeilen waren noch deprimierender: „Bis jetzt schwerster Bombenhagel auf England." – „Stukas beschießen Vororte!" – „Hitler scherzt: Nicht ungeduldig werden, wir kommen!" – „Führer brüllt: Wir werden eure Städte ausradieren!"
Dr. Erben las die Kriegsnachrichten, während er im Trolley-Bus zum Gericht fuhr. Im Fox-Kino war ein neuer Film angelaufen. *Sea Hawk*, mit Brenda Marshall und Errol Flynn. Er las Errols Namen in Neonschrift durch die regenüberströmten Scheiben und nahm es als ein gutes Omen für seinen Prozeß.
Erben war bis auf die Haut durchnäßt, als er das Gerichtsgebäude betrat. Sein Anzug klebte an ihm. Von seinen Haaren rann das Wasser über sein Gesicht. Trotzdem war er eine imposante Erscheinung, als er die marmorne Eingangshalle durchschritt. Nicht übermäßig groß, aber massiv und bullig und selbstbewußt. Mit vorgeschobenem Kinn und scharf blitzenden Augen hinter den beschlage-

nen Brillengläsern blickte er um sich. Tramutolo wartete bereits auf ihn. Anwalt und Klient wurden sofort von Fotografen und Reportern umringt, Fragen und Blitzlichter feuerten gleichzeitig los.
„Doc, geben Sie zu, daß Sie ein Spion sind?"
„Das müssen Sie die Regierung fragen. Die hat mich lange genug beobachtet und oft genug verhört."
Tramutolo packte seinen Klienten am Arm und schob ihn vor sich her in den Gerichtssaal, bevor er auf weitere Fragen antworten konnte. Doch der Schaden war bereits angerichtet. Die Nachmittagsausgabe der Zeitung, deren Reporter die Frage gestellt hatte, erschien mit der Schlagzeile auf dem Titelblatt: „Spion? Doc Erben sagt nicht Nein!"
Die Reporter drängten hinter Tramutolo und Erben in den Gerichtssaal, die Fotografen waren ausgeschlossen, nur Zeichner skizzierten die Hauptpersonen für die Blätter. Im Saal herrschte Stimmung wie bei einer Sportveranstaltung. Der Mann war ein Phänomen: angeklagt, in Gefahr nach Deutschland abgeschoben zu werden, wo Krieg herrschte, und hier stand er, grinsend und händeschüttelnd.
Das Gerede und Gelächter verstummte, als der Vorsitzende Richter Martin I. Welsh durch eine Seitentüre den Saal betrat. Der schwarze Talar spannte um seine Brust, ein Koloß von einem Mann, weißhaarig, mit dem purpurn angelaufenen Gesicht der Iren. Die Anwesenden erhoben sich. Dr. Erben schlug die Hacken zusammen und stand stramm. Ein Hammerschlag. Man setzte sich. Das Zivilstrafverfahren Aktenzeichen 21006-W, Vereinigte Staaten von Amerika gegen Herman Frederick Erben, begann.
Richter Welsh las, ohne aufzublicken, vom Blatt. Der Gerichtsstenograf tippte das Protokoll in die Maschine:

> „Die angeklagte Partei, Herman Frederick Erben, persönlich anwesend und vertreten durch ihren Anwalt Chauncey Tramutolo, und die klagende Partei, die Vereinigten Staaten von Amerika, vertreten durch ihre Anwälte Frank J. Hennessy, U.S. Staatsanwalt für Nordkalifornien, und Louis A. Mercado, stellvertretender U.S. Staatsanwalt für den gleichen Gerichtsbezirk."

Der öffentliche Ankläger sprach als erster. Staatsanwalt Frank Hennessy legte sowohl mündlich als auch schriftlich Beweismaterial vor, daß der Angeklagte, Herman Frederick Erben, die amerikanische Staatsbürgerschaft widerrechtlich und auf betrügerische Weise erworben habe, indem er während des Naturalisierungsverfahrens wahrheitswidrig unter Eid erklärt hatte, er sei vor seiner Einbürgerung am 30. November 1930 ohne jede Unterbrechung fünf Jahre in den Vereinigten Staaten und die letzten sechs Monate davon ohne Unterbrechung in San Francisco ansässig gewesen. In Wahrheit aber habe er während der fraglichen Zeit auf Schiffen unter fremder Flagge gedient und sich außer in seinem Heimatland Österreich auch in anderen Staaten aufgehalten. Die Regierung könne ausreichend Beweise vorlegen, daß der Angeklagte versucht habe, die US-Einwanderungsbehörde irrezuführen, indem er mit seinem zweiten österreichischen Paß und einem Besuchervisum in die Vereinigten Staaten eingereist sei, nachdem er bereits aufgrund eines Einwanderungsvisums in seinem ersten Paß legal als Immigrant in die USA zugelassen worden war. – „Außerdem", und hier erhob der Staatsanwalt zum ersten Mal seine Stimme und zeigte mit ausgestrecktem Arm auf den Mann auf der Anklagebank, „außerdem hat dieser Mann, der Angeklagte Erben, in Verletzung der amerikanischen Gesetze als amerikanischer Staatsbürger auf einem Schiff einer kriegführenden Nation Dienst versehen!"

Der Staatsanwalt setzte sich. Dr. Erben schnellte hoch. Ohne auf ein Wort von seinem Anwalt zu warten, stellte er alle Anschuldigungen kategorisch in Abrede. Wie immer, wenn er aufgeregt war, wurde sein deutscher Akzent noch härter.

„I declare categorically, I am innocent!"

Richter Welsh schnitt ihm mit einem Hammerschlag jedes weitere Wort ab. Die Verhandlung wurde auf den folgenden Tag vertagt.

Am Ende des zweiten Verhandlungstages, nachdem Staatsanwalt Hennessy im Namen der Regierung die Ausbürgerung und gleichzeitige Landesverweisung des Angeklagten beantragt hatte, erteilte Richter Welsh Dr. Erben endlich das Wort. Auf diesen Augenblick hatte er gewartet, darauf hatte er sich mit Errols Hilfe vorbereitet.

„Ich bin nicht durch Zufall der Geburt amerikanischer Staatsbürger geworden, sondern aufgrund einer freien Entscheidung. Ich habe diese Entscheidung schon sehr früh getroffen, als ganz junger Mensch, und habe meinem Vaterland Österreich freiwillig den Rükken gekehrt. Meine Zukunft sollte Amerika sein. Aber diese Entscheidung hat mir bis heute nichts als Enttäuschung und Elend gebracht. Sie hat mich mein Familienglück gekostet. Meine Frau und meine Kinder! Meine Frau Claire hat sich von mir scheiden lassen. Warum? Weil die amerikanische Regierung mich – wie sich herausstellte, fälschlich – des ungeheuren Verbrechens des Rauschgifthandels verdächtigte, und meine Frau, eine Aristokratin, unter den ständigen Verhören amerikanischer Sicherheitsorgane, die sie immer wieder über ihren Mann auszufragen versuchten, zusammengebrochen ist. Sie konnte eine Ehe mit einem angeblich Kriminellen nicht mehr länger ertragen und hat mich verlassen. Und meine Söhne? Ich wollte aus ihnen Amerikaner machen. Stattdessen sind sie Offiziere in der deutschen Armee geworden. Und warum? Weil jedes meiner Ansuchen, ihnen ein Einwanderungsvisum in die neue Heimat ihres Vaters zu gewähren, von den amerikanischen Behörden abgelehnt worden ist."
Er senkte die Stimme zu einem Flüsterton, als würde sie von Emotionen abgewürgt.
„Einer meiner Söhne hat diese bürokratische Grausamkeit, die Vater und Kinder voneinander fernhält, mit seinem Leben bezahlen müssen. Santos. Mein Jüngster. Er ist beim deutschen Einmarsch in Polen gefallen. Für ein Regime, das er haßte. Genau wie ich es hasse!"
Erben verstummte, als hätte der Schmerz über den Tod seines Sohnes ihn überwältigt. Dabei war alles Erfindung. Santos war zu diesem Zeitpunkt am Leben. Den harten Blick auf den Staatsanwalt gerichtet, steigerte er seine Stimme zu einem hysterischen Gebrüll.
„Ich habe meine Frau geliebt! Ich habe meine Söhne geliebt! Ich liebe Amerika! Immer noch. Und trotz allem. Und nun wollen Sie mir noch das letzte nehmen, das mir geblieben ist: meine amerikanische Staatsbürgerschaft!"

Er wechselte den Ton und wurde sarkastisch.
„Aber wen kümmert das? Ich bin ein Gezeichneter. Ein Nazispion, wie die Zeitungen schreiben. Obwohl mir das noch nie jemand nachgewiesen hat. Ein moralisch Aussätziger. Einen solchen Menschen will Amerika nicht. Man muß ihn so rasch wie möglich loswerden. Ich könnte mit meiner Gesinnung ja auch andere anstecken. Auch wenn ich die Gesinnung, die mir nachgesagt wird, gar nicht besitze. Aber wegen dieser Gesinnung, die nicht die meine ist, bin ich angeklagt. Nicht wegen der Lächerlichkeit, daß ich einmal, vor zehn Jahren, einem Einwanderungsbeamten nicht die ganze Wahrheit gesagt hätte."
Erben zögerte. Dann spielte er seine letzte Karte aus. Er hatte lange darüber nachgedacht und hatte sich mit Errol darüber beraten. Schließlich waren sie übereingekommen, daß sie sein stärkster Trumpf war. Er fixierte Richter Welsh durch seine dicke Brille und begann leise, fast drohend:
„Aber ich sage Ihnen, wenn Sie mir die amerikanische Staatsbürgerschaft aberkennen und mich ins Deutsche Reich abschieben, so werde ich dort neuerlich angeklagt werden. Wegen meiner wahren Gesinnung. Die man in den USA offensichtlich nicht zur Kenntnis nehmen will. Aber die man in Deutschland kennt. Daß ich ein amerikanischer Patriot bin und immer bleiben werde. Bis an mein Lebensende. Ob mit oder ohne amerikanischen Paß in der Tasche. Dafür wird man mich in Deutschland verurteilen. Vielleicht zu Konzentrationslager. Vielleicht zum Tod."
Er war von seiner eigenen Vision überwältigt. Er sah sich im KZ. In Sträflingslumpen. Den gelben Judenstern an der Brust. SS-Stiefel. Die Stille im Saal weckte ihn aus seinem Tagtraum. Seine Worte hatten Eindruck hinterlassen. Er hatte sie alle, wie sie da saßen, zu Komplizen seines Schicksals gemacht. Sie würden schuld an dem sein, was ihm in Deutschland widerfuhr. Er war zufrieden mit seinem Auftritt. Er blickte zum Richter auf, der erhöht über ihm thronte.
„Your Honor, mein Schicksal liegt in Ihrer Hand. Ich erwarte Ihr gnädiges Urteil. Aber ich bitte, in Amerika bleiben zu dürfen."
Er schlug die Hacken zusammen und verbeugte sich steif. Der weiß-

haarige Mann in dem schwarzen Talar nickte stumm. Richter Welsh vertagte die Verhandlung auf den 12. November. Bis dahin sollten die Anwälte beider Parteien schriftlich ihre Anträge einreichen, danach würde er seine Entscheidung treffen. Die beiden Staatsanwälte protestierten gegen die neuerliche Verzögerung. Vergeblich. Dr. Erben grinste, als er Tramutolo die Hand schüttelte. Er hatte mehr als zwei Monate gewonnen. Und das Urteil konnte immer noch günstig für ihn ausfallen. Tramutolo bezweifelte es. Obwohl er sich dadurch als Anwalt mitschuldig machte, riet er Dr. Erben, die Vereinigten Staaten heimlich zu verlassen, solange noch Zeit dazu war. Auch ohne seinen amerikanischen Paß, der Staatsanwalt Mercado zur Verwahrung gegeben worden war, um eine Flucht Erbens zu verhindern.

Dr. Erben hatte noch immer seinen Gewerkschaftsausweis der SUP. Wenn die SUP ihm eine Stellung auf einem Schiff verschaffte, so konnte er noch immer zur See fahren.*

Am 16. September traf im San Franciscoer FBI-Büro die Nachricht ein, Dr. Erben hätte als einfacher Matrose auf dem Luxusdampfer *S.S. President Garfield* angeheuert, dem selben Schiff, von dem er im Dezember 1932 unter dem Verdacht des Rauschgiftschmuggels gefeuert worden war. Die *Garfield* sollte zwei Tage später zu einer ihrer üblichen Kreuzfahrten rund um die Welt auslaufen. Am 18., wenige Stunden vor ihrer Abfahrt, wurde Dr. Erben von Kapitän Westdahl entlassen. Aber da „Matrose Erben" Gewerkschaftsangehöriger war, mußte ihm ein Monatslohn und eine Abfertigung in gleicher Höhe ausbezahlt werden. Er erhielt 120 Dollar auf die Hand, ohne daß er dafür auch nur einen Tag gearbeitet hatte.

Als die Reporter den Kapitän bedrängen, wie es Dr. Erben überhaupt möglich gewesen war, neuerlich auf der *Garfield* anzuheuern, sagte dieser: „Wir konnten doch nicht annehmen, daß ein Mann, der acht Jahre vorher als Schiffsarzt gefeuert wurde, die Frechheit hat, zurückzukommen und einen Posten als einfacher Matrose annimmt."

*) Die SUP war zu dieser Zeit kommunistisch orientiert und unter dem Hitler-Stalin-Pakt deutschfreundlich. Dr. Erben konnte daher mit ihrer Unterstützung rechnen.

Die kalifornischen Blätter waren mit Schlagzeilen versorgt: „Schiffsarzt als Matrose getarnt – gefaßt!" – „Doc Erbens Versuch, in den Orient zu entkommen, gescheitert!"
Erben gab nicht auf. Noch vor Monatsende heuerte er auf dem Frachter *Admiral Nulton* der US-Admiral Lines als Deckmatrose an. Der Frachter war bereits mit Dr. Erben an Bord von San Francisco nach Seattle unterwegs, wo die *Nulton* Weizen für Wladiwostok laden sollte, als das FBI durch einen Informanten von dem neuerlichen Fluchtversuch erfuhr. Das Bundeskriminalamt wies den Kapitän an,

> „...Mr. Erben zu überreden, das Schiff in Seattle zu verlassen und freiwillig nach San Francisco zurückzukehren."

Erben erhielt von der Schiffahrtslinie zwei Monatslöhne ausbezahlt und fuhr nach San Francisco zurück. In San Francisco traf er zufällig Helmuth Schütze, seinen Bekannten von der *Ussukuma*, der sich noch immer als Bordmusiker durchschlug. Schütze erinnerte sich 1983 bei einem Interview in New York genau an diese Begegnung:

> „Als ich Dr. Erben in San Francisco wiedersah, war er ein veränderter Mensch. Er benahm sich wie ein Tier, das in eine Falle geraten war. Ich wußte nicht, ob er noch für den deutschen Geheimdienst arbeitete, und kannte seine näheren Umstände nicht. Aber was er mir erzählte, ergab keinen Sinn. Er wollte weg, wußte nicht, wohin, und ich wußte nicht, warum."

Seinen dritten Fluchtversuch unternahm Dr. Erben nicht von San Francisco aus, wo er inzwischen zu bekannt geworden war, sondern von Tacomah, im Bundesstaat Washington. Er heuerte auf dem Frachter *Stag Hound* an, der mit einer Zwischenstation in San Francisco nach Chile unterwegs war. Sein Bestimmungshafen war Valparaiso, wo Dr. Erben sicher mit offenen Armen aufgenommen worden wäre. Während das Schiff in San Francisco vor Anker lag, wurde er jedoch von Beamten der Grace Line, der das Schiff gehörte, erkannt

und auf der Stelle entlassen. Diesmal ohne Sold und Abfertigung, da er auf der *Stag Hound* nicht durch Vermittlung der Gewerkschaft, sondern auf eigene Faust angeheuert hatte.
Wieder schrieben die Zeitungen über ihn.
Als das FBI nun auch noch davon Wind bekam, daß er nach einem Schiff in die Philippinen Ausschau hielt, „wo er in einer Leprakolonie arbeiten würde", drängte es die Staatsanwaltschaft, allen weiteren Reiseplänen Dr. Erbens endgültig einen Riegel vorzuschieben.
Am 24. Oktober unterschrieb Richter Welsh eine schriftliche Vorladung für den Gerichtstermin am 12. November, aufgrund derer Dr. Erben, „im Falle seines Nichterscheinens, augenblicklich zur Verhaftung ausgeschrieben würde."
Nach amerikanischer Rechtspraxis muß eine solche Zwangsvorladung dem Empfänger von einem Marshall persönlich überbracht werden. Der Marshall, der mit Dr. Erbens Vorladung ausgesandt wurde, kehrte unverrichteter Dinge zurück. Der Adressat war in ganz San Francisco nicht aufzutreiben gewesen. Vorgewarnt von Tramutolo war Dr. Erben nach Los Angeles ausgewichen.
Er hielt sich auf Errols Yacht *Sirocco* versteckt, die im Yachthafen von San Pedro verankert war. Er entschloß sich zur Flucht nach Mexiko. Das war der nächstliegende Zufluchtsort für jeden deutschen Spion oder Agenten, dem der Boden in den USA zu heiß geworden war.
Errol, mit dem er sich darüber besprach, sah drei mögliche Fluchtwege: entweder auf der *Sirocco* bei einer scheinbaren Vergnügungsreise nach Tijuana, der mexikanischen Grenzstadt südlich von San Diego; oder legal mit einem neuen Paß, auf den das mexikanische Konsulat in Los Angeles ihm ein für drei Monate gültiges Touristenpermit, eine sogenannte „forma cuatorze" ausstellen würde; oder, illegal, ohne Papiere, über die oft nur notdürftig kontrollierte Grenze.
Die erste Möglichkeit wurde rasch als zu riskant verworfen, da Flynns Luxusyacht entlang der Küste von Baja California zu bekannt war und seit einiger Zeit auch beobachtet wurde.*

*) In einem FBI-Dokument der fraglichen Zeit, das vor der Freigabe stark zensiert wurde, wird Flynns Name im Zusammenhang mit den lesbaren Wörtern „San Diego" und „Spionage" erwähnt.

Dann blieb als nächstes die Möglichkeit, Dr. Erben einen amerikanischen Ersatzpaß zu verschaffen. Wenn es sein mußte, auch illegal, gegen Bezahlung.
Flynn schickte seinen Freund zu seinem damaligen Business Manager C.J. Wood, der nach Errols Meinung Kontakte besaß, die einen amerikanischen Paß illegal verschaffen konnten. Wood erinnerte sich in einem Interview mit Charles Higham an sein Gespräch mit Erben.

> „Errol Flynn muß Erben offensichtlich gesagt haben, daß ich ihm behilflich sein könnte, einen amerikanischen Paß zu bekommen. Jedenfalls ist er an einem Samstagmorgen in meinem Büro im Pantages Theatre aufgetaucht. Ich hatte keine Ahnung, daß er kommt, oder wer er ist. Er stellte sich mir als Dr. Erben vor. Ein guter Freund von Errol Flynn. Er trug eine Art Seemannsuniform und sagte sofort: Errol hat mir gesagt, daß Sie mir einen amerikanischen Paß verschaffen können. Ich sagte ihm gleich, der einzige, den ich kenne, der in Paßangelegenheiten helfen kann, ist der Rechtsanwalt Robert Butts. Er hat gute Beziehungen zu den Einwanderungsbehörden, und er hilft Immigranten auf legaler Basis, den Amtsweg zu beschleunigen. Aber davon wollte er nichts hören. Er sagte: Wissen Sie, im Grunde liegt mir nichts daran, ob ich nun einen amerikanischen Paß besitze oder nicht. Aber im Augenblick brauche ich einen für einen bestimmten Zweck. – Darauf sagte ich ihm, er solle schleunigst aus meinem Büro verschwinden. Auch wenn er ein Freund von Flynn ist. Ich habe ihn nachher nie mehr gesehen."

Errol ließ es nicht dabei. Er spannte auch seinen Anwalt Oscar Cummins ein. Dieser sollte durch seine Verbindungen in Washington versuchen, Dr. Erbens Ausbürgerung abzuwenden. Johnny Mayer, einer von Errols Vertrauten, der ihn auch nach Südamerika begleitet hatte, sollte seine „italienischen" Kontakte spielen lassen und auf diese Weise versuchen, an Staatsanwalt Mercado heranzukommen. Jim Fleming probierte das gleiche durch einen Freund, Leo Anderson, der Mercado persönlich kannte.

Erben schien unbekümmert, während diese Bemühungen seinetwegen im Gange waren. Er hielt sich nicht länger auf der *Sirocco* versteckt, sondern gehörte zur ständigen Entourage des Filmstars. Sehr zum Ärger Lilis übernachtete er häufig in Errols Villa und fuhr mit ihm am Morgen in dessen weißem Cadillac ins Studio, wo Flynn *Footsteps in the Dark* drehte. Er ließ sich im Studio an Errols Seite fotografieren, und wenn Flynns Friseur die Haare des Stars für die nächste Einstellung zurechtschnipselte, kniete Dr. Erben am Boden und sammelte sie andächtig in einen Briefumschlag ein, den er stets bei sich trug.

„Doc" Erben war in den Warner-Studios bald ebenso bekannt wie Flynns Schnauzer Arno – und dem Star offensichtlich ebenso ergeben. Arno, den Flynn stets zu den Drehaufnahmen mitnahm, war trainiert, sich still zu verhalten, solange die Kamera lief und erst nach dem Schluß einer Szene zu bellen. „Doc" Erben applaudierte stattdessen.

Erben nahm auch in vollem Umfang am gesellschaftlichen Leben des Filmstars teil. Er besuchte mit Errol und seinen Kumpanen die Bordelle in den schäbigsten Vierteln der Innenstadt, die Flynn mehr zusagten als die eleganten Etablissements in den Hollywoodbergen, die andere Stars diskret besuchten. Für Flynn waren Hurenbesuche ein Gruppenausflug mit Showcharakter. Ein Machozirkus mit gegenseitigem Ansporn zu Höchstleistungen.

Erben war auch dabei, als Flynn und sein Freundeskreis den neuen Rolls-Royce Jack Warners bei einer Hollywood-Party „tauften" und sich dazu um den Wagen herum aufstellten und gemeinsam in das elegante Kabriolett des Studiobosses pinkelten. („Jack Warner hat die ganze schöne weiße Lederpolsterung erneuern lassen müssen.")

Erben fuhr auch mit Errol, Lili, Errols Freund Budd Ernst und dessen Frau hinaus auf Catalina Island zur Wachteljagd, und in der Halloween-Nacht, am 31. Oktober, amüsierte er sich in Errols Gesellschaft mit Berühmtheiten wie Dolores del Rio und Pat Warner bei einem Kostümfest.

Spätestens in der ersten Novemberwoche mußte jedoch auch Errol zugeben, der immer am zuversichtlichsten gedacht hatte, es würde sich schon ein Ausweg finden lassen, da nicht mehr viel Zeit blieb. Oscar Cummins hatte in Washington nichts erreicht, Johnny Mayer und Jim Fleming waren ebenfalls erfolglos geblieben. Eine Entscheidung mußte getroffen werden.

Am 8. November rief Errol Flynn Chauncey Tramutolo an. Er fragte ihn, was er an Dr. Erbens Stelle tun würde.
„Was ich tun würde, habe ich ihm schon gesagt. Aber das muß ich ihm überlassen. Nur, wenn er diesmal nicht zur Verhandlung kommt, tritt die Vorladung in Kraft. Er wird automatisch zur Verhaftung ausgeschrieben und im ganzen Land steckbrieflich gesucht. Erwischt man ihn, was eher wahrscheinlich ist, kann ich ihm nicht mehr helfen. Dann wird er vom Gefängnis weg deportiert."
Erben legte stumm den Hörer auf, an dem er mitgehört hatte. Er entschloß sich, noch einmal nach San Francisco zu fahren.
Erben schlief die letzte Nacht bei Errol. Am nächsten Tag, ein Samstag, führte ihn Flynn zum Lunch in sein Lieblingsrestaurant, das Brown Derby am Wilshire Boulevard. Um 17 Uhr nahm er den Greyhound-Bus nach San Francisco. Errol fuhr mit Gloria, einer minderjährigen Argentinierin, die er bei seiner Südamerika-Tour kennengelernt und mit dem Versprechen, ihr bei einer Filmkarriere behilflich zu sein, nach Hollywood gelockt hatte, zu einem gemeinsamen Wochenende nach Palm Springs.
Während der zwölfstündigen Fahrt hatte Dr. Erben genügend Zeit, über seine Lage nachzudenken. Es blieb ihm nur die dritte der drei Möglichkeiten, die er mit Errol besprochen hatte: heimlich über die Grenze nach Mexiko. Auch ohne Paß. Aber eine „forma cuatorze" brauchte er trotzdem, um sich in Mexiko legal aufhalten zu können. Sonst saß er, wenn man ihn aufgriff, statt in einem amerikanischen in einem mexikanischen Gefängnis. Was noch schlimmer war.
Um sechs Uhr früh kam er in San Francisco an und fuhr sofort in seine bevorzugte Absteige, das Arcade House in der Clay Street, wo man ihm „Cubicle 39" als Schlafstelle zuwies. Er schlief bis Mittag.
Am Montag morgen suchte er Tramutolo in seinem Büro im Alexander Building auf. Der Anwalt wiederholte, was er drei Tage vorher

Flynn am Telefon gesagt hatte. Erschiene er morgen nicht vor Gericht, so würde nach ihm gefahndet. Allerdings bestand auch die Möglichkeit, daß Richter Welsh, wenn er nicht erschien, die Verhandlung noch einmal vertagte, bis man ihn fand.
Erben entschloß sich, das Risiko einzugehen. Er würde nicht zur Verhandlung gehen, stattdessen, wenn sie vorüber war, bei Tramutolo anrufen und sich nach dem Ausgang erkundigen.
„Good luck."
„Thank you, Sir."
Die Tür fiel hinter ihm wie von selbst ins Schloß, ohne daß er die Klinke berührte. Tramutolo sah ihm nach wie einer Erscheinung. Es war etwas Unwirkliches an dem Mann. Dann ging er zum Wandschrank und schenkte sich ein halbes Wasserglas mit Whiskey voll. Wäre es nicht seinem Kollegen Giesler zuliebe gewesen, er hätte den Fall nicht angerührt. Und wenn der Kerl hundert Mal Errol Flynns Freund war. Der Mann schien nicht begreifen zu wollen, daß er sich in Gefahr befand, während der nächsten Jahre im Gefängnis zu sitzen. Er grinste dazu, wenn man ihn darauf aufmerksam machte. Tramutolo leerte das Glas in einem Zug.
Dr. Erbens nächster Weg führte zum deutschen Generalkonsulat. Er hatte Baron von Killinger gekannt, aber er kannte den neuen Generalkonsul noch nicht. Wiedemann. Er wußte natürlich von ihm. Persönlicher Adjutant des Führers. Bayer. War im Krieg Hitlers Vorgesetzter gewesen. Er hatte auch gehört, daß er gerne nach Los Angeles fuhr, obwohl es nicht zu seinem Territorium gehörte. Nur so, zum Vergnügen.
Er wurde mehrmals mit Hilde Krüger in Circo's Café, einem Nachtclub am Sunset Boulevard, gesehen. Der Besitzer und Manager von Circo's, William B. Wilkerson, war ein FBI-Informant. Daher war das Bundeskriminalamt darüber informiert.

> „Mr. Wilkerson meldete, einer der Höhepunkte von Miß Krügers Aufenthalt in Hollywood war zweifellos das Rendezvous, das sie mit Fritz Wiedemann, dem deutschen Generalkonsul in San Francisco, am Abend des 18. Mai 1940 in Circo's Café hatte. Sie

erschien so gekleidet, daß sie jedermanns Aufmerksamkeit erregen mußte und tanzte nur mit Wiedemann."

Vier Monate später erschien Wiedemann, wie eine Informantin dem FBI meldete, mit Hilde Krüger, die jeden mit „Heil Hitler" begrüßte, bei einer Hollywoodparty des brasilianischen Botschafters, an der auch Flynn und Johnny Mayer teilnahmen.*
Der deutsche Generalkonsul ließ Dr. Erben nicht warten, sondern empfing ihn sofort in seinem Arbeitszimmer. Er wußte, wer er war, kannte seine Schwierigkeiten mit der amerikanischen Regierung und war auch über seine geheimdienstlichen Tätigkeiten informiert. Bei seiner Vernehmung durch den amerikanischen Geheimdienst OSS nach Kriegsende sagte Wiedemann aus:

„...Dr. Erben, der ihm als Geheimdienstagent bekannt war, kam, während er Generalkonsul in San Francisco war, zu ihm und bat ihn um Hilfe, daß er aus den Vereinigten Staaten herauskommt."

Obwohl Wiedemann sich nach seiner Strafversetzung nach San Francisco innerlich von Hitler und dem Nationalsozialismus distanziert hatte und zum Zeitpunkt von Dr. Erbens Vorsprache mit Prinzessin Stephanie Hohenlohe, seiner Intimfreundin, und dem früheren Chef des britischen Geheimdienstes in den USA, Sir William Wiseman, ein Komplott schmiedete, um Geheimverhandlungen zwischen den beiden kriegführenden Staaten, England und Deutschland, zu arrangieren**, tat er seine Amtspflichten. Er stellte Dr. Erben dem Chef der Gestapo-Außenstelle San Francisco, SS-Sturmbannführer Paul Rubach, vor, dessen Amtsräume an sein Büro anschlossen. Wie Wiede-

*) Als ich Frau Krüger auf ihre offensichtlich allgemein bekannte Freundschaft mit Fritz Wiedemann ansprach, sagte sie: „Wiedemann? Den Namen habe ich nie gehört." – „Früherer Adjutant des Führers." – „Den habe ich nie gekannt." – Frau Krüger behauptete auch, Errol Flynn nicht bereits in Hollywood, sondern erst später in Mexiko City kennengelernt zu haben. – „Durch seinen Freund Freddy McEvoy, den ich kannte."

**) Rudolf Stoiber/Boris Celovsky, *Stephanie von Hohenlohe,* München 1988.

mann im September 1945 bei seinem OSS-Verhör aussagte, war der SS-Sturmbannführer in das diplomatische Personal des Generalkonsuls integriert. Die Trennungslinie zwischen Partei und Außenamt war 1940 im Ausland bereits weitgehend verwischt.

> „Rubach war für die getarnte Ein- und Ausreise deutscher Agenten in den USA und für ihre Versorgung mit gefälschten Reisedokumenten zuständig."

Es war für Rubach ein leichtes, für Dr. Erben eine mexikanische „forma cuatorze" auf seinen Namen und mit seinem Bild anfertigen zu lassen. Damit konnte er, sobald er einmal die amerikanische Grenze passiert hatte, unbehindert bis Mexiko City reisen. Rubach gab Dr. Erben den Befehl, sich nach seiner Ankunft in Mexiko City sofort auf der deutschen Botschaft bei Baron von Wallenberg zu melden. Der würde bis dahin über ihn Bescheid wissen und alles weitere veranlassen.

„Jawohl, Herr Sturmbannführer!"

Dr. Erben war plötzlich ganz Soldat. Er hatte seinen Marschbefehl. Mit einem zackigen „Heil Hitler, Herr Sturmbannführer" verabschiedete er sich von dem Gestapo-Chef.*

Nach seinem erfolgreichen Besuch am deutschen Generalkonsulat kehrte Erben in seine Herberge zurück, schrieb an Errol, um ihn über seine nächsten Pläne zu informieren und gab den Brief auf.

Vom Hauptpostamt ging er zum Büro der SUP und zahlte seinen Gewerkschaftsbeitrag für ein Jahr im voraus. Wie er in seinem Kalender vermerkte, ließ er sich anschließend die Haare schneiden und, als

*) Rubach selbst floh mit seiner Familie im Sommer 1941, als Präsident Roosevelt die Schließung aller deutschen Dienststellen in den USA anordnete, nach Mexiko City. Im Frühjahr 1942, als Mexiko sich gegen Hitlerdeutschland und für die Alliierten erklärte, wurde er zusammen mit anderen prominenten Nazis, darunter auch Hilde Krüger, die ebenfalls überstürzt und vom FBI gejagt die Vereinigten Staaten verlassen hatte, als „gefährlicher Nazi" verhaftet und interniert. Hilde Krüger wurde aufgrund ihrer privater Beziehung zu höchsten mexikanischen Regierungsmitgliedern bald wieder auf freien Fuß gesetzt.

er vor dem Spiegel saß, entschloß er sich, sich seinen Bart abrasieren zu lassen. Ohne seinen tabakfarbenen, graugesprenkelten Vollbart sah er völlig verändert aus.
Erst am nächsten Tag, als er seine Fahrkarte für den Bus nach Los Angeles bereits gelöst hatte, rief er seinen Anwalt an. Es war um die Mittagszeit. Tramutolo hatte gute Nachricht: Richter Welsh hatte die Verhandlung bis 26. November ausgesetzt, weil die Staatsanwälte ihren Antrag nicht rechtzeitig eingereicht hätten. Aber auch schlechte. Der Haftbefehl gegen ihn sei automatisch in Kraft getreten, weil er nicht zur Verhandlung erschienen war.
„Ich muß aufhören. Mein Bus fährt ab."
Dr. Erben hörte Tramutolos „Good luck" nicht mehr. Er rannte zum Greyhound-Bus, kletterte die hohen Stufen hinauf und ließ sich auf einen Fensterplatz fallen. Im nächsten Augenblick schloß der Fahrer mit einem Hebelzug die Türe und manövrierte das silberne Ungeheuer aus der Bus-Station.
Erben blickte durch die grün eingefärbten Scheiben auf die Häuserfassaden hinaus, die rasch an ihm vorüberglitten. Er fühlte sich erleichtert und bedrückt zugleich. Er hatte Mitleid mit sich. Er würde San Francisco lange nicht wiedersehen.
Während der Nacht passierte der Bus eine Unfallstelle. Mehrere Autos waren ineinander verkeilt. Der erste Wagen stand in Flammen. Der Fahrer mußte anhalten. Das rote Licht der Highway-Patrouille rotierte über Verwundete am Straßenrand. Dr. Erben sprang auf und stürzte zum Fahrer. Er wollte hinaus. Der Fahrer weigerte sich, die Türe zu öffnen. Erben brüllte, er sei Arzt. Seine Pflicht sei es, zu helfen. Der Fahrer antwortete, daß es seine Pflicht sei, seinen Fahrplan einzuhalten.
Die Fahrgäste gaben dem Fahrer recht. Sie wollten keinen unnötigen Aufenthalt. Dr. Erben blieb nichts anderes übrig, als wütend auf seinen Platz zurückzukehren und aus dem Fenster zu schauen, bis die Rettung eintraf und der Bus auf eine andere Fahrbahn dirigiert wurde und seine Fahrt fortsetzen konnte. Erben kritzelte in sein Kalendertagebuch:

„Massenkarambolage. Durfte nicht helfen. Fahrer ein Schwein."

Um 1 Uhr 25, mit mehr als einstündiger Verspätung, traf der Bus in Los Angeles ein. Erben wußte, daß es zu spät war, um bei Errol anzurufen. Er würde Lili wecken. Sie war im zweiten Monat schwanger und noch gereizter als gewöhnlich. Er schob sein Gepäck in ein Schließfach und streckte sich auf einer der noch freien Bänke im Wartesaal aus.
Um sieben Uhr rief er bei Errol an. Flynn kam selbst zum Telefon.
„Wo bist du?"
„Im Bus-Terminal."
„Dann komm sofort her. Aber sei nicht knausrig und nimm ein Taxi."
„Yes, Sir."
Errol erwartete ihn vor dem Haus. In weißen Leinenhosen, rosa Seidenhemd und blauer Schalkrawatte. Erben bezahlte den Fahrer und ging grinsend auf Errol zu. Lili war nicht zu sehen. Sie schlief wahrscheinlich noch. Gut. So konnten sie in Ruhe miteinander reden. Gemeinsam frühstücken. Erben brachte Errol up to date. Er erklärte ihm, daß er zu Fuß über die Grenze müsse und zeigte Flynn seine „forma cuatorze".
„Morgen früh um acht habe ich einen Expreßbus nach Phönix, von dort nach Tucson, und bei Nogales gehe ich über die Grenze."
„Wenn sie dich nicht vorher abfangen. Nein, Bus kommt überhaupt nicht in Frage. Ich lasse dich hinfahren."
„In deinem Cadillac!"
„Idiot! Natürlich nicht. Nach dem Frühstück fahren wir zu Max. Der wird alles organisieren. Max ist der richtige Mann für so was."
„Max Carmel?"
„Ja."
„Okay."
„Leider kannst du die letzte Nacht nicht hier schlafen. Wer weiß, was Lili einfällt, wenn sie davon Wind bekommt, daß du abhauen willst."
„Dann schlaf ich eben in einem Luxushotel."
„Wo?"

„Kennst du nicht. Im Western Hotel. Fünfundzwanzig Cents."
„Stingy bastard!"
Sie lachten, bis sie die Gestalt bemerkten, die am oberen Treppenabsatz stand. In einem flamingofarbenen Negligé, mit einer Krause aus gleichfarbigen Federn, eine Zigarette in einem elfenbeinernen langen Halter zwischen den Fingern. Sie wußten nicht, wie lange Lili schon dort gestanden war.
Errol fand als erster die Sprache wieder.
„Good morning, darling. Did you sleep well?"
Lili blieb stumm. Sie blies Errol den Rauch ihrer Zigarette entgegen. Jetzt war mit ihr nicht zu sprechen. Trotzdem versuchte er es noch einmal.
„Doc Erben ist gekommen, um mich abzuholen."
Lili hielt unbeweglich ihre Pose ein, als hätte ein Regisseur sie so placiert. Eine Hand am Treppengeländer, in der anderen den langen Zigarettenhalter.
„See you later, darling."
Errol zog Dr. Erben mit sich. Lili hörte, wie die beiden, animiert plaudernd, zur Garage gingen. Erst jetzt schritt sie langsam, wie von einer unsichtbaren Kamera geführt, die Treppe hinab. Sie sah den beiden durch die offene Tür des Salons über die Büsche hinweg nach. Errol hatte den Arm um die Schulter Erbens gelegt. Was sah Errol in diesem Mann? Für sie war er ein Monster. Sie fühlte Übelkeit aufsteigen und trat hinaus auf die Terrasse.
Die beiden Männer fuhren in Errols Cadillac den Driveway hinunter, ohne sich noch einmal umzusehen. Errol chauffierte, hupte wie wild. Das Monster saß lachend neben ihm. Etwas verband sie, von dem sie ausgeschlossen war. Weil sie eine Frau war? Schließlich war sie Errols Frau. Sie wußte von seinen Affären. Mit Frauen und Männern. Boys. Sie dauerten nie lange. Sie wußte von dem jungen Kostümbildner im Studio. Blowjobs. Zwischen zwei Einstellungen. Das störte sie nicht. Sie hatte auch von Tyrone Power gewußt. Im vergangenen Jahr. Das war ernster gewesen. Für Tyrone. Sein früherer Liebhaber hatte ihn nicht mehr zurückgenommen, nachdem Errol genug von ihm hatte. Aber das war es nicht. Es war etwas anderes, das sie verband. Sie

hatten etwas besprochen. Sie hatten etwas vor, von dem sie nichts wissen sollte. Lili kehrte in den Salon zurück. Die Übelkeit, die im Freien abgeebbt war, stieg wieder hoch, als sie das Frühstücksgeschirr der beiden sah.

Errol fuhr mit Dr. Erben zu Max Carmel, der noch immer sein Bodyguard und seine rechte Hand für alle nicht ganz einwandfreien Geschäfte war. Nach der Besprechung bei Max, bei der alles für den nächsten Tag vereinbart worden war, nahm Flynn seinen Freund noch einmal in das Brown Dery mit, wo er mit Alva Johnson, einem Journalisten der *Saturday Evening Post* verabredet war. Zum letzten Mal fiel der Glanz des berühmten Filmstars auf Dr. Erben.

Nach dem Mittagessen verabschiedeten sie sich voneinander. Auf der Straße. („Ganz unsentimental.") Keiner der beiden wußte, daß sie sich nie mehr wiedersehen würden. Es war der 13. November 1940. Auf den Tag genau sieben Jahre und sieben Monate, seit sie einander zum ersten Mal begegnet waren.

Errol fuhr mit seinem Cadillac ins Studio, Dr. Erben nahm den Bus. Er quartierte sich im Western Hotel, 327 Main Street, ein und zahlte die 25 Cents für die Nacht im voraus.

Um 12 Uhr mittags fuhren Dr. Erben und Max Carmel in einem Mietwagen los. Max fuhr zwölf Stunden durch, ohne Pause. Um Mitternacht erreichten sie Phönix, Arizona.

Sie schliefen im abgedunkelten Wagen. Um zehn Uhr fuhren sie erneut los. Drei Stunden später setzte Max Carmel seinen Fahrgast und dessen Gepäck in Tucson ab und kehrte um. Von Tucson nahm Erben den lokalen Bus zum amerikanischen Grenzort Nogales, der einem mexikanischen Nest gleichen Namens unmittelbar gegenüberlag. Am Abend vermerkte er in seinem Kalender:

> „Eintreffe im amerikanischen Nogales um 17 Uhr 15. Gehe um 18 Uhr zu Fuß über die Grenze, ohne von den U.S. bemerkt zu werden."*

*) Es ist dies die einzige Notiz in Dr. Erbens Tagebuch über seinen illegalen Grenzübertritt, und er weigerte sich auch 40 Jahre später, weitere Einzelheiten darüber preiszugeben.

Es war der 15. November. Sein dreiundvierzigster Geburtstag. Er war in Sicherheit. Er schrieb Ansichtskarten an Errol, Paul Rubach, Wiedemann, Tramutolo, Dr. Scharff und an Joan. Den Abend verbrachte er bei einer mexikanischen Prostituierten, wie er penibel in seinem Kalender notierte: „Puta Maria Louisa, 1 Peso.“
Nach einer Bahn- und Busreise durch halb Mexiko, die er zu kurzen Aufenthalten in Mazatlan, Guadalajara und Morelia und, wenn man seinen Tagebucheintragungen glaubt, zu Eskapaden mit einer Cecilia, Anita, Elvira, Marilia, Consuela und einem weiteren halben Dutzend preiswerter Huren benutzte, traf er am 22. November mit mehr Geld in der Tasche in Mexiko City ein, als er in Nogales gehabt hatte. Er hatte unterwegs bei deutsch-mexikanischen Unternehmen, wie z. B. den Drogerias Carlos Stein, angehalten, die ein Untergrundnetz für getarnt reisende deutsche Agenten bildeten und von der einflußreichen mexikanischen Nazipartei veranlaßt wurden, jeden Deutschen, der sich bei ihnen meldete, zu unterstützen.
Am 25. November, drei Tage nach seiner Ankunft in Mexiko City, stellte sich Dr. Erben bei Baron Edmund von Wallenberg vor, der nach einer längeren Krankheit an diesem Tag zum ersten Mal wieder sein Amt als Konsul an der deutschen Botschaft versah.
Baron Edmund von Wallenberg-Pachaly bekleidete unter dem politisch neutralen Botschafter Baron Ruedt von Collenberg, den Dr. Erben bereits von seinem früheren Posten in Schanghai her kannte, die Stelle eines scheinbar harmlosen Karrierediplomaten. In Wahrheit diente seine Position zur Tarnung seiner geheimdienstlichen Tätigkeiten, die den Amerikanern nicht entging. In einem vertraulichen Schreiben der amerikanischen Botschaft in Mexiko City an das State Department heißt es:

> „Dieser Mann ist mit Vorsicht zu behandeln. Er ist Repräsentant der Gestapo. Verläßlichen Informationen zufolge stehen ihm einige Untergebene für Sabotagevorhaben zur Verfügung.“

1940, als Dr. Erben in Mexiko City eintraf, wurde Mexiko sowohl vom nationalsozialistischen Deutschland als auch von den westlichen

Alliierten heiß umworben und unter Druck gesetzt. Eine regelrechte Propagandaschlacht war im Gange, um das ölreiche und geopolitisch wichtige Land in das eine oder andere kriegführende Lager zu ziehen.* Um die Bewohner des tiefkatholischen Landes für sich zu gewinnen, scheute die gut finanzierte deutsche Propagandamaschinerie nicht davor zurück, Adolf Hitler als Beschützer der Kirche und der Religion in Deutschland darzustellen.
Ein Lagebericht, den die amerikanische Botschaft als Warnung vor der deutschen Wühlarbeit nach Washington schickte, charakterisiert die damalige Situation südlich des Rio Grande:

> „Der deutsche Geheimdienst ist an Mexiko wegen seiner geografischen Lage vis-a-vis der Vereinigten Staaten außerordentlich interessiert. Mexiko wird bis zu einem gewissen Grad als Ausgangsbasis für Operationen gegen die USA benutzt. Nazi-Agenten in Mexiko korrespondieren mit Nazi-Agenten in den USA und arbeiten mit ihnen zusammen. Gelder für Nazi-Agenten in den USA werden nachweislich häufig über Mexiko geleitet. Definitive Informationen über Postschließfächer und Treffpunkte, die von Nazi-Agenten beider Länder in Mexiko benutzt werden, liegen vor. Kurzwellensender übermitteln von Mexiko City aus Meldungen nicht nur in die USA, sondern auch nach Deutschland."

Dr. Erben war für seine Pläne am richtigen Platz. Er wohnte im Asylo Aleman, von dem es in einem amerikanischen Dossier heißt:

> „... wo die notorischen Spione bevorzugt untergebracht und mit Geld und allem übrigen ausgestattet werden, bevor man sie für ihre diversen Einsätze wieder außer Landes schmuggelt."

In Mexiko City fand Erben rasch Anschluß an prominente Nazis, vor allem solche, die geheimdienstlich tätig waren. Zu seinem neuen

*) Betty Kirk, *Covering the Mexican Front, The Battle of Europe versus America,* University of Oklahoma Press, 1942 .

Bekanntenkreis gehörten die Brüder Richard und Juan Eversbusch, Besitzer des Schiffahrtsunternehmens Hayen-Eversbusch, die nicht nur in Dr. Erbens Kalender, sondern auch in Memoranden der amerikanischen Botschaft mehrmals erwähnt werden:

> „Naziagitatoren, (...) die häufig Reisen an die Pazifikküste unternehmen, wo sie sich mit bekannten Nazispionen treffen."

Dr. Erben lernte aber auch die Spitze der Nazi-Agenten in Mexiko City kennen: Baron Karl Friedrich von Schleebrügge, der im „Zivilberuf" Vertreter der Berliner Kommunikationsfirma Lorenz war, jedoch unter dem Codenamen „Morris" im Auftrag von Admiral Canaris den deutschen Spionageapparat für ganz Mexiko aufbaute. Schleebrügge, groß, schlank, der deutsche Aristokratentyp, permanent das Monokel ins Auge geklemmt, lud Dr. Erben mehrmals in seine Villa in Guernavaca ein, wo er mit seiner schwedischen Frau Brigitte residierte. Er fuhr einen offenen schwarzen Mercedes-Benz und hatte Zugang zu den höchsten mexikanischen Regierungsstellen. Er war anfangs 1940 von der Ast-Berlin nach Mexiko City beordert worden und bildete gemeinsam mit Werner Georg Nicolaus, ebenfalls von der Ast-Berlin, unter dem Codenamen „Max" operierend, den „Nicolaus-Schleebrügge Ring", der die gesamte deutsche Abwehr-Tätigkeit in Mexiko organisierte und überwachte.* Konsul von Wallenberg war bereits von Rubach informiert worden, als Dr. Erben sich ihm in den Resten einer amerikanischen Seemannsuniform, die von einem Lederriemen mit Hakenkreuzschließe zusammengehalten wurde, vorstellte. Er hatte in der Zwischenzeit auch in Berlin wegen des zukünftigen Einsatzes Dr. Erbens angefragt, aber noch keine Weisung erhalten. Er erwarte jeden Tag ein Rücktelegramm der Zentrale in Berlin, teilte er Erben bei ihrer ersten Unterredung mit. Nach Dr. Erbens Kalendereintragungen traf er

*) Schleebrügge entkam im Frühjahr 1941 mit seiner Familie auf dem japanischen Dampfer *Heiyo Maru* nach Japan und verbrachte den Krieg in China, Georg Nicolaus wurde 1945 nach Deutschland repatriiert, von wo er nach Argentinien auswanderte.

sich im Verlauf des Dezember noch ein Dutzend Mal mit Wallenberg, bis er – wahrscheinlich in der letzten Dezemberwoche* – offiziell als bestallter Agent in die „Abwehr“ aufgenommen wurde. Das Handgeld, das Konsul Wallenberg ihm auszahlte, betrug 100 Dollar, und als Monatsgehalt wurden bis auf weiteres ebenfalls 100 Dollar vereinbart.

Dr. Erben hat seine Version, wie es, während er noch amerikanischer Staatsbürger war, zu seinem Eintritt in den deutschen Militärgeheimdienst „Abwehr“ kam, bei seiner Einvernahme durch Major William E. Williamson auf dem amerikanischen Truppentransporter USAT *General Black* im Herbst 1947 unter Eid folgendermaßen zu Protokoll gegeben:

> „Mein weithin bekanntes Gerichtsverfahren in San Francisco, dem Amtssitz des deutschen Generalkonsul Fritz Wiedemann, brachte den deutschen Geheimdienst in Mexiko bald auf meine Spur. Mit einer Mutter und einer Schwester als Geiseln in Wien, zwei Söhnen im wehrdienstpflichtigen Alter und meiner ganzen Verwandtschaft in Deutschland und in Österreich in hohen Nazipositionen, muß ich den deutschen Geheimdienstlern als geeigneter Rekrut erschienen sein.
>
> Der deutsche Generalkonsul in Mexiko City Baron Wallenberg unternahm vorsichtig die erste Annäherung, und indem er auf Hitlers Theorie ‚Blut ist dicker als Tinte‘ und auf mein jüngstes ‚ungerechtes‘ Gerichtsverfahren in San Francisco verwies, machte er mir das Angebot einer Anstellung als deutscher Geheimagent. Ich brauchte Zeit, um darüber nachzudenken. Nach 48 Stunden sorgfältiger Überlegung meldete ich dem Generalkonsul, daß ich sein Angebot annahm.“**

Wie immer sich sein Eintritt in die Canaris-Organisation abgespielt haben mag, Dr. Erben beging mit diesem Schritt als amerikanischer

*) Dr. Erben hat das genaue Datum in seinem Kalender nicht vermerkt.
**) Mit den gleichen Worten schilderte Dr. Erben seinen Eintritt in die „Abwehr“ 1981 auch dem Autor.

Staatsbürger den Vereinigten Staaten gegenüber Hochverrat, worauf nach amerikanischem Recht die Todesstrafe stand. Er war sich, wie er selbst zugab, dessen bewußt.

Am 18. Jänner 1941 wurde ihm von der deutschen Botschaft in Mexiko City ein neuer deutscher Paß auf einen neuen Namen ausgestellt. Er wählte den Namen seines besten Freundes aus den Wiener Studententagen, Alois Ecker, und gab als Beruf „Musiker" an. Zur Vervollständigung seiner Tarnung kaufte er sich eine billige Violine und den dazugehörigen Kasten, dessen samtbespannten Boden er als Versteck präparierte.

Am 29. Jänner schiffte sich Dr. Erben in der mexikanischen Hafenstadt Manzanillo auf dem Passagierdampfer *Hie Maru* für die Fahrt nach Yokohama ein. Die Schiffe der Nippon Yusen Kaisa-Linie besorgten den Verkehr zwischen Japan, Honolulu, San Francisco, Los Angeles, Mexiko und verschiedenen lateinamerikanischen Häfen und wurden von deutschen und japanischen Agenten für ihre Fahrt zwischen den beiden Kontinenten bevorzugt benutzt.

Dr. Erben wies sich dem Zahlmeister des japanischen Schiffes gegenüber mit seinem amerikanischen Gewerkschaftsausweis aus und wurde als amerikanischer Staatsbürger in die Passagierliste eingetragen.

Der Grund, warum Dr. Erben nicht seinen neuen deutschen Paß verwendete, war, daß britische Patrouillenschiffe schon mehrmals Schiffe der NYK-Linie angehalten hatten, und, obwohl es sich bei ihnen um Schiffe einer neutralen Nation handelte, deutsche Staatsangehörige als „Angehörige eines Feindstaates" von Bord geholt und interniert worden waren. Dieses Risiko wollte er nicht eingehen. Da blieb er lieber Amerikaner.

Er wußte zu diesem Zeitpunkt nicht, daß er es nicht mehr war.

Am selben Tag, an dem die *Hie Maru* aus Manzanillo auslief, war er, 2500 km weiter nördlich, in der kalifornischen Regierungsstadt Sacramento ausgebürgert worden. Die Nachrichtenagentur AP meldete:

> „Bei einer Sitzung des Distriktsgerichtes für Nordkalifornien in Sacramento hat heute U.S. Distriktsrichter Martin I. Welsh dem gebürtigen Österreicher Dr. Herman Frederick Erben, Medizi-

ner, Chirurg, Soldat, Seemann und Weltreisender, die amerikanische Staatsbürgerschaft aberkannt."

Die *Los Angeles Times* brachte die Nachricht am nächsten Tag in großer Aufmachung:

„NAZIABENTEURER VERLIERT U.S. STAATSBÜRGERSCHAFT: Dem Sanitätsoffizier des Begleitschiffes der *Admiral Graf Spee* droht Deportierung als unerwünschter Ausländer (...)"

Dr. Erben wußte von all dem nichts, als die *Hie Maru* vier Tage später in San Pedro anlegte. Er entschloß sich, den amerikanischen Einwanderungsbeamten auszuweichen und an Land zu gehen. Wie ihm das gelang, blieb für immer sein Geheimnis, das zu lüften er sich auch vierzig Jahre später weigerte. In seinem Tagebuch findet sich am 30. Jänner lediglich der Hinweis auf einen Streit mit dem japanischen Zahlmeister und am 1. Februar eine Notiz über eine Aussprache mit dem Kapitän. „Der ist vernünftiger als der Zahlmeister". Am 2. Februar notierte er, „ging um 8 Uhr früh ohne Gepäck an Land". „Um 10 Uhr" war er „am deutschen Generalkonsulat".
Dr. Erben wollte in Los Angeles Generalkonsul Dr. Gyssling und Errol Flynn treffen. Beides mißlang. Der Generalkonsul war auf Dienstreise in Mexiko, und unter Errols Nummer gab eine ihm unbekannte Männerstimme die Auskunft, daß Mr. Flynn auswärts sei. Als die Stimme ihn nach seinem Namen fragte, legte Dr. Erben auf.*
Da er vor Einbruch der Dunkelheit nicht aufs Schiff zurückkehren wollte, wanderte Dr. Erben während des Restes des Tages ziellos durch die Stadt, schrieb Ansichtskarten, darunter eine an Joan, und einen Brief an seinen Anwalt in San Francisco. Einige Stunden schlief er in einem heruntergekommenen Hotel in der South Mariposa Street, und um ein Uhr früh war er wieder auf dem Schiff, ohne daß seine Rückkehr von den amerikanischen Behörden oder den Wachen des Pinkerton-Sicherheisdienstes bemerkt worden wäre.

*) Flynn war privat in Honolulu, wo er seine deutsche Freundin Heli Heller besuchte, die vom FBI als „Nazispionin" geführt wurde.

Als die *Hie Maru* am nächsten Tag kurz in San Francisco anlegte, blieb Dr. Erben in seiner Kabine. Auch beim Aufenthalt in Hawaii verließ er das Schiff nicht. Das Bundeskriminalamt erfuhr erst am 5. Februar durch ein Schreiben Tramutolos an das FBI, daß er wahrscheinlich nicht mehr in den USA war.

> „...daß er soeben ein Schreiben von Dr. Erben erhalten hat, das den Poststempel von Los Angeles, aber keine Absenderadresse trägt, aus dem zu entnehmen ist, daß Dr. Erben sich gegenwärtig auf dem Weg nach San Francisco befindet und sich bei seiner Ankunft bei Tramutolo melden wird. Vorkehrungen wurden getroffen, daß Dr. Erben zum Büro (des FBI) kommt, falls er nach San Francisco zurückkehrt. Andernfalls, wenn er nicht nach San Francisco kommt, wird Mr. Tramutolo feststellen, wo er sich aufhält, und das Büro in San Francisco informieren."

Als Dr. Erben am 20. Februar in Tokio eintraf, wurde ihm der rote Teppich ausgerollt, als wäre er tatsächlich der Spion, für den er sich hielt, seit er die 100 Dollar Handgeld und sein erstes Monatsgehalt kassiert hatte. Es war doppelt so viel, wie er als Schiffsarzt verdiente, und er wußte, daß er ein guter Arzt war. Daher hielt er sich für einen noch besseren Agenten.

Der Beamte der deutschen Botschaft, der ihn am Bahnhof abholte, brachte ihn in eines der besten Hotels der Stadt und überreichte ihm dort diskret einen mit japanischen Banknoten vollgestopften Umschlag für seine „allfälligen Ausgaben".

Während der nächsten Tage war Dr. Erben ständig bei Cocktails, Dinners und Gartenfesten in den Häusern deutscher Diplomaten und Geschäftsvertreter eingeladen. Er ging in der deutschen Botschaft ein und aus und erneuerte dabei seine Bekanntschaft mit Richard Sorge, den er acht Jahre vorher bei Albert kennengelernt hatte.

Dr. Sorge war inzwischen nach Tokio übersiedelt, schrieb nun für die *Frankfurter Zeitung* und das holländische *Algemeene Handelsblad*, hatte ein Büro in der deutschen Botschaft und war, obwohl er kein

Diplomat war, von Botschafter Dr. Eugen Ott eingeladen worden, an den täglichen Morgenbesprechungen, dem sogenannten „Morgengebet“, teilzunehmen.*

Am 25. Februar wurde Dr. Erben von Marine-Attaché Admiral Paul Wennecker (Codename „Paula“) in dessen Amtsräumen in der deutschen Botschaft empfangen. Wennecker, der Chef der gesamten Marine-Abwehr für den Fernen Osten, erteilte dem neuen Abwehr-Agenten seine Dienstanweisung. Aufgrund seiner Vorkenntnisse, und da er mit Schanghai bereits vertraut war, wurde er dem Leiter der Abwehrstelle (Ast) Schanghai, Oberstleutnant Louis Siefken, den Dr. Erben bereits aus Afrika kannte, zugeteilt. Er sollte als Siefkens „Nr. 1“ die Leitung der Sektion für Marinespionage übernehmen. Die Tatsache, daß er Schiffsarzt, amerikanischer Staatsbürger und noch immer Mitglied der amerikanischen Seefahrergewerkschaft SUP war, würde ihm zweifellos seine konspirative Tätigkeit erleichtern und ihm den Zugang zu Schiffen und zu Schiffspersonal verschaffen, den jemand ohne diese Voraussetzungen wahrscheinlich nicht finden würde.

Admiral Wennecker setzte Dr. Erben seine Aufgaben in Schanghai im Prinzip auseinander: Er sollte Informationen über den alliierten Schiffsverkehr sammeln, Fahrpläne, Routen, Fracht, Personal; die Namen und Heimatanschriften von Besatzungsmitgliedern amerikanischer Schiffe herausfinden und sie, soweit möglich, bei Besuchen in Bars oder sonstigen Etablissements prodeutsch beeinflussen; ihnen vor Augen halten, um wie viel besser es für sie wäre, wenn die USA sich aus dem Krieg heraushielten, den das Deutsche Reich auf jeden Fall gewinnen werde; sie sollten in diesem Sinn auch an ihre Familien und Bekannten in den USA schreiben, damit diese nicht die kriegerischen Pläne Präsident Roosevelts unterstützten. Wie Wennecker ihm

*) Nachdem Sorge von den Japanern als sowjetischer Spion entlarvt wurde, erlitt Botschafter Ott, als er mit dem Verrat des Freundes, dem er sein volles Vertrauen geschenkt hatte, konfrontiert wurde, einen totalen Zusammenbruch und schied aus dem diplomatischen Dienst aus. Er lebte bis Kriegsende im freiwilligen Exil in Peking und kehrte dann nach München zurück.

erläuterte, sollte Dr. Erben in Schanghai nicht nur als Informant, sondern vor allem auch als „Beeinflussungsagent" tätig sein.
Nach diesen Instruktionen gab „Paula" Dr. Erben den Codenamen „Silberfuchs" und stellte ihn seinem Stellvertreter Oberleutnant Bellstedt vor.
Vor seiner Abreise hatte Dr. Erben noch einmal eine Unterredung mit Dr. Sorge, und er hatte keinen Grund, vor diesem seine zukünftige Tätigkeit in Schanghai geheim zu halten. Dabei vereinbarten der deutsche Abwehr-Agent und der sowjetische Topspion, daß Dr. Erben dem Journalisten Dr. Sorge geheimdienstliche Informationen aus Schanghai zukommen lassen werde, die dieser dann als Backgroundinformation in seinen Zeitungsartikeln verwenden könnte.
Dr. Erben, dem dieses Nahverhältnis zu einem Mann schmeichelte, den er vom ersten Augenblick an bewundert hatte und der offensichtlich das Vertrauen des Botschafters und des Marine-Attachés genoß, hielt sich an die getroffene Vereinbarung. Regelmäßig schickte er während der nächsten Monate für Dr. Sorge bestimmte Informationen an eine Deckadresse an der deutschen Schule in Kobe, von wo sie nach Tokio weitergeleitet wurden. Er registrierte jede dieser Sendungen in seinem Kalender unter dem Codezeichen „Mr. X".*
Noch im Oktober 1941, knapp bevor Sorge gefaßt wurde, schickte Dr. Erben seinem Tagebuch zufolge für „Mr. X" bestimmte Filme an die deutsche Schule in Kobe.
Mit einem von Admiral Wennecker unterzeichneten Beglaubigungsschreiben in der Tasche fuhr „Silberfuchs" am 5. März auf der *Kobe Maru* von Nagasaki nach Schanghai, dem Platz, wo seine eigentliche Geheimdienstkarriere beginnen sollte.

*) Die Information, daß „Mr. X" in seinem Kalender Dr. Sorge war, stammt von Dr. Erben und entzieht sich daher einer unabhängigen Verifizierung. Falls Dr. Erbens Angabe stimmt, so erreichte ein Teil seiner Informationen auch Dr. Sorges Auftraggeber im Kreml.

VIERTES BUCH

1941 – 1948

12

1941/ 45

Wie Erben in Schanghai nicht nur für die Abwehr, sondern auch für den SD tätig war, sich als Spitzel in ein Internierungslager für Alliierte einschleusen ließ, für den japanischen Geheimdienst kempetai arbeitete und das Ende des Krieges erlebte.

Dr. Erben kam am Nachmittag des nächsten Tages in Schanghai an, quartierte sich im Ausländer-YMCA ein und suchte sofort seinen Freund Albert von Miorini auf, den er seit mehr als drei Jahren nicht gesehen hatte. Wie er sich auf den ersten Blick überzeugen konnte, war der während dieser Zeit noch wohlhabender geworden. Offensichtlich florierten seine Praxis und seine Nebengeschäfte.
Erben versuchte seinen reichen Freund mit seiner Anstellung bei der „Abwehr" und seinem fixen Monatsgehalt zu beeindrucken, worauf dieser ihn mit der Mitteilung übertrumpfte, er arbeite für den Chef des SD* in Shanghai, SS-Obersturmführer Gerhard Kahner, einen persönlichen Freund; ohne jede Bezahlung, darauf komme es ihm nicht an, Geld habe er genug, sondern nur, um auf der richtigen Seite zu sein; das sei wichtig. Wenn Erben wolle, würde er ihn Kahner vorstellen, der häufig sein Gast sei und zu jedem seiner Kammermusikabende komme.
Erben wollte natürlich.
Die beiden Freunde kamen rasch überein, daß ihr Vertrag von 1933 noch gültig war und daß sie in jeder Weise wieder als Partner zusam-

*) Der SD (Sicherheitsdienst) war der mit der „Abwehr " oft rivalisierende Geheimdienst der Partei. Der SD unterstand dem RSHA (Reichssicherheitshauptamt). Der Chef der Auslandsabteilung des SD (RSHA VI) war Walter Schellenberg; Chef der „Abwehr" Wilhelm Canaris. 1944, nach der Verhaftung von Canaris, übernahm Schellenberg auch die „Abwehr".

menarbeiten würden. Bereits am nächsten Tag assistierte Dr. Erben seinem Kollegen bei einer Abtreibung an einer reichen Chinesin. In sein Tagebuch trug er ein: „Kratze wieder Gold mit Albert".

Daß Dr. von Miorinis medizinische Spezialität in den Kreisen österreichischer und deutscher Immigranten nicht unbekannt blieb, die in immer größeren Scharen in das visumsfreie Schanghai als Zufluchtsort vor der Verfolgung durch die Nazis strömten, bezeugt ein Schreiben des verarmten österreichischen Aristokraten Ritter von Eis. Der schlug sich durchs Leben, indem er von Tür zu Tür mit Frühstücksspeck hausierte.*

> „Vor fünfzehn Jahren haben Sie in Wien Ihre Freundin, die Tochter eines Generals, mit der Kürette verunstaltet. Weshalb Sie nach Schanghai fliehen mußten. Was gibt Ihnen nun das Recht, dieses erbärmliche Handwerk auch in der gutgesitteten chinesischen Gesellschaft auszuüben?"

Im selben Schreiben beschwerte sich der österreichische Adelige auch über die rauhen Sitten, mit denen Dr. Erben die Gelder eintreibe, die Dr. von Miorini an europäische Immigranten verlieh, vor allem an jüdische Flüchtlinge, die ohne alle Habe ankamen, und über die exorbitanten Zinsen, die er dafür forderte:

> „Sie haben einem Flüchtling ein Darlehen zu einem monatlichen Zinssatz von 20% gewährt. Das sind 240% im Jahr! Schon ein Schuljunge kann sich ausrechnen, umso eher ein erfahrener Geschäftsmann wie Sie, daß der Mann schließlich unter dieser finanziellen Last zusammenbrechen muß."

Derartige Vorhaltungen kümmerten die äußerlich so unähnlichen, in ihrer Geldgier und Rücksichtslosigkeit einander jedoch so ähnlichen Geschäftspartner kaum. Miorini investierte sein Geld in der Hauptsa-

*) Einer seiner Kunden war nach seiner eigenen Angabe später auch Dr. Christian Zinsser.

che in chinesische Antiquitäten, Porzellan und Teppiche und in seinen luxuriösen Lebensstil. Er hatte soeben eine neue, noch größere Yacht erworben. Dr. Erben kaufte von seinem Anteil vor allem Goldbarren, die er, nachdem er sie in seiner Buchhaltung sorgfältig registriert hatte, in Alberts Safe deponierte.

Wenige Tage nach seiner Ankunft traf Erben sich zum ersten Mal mit seinem Abwehr-Vorgesetzten, Oberstleutnant Louis Siefken, der den Codenamen „Schmidt" trug.*

Obwohl Siefken ein Büro in den Räumen des deutschen Generalkonsulats hatte, dessen Angestellte auch seine Abrechnungen und seinen Schriftverkehr machten und seine von ihm selbst verschlüsselten Telegramme abfertigten, hielt er sich dort wenig auf. Für ihr erstes Treffen hatte er ein chinesisches Lokal vorgeschlagen, das von Europäern kaum frequentiert wurde.

Siefken war ein Mann mittleren Alters, blaß, aufgedunsen, dessen polierte übertriebene Gepflegtheit einen unappetitlichen Eindruck machte.

Nachdem sie Erinnerungen an ihre erste Begegnung in Afrika und Informationen über ihr seitheriges Geschick ausgetauscht hatten, kam Siefken auf Dr. Erbens amerikanische Staatsbürgerschaft zu sprechen. Wie vorteilhaft sie sich für seine Arbeit erweisen werde; und daß sie einer der Hauptgründe für seine Aufnahme als Agent in die „Abwehr" gewesen wäre. Wahrscheinlich gebe es außer ihm keinen zweiten Amerikaner in der ganzen Organisation.

Erben schwieg. Er erwähnte mit keinem Wort das Verfahren in San Francisco oder daß seine amerikanische Staatsbürgerschaft in Frage gestellt war.

Siefken, der während des Gespräches immer wieder seine goldgefaßte Brille putzte, die aus einem unerklärlichen Grund ständig anzulaufen schien, schlug vor, er sollte sich den amerikanischen Matrosen gegenüber als Kommunist ausgeben; dann hätten diese Burschen wahrscheinlich noch mehr Vertrauen zu ihm und kämen noch weniger auf den Gedanken, daß er für die Deutschen arbeitete. Als Kommunist

*) „Schmidt" war auch einer der Codenamen Dr. Richard Sorges.

wäre er einer von ihnen und könnte sie in Hafenspelunken schleppen, wo ein andere gar nicht hingehen würde. Außer Erben. Er ging überall hin.

Erben war einverstanden. Er merkte, daß Siefkens Begeisterung für seine Rolle, die er offensichtlich selbst gerne gespielt hätte, sich als Dunst auf seinen Brillengläsern niederschlug.

Siefken fragte ihn, wo er wohne.

„In der Ausländer-YMCA."

„Dort wohnt auch der buddhistische Abt Chao Kung."

„Den kenne ich."

„Umso besser. Er arbeitet für mich. Ich werde ihm sagen, daß er seine Informationen von nun an Ihnen übergeben soll."*

Erbens Aufgabe in Schanghai brauchte Siefken ihm nicht mehr auseinanderzusetzen, das hatte bereits Admiral Wennecker getan. Er gab ihm lediglich ihre Kontaktpunkte und die Art und Weise, wie sie miteinander in Verbindung bleiben würden, bekannt und zahlte ihm sein erstes Monatsgehalt aus. 100 Dollar. Er teilt ihm auch mit, daß er seine Spesen an jedem Monatsersten abzurechnen habe und daß seine Miete an jedem Ersten aus der Kasse der NS-Volkshilfe gezahlt würde, von der Leiterin der NSV, Frau Pflug.

Wenige Tage nach seiner Unterredung mit dem Chef der „Abwehr" lernte Dr. Erben auf Alberts Vermittlung und in dessen Wohnung auch den Chef des SD, Gerhard Kahner, kennen. Kahner gefiel ihm weit besser als Siefken. Ein rothaariger Koloß von einem Mann. In der schwarzsilbernen SS-Uniform. Mit der Reitgerte im blankpolierten Stiefelschaft. Er würde auch Errol gefallen.

Albert hatte Erben bereits vor dem Treffen mit Kahner darauf auf-

*) Trebitsch-Lincoln hatte Anfang 1941 begonnen, als Informant für die „Abwehr" zu arbeiten. Eines seiner grandiosen Projekte, das auch Siefken befürwortet und zur Beurteilung nach Berlin weitergeleitet hatte, war der Plan gewesen, die Deutschen sollten ihn nach Tibet schicken, damit er dieses strategisch wichtige Gebiet unter deutschen Einfluß bringe. Außerdem wollte er dort einen Kurzwellensender installieren. Dr. Erben behauptete 1981, Trebitsch-Lincoln habe ihn mit sogenannten Informationen überschwemmt, sie seien jedoch geheimdienstlich von nur geringem Wert und in der Hauptsache Tratsch gewesen.

merksam gemacht, daß der SS-Offizier im Kellergeschoß des Generalkonsulats eine Folterkammer eingerichtet hatte, um bei der Einvernahme verstockter politischer Häftlinge ans Ziel zu kommen; auch wenn das bedeutete, daß er sie zu Tode folterte. Was bei Kahner, der ein exzessiver Trinker war, nicht selten vorkäme. Er stünde seinem Vorgesetzten, Hauptmann Josef Meisinger*, der dem Titel nach Polizei-Attaché an der Botschaft in Tokio, in Wirklichkeit jedoch Gestapo-Chef für ganz Ostasien war, an Brutalität nicht nach. Erben kannte Meisinger von seinem Aufenthalt in Tokio und wußte daher, daß Schanghai zu seinem Amtsbereich gehörte und er es häufig persönlich inspizierte.

SS-Obersturmführer Kahner machte dem frischgebackenen Abwehr-Agenten gleich bei dieser ersten Begegnung das Angebot, auch für den SD zu arbeiten. Schließlich sei er der einzige Amerikaner in Schanghai, der für das Dritte Reich geheimdienstlich tätig war, also sei es naheliegend, daß die beiden Geheimdienste ihn sich teilten. Er werde selbst mit Oberstleutnant Siefken darüber sprechen. Erben erklärte sich mit dem Vorschlag einverstanden, wenn Siefken nichts dagegen einzuwenden hatte.

Siefken blieb nichts anderes übrig, als zuzustimmen, und so begann Dr. Erben seine merkwürdige und eher einmalige Doppelrolle als Spion sowohl für Canaris als auch für Schellenberg.

Noch am selben Tag meldete sich Dr. Erben zum ersten Mal am amerikanischen Generalkonsulat im „Hamilton-House". Er wies sich mit seinen amerikanischen Seemannspapieren aus und meldete sich als ein derzeit in Schanghai ansässiger amerikanischer Staatsbürger. Er fragte („sehr vorsichtig, um keinen Verdacht aufkommen zu lassen") nach, ob irgendeine Nachricht für ihn eingetroffen sei. Da dies nicht der Fall war, verließ er erleichtert das „Hamilton-House", um das er während der nächsten Monate stets einen großen Bogen machte. (Neun Monate später, nach dem Angriff der Japaner auf

*) Meisinger wurde nach Kriegsende wegen seiner Greueltaten und Morde in den besetzten polnischen Gebieten an Polen ausgeliefert und als Kriegsverbrecher hingerichtet.

Pearl Harbour, schloß das amerikanische Generalkonsulat seine Tore, und die amerikanischen diplomatischen Interessen wurden für den Rest des Krieges von der Schweiz wahrgenommen. Das machte es für Dr. Erben weit einfacher und ungefährlicher, seinen Schwindel fortzusetzen und sich als Amerikaner auszugeben.)

Mit dem ersten Monatsgehalt in der Tasche lud Erben seinen Freund Albert zu einem ihrer traditionellen „Hurenbummel" im französischen Sektor der „Internationalen Niederlassung" ein, wo sich die meisten und besten Bordelle befanden. Ihr Streifzug durch die Lokale endete erst im Morgengrauen, bei „suck-suck-Marie", einer jungen Eurasierin, die wegen ihrer unkontrollierbaren Rauschgiftsucht von ihrer prominenten Familie aus dem Haus gejagt worden war. Seither hockte das Mädchen Nacht für Nacht im gleichen Toreingang und bediente jeden, der es wollte, für ein paar Münzen, mit ihrem Mund.*

Bis zum Überfall der Japaner auf die amerikanischen Flotteneinheiten in Hawaii, am 7. Dezember, und dem nachfolgenden Kriegseintritt der USA war der stellenlose Amerikaner Erben eine bekannte Erscheinung im Schanghaier Hafen, entlang des Kais, dem sogenannten „Bund", wo die ausländischen Schiffe anlegten und ihre Fracht löschten und neue luden.

Wann immer ein amerikanisches Schiff einlief, war er zur Stelle. In den Resten einer ehemaligen Matrosenuniform, seinen alten Seemannsausweis schwenkend und im Gesicht ein freundliches Yankee-Grinsen, eilte er jedes Mal unter den ersten an Bord. Seine Vertrautheit mit amerikanischen Schiffen und den Gepflogenheiten ihrer Besatzung, vor allem aber seine Unverfrorenheit, erleichterten ihm den Zutritt. Nur selten wurde er zurückgewiesen. Geschah es einmal, dann protestierte er lautstark und in den vulgärsten Seemannsausdrücken.

Da er den Slang der Seeleute besser als jeder geborene Amerikaner

*) Dr. Erben vermerkte den Tod der jungen Prostituierten infolge einer Überdosis an Rauschgift im nächsten Jahr bedauernd in seinem Tagebuch.

beherrschte und genau wußte, was einen Matrosen nach einer langen Seereise am meisten nervte und was er brauchte, und nebenbei noch einfließen ließ, daß er kommunistisch organisiertes Mitglied der SUP war, also Verständnis für den „underdog“ hatte, weil er selbst einer war, gewann er jedes Mal leicht das Vertrauen der Mannschaft.

Er bot den Matrosen kameradschaftlich seine Dienste an. – Brauchte einer einen Arzt? – Vielleicht wegen einer Geschlechtskrankheit, weil er sich seine Pfeife verbrannt hatte, und damit nicht zu seinem Sanitätsoffizier gehen wollte? – Er kannte den besten Arzt für Geschlechtskrankheiten in Schanghai. Einen Europäer. Dr. Albert von Miorini. (Miorini teilte die Honorare, die er von diesen Seeleuten kassierte, fifty-fifty mit Erben.)

Erben bot sich auch als Führer durch das Nachtleben Schanghais an. Er schleppte sie in die verruchtesten Bars und Spelunken, Dancehalls, Nacktkabaretts und Strip-joints; auch in Hurenhäuser, in denen sich mancher mit der Krankheit ansteckte, die Dr. von Miorini dann behandelte.

Er zeigte ihnen in den engen Gassen die Parade der chinesischen Matronen, die zu jeder Tag- und Nachtzeit Mädchen, oft noch Kinder, vom Land, oder sogar ihre eigenen Töchter, zur Schau stellten und den Männern anboten. Sie verliehen sie stunden- oder tageweise, oder wollten sie überhaupt verkaufen.

Es gab keine Variante von Sex, für die Dr. Erben nicht das richtige Lokal kannte und wo er seinen Schützlingen nicht hätte Zugang verschaffen können, natürlich führte er sie auch zu „suck-suck-Marie“.

Im Gespräch mit den Schiffsoffizieren spielte er eine andere Rolle: Dr. med. Herman F. Erben, vielgereister Schiffsarzt, der das Pech gehabt hatte, in Schanghai abzumustern und nun nach einem Posten als Schiffsarzt auf einem amerikanischen Schiff suchte; was natürlich nicht leicht war, weil jedes in Schanghai einlaufende amerikanische Schiff schon seinen Sanitätsoffizier hatte. „Good luck“ war meistens alles, was man ihm bieten konnte.

Erben war zufrieden mit seinem „Good luck“, denn hinter der Fassade des schäbig gekleideten, stellenlosen Amerikaners verfolgte er seine eigentliche Aufgabe: Er sammelte jedes Stückchen Information über den alliierten Schiffsverkehr im Pazifik. Er bat seine Matrosenkumpel um abgelegte Nummern der Seemannszeitschrift *The Pilot*, die er angeblich an seinen „einsamen Abenden“ aus „reiner Sentimentalität“ lesen wollte. In Wahrheit jedoch gab er sie, da sie wichtige Informationen enthielten, sofort an Siefken und Kahner weiter.

Er kopierte Fahrtrouten, Fahrpläne, Frachtpapiere und spionierte die Wellenlänge der Bordfunkgeräte des jeweiligen Schiffes aus. Er erkundete die für den Fall eines feindlichen Angriffes vorgesehenen Schutz- und Ausweichmanöver der amerikanischen Handelsflotte und die geplanten Nachschublinien für Waffen und Treibstoff für den Fall des Kriegseintritts der USA, der von Woche zu Woche wahrscheinlicher erschien.

Daneben vernachlässigte er aber auch seine Aufgabe als „Beeinflussungsagent“ nicht. Er streute Gerüchte über die angebliche Überlegenheit der deutschen U-Boot-Flotte aus und wies immer wieder auf die Aussichtslosigkeit eines gleichzeitigen Seekrieges gegen die Deutschen im Atlantik und gegen die Japaner im Pazifik hin.

Er ließ sich die Heimatanschriften der Matrosen geben, angeblich um mit ihnen in Kontakt zu bleiben; in Wahrheit, damit ihre Familien in einer gezielten Kampagne von Nazipropagandisten in den USA mit alarmierenden Nachrichten über ihre zur See fahrenden Angehörigen bearbeitet und gegen die Kriegspläne Präsident Roosevelts mobilisiert werden konnten.

Siefken und Kahner waren zufrieden mit ihrem gemeinsamen Agenten. Die Mosaiksteinchen, die er lieferte, wurden in Berlin mit den Informationen anderer Spione kombiniert und zu einem Bild zusammengesetzt, das die Stärken und Schwächen des zukünftigen Gegners zeigte.

Die amerikanischen Geheimdienste brauchten mehr als zwei Jahre, bevor sie die Spur des plötzlich verschwundenen ausgebürgerten Wahlamerikaners Erben wieder aufnahmen. Das gelang ihnen aufgrund der Information eines aus dem Fernen Osten heimgekehrten Matrosen namens John E. Mackins, der die Behörden auf den sonderbaren Vogel aufmerksam machte, der ihm in Schanghai über den Weg gelaufen war. Am 15. Dezember 1943, mehr als zwei Jahre nach dem Kriegseintritt der Amerikaner und auch mehr als zwei Jahre nach dem Kontakt zwischen Mackins und Dr. Erben, meldete der Leiter der US-Marineoperationen vertraulich an das FBI:

> „Er hat versucht, von der amerikanischen Besatzung Informationen über die Fahrtroute der Schiffe, die Codechiffres und sonstige geheime Daten herauszufinden. Es wurde außerdem gemeldet, daß er amerikanische Seeleute ersucht hat, für ihn Post in die USA mitzunehmen und dort aufzugeben."

Es handelte sich zweifellos in erster Linie um Post an Errol, mit dem er während des ganzen Krieges schriftlich Kontakt hielt. Dadurch beging Flynn Hochverrat. Im August 1942 war er als amerikanischer Staatsbürger naturalisiert worden. Aber auch bis zu diesem Zeitpunkt, als britischer Staatsbürger und danach als Amerikaner, verletzte er den „Trading With the Enemy Act", ein Gesetz, das in beiden Staaten Gültigkeit hatte und u. a. die Aufrechterhaltung einer Verbindung zu einem Angehörigen eines Feindstaates in Kriegszeiten untersagte. Hochverrat schien Flynn ebenso wenig zu stören wie Erben.

Am 16. April 1941 beantwortete Flynn telegrafisch die erste Nachricht, die er von Erben aus Schanghai erhalten hatte:

> „Brief erhalten. Außerordentlich glücklich zu wissen, daß du okay. Telegrafiere jede Standortveränderung. Komme vielleicht zu dir. Telegrafiere, ob ich hier etwas für dich tun kann."

Flynn schien es ernst gewesen zu sein mit dem Plan, zu seinem spionierenden Freund nach Schanghai zu fahren. Denn in einem Schreiben vom 18. Juli, auf dem Briefpapier der *Sirocco,* schwärmte er von einem möglichen Treffen:

> „...Ich kann dir nicht sagen, wie ich dich beneide, daß du dort

> angelangt bist, wo du bist. Aber das weißt du ohnehin. Ich hoffe noch immer, daß es möglich sein wird, hinüberzukommen und mich dir anzuschließen. Vielleicht gegen Jahresende. Wenn Reisen dorthin dann noch möglich sind."

Im gleichen Schreiben teilte Flynn seinem Freund die Geburt seines Sohnes Sean mit:

> „Mein Sohn und Stammhalter ist gut angekommen, ein strammer Junge. Er erfreut sich bester Gesundheit und schaut überhaupt niemandem in der Familie ähnlich, außer vielleicht meiner Schwester. Er hat sonderbare Ohren, die ihm nicht viel helfen werden, denn sie schauen aus wie meine."

Als der normale Postverkehr durch die Kriegsereignisse unterbrochen wurde, schrieben die beiden Freunde einander über das Internationale Rote Kreuz.

Dr. Erben blieb nur einige Wochen in der Ausländer-YMCA, dann übersiedelte er in den Turm der lutherischen Kirche, wo ihm der deutsche Pastor kostenlos die Turmstube überließ. Trotzdem kassierte er weiterhin an jedem Monatsersten von Frau Pflug den Betrag für seine angebliche Miete. Er hatte seine Freundin Margarete Höbich, die er 1937 auf der Überfahrt auf der *Conte Verde* kennengelernt hatte, in Schanghai wiedergefunden und verbrachte seine freien Abende mit ihr.

An Sonntagvormittagen, wenn das Wetter schön genug zum Fotografieren war, besuchte er mit seinen Freunden, Albert von Miorini und dem Wiener Journalisten Dr. Herbert Tichy, der Max Reischs Beifahrer bei der Sahara-Durchquerung gewesen war und nun als Korrespondent in China lebte, die öffentlichen Hinrichtungen in Kianwang, in der Nähe des Flughafens. Dr. Tichy lebte damals mit einer jungen Chinesin zusammen und wohnte wie Dr. von Miorini ebenfalls in den Medhurst Apartments und lieferte fallweise ebenso Informationen an die „Abwehr".

Professor Dr. Herbert Tichy, bekannter Forscher und Erfolgsautor, erinnerte sich 1983 bei einem Gespräch in seiner Wiener Wohnung noch genau an diese sonntäglichen Ausflüge:*

> „Statt daß wir unsere Mädchen an einem Sonntag zu einem Picknick ausführten, haben wir sie zur Hinrichtungsstätte mitgenommen. Wenn sie einmal nicht wollten, so sind wir Männer allein gegangen. Erben und Miorini waren immer dabei. Sie haben immer ihre Filmkameras und Fotoapparate dabeigehabt. Sie haben dauernd gefilmt und fotografiert. Miorini hat dann diese Filme bei Gesellschaften in seiner Wohnung vorgeführt. Nach dem Abendessen. Besonders wenn Kahner oder sonstige deutsche Offiziere eingeladen waren."

Was die Ärzte filmten und fotografierten, und Miorini seinen Gästen nach einem exquisiten chinesischen Mahl vorführte, waren Szenen grausamster physischer und psychischer Folterung bis zum Tod. Vierzig Jahre später erinnerte sich Dr. Erben noch an jede Einzelheit:

> „Der verurteilte Verbrecher – meistens waren es Diebe – mußte auf dem bloßen Boden vor einem dicken, aufrechtstehenden Brett niederknieen. Mit dem Gesicht vom Brett abgewandt. Das Brett war in der Erde verankert. Der Scharfrichter stand hinter dem Brett, so daß der Verurteilte ihn nicht sehen konnte. Dem zum Tode Verurteilten – oft waren es natürlich auch Frauen – wurde vom Scharfrichter ein dicker Strick um den Hals gelegt. Die Enden des Strickes liefen durch ein Loch im Brett und waren an einem Querholz befestigt, das der Henker in der Hand hielt.
> Sobald ein buddhistischer Mönch dem Todeskandidaten den letzten Beistand gegeben hatte und zur Seite getreten war, begann der Scharfrichter den Pegel langsam zu drehen und damit die Schlinge um den Hals enger zu ziehen. Mit jeder Drehung um einen Ruck. Bis der Mann, oder die Frau, nicht mehr atmen konnte und das Bewußtsein verlor. Sobald das der Fall war, trat

*) Professor Dr. Herbert Tichy starb 1988.

einer von den Henkersknechten vor den Halbtoten und schlug ihm mit der Faust hart in den Solar plexus, bis der nach Luft schnappte und wieder zu Bewußtsein kam, damit die Tortur und der Tod noch weiter hinausgezögert werden konnten. Nach ein oder zwei weiteren Drehungen war der Mann erdrosselt und die Hinrichtung vollstreckt.

Manchmal wurde ein Ehepaar gleichzeitig und nebeneinander auf diese Weise hingerichtet. So, daß sie einander sehen konnten, und die Qualen, die der eine zu ertragen hatte, natürlich noch die Qualen des anderen erhöhten.

Sobald der Hingerichtete als tot erklärt und der Rigor mortis eingetreten war, wurde die Schlinge um seinen Hals gelöst, und er fiel in einer zusammengebündelten Position nach vorn. Dann sprangen die Henkersknechte den Leichen auf den Rücken, um sie flach zu pressen. So wurden sie übereinander auf Karren geschichtet und zur Massenbeerdigung abtransportiert.

Oft wurden an einem Sonntagvormittag gleich mehrere Dutzend auf diese Weise hingerichtet. Wir waren dabei, sooft wir konnten."

Dr. Erben erwarb bald den Beinamen „Schnüffelschwein" und war unter den Deutschen Schanghais alles andere als beliebt, da er im Auftrag Kahners die „Volksgenossen" auf ihre NS-Gesinnung und politische Zuverlässigkeit bespitzelte.

Er war bei jeder Parteiveranstaltung, den Pflichtabenden zur militärischen Ausbildung, jeder Kundgebung und jedem Aufmarsch dabei, um Kahner melden zu können, wer nicht dabei gewesen war.

Sein ständig gezücktes Notizbuch, sein dauerndes Mithören bei Gesprächen und sein plötzliches Auftauchen an Orten, wo er nicht erwartet wurde, machten ihn bald so suspekt, daß er von vielen gemieden und kaum mehr zu gesellschaftlichen Anlässen eingeladen wurde; außer zusammen mit seinem gefürchteten Chef Kahner.

Mit Kahner als Beschützer ging er unbehindert bei den deutschen Dienststellen ein und aus; auch am Generalkonsulat, obwohl er gerade dort von Generalkonsul Dr. Martin Fischer nicht gerne gesehen wurde. Fischer wußte, daß Erben sogar ihn und einige seiner Herren bespitzelte und hatte sich durch seinen neuen Ersten Zugeteilten, Konsul Dr. Christian Zinsser*, bei Kahner darüber beschwert. Ohne Erfolg. Erben war wie die Laus im Pelz – nicht loszuwerden.

Aber Kahner brauchte ihn. Er schickte Dr. Erben mehrmals als Spitzel nach Peking, das seit der Invasion von 1937 von den Japanern besetzt war, und nach Chungking, dem Sitz der Tschiang Kai-schek Regierung für das sogenannte „Freie China", um dort ansässige prominente Deutsche auf ihre Linientreue zur Partei zu überprüfen. 1942 entsandte Kahner seinen Kundschafter nach Peking, um einen deutschen Geschäftsmann namens Georg Körper, der verdächtigt wurde, als Doppelagent nicht nur für das Deutsche Reich, sondern auch für die Alliierten zu arbeiten, zu kontrollieren.

Einer der ersten, deren Treue zum Nationalsozialismus Dr. Erben zu überprüfen hatte, war Albert von Miorinis ältester Freund in Schanghai, Paul Pälz. Der langjährige Vertreter eines großen deutschen Handelsunternehmens in China war auch mit Dr. Erben selbst befreundet.

Pälz, der kränklich war, hatte den Antrag gestellt, seine chinesische Lebensgefährtin, die Mutter seiner Kinder, mit der er seit Jahren zusammenlebte, heiraten zu dürfen, um sie versorgt zu wissen. Die NSDAP lehnte das aus Gründen der Reinerhaltung der Rasse für einen Parteigenossen striktest ab.

Kahner hatte selbst eine Chinesin zur Freundin, Tichy, der immerhin für Goebbels *Das Reich* schrieb, lebte mit einer Chinesin zusammen, Albert von Miorini hatte seine Ruby, und Dutzende andere Deutsche

*) Dr. Zinsser war, nachdem er in mehreren Staaten Zentralamerikas wegen seiner nationalsozialistischen Aktivitäten zur „persona non grata" erklärt worden war, über Mexiko, Texas, Los Angeles nach San Francisco gereist. Sein Freund aus den Berliner Tagen, Generalkonsul Fritz Wiedemann, hatte ihm aufgrund einer Intervention des deutschen Botschafters in Tokio, Dr. Eugen Ott, für den 2. Mai 1941 einen Platz auf dem letzten japanischen Schiff verschafft, das aus San Francisco auslief, der *Yawata Maru* der NYK-Linie. Nach einem kurzen Aufenthalt in Tokio war Dr. Zinsser als Konsul nach Schanghai beordert worden.

waren mit Chinesinnen liiert, aber keinem von ihnen außer Pälz wäre es eingefallen, seine Freundin auch heiraten zu wollen oder mit ihr Kinder zu zeugen.

Dr. Erben redete seinem Freund zu, und dieser versprach ihm in die Hand, seine Heiratspläne wenigstens vorläufig aufzugeben. Erben meldete Kahner die Gesinnungsänderung des PG Pälz weiter.

Erben war in seinem Element. Pläne wurden für ihn geschmiedet. Er sollte in die USA zurückgeschmuggelt werden, um dort im Untergrund zu agitieren. Der Plan dafür stammte von seinem unmittelbaren Vorgesetzten im sogenannten „Büro Siefken", Dr. Hans Adolf Mosberg, dem Erben seinem Kalender zufolge am 28. Mai von Siefken vorgestellt wurde.

Mosberg, obwohl jüdischer Abstammung, war als „Ehrenarier" in die NSDAP aufgenommen worden und stand bereits vor Kriegsbeginn im Dienste der „Abwehr". Sein erster Einsatzort war Warschau gewesen, wo er, wie Dr. Zinsser, an der politischen Wühlarbeit in Vorbereitung des deutschen Angriffes beteiligt gewesen war. Nach der Niederlage Polens beorderte Admiral Canaris den jungen Abwehr-Agenten, getarnt als Auslandskorrespondenten, nach New York. Als das FBI 1940 auf ihn aufmerksam wurde, setzte sich Mosberg nach Los Angeles ab, von wo ihm Generalkonsul Dr. Gyssling die Flucht auf einem NYK-Schiff nach Japan ermöglichte. Von Tokio aus wurde er nach Schanghai versetzt, in das neue Spionagezentrum für den Fernen Osten.

Bei seiner Einvernahme durch den amerikanischen OSS-Offizier Frank Farrell im Jahre 1946 sagte Dr. Erben über dieses Vorhaben aus:

> „Bei dieser ersten Begegnung sagte Mosberg, daß es noch immer leicht sei, unsere Agenten in die USA einzuschmuggeln, aber daß es ungeheuer schwierig werden würde, wenn wir uns einmal mit Amerika im Krieg befinden. Deshalb müßten wir jetzt handeln. Alle Vorbereitungen, die neu eingeschleusten Agenten zu tarnen, seien getroffen. So müßten z.B. diese Agenten in ihren Kleidungsstücken amerikanische Firmenzeichen haben, amerikani-

sches Geld in der Tasche und Beweise, aus denen hervorgehe, daß sie bereits jahrelang an einem bestimmten Platz ansässig seien, so z.B. abgerissene Eintrittskarten von lokalen Kinos. Das alles hatte Mosberg vorbereitet.

Mosberg fragte mich, was ich davon hielte und ob ich meinerseits Vorschläge hätte, wie solche Agenten am leichtesten in die USA einreisen könnten; wo sie sich verstecken können und wer sie bei ihrer Tätigkeit unterstützen würde. Die Unterredung dauerte bis in die Abendstunden. Am Ende erklärte Mosberg, er sei zufrieden mit mir und überzeugt davon, daß er mich in den USA einsetzen könne. Er sagte, er werde Siefken in diesem Sinne Bericht erstatten.

Ein paar Wochen später teilte mir Mosberg mit, daß meine Versetzung in die USA beschlossene Sache sei und daß ich die Führung einer Mission übernehmen würde, mit deren Hilfe weitere Agenten eingeschleust werden sollen."

Siefken und Kahner hatten Mosbergs Plan abgesegnet, und Berlin hatte seine Zustimmung gegeben.

Dr. Erben sollte mit einem auf August J. Karg lautenden amerikanischen Paß auf der im Hafen liegenden *S.S. President Madison* in die USA zurückkehren. Das Original des Passes des echten August J. Karg hatte sich Dr. von Miorini, dessen Patient Mr. Karg war, zur Anfertigung der Fälschung unter einem Vorwand ausgeliehen.

Der Plan mußte im letzten Augenblick fallengelassen werden, weil der Matrose, der angeblich von Dr. Erben bestochen worden war (und von dem er nur die Initialen A.P. preisgab), um ihn während der Nacht vor dem Auslaufen des Schiffes an Bord zu holen und dort zu verstecken, die Nerven verlor und nicht zum angeblich mit Dr. Erben vereinbarten Treffpunkt kam. Oder es gab ihn gar nicht, und Dr. Erben, dem der Plan vielleicht zu riskant und sein Aufenthalt in Schanghai zu angenehm schien, hatte seine Vorgesetzten düpiert. Das Bestechungsgeld für „A.P.", das Mosberg Erben ausgehändigt hatte, war jedenfalls verloren und entweder in der Tasche des Matrosen oder in Dr. Erbens eigener.

Am 1. Juni, drei Wochen vor dem Überfall Hitlers auf die Sowjetunion, schickte Admiral Canaris Hauptmann Lothar Eisenträger, einen seiner erfahrensten Agenten, der sich bereits als Leiter der Abwehr am Balkan ausgezeichnet hatte, von Berlin los, um Louis Siefken als Abwehr-Chef für China abzulösen.

Es waren zu viele Beschwerden über Siefkens homosexuelle Eskapaden mit jungen Chinesen aus Schanghai in Berlin eingegangen, vor allem aus dem Generalkonsulat, als daß Canaris sie länger hätte ignorieren können*.

Hauptmann Lothar Eisenträger, der von Berlin mit der Transsibirischen Eisenbahn nach Wladiwostok und von dort per Schiff gereist war, traf als Hauptmann Ludwig Erhardt in Schanghai ein.

Siefken blieb pro forma noch bis 1. Dezember 1942 im Amt. Hauptmann Erhardt beschäftigte sich während dieser Zeit vor allem mit Wirtschaftsspionage und ließ Siefkens Apparat für Marinespionage vorläufig intakt; erst nach und nach baute er das „Büro Siefken“ in das „Büro Erhardt“ um. Er verlegte die Amtsräume der Abwehrstelle aus dem Generalkonsulat in ein unauffälliges Haus in der Ferry Road Nr. 255. Dr. Erben bekam seinen neuen Chef kein einziges Mal zu sehen. Die Angst wuchs in ihm, daß Erhardt sein Geheimnis kannte; und ihn deshalb nicht rufen ließ.

Erben hatte am 3. Mai 1941, etwa zwei Monate nach seiner Ankunft in Schanghai, in seiner Post, für die er Alberts Anschrift benutzte, ein dickes Geschäftskuvert vorgefunden. Poststempel San Francisco, ohne Absender. Es enthielt, auf drei Seiten in trockener Amtssprache verfaßt und in das typische Hellblau amerikanischer Gerichte gebunden, sein Ausbürgerungsdekret. Ausgestellt „an diesem zwölften Tag

*) Siefken behauptete bei seiner Einvernahme nach Kriegsende durch OSS-Captain Frank Farrell, er sei wegen „interner Eifersüchteleien“ abgelöst worden. Seine homosexuellen Kontakte zu jungen Chinesen seien für seine Arbeit „außerordentlich wertvoll“ gewesen. Es sei ihm sogar gelungen, einige von ihnen als Spione auszubilden und bei der britischen Botschaft in Chungking einzuschleusen, von wo sie ihm wichtige Meldungen über Vorgänge aus der unmittelbaren Umgebung von Generalissimus Tschiang Kai-schek hätten zukommen lassen.

des Monats März des Jahres 1941" und unterzeichnet von Richter Martin I. Welsh. Tramutolo mußte es geschickt haben. Ohne jedes Begleitschreiben. Der Inhalt des ockerfarbenen Umschlags war sein Geheimnis geblieben. Auch vor Albert. Niemand durfte wissen, daß er nicht mehr amerikanischer Staatsbürger war. („Die Deutschen hätten mich doch sonst sofort über Rußland, mit der Transsibirischen, in den Krieg geschickt!")

Erst nach dem Angriff der Japaner auf Pearl Harbor konnte Dr. Erben aufatmen. Mit dem Kriegseintritt der Amerikaner war die Gefahr, daß sein Geheimnis entdeckt werden könnte, wesentlich geringer geworden.

Der verhängnisvolle 7. Dezember 1941, ein Sonntag, der als „Tag der Niedertracht" in die amerikanische Geschichte einging, hatte die Lage in China, vor allem auch in Schanghai mit einem Schlag verändert.

Der in Chungking regierende Generalissimus Tschiang Kai-schek sah seine Stunde gekommen. Er schloß sich den Alliierten an und erklärte den Achsenmächten Japan, Deutschland und Italien den Krieg, wodurch die schon seit 1937 zwischen China und Japan bestehende kriegerische Situation internationalisiert wurde. Die japanischen Truppen rückten daraufhin auch in den von ihnen bisher nicht besetzten Teil Schanghais ein und wurden die unangefochtenen und grausamen Herren der Stadt – unterstützt von ihren Verbündeten, den Deutschen.

Sie hoben den Sonderstatus des „International Settlement" auf und setzten die bisherigen Privilegien der Bewohner außer Kraft. Sie schlossen die Botschaften und Dienststellen der USA, Großbritanniens, Belgiens und der Niederlande (und später auch Vichy-Frankreichs) und erlaubten nur den Diplomaten dieser Länder die Ausreise. Sie vertrieben die Familien der Westmächte aus ihren Wohnungen, setzten sie auf Hungerrationen und behandelten sie niedriger als den letzen Kuli. Vor allem britische und amerikanische Staatsangehörige wurden wie Kriegsgefangene behandelt. Ihre Internierung in Lagern, auf der vor allem die Deutschen bestanden, war nur mehr eine Frage der Zeit.

Für Dr. Erben eröffnete die neue Situation neue Möglichkeiten zur Tarnung des Verlusts seiner amerikanischen Staatsbürgerschaft.
Nach der Schließung der amerikanischen Botschaft meldete er sich am 19. Dezember bei der „American Association of Shanghai“, einer halboffiziellen Vereinigung, die sich nun um die amerikanischen Staatsbürger kümmerte, aber keinerlei Zugang zu den Unterlagen der Botschaft hatte.
Dr. Erben legte einen amerikanischen Seemannsausweis vor und verlangte die Ausstellung einer Bestätigung, daß dieser Ausweis ebensoviel gelte wie ein amerikanischer Reisepaß und den Träger desselben als amerikanischen Staatsbürger ausweise.
Der Präsident der Vereinigung, Mr. P.M. Anderson, geschmeichelt von der plötzlichen Wichtigkeit der „Association“ und seiner Person, sah die Notwendigkeit eines solchen Schreibens auch sofort ein und beurkundete auf dem durchaus solide wirkenden Briefpapier der „American Association“:

> „Hiermit wird bestätigt, daß der Seemannsausweis der USA Nr. ZI 64884 zusammen mit dem Dienstausweis Nr. E 258148 als amerikanischer Seemannspaß gilt. Ein solcher Paß ist einem üblicherweise vom State Departement ausgestellten U.S. Reisepaß gleichwertig und wird ausschließlich an Seeleute ausgegeben. Der Träger dieses Passes, Herman F. Erben, geboren am 15. November 1897, gilt daher als amerikanischer Staatsbürger und ist im Besitz eines gültigen amerikanischen Reisepasses.“

Das genügte Dr. Erben jedoch nicht. Er hatte auch ein Paßfoto mitgebracht. Es zeigte ihn in der weißen Offiziersuniform eines amerikanischen Marinearztes und war auf der *President Garfield* aufgenommen worden, von der er neun Jahre vorher gefeuert worden war. Mr. Anderson klebte das Foto auf Wunsch eigenhändig in die obere linke Ecke des Schreibens und verlieh dem Ganzen durch das Siegel der „Association“ ein amtliches Aussehen.
Mir diesem Papier eilte Dr. Erben zur Schanghaier Stadtverwaltung und ließ sich bei der Gesundheitsbehörde als „amerikanischer Arzt“

eintragen, ebenso bei der japanischen Polizei. Er konnte nicht voraussehen, daß er mit diesen Amtswegen für sich und Dr. Miorini das große Los gezogen hatte.

In der zweiten Dezemberhälfte lief der amerikanische Passagierdampfer *S.S. President Harrison* havariert in Schanghai ein. Der Kriegseintritt der USA hatte das Schiff auf der Fahrt von Manila nach Tschingwangtau in Nordchina überrascht, wo es in Peking stationierte Marineinfanteristen zur Repatriierung in die Vereinigten Staaten hätte aufnehmen sollen. Japanische Flotteneinheiten hatten die *Harrison* jedoch auf offener See aufgebracht und, als der Kapitän versucht hatte, sein eigenes Schiff zu versenken, unter Beschuß genommen und gekapert. Der amerikanische Dampfer wurde von den Japanern als erste Kriegsbeute in den Hafen von Schanghai eskortiert. Dr. Erben war zur Stelle, als das Schiff am „Bund" anlegte. Die Offiziere wurden von der Mannschaft getrennt und in einem Lager in Kiangwang als Kriegsgefangene interniert. Die fünfzig Besatzungsmitglieder, darunter viele Neger, blieben an Bord. Die Männer sollten das Schiff, offensichtlich für den Gebrauch der Japaner, wieder seetüchtig machen. Sie weigerten sich, beriefen sich auf ihren Status als Kriegsgefangene und rebellierten schließlich. Als auch das nichts half, meldeten sie sich geschlossen krank und verlangten einen Arzt. Die Japaner, die der aufständischen Matrosen nicht mehr Herr werden konnten, übertrugen die Verantwortung für sie der „American Association".

Dr. Erben, der sich mit den Männern bereits bekannt gemacht und hinter dem Rücken der Japaner ihr Ressentiment gegen die „Japs" geschürt hatte, wußte sofort den Arzt für sie: seinen Partner Dr. Albert von Miorini.

Mit diesem Vorschlag geriet er jedoch in offenen Konflikt mit den Vertretern der „Association", die bereits arrangiert hatten, daß der internierte Schiffsarzt der *Harrison* die Männer untersuchen und, wenn nötig, behandeln sollte. Dr. Erben protestierte. Der Schiffsarzt sei bei der Gesundheitsbehörde der Stadtverwaltung nicht als Arzt gemeldet und daher nicht berechtigt in Schanghai seinen Beruf auszuüben. Er dagegen sei als „amerikanischer Arzt" registriert, be-

sitze mehrere amerikanische Arztlizenzen und sei daher für die Mannschaft der *Harrison* zuständig.
Dr. Erben behielt die Oberhand. Den Vertretern der „Association" blieb nichts anderes übrig, als nachzugeben; ein Großteil der Matrosen hatte auch bereits lautstark für den „Doc" und gegen die „Association" Partei ergriffen. Ein heimgekehrter Matrose berichtete 1944 dem FBI über Dr. Erbens Taktik bei diesem Konflikt:

> „Dr. Erbens Agitation, die darin bestand, Arbeiter (die Mannschaft) und Kapital (die ‚Association') miteinander zu konfrontieren, resultierte darin, daß etwa 70% der Mannschaftsmitglieder sich von Dr. von Miorini behandeln ließen."

Als Dr. von Miorini bei der „Association" sein erstes Bündel Rechnungen vorlegte, weigerte sich diese, sie zu bezahlen. Nicht nur weil sie offensichtlich überhöht waren, sondern weil Dr. von Miorini „deutscher Staatsbürger und ein stadtbekannter Nazi" war und der „Trading with the Enemy Act" „jede Kontaktnahme mit einem Angehörigen einer Feindnation untersagte".
Dr. Erben unterschrieb die Rechnungen seines Partners als „amerikanischer Arzt" und drohte gleichzeitig der „Association", „ihr bei den Japanern Schwierigkeiten zu machen", wenn die Rechnungen nicht bezahlt würden. Die „Association" ersuchte daraufhin die Schweizer Vertretung, die Rechnungen Dr. von Miorinis für die Behandlung der Mannschaft der *Harrison* laufend zu bezahlen, da sie selbst „sowohl aus rechtlichen als auch aus finanziellen Gründen dazu nicht in der Lage war".
Die Honorarnoten für ärztliche Behandlung und angeblich verabreichte Medikamente überstiegen während der nächsten eineinhalb Jahre, bis die Besatzung im Internierungslager auf Pootung interniert wurde, die Summe von mehr als zwei Millionen chinesischen Dollar – zu diesem Zeitpunkt mehr als 50 000 US-Dollar.
Die Schweizer zahlten prompt, und die beiden Partner teilten die Honorare nach dem vereinbarten Schlüssel fifty-fifty.
Schanghai war jedoch nicht nur das Spionage-, sondern auch das

Propagandazentrum des Dritten Reiches für den gesamten Pazifischen Raum. Auch auf diesem Gebiet fand Dr. Erben ein Betätigungsfeld. Der Richtstrahler des deutschen Propagandasenders XGRS befand sich in dem Kirchturm, in dem Dr. Erben einquartiert war, die Sendeanlage in der Kaiser-Wilhelm-Schule an der Great Western Road. XGRS sendete in mehreren Sprachen Nazipropaganda und Nachrichten und konnte auf Kurz- und Langwelle in ganz China, der Mandschurei, Französisch Indochina, Indonesien, in Teilen der Sowjetunion und bis Australien empfangen werden.

Der Leiter der Rundfunkstation war der in den Vereinigten Staaten ausgebildete Deutsche Carl Flick-Steger. Flick-Stegers Stolz war seine eigene Version des notorischen „Lord Hawhaw",* des britischen Kommentators, der während des Krieges von Berlin aus seine Haßtiraden gegen England sendete. Flick-Stegers „Lord Hawhaw" war ein in Oxford erzogener ehemaliger Österreicher namens Waldbauer, der sich den Namen „Reginald Hollingsworth" zugelegt hatte und in fehlerlosem Oxford-Englisch seinen Kommentar ankündigte:„This is Reginald Hollingsworth speaking, Reggie to you".

Zu Flick-Stegers Propagandateam gehörten außerdem ein in den USA gebürtiger Chinese namens Herbert Moy und ein amerikanisches Ansagerpaar mit den Pseudonymen „Bill" und „Mack"**

Nach einem Schreiben von FBI-Direktor J. Edgar Hoover an den Leiter des OSS, Colonel William J. Donovan, vom 14. Jänner 1942, spielte auch Konsul Dr. Zinsser eine Rolle bei der Leitung des Propagandasenders XGRA.***

Zu Flick-Stegers beliebtesten Programmen gehörten politische Kabarettnummern, in denen er führende Persönlichkeiten der gegnerischen Seite lächerlich zu machen versuchte. Zu den Mitwirkenden bei diesen plumpen Sketches, die, von Wladiwostok bis Sidney gehört wurden, gehörten häufig Waldbauer-Hollingsworths Landsleu-

*) „Lord Hawhaw" wurde von den Engländern nach Kriegsende gehenkt.

**) „Bill" und „Mack" wurden von der amerikanischen Besatzungsmacht verhaftet und vor ein Kriegsgericht gestellt. Das Schicksal des Österreichers Waldbauer-Hollingworth ist unbekannt.

***) Generalkonsul a.D. Dr. Zinsser bestreitet das.

te Dr. Erben und Dr. von Miorini, die sich auf diese Weise zusätzliches Geld verdienten.
Dr. Erben spielte in diesen Sendungen vor allem Juden, mit dickem jiddischen Akzent karikierte er Henry Morgenthau, Bernard Baruch, Felix Frankfurter und einen Sammy Dickstein. („Die Manuskripte habe ich mir aufgehoben. Manchmal lache ich heute noch darüber. Weil sie so lustig sind.")*
In einem dieser Radiosketche spielte Dr. Erben Henry Morgenthau im Gespräch mit Präsident Roosevelt, dem Albert von Miorini seine Stimme lieh:

> „Who cares about se peeple, Mister Roosevelt? It is Vallstreet that I am worried about. And so is Bernie Baruch, and Sammy Dickstien, and Felix Frankfurter, too. Alvays se peeple! Alvays se peeple! The stockmarket is down. How can you be interested in se peeple? Vallstreet has crashed like never before! And vat are you talking about? Se peeple!"

Ein weiteres schweres Geschütz im deutschen Propagandakrieg im Fernen Osten war das „Deutsche Informationsbüro" unter der Leitung von Jesco von Puttkamer. Eines der Hauptziele dieser Einrichtung war, den Haß der chinesischen Landbevölkerung gegen amerikanische Flieger zu schüren, die bei Angriffen auf japanische Stellungen über chinesischem Territorium abgeschossen oder zur Landung gezwungen wurden. Zu diesem Zweck produzierte das „Informationsbüro" Hetzschriften, Pamphlete und Plakate, deren Bilderschrift auch Analphabeten verständlich war. Außerdem brachte das „Informationsbüro" Zeitschriften und Bücher in mehreren Sprachen heraus, wofür die ehemalige Bibliothek des „Deutschen Informationszentrums in New York" zur Verfügung stand, deren Bestände im Sommer 1941, als auf Anordnung Präsident Roosevelts die deutschen Dienststellen in den USA geschlossen wurden, nach Schanghai verlegt wurden.

*) Dr. Erben gestattete dem Autor Einblick in einige der maschinegeschriebenen Texte.

Zu den prominentesten Propagandisten in Schanghai gehörte zweifellos der „Deutsche in der Welt“, Dr. Klaus Mehnert, der kurz vor Pearl Harbour mit seiner amerikanischen Gattin aus Honolulu eintraf, wo er seine Professur an der Universität von Hawaii unter zwielichtigen Umständen hatte aufgeben müssen. Er publizierte in Schanghai mit Geldern des NS-Propagandaministerium unter Joseph Goebbels die englischsprachige Monatszeitschrift *XXth Century*, die von einem japanischen Unternehmen vertrieben wurde. In geopolitischen Beiträgen, hauptsächlich aus der Feder von Dr. Mehnert, interpretierte die Zeitschrift Hitlers Raubzüge im günstigsten Licht und verbreitete unter seinen Lesern die von Berlin gewünschte Durchhaltementalität. Noch im März 1944, kaum mehr als ein Jahr vor dem Zusammenbruch des Hitlerregimes, verkündete Klaus Mehnert in einem von ihm namentlich gezeichneten Artikel zuversichtlich den Endsieg des Nationalsozialismus:

> „Das Resultat der Terror-Luftangriffe wird sehr anders aussehen, als ihre Urheber erwarten. Sie haben den Krieg begonnen und einen Terror aus der Luft entfesselt, um die nationalsozialistische Ideologie zu zerstören. Stattdessen wird ihr Krieg zur endgültigen Vollendung der nationalsozialistischen Revolution von 1933 führen.“

Dr. Klaus Mehnert war außerdem Redakteur der Programmzeitschrift *Shanghai Calling* des Nazipropagandasenders XGRS, die ebenfalls vom „Deutschen Informationsdienst“ herausgegeben und aus Mitteln des Propagandaministeriums finanziert wurde.

Mit der Amtsübernahme von Erhardt als Leiter der Abwehr-Stelle Schanghai wehte Dr. Erben der gleiche kalte Wind um die Ohren, der um diese Jahreszeit durch die Straßen Schanghais pfeift. Siefken hatte sich aus „gesundheitlichen Gründen“ zur Abwehr-Stelle nach Peking abgesetzt, und Erbens bisheriger Führungsoffizier Hans Adolf Mosberg war durch Oberstleutnant Bodo Habenicht abgelöst worden.

Vorbei waren die üppigen Mittagessen in chinesischen Restaurants und die langen, gemütlichen Abende in irgendeiner Spelunke, wenn er Siefken die Resultate seiner Erkundungen übergab und dafür sein Geld kassierte. Habenicht beanstandete sofort seine „exorbitanten Spesenrechnungen" und erklärte ihm, für sein Gehalt müsse er mehr leisten, als nur ab und zu ein zufällig im Hafen liegendes Schiff zu besuchen und seine Besatzung auf Kosten des Dritten Reiches durch das Schanghaier Nachtleben zu schleppen.

Während dieser ersten Aussprache im Dezember zählte Habenicht die Aufgaben auf, die Dr. Erben von nun an, unter dem Kommando von Hauptmann Erhardt und unter seiner Aufsicht, auszuführen hatte. Marinespionage blieb nach wie vor sein eigentliches Gebiet, aber daneben müsse er herausfinden, wo die geheimen Funkanlagen installiert waren, mit denen „feindliche Kräfte" auf Kurzwelle defätistische Meldungen verbreiten, und wer sie betrieb. Es müsse ihm als amerikanischem Staatsbürger doch ein Leichtes sein, festzustellen, auf welche Weise amerikanische Organisationen in Schanghai mit amerikanischen Dienststellen in Chungking Verbindung aufrechterhielten; ob amerikanische Missionare amerikanischen Staatsbürgern bei ihrer Flucht von Schanghai ins „Freie China" behilflich waren; und wenn ja, wer und wie. Außerdem sollte er die charakterlichen Schwächen von prominenten, noch in Schanghai residierenden Amerikanern auskundschaften. Ihm als Arzt dürfe es nicht schwer fallen, herauszufinden, wer opiumsüchtig, Alkoholiker, homosexuell oder schwer verschuldet und damit leicht erpressbar war.

Dr. Erben wußte, daß er mit diesen Aufgaben überfordert war, hatte aber Angst, einen Einwand zu erheben, da Habenicht ihn gleich einleitend darauf aufmerksam gemacht hatte, daß er als Militärangehöriger gelte und voll und ganz der Befehlsgewalt von Hauptmann Erhardt unterstand. Jede Abweichung oder Nichtausführung seiner Befehle würde als Befehlsverweigerung auf das schwerste bestraft.

Habenicht, der Erbens Manie, über jede Kleinigkeit Buch zu führen, offensichtlich kannte, warnte ihn auch, daß jede Niederschrift mündlicher Befehle, jede Anlegung von Namenslisten und jede Aufzeichnung von Codes und Chiffren ausdrücklich verboten sei. Zuwiderhandeln bedeute Hochverrat.

Dr. Erben atmete erleichtert auf,* als sein früherer Chef, Louis Siefken, nach kaum mehr als einer Woche „Genesungsurlaub" in Peking wieder in Schanghai auftauchte. Siefken hatte sich von Peking aus, wo seine wichtigsten Gegenspieler, Kahner und Generalkonsul Fischer, ohne Einfluß waren, offensichtlich mit Admiral Canaris arrangiert.

Gemeinsam mit Wolfgang Schenke, einem seiner früheren Mitarbeiter, einem angeblichen Doppelagenten, der auch für Tschiang Kaischek arbeitete, etablierte er, parallel zum „Büro Erhardt", eine zweite Abwehr-Stelle in Schanghai. Mit direktem Draht zu Admiral Canaris.

Spätestens zu diesem Zeitpunkt ging Siefken, genau wie Canaris, auf Distanz zu Hitler und dessen Krieg, den er nach dem Beginn des Rußlandfeldzuges für verloren hielt. Bereits 1942 nahm er Kontakt zu kommunistischen Untergrundzellen jüdischer Emigranten auf und begann, sie mit überlebenswichtigen Informationen zu versorgen.**

Siefkens Kontaktmann zum jüdischen Untergrund war der deutsche Architekt Dr. Richard Paulik. Obwohl selbst nicht Jude, war Dr. Paulik 1933 vor Hitler geflohen und in der Folge nach Schanghai gekommen.

Professor Dr. Alfred Dreifuß, der während dieser Zeit mit Dr. Paulik in Schanghai in einer kommunistischen Untergrundzelle zusammengearbeitet hat, bestätigte 1982 in einem Gespräch in Ostberlin Siefkens Doppelrolle:

*) Wie seine Tagebücher für die fragliche Zeit zeigen, konnte Dr. Erben trotz dieser Warnung seinem pathologischen Zwang nicht widerstehen; nur verwendete er von nun an statt Namen Zeichen; Quadrate, Kreise, Rechtecke, Deltoide etc., deren wahre Bedeutung nur er kannte.

**) Unter den 18 000 jüdischen Flüchtlingen Schanghais, die ab Frühjahr 1943 auf Drängen der Nazis ihre Wohnungen, Geschäfte und Arbeitsplätze in der Stadt aufgeben mußten und von den Japanern in abgeriegelten „designated areas" in Hongkew, einem Außenbezirk von Schanghai, in Baracken, Schulen und Fabrikshallen zusammengepfercht untergebracht wurden, bestanden nur kommunistisch orientierte Untergrundzellen.

„Siefken hat uns durch Paulik eine Menge Nachrichten zukommen lassen. Er hat uns oft vor bevorstehenden Unternehmen der Japaner gewarnt. Er hat uns auf Informanten in unseren eigenen Reihen aufmerksam gemacht, die Informationen an die Deutschen weitergaben. Ich bin überzeugt davon, daß darunter viele Informationen waren, die Dr. Erben von jüdischen Flüchtlingen gesammelt und an Siefken gemeldet hat. Über Siefken kamen sie zu uns zurück. Siefken war auch der erste, der uns warnte, daß die Deutschen Pläne zur Errichtung von Gaskammern auf der Insel Pootung ausgearbeitet hatten, wo wir Juden, die den Gaskammern Hitlers gerade mit knapper Not entkommen waren, vernichtet werden sollten. – Die Blaupausen für die geplante Vernichtungsanlage auf Pootung lagen während des ganzen Prozesses* auf dem Tisch des Richters."

Am 10. Dezember traf sich Dr. Erben zum ersten Mal wieder mit Siefken. Hoffnungsvoll schrieb er nach diesem Treffen in seinen Tagebuchkalender:
„Siefken sagt, Arbeit geht weiter"
Erben arbeitete nun für Erhardt, Kahner und, ohne deren Wissen, wieder für Siefken. Und er wurde von allen dreien bezahlt. Trotzdem hatte er ein ungutes Gefühl, als ob sich eine unsichtbare Schlinge um seinen Hals zusammenzöge.
Er hatte bei zwei Aufträgen für das „Büro Erhardt" versagt. In beiden Fällen hatte das Schweizer Konsulat seine amerikanische Staatsbürgerschaft angezweifelt.
Der erste Plan war gewesen, ihn mit der *Conte Verde* nach Lourenço Marques zu schmuggeln. Der dortige deutsche Agent mit dem Codenamen „Hamlet" war verstummt; Erben sollte herausfinden, was geschehen war, und seine Funktion als Marinespion übernehmen.

*) Gemeint ist der von den Amerikanern geführte sogenannte „Schanghaier Kriegsverbrecherprozeß" gegen Angehörige des „Büro Erhardt" im Winter 1946/47, an dem Dr. Dreifuß als Berichterstatter teilnahm und bei dem Dr. Erben als Kronzeuge der Anklage gegen seine ehemaligen Kameraden aussagte.

Bodo Habenicht, der Funk- und Code-Experte des „Büro Erhardt", führte Dr. Erben in die Handhabung eines Funkgeräts ein. Erben übte gewissenhaft die Morsezeichen, lernte aufgrund eines vereinbarten Codes zu chiffrieren und dechiffrieren und wurde in das Geheimnis der „unsichtbaren Tinte" eingeweiht. Am Ende des Lehrgangs, der den größten Teil des Sommers in Anspruch nahm, wurden ihm die Wellenlänge und das Signal seines Funkpartners in Lissabon anvertraut, mit dem er täglich zu einer bestimmten Zeit Funkkontakt aufnehmen und dem er chiffrierte Meldungen über den alliierten Schiffsverkehr durchgeben sollte. Sein eigenes Funkgerät sollte ihm unmittelbar vor dem Auslaufen der *Conte Verde* zerlegt und verpackt übergeben werden. Die *Conte Verde*, das Schiff der Lloyd Triestino Linie, mit dem Dr. Erben im Winter 1937/38 mit den österreichischen Ärzten nach China gefahren war, lag seit Ausbruch des Pazifischen Krieges im Wangpoo-Fluß und verrostete. Nun hatten die Vereinigten Staaten den italienischen Passagierdampfer durch ihre Schweizer Vertretung gechartert und wieder seetüchtig machen lassen. Das Schiff sollte in Schanghai achthundert Amerikaner an Bord nehmen und nach Lourenço Marques bringen. Von dort sollten sie mit einem neutralen Schiff quer über den Atlantik in die USA transportiert werden. Der Plan hatte vorgesehen, daß Dr. Erben sich in Lourenço Marques beim Wechseln des Schiffes unauffällig von den Passagieren trennen und untertauchen sollte.

Der Schweizer Konsul Dr. Fontaneul, der für die Registrierung der amerikanischen Heimkehrer zuständig war, erkannte in Dr. Erben aber sofort den Kassier von Dr. Miorini, der bei der Bezahlung der Arztrechnungen für die Besatzung der *Harrison* so viele Schwierigkeiten gemacht hatte. Er akzeptierte die Papiere, die Dr. Erben ihm als Nachweis seiner amerikanischen Staatsbürgerschaft vorlegte, nicht. Er bestand darauf, entweder einen vom State Department ausgestellten gültigen Reisepaß oder das Original der Einbürgerungsurkunde zu sehen. Die selbstangefertigte verkleinerte Fotografie seiner Naturalisierungsurkunde, die Dr. Erben ihm vorlegte, genügte Dr. Fauntaneul nicht, und er wies Erben trotz seines lautstarken Protests ab.

Der zweite Plan ließ sich anfänglich besser an, scheiterte dann jedoch an dem gleichen Hindernis.
Mosberg, der ebenfalls für das „Büro Erhardt" arbeitete, wollte seinen alten Plan wieder aufnehmen, Dr. Erben zurück in die USA zu schmuggeln und im Untergrund als Agent einzusetzen. Erhardt, der in Schanghai ohnedies nicht mehr viele Verwendungsmöglichkeiten für den Marinespion mit der amerikanischen Staatsbürgerschaft sah, hatte seine Zustimmung gegeben. Die schwedische *Gripsholm*, die amerikanische Staatsbürger von Schanghai nach San Francisco bringen sollte, war für die Einschleusung Dr. Erbens in die USA ausgewählt worden. In San Francisco sollte er mit seinem gefälschten Paß die Identität von Mr. August J. Karg annehmen.
Dr. Erben machte diesmal nicht den Fehler, sich bei Dr. Fauntaneul für die Repatriierung anzumelden, sondern ging zu Vizekonsul Dr. Bilfinger. Er breitete vor Bilfinger seine Papiere aus: seinen amerikanischen Seemannspaß, seinen Dienstausweis, seine SUP-Gewerkschaftskarte und das Schreiben der „American Association". Der Vizekonsul nahm den Antragsteller ohne Einspruch in die Passagierliste der *Gripsholm* auf; Dr. Erben hatte sich unter den ersten gemeldet.
Um die Gefahr zu vermindern, daß sich illegale Einwanderer unter die heimkehrenden U.S. Bürger einschlichen, hatte das State Department seit der Abfahrt der *Conte Verde* die „Association" angewiesen, von nun an von jedem Rückkehrer die Nennung von fünf in den USA ansässigen Staatsbürgern zu verlangen, die für seine Identität hafteten. In einem Dokument der „Association" heißt es dazu im Fall Erben: „Dr. Erben gab als einzigen Bürgen in den USA Errol Flynn, Hollywood, an."
So eindrucksvoll war der Name des Hollywoodstars, daß Mr. Anderson von der „Association" Dr. Erben die Repatriierungsgenehmigung aufgrund dieser einzigen Bürgschaft erteilte.
Am 8. September stellte Dr. Bilfinger Dr. Erben das Evakuierungszertifikat Nr. 2030 aus und teilte ihm mit, daß die *Gripsholm*, weil die Japaner überraschend ihre Einwilligung gegeben hatten, bereits am nächsten Tag auslaufen würde; er sollte vor zwölf Uhr mittags am

„Bund“ sein, von wo die Heimreisenden von einem Transporter zur *Gripsholm* gebracht würden, die außerhalb der chinesischen Hoheitsgewässer wartete.
Erben meldete sich daraufhin im „Büro Erhardt“ zum Einsatz in den USA ab. Er bekam nur Oberstleutnant Habenicht und Oberleutnant Rudloff zu Gesicht. Der Chef blieb auch diesmal für ihn unsichtbar. Am Abend verabschiedete er sich in Alberts Wohnung von Kahner; von Siefken hatte er sich bereits vorher verabschiedet. Es wurde vereinbart, Albert und Ruby würden sich während seiner Abwesenheit um seine finanziellen Angelegenheiten kümmern und seine Post in Empfang nehmen. Die letzte Nacht verbrachte er bei Gretl Höbich, der er auch einen Teil seines Gepäckes zur Aufbewahrung übergab.
Am nächsten Vormittag, dem 9. September 1942, war er unter den ersten, die sich am „Bund“ einfanden.
Um zwölf Uhr mittags kam Bewegung in die Menge, die inzwischen auf einige hundert Menschen – Heimkehrer, Begleiter und Neugierige – angewachsen war. Die beiden Schweizer Konsularsbeamten, Konsul Dr. Fauntaneul und Vizekonsul Dr. Bilfinger, erschienen pünktlich am Pier. Die Passagiere mußten sich mit ihrem Gepäck einzeln in einer Reihe hintereinander aufstellen, die Begleitpersonen mußten zur Seite treten. Dr. Fauntaneul und Dr. Bilfinger stellten sich mit ihren Listen an die Spitze der Reihe, links und rechts vom Laufsteg zur wartenden Barkasse. Wer die beiden Schweizer passiert hatte, ging über den Laufsteg an Bord.
Schritt für Schritt rückten die Wartenden vor. Schließlich stand Dr. Erben vor den beiden Schweizern. Dr. Fauntaneul blickte von seiner Liste auf und fixierte ihn mit einem harten Blick.
„Tut mir leid, Dr. Erben, Sie sind umsonst gekommen.“
Dr. Erben wandte sich zu Dr. Bilfinger.
„Aber Sie.... hier ist mein Evakuierungsschein.“
Wieder sprach Fauntaneul.
„Ich weiß, da ist ein Irrtum unterlaufen. Sie wurden von der Liste gestrichen.“
Dr. Erben fragte nicht nach dem Grund. Er kannte ihn ohnehin.

Ohne jeden Protest trat er aus der Reihe, während sich die beiden Beamten dem nächsten zuwandten.
Er fühlte sich plötzlich wie auf einer Bühne. Allein. Alle anderen waren die Zuschauer. Sie hatten mitangesehen, was sich gerade auf der Bühne abgespielt hatte. Irgendwo in der Menge stand auch Mosberg und beobachtete ihn mit einem Fernglas.
Dr. Erben kritzelte rasch zwei Briefe, steckte sie in Umschläge und bat einen der Heimkehrer, sie mitzunehmen und in den Staaten für ihn aufzugeben. Sie waren an Errol Flynn und Dr. Rudolf Scharff adressiert*.
Dr. Erben winkte gelassen eine Rikscha herbei, lud seinen Seemannssack auf, ließ sich zur lutherischen Kirche fahren und zog wieder in sein altes Quartier im Kirchturm ein.
Nachdem Mosberg im „Büro" gemeldet hatte, daß Dr. Erben von den Schweizer Konsularsbeamten zurückgewiesen worden war, gab Hauptmann Erhardt den Auftrag, durch den Schanghaier Polizeichef, Major Franz Huber, bei seinem Vorgesetzten Meisinger in Tokio anfragen zu lassen, „ob beim RSHA etwas gegen den angeblichen amerikanischen Staatsbürger Dr. Herman F. Erben vorliegt".
Obwohl Dr. Erben davon nichts wußte und die Antwort des RSHA nicht erfuhr, spürte er, daß sich etwas gegen ihn zusammenbraute.
Siefken traf sich mit ihm nicht mehr in einem chinesischen Restaurant oder in einer Hafenspelunke, sondern in der Gaststätte „Edelweiß", wo er jedes Mal so laut mit „Heil Hitler" grüßte, daß keiner von den Deutschen, die dort beim Bier saßen, es überhören konnte.
Kahner war verärgert, weil Albert sich geweigert hatte, ihn bei einer Inspektionstour nach Peking zu begleiten und ihn in letzter Zeit auffallend selten einlud. Jemand hatte Kahner hinterbracht, Dr. von Miorini hätte gesagt, „wenn Hitler den Krieg verliert, würde er Ruby

*) Als die *Gripsholm* im Dezember in Hoboken, New Jersey, anlegte, und die heimkehrenden Passagiere von Geheimdienstbeamten befragt wurden, berichtete der betreffende Heimkehrer dem FBI, daß Dr. Erben im letzten Augenblick die Teilnahme am Transport verweigert worden war, und übergab dem FBI die beiden ihm anvertrauten Briefe.

heiraten und chinesischer Staatsbürger werden", Kahner war empört darüber. Einen anderen hätte er wegen einer solchen Bemerkung sofort verhaften lassen. Albert ließ er sie durchgehen. Aber er übertrug seine Verstimmung auf Alberts Freund, Dr. Erben. Hauptmann Erhardt ließ Erben auch nach dem Desaster mit der *Gripsholm* nicht zu sich rufen. Erben hatte ihn noch immer nicht gesprochen und nur ein einziges Mal auf der Straße erkannt, weil Rudloff neben ihm ging. Dr. Erben fand jedoch einmal Gelegenheit, sich für alle sichtbar als amerikanischer Staatsbürger zu deklarieren; und er machte ausgiebig Gebrauch davon.

Auf Anordnung der Japaner mußten alle Angehörigen von „Feindstaaten", Amerikaner, Briten, Franzosen, Belgier und Holländer, vom 1. Oktober an, am linken Arm eine rote Armbinde tragen, wie die Juden im Dritten Reich den Judenstern auf der Brust; mit einem Buchstaben als Zeichen ihrer Nationalität. „A" für Amerikaner. Dr. Erben, der bei der „Association" noch immer als Amerikaner registriert war, erhielt dort am 28. September sein rotes Armband mit der Nummer „A-105" ausgehändigt. Es brachte ihn sofort bei allen Deutschen, die nicht wußten, daß seine angebliche amerikanische Staatsbürgerschaft die notwendige Voraussetzung für seine Geheimdiensttätigkeit war, in Schwierigkeiten.

Pastor Fritz Maas verbot ihm die Teilnahme am Sonntagsgottesdienst, wo er sich häufig mit Mosberg zum Informationsaustausch getroffen hatte, und entzog ihm außerdem das kostenlose Quartier in der Turmstube. Dr. Erben übersiedelte daraufhin in die Herberge der Heilsarmee auf der Yang-Terrasse.

In deutschen Lokalen lief er Gefahr, von einem nichtsahnenden Gast verprügelt zu werden. Und er mußte das Los aller anderen Angehörigen von „Feindstaaten" teilen: Sie durften kein Restaurant betreten, keine Bar, kein Kino, überhaupt keine öffentliche Vergnügungsstätte. Nur in den schäbigsten chinesischen Lokalen durfte ihnen Essen serviert werden, und viele chinesischen Geschäfte weigerten sich überhaupt, sie zu bedienen.

Dr. Erben störten diese Diskriminierung und die damit verbundene Erniedrigung nicht.

Er verbrachte Weihnachten mit Gretl und ihrem Sohn Christian. Fünf Jahre waren vergangen, seit sie sich auf der *Conte Verde* kennengelernt und zum ersten Mal gemeinsam Weihnachten gefeiert hatten. Er schenkte Gretl zum 5. Jahrestag und zugleich als Weihnachtsgeschenk ein Einsiedeglas voll Zucker.

Das neue Jahr begann schlecht. Der Winter war streng. Die alliierten Staatsangehörigen froren in ihren Wohnungen, soweit sie die Chinesen nicht ohnehin daraus vertrieben hatten; die japanische Stadtverwaltung hatte die Kohlenzuteilung für sie drastisch gekürzt.

Die deutschen Volksgenossen wiederum fröstelte es bei dem Gedanken, was die Niederlage der deutschen Armee bei Stalingrad für ihre Zukunft bedeutete. Nichts Gutes. Nicht wenige gaben innerlich die Hoffnung auf den Endsieg auf. Immer mehr von den 2500 Deutschen, die in der Sechsmillionenstadt lebten, absentierten sich unter irgendeinem Vorwand von den obligatorischen Veranstaltungen der Partei. Nur einer machte kein Hehl daraus, daß er sich entschlossen hatte, Seite zu wechseln: Dr. Albert von Miorini.

Miorini hielt sich durch das Netz der Verbindungen, das er während seiner Jahre in Schanghai nach allen Richtungen gesponnen hatte, für abgesichert. Ein Memorandum der US-Spionageabwehr bestätigt, daß er schon sehr früh auch enge Verbindungen zu den Japanern hatte, lange bevor sie unumschränkte Herren der Stadt waren:

> „...MIORINI war bereits 1939 besoldeter Mitarbeiter der japanischen ‚Abteilung für Sonderaufgaben in Schanghai'. Seine Tätigkeit für die Japaner bestand in erster Linie darin, reiche Chinesen an Plätze zu locken, wo sie von den Japanern entführt und nur gegen ein Lösegeld wieder freigelassen wurden. Er half Hauptmann KUWAHATA bei der Errichtung eines eleganten Spielkasinos eigens für diesen Zweck."

Der Wiener Bonvivant, der Albert im Grunde geblieben war, hatte jedoch nicht mit dem Fanatismus der Nazis und auch nicht damit gerechnet, daß sein Freund Kahner sich in seinen schlimmsten Feind verwandeln könnte.

Dr. Erben begann, Alberts raschen Verlust an Rückhalt in NS-Kreisen und an Loyalität seiner angeblichen Freunde in seinem Taschenkalender zu registrieren. Wie ein Arzt den Verlauf einer Krankheit verfolgt, deren tödlichen Ausgang er voraussieht, aber trotz allen Einsatzes nicht abwenden kann, notierte er Tag für Tag den Kräfteverfall seines Freundes:

„Kahner kühl zu Albert. – Ging zu Tichy hinunter, der über Albert redet. Leider nichts als Kritik. – Ich sage Albert, daß Zinsser gegen ihn ist. – Albert ist deprimiert. – Albert wütend auch auf mich. – Albert streitet mit Ruby. – Albert sagt zu mir vor Tichy und Siefken: ‚Ich sage dir noch einmal, daß du kein Recht hast, irgendwelche Vorbereitungen für mich zu treffen, daß ich auf einem Blockadebrecher nach Deutschland fahr. Lieber schmeiß ich meinen deutschen Paß hin, bevor ich zum Militär einrücke. Ich bin ja nicht verrückt. Ich hab genug Geld. Mein Geld ist hier. Deshalb bleib ich da. Daß Deutschland Krieg führt, geht mich nichts an.‘“

Am 23. Februar wurde im lokalen Naziblatt *Ostasiatischer Lloyd* als bezahlte Anzeige die Warnung veröffentlicht, deutsche Volksgenossen sollten nicht länger die Ordination von Dr. von Miorini aufsuchen, und Dr. Erben vermerkte:

„Habe Albert heute gewarnt, daß er, wenn er so weitermacht, früher als er glaubt, liquidiert werden wird.“

Kurz danach machte Dr. Erben seine letzte Eintragung über das Schicksal seines Freundes:

„Nicht einmal Kahner kann Albert jetzt noch helfen.“*

*) Nach Dr. Erbens Darstellung wurde Dr. von Miorini von der Gestapo bei einem Essen, das er in seiner Wohnung gab, vergiftet. Er starb am

Zur gleichen Zeit wurde die Lage auch für Dr. Erben immer unhaltbarer.

Nachdem er anfangs des Jahres als angeblicher Vertreter der amerikanischen Gewerkschaft SUP an der Spitze einer Abordnung der *Harrison*-Besatzung am Schweizer Konsulat erschienen war und mehr Geld für „seine Leute" gefordert hatte als die monatlich fünfundsechzig Dollar, die ihnen von der amerikanischen Interessenvertretung pro Mann ausbezahlt wurden, kabelte Vizekonsul Dr. Bilfinger am 11. Jänner über sein eigenes Außenamt in Bern an das State Department:

> „Erbitte wegen Evakuierung telegrafisch Auskunft bezüglich Staatsbürgerschaftsstatus von Dr. Herman Frederick Erben."

15. Juni 1944 innerhalb von vierundzwanzig Stunden nach seiner Einlieferung in ein Schanghaier Krankenhaus. Als Todesursache wurde Darmblutung als Folge eines typhoiden Fiebers angegeben. Miorinis Wohnung wurde sofort nach seinem Tode von der Gestapo versiegelt. Die deutschen Behörden gestatteten Ruby Edwards nicht, den Leichnam zu sehen. Er wurde gegen ihren Willen eingeäschert. Statt eines in Schanghai ansässigen Wiener Anwalts, den Dr. von Miorini dazu bestellt hatte, setzte Generalkonsul Fischer einen bekannten Nazi-Anwalt als Erbschaftsverwalter ein. Dr. von Miorinis Verlassenschaft wurde in vierzehn Kisten verpackt und auf Kriegsdauer in Schanghai gelagert. Das Gepäck wurde nach dem Krieg auf Veranlassung der neuen österreichischen Vertretung von Schanghai nach Wien verfrachtet und an Dr. von Miorinis Halbbruder, Architekt Dr. Richard Gailer ausgeliefert. (Architekt Dr. Richard Gailer verweigerte dem Autor ein Interview.) Wer sich den Inhalt des Safes und sonstige Wertgegenstände aus der Wohnung des Verstorbenen angeeignet hat, muß unbeantwortet werden. Dr. Erben beschuldigt Ruby. Sie sei nach dem fatalen Abendessen allein in der Wohnung gewesen und außer Albert die einzige gewesen, die die Kombination des Safes kannte. Nach Dr. Erbens eigener Aussage verdächtige Dr. Gailer ihn, beim Tod an der Plünderung der Wohnung beteiligt zu haben. Dr. Erben stritt dies nicht nur ab, sondern erklärte es für unmöglich, da er sich zum Zeitpunkt des Todes seines Freundes im Internierungslager Pootung befand. Recherchen haben jedoch ergeben, daß Dr. Erben während der fraglichen Zeit im Juni 1944 wegen eines angeblich notwendigen Spitalsaufenthaltes für zwei Wochen aus dem Lager entlassen wurde.

Die Antwort aus Washington kam prompt. Unterzeichnet von Außenminister Cordell Hull.

„Dr. Erbens Einbürgerungsurkunde wurde auf Anordnung des U.S. Distriktsgerichts in San Francisco am 12. März 1941 außer Kraft gesetzt."

Vizekonsul Dr. Bilfinger lud Dr. Erben aufs Konsulat vor. Als er erschien, überreichte er ihm ein Memorandum, das er verfaßt hatte, und bat ihn, es in aller Ruhe zu lesen. Dr. Erben las:

„Sie werden hiermit davon in Kenntnis gesetzt, daß wir soeben vom State Department in Washington dahingehend informiert wurden, daß Ihnen die Einbürgerungsurkunde auf Anordnung des U.S. Distriktsgerichts in San Francisco am 12. März 1941 entzogen wurde und daß Sie daher nicht mehr als amerikanischer Staatsbürger gelten.
Wie Sie wissen, haben Sie sich als amerikanischer Staatsbürger ausgegeben und wurden auch in gutem Glauben als solcher betrachtet, während Sie sich die ganze Zeit über der Tatsache bewußt waren, daß Sie nicht länger Anspruch auf die amerikanische Staatsbürgerschaft haben.
Sie werden daher aufgefordert, das Evakuierungszertifikat Nr. 2030, das Ihnen am 8. September 1942 ausgestellt wurde, sowie die Originale Ihrer Seemannspapiere Nr. E 258 148, Nr. B 38 854 und Nr. 164 884 zurückzugeben.
Bitte nehmen Sie zur Kenntnis, daß wir die örtlichen Behörden unverzüglich über den tatsächlichen Stand Ihrer Staatsbürgerschaft informieren werden."

Dr. Erben zeigte keine Spur von Erregung. Er faltete das Schreiben sorgfältig zusammen, steckte es in die Brusttasche und teilte Dr. Bilfinger mit ruhiger Stimme mit, daß ihm das alles vollkommen neu sei. Er hätte nie etwas von seiner Ausbürgerung gehört und könne daher auch nicht sofort Stellung nehmen. Erst müsse er sich mit

seinem Anwalt darüber besprechen. Dr. Bilfinger stimmte zu, es hätte keine Eile, und schlug ein neuerliches Treffen zwei Tage später vor. Dr. Erben war einverstanden. Während der Schweizer Diplomat seinen Besucher zur Türe geleitete, ließ er wie beiläufig fallen:
„Sie verstehen natürlich, daß Sie unter diesen Umständen die *Harrison*-Besatzung nicht mehr länger als amerikanischer Gewerkschaftsvertreter repräsentieren können".
Es war das erste Mal, daß Dr. Erbens Gesicht eine Veränderung zeigte. Der Duellschmiß auf seiner Wange wurde zu einem glühenden Strich. „Wir werden sehen."
Der Schweizer Vizekonsul wartete das nächste Gespräch mit Dr. Erben erst gar nicht ab, sondern informierte noch am selben Tag die „American Association" über die jüngste Entwicklung.
Mr. J. O. Nichols, der stellvertretende Vorsitzende des Verbandes, schrieb daraufhin an Dr. Erben:

> „Das Schweizer Konsulat hat uns schriftlich mitgeteilt, daß Sie nicht länger als amerikanischer Staatsbürger gelten. Wir wurden angewiesen, die Ihnen ausgehändigte Armbinde einzuziehen und unsere Aufzeichnungen dementsprechend zu korrigieren.
> In Hinblick auf diese Instruktionen fordern wir Sie daher auf, die betreffende Armbinde unverzüglich in unserem Büro abzuliefern, so daß wir den japanischen Behörden ihre Rückgabe bestätigen können."

Dr. Erben ignorierte diese Aufforderung und trug weiterhin die rote Armbinde. Keiner seiner Vorgesetzten erfuhr, daß er nicht mehr die amerikanische Staatsbürgerschaft besaß; und für sie daher wertlos geworden war.
Aber das Unwetter von deutscher Seite ließ sich nicht abwenden. Am 13. April („Wieder ein Dreizehnter! Genau am zehnten Jahrestag meiner ersten Begegnung mit Errol!") wurde Dr. Erben von Oberstleutnant Habenicht zum Rapport in die Ferry Road beordert. Habenicht ließ seine Anschuldigungen wie Hagelkörner auf Erben niederprasseln, während dieser in Habtachtstellung vor ihm stand.

Es sei bekannt, daß er mit Rauschgift handle; das allein könnte nach deutschem Recht mit dem Tode bestraft werden; er hätte die Drogenabhängigkeit des deutschen Arztes Dr. Noll ausgenutzt, ihm Monate lang illegal Morphium gespritzt und sich teuer bezahlen lassen. Er hätte sich am deutschen Volkseigentum bereichert, indem er sich, obwohl er bei Pastor Maas freies Quartier hatte, die angebliche Miete jeden Monat gleich zweimal auszahlen ließ: einmal von der NSV, ein zweites Mal vom Generalkonsulat. Für die Behandlung der *Harrison*-Besatzung hätte er fingierte Rechnungen eingereicht und das kassierte Geld für sich behalten. Außerdem hätte er auf eigene Faust, ohne daß ihn jemand dazu beauftragt hatte, Nachforschungen über die Konsulatsbeamten Dr. Christian Zinsser und Dr. Eugen Betz und die Journalisten Dr. Herbert Tichy und Dr. Fritz van Briessen angestellt.
Erben schwieg. Er konnte Habenicht nicht sagen, daß Kahner ihm den Auftrag zur Bespitzelung der vier Deutschen gegeben hatte. Die kalte Angst saß ihm im Nacken, während er sich ausmalte, was nun mit ihm geschehen würde. Das Bild des Führers blickte Habenicht, der an seinem Schreibtisch saß, streng über die Schulter.
Umso überraschter war Erben daher, als der Oberstleutnant ihm am Ende seiner Schimpftirade eine Abfertigung von 700 Reichsmark anbot, wenn er freiwillig und ohne weitere Ansprüche seinen Dienst bei der Abwehr quittierte.
Was beabsichtigte Erhardt damit? Denn das Angebot mußte von ihm kommen. Wollte er ihn loswerden? Dann hätte er ihn feuern können. War es eine Finte? Vielleicht wollten Sie ihn auf diese Weise aus der Abwehr entfernen und dann, sobald er nicht mehr zu ihnen gehörte, umlegen.
Erben bat sich ein paar Tage Bedenkzeit aus, und er ersuchte, daß Oberstleutnant Siefken bei der nächsten Unterredung anwesend sein dürfe. Schließlich sei er von Admiral Wennecker Oberstleutnant Siefken zugewiesen worden.
Habenicht war einverstanden, betonte aber, daß Oberstleutnant Siefken mit seinem Fall nichts zu tun habe, da er in der Zwischenzeit zum „Büro Erhardt" überstellt worden sei; das ursprüngliche „Büro Siefken" existiere nicht mehr.

Beim nächsten Treffen im Haus in der Ferry Road war Siefken, der sich in den Räumlichkeiten seines Nachfolgers spürbar unwohl fühlte, anwesend.

Dr. Erben überraschte Siefken und Habenicht mit der Erklärung, daß er den Dienst nicht quittieren werde, sondern daß er bereit sei, eine neue schwierige Aufgabe zu übernehmen. Er werde sich als amerikanischer Staatsbürger auf eigene Gefahr in eines der japanischen Internierungslager für männliche Alliierte als Spitzel einschleusen lassen, und aus dem Lager heraus fortlaufend an das „Büro Erhardt" berichten.

Habenicht unterbrach die Unterredung, um mit Hauptmann Erhardt Dr. Erbens Angebot zu erörtern. Er kehrte überraschend schnell zurück und berichtete, Hauptmann Erhardt sei einverstanden und gäbe Dr. Erben den dienstlichen Befehl,

> „...sich im Interesse des Dritten Reiches im japanischen Internierungslager für alliiertes Personal auf der Insel Pootung für drei bis vier Wochen internieren zu lassen, mit dem Büro Erhardt Kontakt zu halten und über die Vorgänge im Lager laufend Bericht zu erstatten."

Dr. Erben nahm den Befehl in strammer Haltung entgegen. Es war genau das, was er sich gewünscht hatte. Allerdings gedachte er nicht, sich nur „für drei bis vier Wochen internieren zu lassen." Er hatte vor, den Rest des Krieges, den er nun ebenfalls für verloren hielt, unter dem Schutz der Japaner im Lager auszusitzen.

Keiner der Anwesenden konnte ahnen, daß Dr. Erben dem japanischen Militärgeheimdienst kempeitai durch seinen Kontaktmann Dr. Konishi am Tag vorher das gleiche Angebot gemacht hatte. Und daß die Japaner ebenfalls angebissen hatten.

Dr. Konishi war ein hoher Offizier des kempeitai, den Erben durch Kahner kennengelernt hatte. Er war ein gebildeter Mann, der in Berlin studiert und viele Jahre in den USA gelebt hatte, und sprach Englisch und Deutsch perfekt. Er war auch mit dem deutschen Liaison-Beamten Dr. Zinsser befreundet, mit dem er häufig Zwi-

schenfälle beizulegen hatte, die das nicht immer reibungslose deutsch-japanische Verhältnis in Schanghai belasteten.
Für die kempeitai-Führung, der Dr. Konishi Dr. Erbens Angebot überbracht hatte, war der Abwehr-Agent kein Unbekannter. Er hatte schon vorher gelegentlich für das kempeitai volontiert und mit dessen Informanten Abt Chao Kung zusammengearbeitet, der ebenfalls von Dr. Konishi kontrolliert wurde.
Erben hatte dem japanischen Militärgeheimdienst Kopien von strategisch wichtigen Aufnahmen geliefert, die er auf Reisen mit Kahner oder auch allein in den wichtigsten Städten des sogenannten „Freien China“ gemacht hatte. Er hatte auch, entweder in Begleitung des SS-Offiziers oder mit Albert oder allein, öfters das berüchtigte „Bridge-House“ besucht, in dem sich das kempeitai seit 1937 etabliert hatte. Das achtstöckige Appartementgebäude in der Nähe des Geschäftszentrums war von den Japanern beschlagnahmt und in ein Gefängnis und eine Folteranstalt für politische Häftlinge umgestaltet worden.*
Bei solchen Besuchen im „Bridge-House“ haben die beiden Ärzte und Kamerafanatiker Erben und von Miorini im Auftrag Kahners manchmal gefilmt und fotografiert, um die verschiedenen Foltermethoden und ihre Wirkungen für dessen Archiv festzuhalten.**
Nachdem er den entbehrlichen Teil seiner Habe verkauft, einen Koffer mit seinen Taschenkalendern, Adreßbüchern, Notizen und sonstigen Papieren, die er während seiner Agententätigkeit gesammelt hatte, bei Albert untergebracht und sich von Gretl und seinen Freunden abermals verabschiedet hatte, meldete er sich am 19. April um die Mittagsstunde mit einem neuen Feldbett, das zu Frau Höbich geliefert worden war, und seinem Seemannssack am Gittertor des Auffanglagers Lungwah, am Stadtrand von Schanghai.

*) Dr. Fritz van Briessen, der zu dieser Zeit in Schanghai als Journalist tätig war, bestätigte 1981 bei einem Interview in München: „Es war allgemein bekannt, daß die deutsche Abwehr und die Gestapo das ‚Bridge-House‘ für ihre politischen Gefangenen mitbenutzten. Von Kahner wußte man, daß er Gefangene gefoltert hat, wenn sie ins ‚Bridge-House‘ gebracht wurden, um sie zu Geständnissen zu zwingen.“

**) Aussage Prof. Dr. Herbert Tichys am 14. Mai 1981.

Die rote Armbinde wies ihn als Amerikaner aus, und er wurde auf der Stelle verhaftet.
Dr. Erben war damit einer der 8000 Ausländer, die zwischen Februar und Juni 1943 von der japanischen Besatzungsmacht in rasch rund um Schanghai errichteten Lagern zwangsinterniert wurden; allerdings war er der einzige, der freiwillig gekommen war.
Zur Tarnung seiner wirklichen Mission wurde Dr. Erben vom kempeitai am nächsten Tag vom Sammellager Lungwah in das „Bridge-House“ überstellt und in eine Gemeinschaftszelle gesperrt, in der sich außer Chinesen beiderlei Geschlechts auch alliierte Staatsangehörige befanden. Sie konnten mitansehen und später dafür zeugen, daß der Neuankömmling nicht anders behandelt wurde als sie selbst. Ebenso schlecht und menschenunwürdig.
Er löffelte aus dem gleichen schmutzigen Napf seine karge Ration Reis. Er trank aus dem gleichen ungewaschenen Geschirr seine Portion Tee. Er mußte wie alle anderen – Frauen und Männer –, seine Notdurft in einen Bottich verrichten, der, für alle sichtbar, mitten in der Zelle stand und nur einmal am Tag entleert wurde. Er schlief wie alle anderen auf dem bloßen Zementboden, ohne Decke, und fror wie sie in dem ungeheizten Bau.
Nur die Foltern, denen die anderen Häftlinge häufig ausgesetzt wurden, blieben dem bärtigen Mann, der sich allen als Amerikaner vorstellte, erspart. Ihm wurden keine Bambussplitter unter die Fingernägel getrieben wie den anderen Häftlingen. Er mußte sich zwar wie sie jeden Morgen nackt ausziehen und den diensthabenden Wachen präsentieren, aber sogar die sadistischsten unter ihnen, die sich oft den Spaß erlaubten, ihre Zigaretten an den Geschlechtsteilen der Männer und den Brüsten der Frauen auszudrücken, belästigten ihn nicht. Außerdem dauerte Dr. Erbens Aufenthalt im „Bridge-House“ keine zwei Wochen; nur lange genug, um die Echtheit seines Status zu etablieren.
Am 2. Mai, nach einem Frühstück mit Ham und Eggs in Hauptmann Tamuras Büro, wurde Dr. Erben von Tamura persönlich und in Begleitung eines Dolmetscher und zweier kempeitai-Offiziere in Zivilkleidung auf einer Fähre über den Whangpoo-Fluß auf die

Schanghai vorgelagerte Insel Pootung gebracht, auf der eines der größten Internierungslager für männliche Angehörige von „Feindstaaten“ errichtet worden war.
Hauptmann Tamura stellte den Neuankömmling dem Lagerkommandanten Tsuchya als Dr. Herman Frederick Erben, einen Amerikaner, vor; so laut, daß alle Umstehenden es hören konnten. Aber die Täuschung gelang nicht.
Ein Angehöriger des amerikanischen Marinegeheimdienstes ONI, dem später die Flucht in das „Freie China“ gelang, berichtete dem FBI nach seiner Rückkehr in den USA über Dr. Erbens Ankunft im Lager:

> „Auffallend war, daß Dr. ERBEN allein eingeliefert wurde und nicht, wie es sonst üblich war, zusammen mit einer Gruppe von Internierten. (...) ERBEN behauptete, daß er vor seiner Einlieferung in Pootung zwei Wochen im ‚Bridge-House‘ zugebracht habe. Für gewöhnlich zeigten Personen, die im ‚Bridge-House-Gefängnis‘ waren, physische Spuren von Folterungen. ERBEN sah gesund aus und war in guter körperlicher Verfassung. Seine Berichte, wie schlecht er im ‚Bridge-House‘ behandelt worden war, klangen daher äußerst unglaubwürdig.“

Der Vertreter der Lagerinsassen, Mr. Ryan, ein Engländer, weigerte sich anfänglich aus den gleichen Gründen, den Mann mit dem starken deutschen Akzent als bona fide Internierten anzuerkennen, und warnte ihn unter vier Augen, „keine komischen Dinger zu drehn“. Erst als Erben ihm seine sämtlichen amerikanischen Seemannsausweise als Beweis seiner amerikanischen Staatsbürgerschaft offerierte, lenkte Mr. Ryan ein und wies ihm in einer Baracke die fünf Quadratmeter an, die jedem Internierten zustanden. Dr. Erben schlug sofort sein mitgebrachtes Feldbett auf und verstaute seinen Seemannssack unter dem Tischchen, das seine Schlafstelle von der nächsten trennte. Am ersten Abend notierte er in seinem Taschenkalender:

> ”Bin in Baracke 13, Abteilung A-9, als Nummer 66 unterge-

bracht. Wir sind sechzig Amerikaner und sechs Holländer. Ted Garrett* ist es gelungen, den Platz neben mir zu bekommen".

Die einzigen, die Dr. Erben im Lager mit offenen Armen aufnahmen, waren die Besatzungsmitglieder der *President Harrison*, die zwei Monate vor ihm interniert worden waren und deren Freundschaft er sich sofort sicherte, indem er ihnen Nachschub an Rauschgiften in Aussicht stellte, die er in seinem Seemannssack mitgebracht hatte. Schon nach wenigen Tagen im Lager notierte er in seinem Kalender:

„Süchtige kamen zu meinem Bett. Habe sie spät nachts gefixt."

Der zweite Lagervertreter, Mr. Bates, ein Amerikaner, berichtete nach Kriegsende über Dr. Erbens typisches Verhalten im Lager:

„Er versuchte, dauernd Unruhe im Lager zu stiften, wo außer den weißen Besatzungsmitgliedern der *Harrison* auch Farbige untergebracht waren. ERBEN agierte stets auf der Seite der Rebellen."

Erben wußte, daß Ryan und Bates und ihre Vertrauensmänner ihn nicht aus den Augen ließen, aber mit den stämmigen Negern als ergebenen Bodyguards fühlte er sich sicher. Er notierte:

„Habe Mr. Ryan gewarnt, sollte er irgendwelche Verdächtigungen gegen die *Harrison*-Besatzung oder gegen mich persönlich ausstreuen, so könnte das für ihn sehr gefährlich werden".

Der V-Mann Erben arbeitete in Pootung ausschließlich für das japanische kempeitai. Nach vier Wochen im Lager vermerkte er:

„Die Deutschen haben nicht ihr Wort gehalten, mich in drei bis

*) Der U.S. Staatsbürger Ted Garrett arbeitete ebenfalls mit der „Abwehr" in China zusammen und wurde nach Kriegsende wegen Hochverrats angeklagt und zum Tode verurteilt.

vier Wochen wieder herauszuholen. Niemand ist mit mir in Verbindung getreten.“*

Sie hatten allen Grund, ihn fallenzulassen. Zwei Wochen, nachdem Dr. Erben ins Lager Pootung eingeliefert worden war, traf die Antwort des RSHA auf Hauptmann Meisingers telegrafische Anfrage ein. Sie hätte, wäre Dr. Erben nicht unter dem Schutz des kempeitai im Lager gewesen, für ihn das Todesurteil bedeutet.
Der Chef der Sicherheitspolizei und des SD hatte am 24. Mai 1943, unter „Geheim“, an das Auswärtige Amt, II B, geschrieben:

„Ich bitte, an den SS-Standartenführer Meisinger bei der Deutschen Botschaft in Tokio folgendes zu übermitteln:
Betr.: Hermann Erben, 15.11.1897
in Wien geboren.
Bezug: Telegramm v. 19.4.1943
Erben, Betrüger, Rauschgifthändler und amerikanischer Propagandist. 1937 Palästina, später China, 1940 Mexico, 1942 Schanghai. Bei Kriegsausbruch in Mexico deutschen Paß auf Alois Ecker erhalten. Beabsichtigt, während des Krieges nicht nach Deutschland zurückzukehren.“

Für das „Büro Erhardt“ bestand nach dieser Information kein Anlaß mehr, Dr. Erben weiterhin als Agent zu führen.
Umso enger hielten die Japaner Kontakt zu ihrem neuen Informanten. Bereits am 10. Mai, Dr. Erben war erst eine Woche im Lager, stattete ihm Hauptmann Tamura einen Besuch ab. Erben traf sich mit Tamura und dessen Dolmetscher im Büro des Lagerkommandanten und lieferte mündlich seinen ersten Bericht ab.
Die regelmäßigen Besuche des kempeitai-Offiziers und Erbens wiederholte Aufenthalte in Tsuchyas Büro, das kein anderer Internierter betreten durfte, wenn er nicht ausdrücklich gerufen wurde, entgin-

*) Hauptmann Erhardt sagte beim „Schanghaier Kriegsverbrecherprozeß“ aus, er hätte Dr. Erben entlassen, sobald er aus Berlin die Nachricht erhielt, daß er mit Rauschgift handelt.

gen den Lagerinsassen natürlich nicht. Aber Bates und Ryan waren machtlos gegen Erben, da er sich stets mit Schlägertypen aus der *Harrison*-Besatzung umgab, die sofort gegen jeden aggressiv wurden, der ihm zu nahe kommen wollte. Lediglich nach Kriegsende rächten sich einige Lagerinsassen an Erben für seinen Verrat, indem sie ihre Erfahrungen im Lager Pootung bei FBI zu Protokoll gaben:

> „(...) weiß, daß der Betreffende bei vier verschiedenen Gelegenheiten vertrauliche Unterredungen mit dem Lagerkommandanten und ein oder zwei Mal mit japanischen ‚Gendarmen' hatte".

In Wirklichkeit fanden diese Treffen zwischen Erben und seinem Kontrolloffizier Tamura – seinem eigenen Kalender zufolge –, wesentlich häufiger statt und entgingen der Aufmerksamkeit der Internierten, weil sie oft auch für spät nachts vereinbart wurden.
Die Anwesenheit eines Spitzels in ihrer Mitte machte sich im ohnehin harten Alltag der Internierten bald bemerkbar und erschwerte ihn noch mehr. So hatte der Lagerkommandant verboten, elektrische Kochplatten ins Lager mitzubringen und zu verwenden. Ihr Besitz wurde mit Kürzung der kargen Lebensmittelrationen oder mit Bunkerarrest bestraft. Trotzdem verfügte jede Baracke über mindestens eine. Wenigstens so lange, wie Dr. Erben ihre Existenz nicht verriet. Einem FBI-Bericht zufolge:

> „...veranstalteten die Japaner unmittelbar nach einer Unterredung Dr. ERBENS mit dem Lagerkommandanten eine Razzia. Dabei wurden von den japanischen Gendarmen sieben Kochplatten konfisziert, die die amerikanischen Internierten bis dahin erfolgreich versteckt hatten. Die Japaner schienen genau zu wissen, wo sie nach den versteckten Gegenständen zu suchen hatten. ERBEN war zweifellos ein japanischer Spitzel und für die Internierten äußerst gefährlich."

Gefährlicher als die Entdeckung der elektrischen Kochplatten war die Entdeckung eines Kurzwellenempfängers. Techniker unter den La-

gerinsassen hatten ihn geheim gebastelt und in eine Mahjongg-Schatulle eingebaut. Jede Nacht hörte ein anderer Vertrauensmann die alliierten Nachrichten ab, die am nächsten Morgen von Mund zu Mund weitergegeben wurden.
Die Japaner fanden die Mahjongg-Schatulle mit dem Radio ohne langes Suchen. Der letzte Besitzer des Mahjongg-Spiels erhielt eine Woche Bunkerhaft. Niemand hegte Zweifel, daß Erben das Versteck verraten hatte.
Erben interessierte sich auch ständig für die Fluchtpläne, die von den Lagerinsassen dauernd geschmiedet wurden. Er ermutigte sie sogar, gab vor, er würde sich daran beteiligen und vereitelte sie im letzten Moment durch seinen Verrat. Ein Pootung-Internierter, dem die Flucht aus dem Lager gelang und der noch vor Kriegsende in die USA zurückkehrte, berichtete dem FBI:

> „ERBEN versucht ständig, bei Gesprächen der amerikanischen Internierten mitzuhören und sich einzuschalten, obwohl die meisten Amerikaner ihm aus dem Weg gehen."

Dr. Erben erhielt regelmäßig Besuch von seiner Freundin Grete Höbich. Sie trafen sich im Amtszimmer des Lagerkommandanten. Sie brachte ihm Lebensmittel und Süßigkeiten, die er an seine Bodyguards verteilte, und Post von Errol. Obwohl Flynn zu diesem Zeitpunkt bereits amerikanischer und Dr. Erben deutscher Staatsbürger war, hielten sie ihren Briefkontakt aufrecht. Auch Dr. Erben schrieb an Flynn. Am 14. Mai 1943, nach knapp zwei Wochen im Lager:

> „Lieber Freund:
> Bitte paß gut auf das Paket auf, das ich im November 1940 bei Dir (Max) ließ. Es enthält Briefe meines Sohnes, gefallen, Rußland.
> Schreib mir! Wie stets, Dein Nurmunger."*

*) Dr. Erben war am 27. März 1943 durch das Internationale Rote Kreuz verständigt worden, daß sein Sohn Santos am 9. Oktober 1942 vor Stalingrad gefallen war. Erben schrieb in sein Tagebuch: „Santos Tod schmerzt tief."

Es muß Dr. Erben an dem erwähnten Paket, das er bei seiner Flucht nach Mexiko offensichtlich Max Carmel übergeben hatte, sehr viel gelegen gewesen sein; (außer, wenn die Nachricht ein Signal zwischen den beiden Freunden gewesen wäre und etwas anderes bedeutet hätte;) denn am 20. September 1944 sandte Erben neuerlich eine fast gleichlautende Bitte an Flynn:

„Lieber Nurmunger:
Hoffe, Du bist gesund. Bitte paß gut auf das Paket auf, das ich im November 1940 bei Max ließ. Enthält Briefe von Mutter. Sohn gefallen. Denke oft an Dich.
Wie stets, Herman."

Flynn hatte auf die erste Bitte bezüglich des „Pakets" sofort reagiert. Aber da die Antwort ihren Weg von Los Angeles nach Schanghai über Genf nehmen mußte, traf sie erst ein Jahr später bei Dr. Erben ein:

„Lieber Freund:
Großartig, zu erfahren, daß du am Leben bist. Briefe deines Sohnes in Sicherheit. Werde dir sooft wie möglich schreiben. Laß mich wissen, ob ich etwas tun kann."

Zwei Monate später, am 26. April 1945, nur wenige Tage vor dem Kriegsende in Europa, hielt Dr. Erben ein neuerliches Telegramm Flynns in Händen, mit der Versicherung, daß dem „Paket" nichts passiert ist:

„Lieber Nurmunger:
Dein Paket ist in Sicherheit, und ich flehe den Himmel an, daß auch Du es bist. Vergiß nicht, daß Dein Freund immer bei Dir ist.
Errol Flynn."

Am 16. Februar 1946 antwortete Flynn auf eine Nachricht Dr. Erbens, die dieser noch vor Kriegsende an ihn geschickt hatte:

„Herman, dear boy!
Wie fantastisch, wie großartig, endlich von Dir zu hören! Ich habe soeben Deine zweite Nachricht durch das Rote Kreuz bekommen, datiert, weiß Gott vor wie langer Zeit, am 17. März 1945.
Ich habe Dir Telegramme geschickt (und werde Dir morgen wieder telegrafieren), aber ich habe keine Ahnung, ob sie Dich je erreichten. Sobald der Krieg zu Ende war, habe ich neuerlich versucht, Dich zu erreichen. Bis jetzt ohne Erfolg.
Solltest Du dieses Telegramm bekommen, so telegrafiere mir *sofort*, und teile mir mit, was ich für Dich tun kann. Geld? Hilfe? Was? Was immer es ist, alter Nurmunger, das weißt Du!
Dein Errol."*

Nach etwa einem Jahr wurde Hauptmann Tamura von Dr. Konishi als Dr. Erbens Führungsoffizier abgelöst. Konishi besuchte den Informanten wesentlich öfter im Lager als sein Vorgänger Tamura. Da es zwischen Konishi und Erben keine Sprachschwierigkeiten gab, gestaltete sich ihr Verhältnis auch wesentlich enger. Konishi brachte Erben die Nachricht, daß Abt Chao Kung am 6. Oktober 1943 nach einer Darmoperation im General Hospital gestorben sei; und es war Dr. Konishi, der Dr. Erben im Juni 1944 wegen einer angeblichen akuten Blinddarmentzündung gestattete, das Lager zu verlassen und sich zur Behandlung in ein vom kempeitai kontrolliertes Krankenhaus zu begeben.
Während dieses angeblichen Spitalsaufenthalts Dr. Erbens starb Miorini plötzlich unter mysteriösen Umständen und wurde eingeäschert.
Nach zwei Wochen kehrte Dr. Erben ohne Operation wieder ins

*) Bei der zitierten Korrespondenz handelt es sich um diejenigen Briefe und Telegramme, die Dr. Erben dem Autor zeigte und zu kopieren gestattete. Gemäß seinen Tagebucheintragungen war der Schriftverkehr zwischen den beiden Freunden während des Krieges jedoch wesentlich umfangreicher. Nach Darstellung Dr. Erbens ging ein großer Teil seiner Korrespondenz mit Flynn nach seiner Deportierung aus Schanghai im Herbst 1947 verloren.

Lager zurück. Die akute Blinddarmentzündung war von selbst wieder abgeklungen.
Das letzte Treffen mit Dr. Konishi, das Dr. Erben stichwortartig in seinem Kalender notierte, fand am 5. Juli 1945 statt; zwei Monate nach dem Zusammenbruch des Deutschen Reiches. Konishi zeigte nichts als Verachtung für den ehemaligen deutschen Verbündeten. Japan werde nicht feige kapitulieren wie die Deutschen, sondern unter Kaiser Hirohito bis zum Endsieg weiterkämpfen.
Am 6. August warfen die Amerikaner die erste Atombombe auf Hiroshima ab, am Morgen des 9. die zweite auf Nagasaki. In der darauffolgenden Nacht kapitulierte Kaiser Hirohito. Der 15. August wurde von den Amerikanern zum „V-J Day", zum Tag des Sieges über die Japaner, erklärt.
Am 17. August befreiten die in Schanghai gelandeten amerikanischen Fallschirmjäger die Lagerinsassen des Internierungslagers Pootung. Die japanischen Wachen und der Lagerkommandant hatten sich bereits aus dem Staub gemacht.
Im allgemeinen Jubel über die Befreiung und im Begeisterungstaumel über den Sieg schenkte keiner der Lagerinsassen dem Mann Beachtung, der als einer der ersten von ihnen den Whangpoo-Fluß überquerte. Am anderen Ufer angelangt, konnte Erben sich unbemerkt absondern.
Erben hatte sein Feldbett auf Räder montiert und mit seinem Seemannssack und Schachteln und Packen beladen, in denen er all das untergebracht hatte, was er während der Zeit im Lager gesammelt hatte. Er zog sein fahrbares Bett als sein eigener Kuli hinter sich her und schlug die Richtung zur Edinburgh Road ein. Zu Gretl.
Auf halbem Weg kam ihm ein Radfahrer entgegen, der, als er ihn sah, anhielt. Es war Mosberg. Erben überfiel seinen früheren Führungsoffizier sofort mit der Beschwerde, die Abwehr hätte ihn zweieinhalb Jahre lang bei den Japanern dunsten lassen, ohne sich, wie vereinbart, um ihn zu kümmern. Er verlange die Soldnachzahlung für die Zeit, die er auf ausdrücklichen Befehl von Hauptmann Erhardt im Lager zugebracht habe.
Mosberg riet ihm, sich mit seiner Forderung an Hauptmann Erhardt

direkt zu wenden, und er gab ihm die geheime Telefonnummer des „Büro Erhardt“ in der Ferry Road.
Als Dr. Erben von Gretl Höbichs Wohnung aus die Nummer anrief, hob niemand ab.

13

1945/48

Wie Erben in die Todeszelle kam, für den amerikanischen Geheimdienstboß arbeitete, beim Schanghaier Kriegsverbrecherprozeß als Kronzeuge aussagte, nach Deutschland deportiert wurde und nach Wien zurückkehrte.

Dr. Erben paßte sich rasch an den Frieden an. Er hatte vor, ihn zu nutzen, wie er vorher den Krieg genutzt hatte: für seine Zwecke.
Obwohl er wegen Betrugs und Meineids aus den USA ausgebürgert worden war, war er unter den ersten, die bei der amerikanischen Besatzungsmacht um Repatriierung in die Vereinigten Staaten ansuchten. Er wußte, er hatte starke Rückendeckung. Errol Flynn war noch immer ein Star. Erben konnte den Namen seines Freundes jeden Tag über allen anderen Namen auf den Kinoplakaten lesen.
Er war auch unter den ersten gewesen, die sich bei der amerikanischen Militärverwaltung um einen Job beworben und einen erhalten hatten.
Am 28. Oktober wurde er von der U.S. Army als Zivilist bei einer Sanitätseinheit zur Malariakontrolle angestellt. Seine Einheit, das „12th Malaria Control Detachment", war am Flughafen Kianwang eingesetzt, wo für den Oberkommandierenden der amerikanischen Streitkräfte, General George C. Marshal, Quartier vorbereitet wurde.
Am 3. November, ehe er noch seinen ersten Wochenlohn ausgezahlt bekommen hatte, wurde Dr. Erben an seinem Arbeitsplatz von einem amerikanischen Militärposten verhaftet.
Der junge Marinesoldat, der neben ihm arbeitete und mit dem er sich angefreundet hatte, blickte erstaunt auf.
„Was ist los, Doc?"
Dr. Erben nahm den DDT-Kanister vom Rücken.

„Nichts. Bestimmt nichts. Sicher ein Irrtum."
Er ging widerstandslos mit dem Militärpolizisten mit.
Erben wußte, daß es kein Irrtum war. Er hatte seine Verhaftung erwartet. Im Grunde hatte er sie herbeigewünscht. Eine öffentliche Anklage und eine öffentliche Verteidigung würden ihm den Weg zurück in die USA ebnen. Er brauchte nur alles auf den Kopf zu stellen und behaupten, er hätte sich den Deutschen nur scheinbar angedient, um in Wirklichkeit die Amerikaner zu unterstützen.
Wer sollte ihm das Gegenteil nachweisen? Sein Wort stand gegen das der Anklage. Etwas Schriftliches gab es nicht. Und wenn es etwas gegeben hatte, so war es längst irgendwo verschollen, verbrannt, untergegangen im Krieg. Jetzt war Frieden. Ein neuer Anfang. Darauf verließ er sich. Und auf seine Fähigkeit, alles so darzustellen, daß er am Ende entweder als strahlender Held dastand, oder als Märtyrer, dem alle anderen wegen seiner Selbstlosigkeit zumindest Dank schuldig waren.
Der Militärpolizist lieferte Dr. Erben in dem von der amerikanischen Besatzungsmacht geführten „Ward Road Jail" ab. Er bekam Sträflingskleidung und wurde von einem chinesischen Gefangenenwärter in einem abgesonderten Trakt in eine Einzelzelle gesperrt. Wie er bald herausfand, befand sie sich unmittelbar über dem Hinrichtungsraum.
Er war in Death Row.
In der Zelle neben ihm lag Ted Garrett, der Amerikaner, der in Pootung sein Bettnachbar gewesen war. Er sprach jeden Tag mit Garrett während der Viertelstunde, die sie im Hof spazierengehen durften. Garrett war wegen Kollaboration mit den Deutschen angeklagt und wartete auf seine Verhandlung. Ein Schuldspruch würde wahrscheinlich Exekution bedeuten.
Erben wurde in den frühen Morgenstunden häufig durch ein dumpfes Fallgeräusch geweckt. Seine Zelle befand sich unmittelbar über dem Hinrichtungsraum. Wurde im Raum unter ihm der Deckel der Falltüre geöffnet, sackte der Gehenkte ab. Bei der nächsten Gelegenheit meldete Erben sich freiwillig für die unbeliebte Arbeit: den Toten vom Henkerstrick zu knüpfen („der Strick durfte nicht durch-

geschnitten werden, denn der wurde ja wieder verwendet") und auf den Karren zu legen, auf dem der Leichnam zur Bestattung hinausgerollt wurde.*

Am 15. November erhielt Dr. Erben zum ersten Mal Besuch von Gretl Höbich. Sie brachte Selbstgebackenes. Es war sein achtundvierzigster Geburtstag. Sie ließ sich ihr Entsetzen über seinen Anblick nicht anmerken. Er war vollständig ergraut, ungepflegt, unrasiert. In seiner Sträflingskleidung sah er noch schäbiger aus als für gewöhnlich. Sie durften nur im Besucherraum, durch ein Gitter getrennt, neben anderen Besuchern miteinander sprechen.

War es nicht komisch, daß er neben seinem alten Bettnachbarn Garrett lag? – Frau Höbich fand es gar nicht komisch. Sie hatte in der Zeitung gelesen, daß Garrett des Hochverrats gegen die USA in Kriegszeiten angeklagt war und mit der Todesstrafe rechnen mußte.

„Ist gegen dich eine Anklage erhoben worden?"

„Nein." Er wisse nach zwei Wochen noch immer nicht, warum er verhaftet wurde.

„Warum haben sie dich dann neben den Hochverräter Garrett gesteckt?"

Auch das wisse er nicht.**

Dabei bettelte Dr. Erben geradezu darum, wegen Hochverrats vor Gericht gestellt zu werden. Aus seiner Zelle schrieb er an den Militärstaatsanwalt Jeremiah O'Connor, der seinen Fall behandelte:

> „...Ich verlange, des Hochverrats angeklagt und vor ein amerikanisches Militärgericht gestellt zu werden. Auch wenn die bloße Formalität der Aberkennung meiner amerikanischen Staatsbürgerschaft eine solche Anklageerhebung unmöglich machen sollte,

*) Dr. Erben behauptete, die Hingerichteten, die er sah, seien ausschließlich Japaner gewesen und von amerikanischem Militärpersonal gehenkt worden. „Ich habe mich freiwillig für diesen Dienst gemeldet, weil ich gehört hatte, daß mein früherer Lagerkommandant Tsuchya im gleichen Gefängnis war. Er war ein netter Mensch, und ich mochte ihn. Ich hätte ihn gern noch einmal gesehen. Aber er war nicht dabei."

**) Dr. Erben behauptete stets, daß gegen ihn zu keinem Zeitpunkt eine formelle Anklage erhoben wurde.

so bestehe ich trotzdem darauf. Ich war im Jänner 1941, dem Zeitpunkt, zu dem ich in Mexiko City in den deutschen Geheimdienst eingetreten bin, amerikanischer Staatsbürger. Ich handelte aus freiem Willen und befand mich in keiner finanziellen Zwangslage. Meine Freilassung, mangels an Beweisen oder aus rechtlichen Schwierigkeiten, die einen Prozeß gegen mich und meine Verurteilung undurchführbar erscheinen lassen, wäre für mich vollkommen wertlos. Da sie mich für mein ganzes Leben zu einem moralisch Aussätzigen stempeln und mir die Möglichkeit nehmen würde, nach Amerika zurückzukehren, wo ich 25 Jahre lang meinen rechtlichen Wohnsitz hatte."

Aber Dr. Erben wurde der Prozeß nicht gemacht. Er war für die Amerikaner plötzlich unentbehrlich geworden. Baron Ernst von Reichenau*, der jeden Deutschen in Schanghai kannte und nun für den amerikanischen Militärgeheimdienst OSS tätig war, hatte seinen Vorgesetzten, Hauptmann Frank Farrell, auf Dr. Erben und seine besonderen Kenntnisse aufmerksam gemacht.

Am 4. Jänner wurde Dr. Erben ohne Verfahren aus der Haft entlassen. Militärstaatsanwalt Jeremiah O'Connor, der in der U.S. Army den Rang eines Oberst bekleidete, ließ ihn am nächsten Tag zu sich rufen und gab ihm den Befehl, sich am 6. Jänner zu einer bestimmten Zeit im Büro von Hauptmann Frank Farrell, 240 Ferguson Route, einzufinden.

Hauptmann Frank Farrell, im Zivilleben Journalist, war Chef der Spionageabwehr des OSS für ganz China und war mit den ersten amerikanischen Einheiten nach Schanghai gekommen. Sein Auftrag war, untergetauchte, prominente Nazis, vor allem Kriegsverbrechensverdächtige in ihren Verstecken aufzustöbern, militante Elemente, die in „Werwolf-Einheiten" als Partisanen weiterkämpfen

*) Baron Ernst von Reichenau, der Bruder von Feldmarschall Walter von Reichenau, hatte sich aus privaten Gründen von Nazideutschland nach China abgesetzt. Er bewegte sich während des Krieges in deutschen Kreisen um Generalissimus Tschiang Kai-schek und bot bei Kriegsende seine Dienste den Amerikanern an.

wollten, aufzuspüren und vor allem der Angehörigen des früheren „Büro Erhardt“ habhaft zu werden. Sie sollten vor ein Kriegstribunal gestellt werden, da sie nach Auffassung der U.S. Army als Angehörige der deutschen Wehrmacht auch nach der Kapitulation des Dritten Reiches am 8. Mai die Kriegsanstrengungen der Japaner weiterhin aktiv unterstützt und damit die Artikel des Waffenstillstands verletzt hätten.

Als Dr. Erben das Büro Hauptmann Farrells betrat, sah er als erstes die massive Gestalt des Baron von Reichenau; sein pausbackiges rosa Gesicht, die silberweißen, glatt zurückgekämmten Haare und die wohlwollend blinzelnden hellblauen Augen. Nun wußte er, wer die Fäden zu seiner Befreiung gezogen hatte.

Hauptmann Frank Farrell, ein drahtiger, schlanker Mann mit blondem Bürstenhaarschnitt, in der amerikanischen Offiziersuniform, saß aufrecht hinter seinem Schreibtisch; an einer Seite, schlaff von einer Fahnenstange hängend, das Sternenbanner; von der Wand hinter ihm blickte Präsident Truman lächelnd auf ihn herab. Reichenau stand, seine Hände ungezwungen auf den Schreibtisch gestützt, neben Farrell und sah dem eintretenden Besucher erwartungsvoll entgegen. Er war sicher, daß er sich nicht geirrt hatte. Erben war der Mann, den Farrell brauchte. Er würde das Angebot auch annehmen. Denn, wie er Farrell gesagt hatte, „der Mann hat den Überlebensinstinkt einer Wanze.“

Farrell erinnerte sich später, als PR-Mann wieder in den Zivilberuf zurückgekehrt, an sein Gespräch mit Baron von Reichenau über Dr. Erben.*

> „Er hat mich gewarnt, daß Erben einer der klügsten und zugleich teuflischsten Menschen ist, die ihm je untergekommen sind. – Trotzdem, Erben würde die Schlüssel zu den meisten Schlössern besitzen, die ich öffnen mußte, um herauszufinden, was innerhalb des Büro Erhardt vor sich ging.“

*) Zitiert nach einem Interview Charles Highams mit Frank Farrell in New York.

Hauptmann Farrell machte dem grauhaarigen Mann, der in dem um seine abgemagerte Gestalt schlotternden blauen Anzug vor ihm stand, das Angebot für ihn zu arbeiten. Erben nahm enthusiastisch an.

„Ein solches Angebot gibt mir die Chance, zu beweisen, daß ich noch immer Amerikaner bin."

Farrell fuhr Erben scharf an. „Das sind Sie nicht. Und Sie dürfen Ihre Arbeit für uns auch in keiner Weise dahingehend interpretieren."

„Yes, Sir."

Hauptmann Farrell bot Erben eine monatliche Entlohnung von 160 Dollar an. Dr. Erben akzeptierte.*

Hauptmann Farrell überreichte Erben eine Kopie der sogenannten „automatic arrest list", einer vom OSS vorbereiteten Namensliste von Personen, die zur automatischen Verhaftung ausgeschrieben waren. Er ließ sich von Dr. Erben den Empfang des Dokuments bestätigen. Erben überflog die Liste. Er kannte fast jeden der Angeführten persönlich. Das gesamte Personal des „Büro Erhardt" war darunter. Er wußte auf Anhieb, wo einige der Gesuchten sich versteckten, und sagte es Farrell.

Farrell erläuterte ihm, er brauche nur herauszufinden, wo die angeführten Personen sich verborgen hielten, dürfe sie selbst nie kontaktieren, sollte bei seinen Nachforschungen so wenig wie möglich persönlich in Erscheinung treten und seine Informationen durch Reichenau abliefern. Alles andere würden seine eigenen Leute besorgen. Sein Büro an der Ferguson Route dürfe er von nun an nicht mehr betreten. Seine Entlohnung würde ihm Reichenau überbringen.

Zugleich erteilte der OSS-Offizier Dr. Erben den Auftrag, detaillierte

*) Dr. Erben behauptete später, er sei ein Angestellter des OSS gewesen. Hauptmann Farrell bestritt dies entschieden: „Erben gehörte nie zu meinem ‚Stab', wie er behauptet. Und er stand, während ich in China war, nie in einem Angestelltenverhältnis zum OSS. Er war nichts anderes als ein Feindagent, der auf ein Tauschgeschäft eingegegangen war. Er war ein Informant. Und als solcher bekam er seine dreißig Silberlinge dafür, daß er gegen seine ehemaligen Kameraden aussagte. – Ich habe seine Freilassung arrangiert, weil ich ihn im Prozeß USA gegen das BÜRO ERHARDT benutzen wollte."

Dossiers über sämtliche Angehörige des „Büro Erhardt“ und seiner Abwehr-Zweigstellen in Kanton und Peking anzulegen. Sie sollten bei dem für Herbst geplanten „Schanghaier Kriegsverbrecherprozeß“ als wichtige Unterlagen verwendet werden.
Am 15. April gab die amerikanische Militärkommandatur in Schanghai die Verhaftung von Hauptmann Ludwig Erhardt, alias Lothar Eisenträger, Chef des „Büro Erhardt“, bekannt.
Erben hatte ihn gefunden.
Während der Monate ihrer Zusammenarbeit lockerte sich Farrells strenge Haltung gegenüber Erben, der zu ihm aufblickte, wie er vorher zu Kahner und Siefken aufgeblickt hatte. Trotzdem blieb Farrell auf der Hut. Er hatte Reichenaus Warnung nicht vergessen. Er war vom ersten Augenblick an überzeugt davon, daß sein Informant auch Kontakte zu sowjetischen Spionen unterhielt. Er fragte Erben einmal, wie er überhaupt in die Spionagetätigkeit geraten sei, und nach Farrells Darstellung hätte Dr. Erben geantwortet:

> „Ein Spion wird zum Spion, wie ein Alkoholiker zum Alkoholiker wird. Mit einem kleinen Schluck nach dem anderen, bis man haltungslos dem Alkohol verfallen ist. Im Falle des Spions ist es ein kleines Unternehmen nach dem anderen. Er sagte, er sei im Krieg in Spanien zum ersten Mal in Spionage verwickelt worden, als er für die sowjetische Seite tätig war.“

Die letzte Bemerkung, obwohl sie nicht stimmte, bestätigte Farrell in seinem Verdacht, und ohne daß er konkrete Beweise dafür hatte, meldete er seine Vermutung an seine Vorgesetzten in Washington. Wo Hauptmann Farrells Meldung als bare Münze zu Dr. Erbens Akte abgelegt wurde.
Während seiner Tätigkeit für Farrell, Farrells Stellvertreter Marvin Gray und Militärstaatsanwalt Jeremiah O’Connor, der den Kriegsverbrecherprozeß vorbereitete, freundete sich Dr. Erben mit seinem Kontaktmann, Baron von Reichenau, näher an. Reichenau genoß, im Gegensatz zu Erben, Hauptmann Farrells volles Vertrauen; er arbeitete in Farrells Büro. Er verkehrte auch in amerikanischen Offiziers-

kreisen und erzählte Dr. Erben eines Tages, er hätte Ruby Edwards getroffen. Sie arbeite als Hosteß in einem Offiziersclub.
Dr. Erben traf mit ihr zusammen. Nach einigem Hin und Her gab sie ihm zwei seiner Goldbarren zurück. Sie behauptete, die übrigen hätten die Deutschen mitgenommen. Auch von all den anderen Dingen, die er in Alberts Wohnung zur Aufbewahrung zurückgelassen hatte, bekam er nichts mehr zurück. Dr. Erben hegte stets den Verdacht, daß manches, das ihm gehörte, in die vierzehn Kisten gepackt wurde, die nach dem Krieg ihren Weg nach Wien, zu Dr. von Miorinis Halbbruder fanden.*
Erben gab den Gedanken an eine Rückkehr in die USA nicht auf. Nachdem sein erstes Repatriierungsansuchen unbeantwortet geblieben war, suchte er am 18. Juli, während er für Farrell arbeitete, beim amerikanischen Vizekonsul Hungerford Howard am amerikanischen Konsulat in Schanghai um ein Einwanderungsvisum auf der österreichischen Quote an,

> „...falls das der einzige Weg für mich ist, an meinen Wohnsitz in den USA zurückzukehren."

Der Prozeß gegen die Angehörigen des „Büro Erhardt" begann im Hochsommer, während Schanghai unter der Dunstglocke stagnierender feuchter Luft fast zu ersticken drohte.
Der sogenannte „Schanghaier Kriegsverbrecherprozeß", von dem man in den USA wenig, in Europa so gut wie gar nichts hörte, war zweifellos einmalig in der ganzen Geschichte der Kriegsjustiz.
Er wurde vom 26. August 1946 bis 17. Jänner 1947 in einem großen Saal des „Ward Road Jail" abgehalten. Sein Tribunal bestand aus Angehörigen der U.S. Army, von denen kein einziger eine juristische Ausbildung genossen oder je vorher ein Gerichtsverfahren von dieser Größenordnung geleitet hatte.**

*) Nach Dr. Erbens Darstellung starb Ruby Edwards wenige Jahre später rauschgiftsüchtig.

**) Die Niederschrift des fast fünfmonatigen Verfahrens umfaßt mehr als 3000 Seiten und ist, auf Mikrofilm gespeichert, in den U.S. National Archives, Washington, D.C. aufbewahrt.

Angeklagt waren sechsundzwanzig Männer und eine Frau, sämtliche Deutsche, Angehörige des „Büro Erhardt“ und seiner beiden Zweigstellen in Kanton und Peking. Angeklagte und Zeugen waren aus ganz China nach Schanghai geflogen worden.
Sie wurden beschuldigt, den Krieg auf eigene Faust zugunsten des ehemaligen Verbündeten, Japan, nach der Kapitulation des Deutschen Reiches noch drei Monate lang fortgesetzt zu haben. Wie es in der Anklageschrift hieß, hätten sie von „V-E Day“ bis zum „V-J Day“, vom 8. Mai bis zum 15. August...

„...bewußt, absichtlich und widerrechtlich die Bestimmungen der bedingungslosen deutschen Waffenniederlegung verletzt, indem sie Militäraktionen gegen die Vereinigten Staaten und ihre Alliierten unternahmen und fortsetzten; nämlich den japanischen Streitkräften und ihnen angeschlossenen Einheiten Hilfe, Unterstützung, Information, Rat, geheimdienstliche Meldungen, Propaganda und Material zukommen ließen, solches anordneten, autorisierten, gestatteten oder unterließen, solches zu verbieten; und in Verletzung der üblichen Normen und Gesetze der Kriegsführung durch solche Akte des Verrats Japan unterstützen, Krieg gegen die Vereinigten Staaten zu führen.“

Militärstaatsanwalt Oberst Jeremiah O’Connor, ein freundlicher Mann mit einem Pferdegesicht, erklärte zu Beginn des Verfahrens, die Klagevertretung werde beweisen...

„...daß die Angeklagten, die heute vor diesem Gericht stehen, entweder aus Gründen des Patriotismus, des Hasses, der Geldgier oder des Stolzes, aus Befehlsgehorsam oder aus Ungehorsam gegenüber ihrer Gewissenspflicht das Grundgesetz jeder militärischen und nationalen Ehre verletzt haben: daß das Schwert, das als Zeichen der Unterwerfung übergeben wird, nicht erneut aufgenommen werden darf, um den Sieger zu schlagen. Was den Ernst der Anschuldigungen betrifft, so standen Leben von Amerikanern auf dem Spiel, die von einem verräterischen Feind aus dem Hinterhalt angegriffen wurden.“

Der beim Prozeß anwesende Berichterstatter Dr. Alfred Dreifuß bestätigte in einem Interview, daß, auch wenn der Sieg der Amerikaner nie in Zweifel stand, der Schaden, den das „Büro Erhardt" den Amerikanern in den letzten Monaten des Krieges zufügte, nicht unwesentlich war:

> „Da die Erhardt-Leute den Code der amerikanischen Schiffe kannten und verwendeten, waren sie in der Lage, der amerikanischen Seventh Fleet falsche Informationen und unrichtige Wettervoraussagen zu liefern, wodurch Einsätze der Flotte verzögert oder irregeleitet wurden. So lotsten sie amerikanische Schiffe auf Sandbänke oder lockten sie in Fallen, wo Einheiten der japanischen Marine auf sie lauerten. Sie sagten ruhige See voraus, wenn in Wirklichkeit einem bestimmten Gebiet schwere Stürme drohten. Die Amerikaner zeigten uns Journalisten Seekarten, Wetterstatistiken und Kopien von Dokumenten, die diese Schäden unterstrichen."

Die Kläger sahen sich vom ersten Verhandlungstag der Schwierigkeit gegenüber, die Verantwortung für bestimmte Schäden bestimmten Angeklagten zuzuweisen; die sich sämtlich als „nicht schuldig" bekannt hatten. Es wurde Oktober, ehe die ersten Zeugen aufgerufen wurden.

Der erste Zeuge für die Anklage war – Louis Siefken. Er war freiwillig aus seinem bisherigen Versteck gekommen, um auszusagen. Sehr zur Überraschung der anwesenden Journalisten. (Die Öffentlichkeit war vom Verfahren ausgeschlossen.)

Siefkens einleitende Worte waren sensationell. Seine Schilderung übertraf bei weitem alle bisherigen Einschätzungen der Wichtigkeit der Abwehrstelle Schanghai: sie hatte, nach Siefkens Aussage, ihr Spionagenetz von Tsingtao, im Norden Chinas, bis Singapur gespannt, und es war ihr bereits 1941 gelungen, den Code der „U.S. Coast Guard" zu brechen.

„Welchen Auftrag hatten Sie, als Sie von Deutschland nach Schanghai beordert wurden?"

„Im gesamten Pazifischen Raum die Schiffahrt betreffende geheimdienstliche Informationen gegen England, die Vereinigten Staaten und Niederländisch-Ostindien zu sammeln; aber mit China und Rußland hatten wir nichts zu tun."

Die Frage O'Connors, ob er einen Agenten namens Dr. Herman Frederick Erben beschäftigte, bejahte Siefken.

„Welche Art von Aufgaben haben Sie ihm übertragen?"

„Gewöhnliche Informationen über Schiffe einzuholen. Er ging an Bord von Dampfern, um Informationen zu sammeln. Fahrpläne, Schiffspositionen, so daß wir diese mit vorher eingegangenen Funkinformationen vergleichen konnten; und derartiges."

Siefkens Aussagen bezogen sich jedoch ausschließlich auf Tätigkeiten seines eigenen Büros, die im Grunde nicht zur Debatte standen. Über Aktivitäten des „Büro Erhardt", vor allem nach Kriegsende, drückte Siefken sich nur ungenau aus. Er besitze darüber keine direkten Informationen, da er zu keinem Zeitpunkt dem „Büro Erhardt" angehört habe, sagte er zu seiner Rechtfertigung.

Die Einvernahme Siefkens war relativ kurz. Sie brachte keinerlei Anschuldigungen gegen seinen Nachfolger und seinen früheren Mitarbeiter. Als nächster wurde der Zeuge Dr. Herman Frederick Erben aufgerufen.

Erben erschien vor Gericht in kurzer Khakihose, einem kurzärmeligen alten Hemd und Sandalen an den bloßen Füßen. Er fixierte die zwei Reihen der Angeklagten, die vor ihm saßen, durch seine dicke Brille: Erhardt, Rudloff, Habenicht, von Puttkamer, Mosberg, Schenke, Dr. Heißig, der von Kanton eingeflogen worden war, Füllkrug, der Fotograf Peerschke; alle saßen sie da, in dunklen Anzügen und mit Krawatte, um ihre bürgerliche Respektabilität zu betonen. Er pfiff auf diese bürgerliche Respektabilität. Er fühlte sich als Außenseiter und benahm sich danach.

Erben benahm sich anmaßend und arrogant und genoß offensichtlich die Aufmerksamkeit, die man ihm schenkte. Wenn er auf Fragen antwortete, so klang seine Stimme schneidend, und seine Wortwahl war häufig von einer zeremoniellen Höflichkeit, hinter der jedoch jederzeit die Schärfe seines Intellekts spürbar war.

Dr. Erben wurde zwei Tage lang von Anklage und Verteidigung verhört, am 3. und 4. Oktober, ohne sich ein einziges Mal eine Blöße zu geben.*

Der amerikanische Pflichtverteidiger der Angeklagten, Oberst Bodine, konnte kein einziges Mal nachweisen, daß der Zeuge im bezahlten Dienst des Militärstaatsanwalts, Oberst O'Connors, gestanden hatte oder noch stand. Wäre dieser Umstand bekanntgeworden, so wäre die Zeugenaussage Dr. Erbens unzulässig gewesen und die Anklage möglicherweise zusammengebrochen. Um eine solche Enthüllung zu verhindern, mußte Erben mehrmals zu einem Meineid Zuflucht nehmen.

Als er gefragt wurde, ob er von Hauptmann Farrell erfahren habe, daß er beim Prozeß gegen das „Büro Erhardt" als Zeuge einvernommen werden würde, log er.

„Meine Dienste bezogen sich nicht auf dieses Verfahren. Ich war froh darüber, daß mir die Möglichkeit geboten wurde, die noch offene Frage der Ermordung meines Freundes Dr. Albert von Miorini vor die amerikanischen Behörden zu bringen."

„Und während Sie für Farrell arbeiteten, haben Sie da niemals Nachforschungen über irgend jemanden angestellt, von dem Sie wußten, daß er etwas mit diesem Prozeß zu tun hatte?"

„Mein Auftrag war, dem Fall der Ermordung von Dr. von Miorini nachzugehen. Und da Dr. von Miorini in Schanghai von Angehörigen einer Organisation ermordet wurde, die mit dem ‚Büro Erhardt' in enger Verbindung steht, war es unvermeidlich, daß Namen von hier bei Gericht anwesenden Personen ins Gespräch kamen."

Oberst O'Connor rettete Dr. Erben an diesem Punkt vor weiteren Fragen der Verteidigung, indem er eine Unterbrechung beantragte; von dieser Taktik machte er des öfteren Gebrauch, wenn der Zeuge Erben in die Enge getrieben wurde.** Sobald das Tribunal in den

*) Die Niederschrift von Dr. Erbens Zeugenaussage umfaßt 64 Seiten.

**) Dr. Erben gab zu, daß er und O'Connor sich während des Prozesses absprachen und zusammenspielten. So gab O'Connor Erben u.a. den Rat, Fragen, deren Antwort ihn inkriminieren könnten, auszuweichen, indem er sich auf seine geheimdienstliche Schweigepflicht berief.

Saal zurückkehrte, wurde die für Dr. Erben peinliche Befragung nicht wieder aufgenommen.
Dr. Erben machte von Oberst O'Connors Rat Gebrauch, als er von Oberst Bodine gefragt wurde:
„Wissen Sie, was ein Verräter ist?"
„Weiß ich."
„Glauben Sie, daß Sie ein Verräter waren?"
„Ich weiß, daß ich keiner bin."
„War Ihnen zu dem Zeitpunkt, zu dem Sie als amerikanischer Staatsbürger für die Deutschen arbeiteten, nicht bewußt, daß Sie ein Verräter waren?"
„Sir, eine Erklärung zu diesem Punkt unterliegt meiner Geheimhaltepflicht."
Es gab auch heitere Episoden bei der Zeugenaussage Dr. Erbens, die bei den Angeklagten und den Journalisten Gelächter auslösten. So zum Beispiel, als der chinesische Verteidiger, Dr. Yang, den Zeugen Erben über seine enge Freundschaft mit SS-Obersturmführer Gerhard Kahner befragte.
„Sie waren mit Kahner in ständiger Verbindung, ja?"
„Ja, wir waren gute Freunde."
„Und Sie und Dr. von Miorini und Kahner veranstalteten häufig Parties, ja?"
„Nein."
„Bei denen nackte junge Mädchen tanzten, ja?"
Anklagevertreter Major Dwyer unterbrach den Chinesen und meldete Einspruch an, aber Dr. Yang ließ sich nicht das Wort nehmen.
„Ich habe gesagt, daß nackte Mädchen tanzten...ja?"
Major Dwyer fiel dem Verteidiger ins Wort.
„Ich persönlich finde das in gar keiner Weise amüsant. Dieses Gericht ist nicht der Ort, um derartige Fragen zu stellen. Solche Fragen führen zu nichts anderem als zu Unruhe im Saal, wie wir gerade gesehen haben. Als Vertreter der Vereinigten Staaten lege ich Einspruch ein und beantrage die Streichung der Frage und der gegebenen Antwort."
„Das zeigt nur den Charakter dieses Mannes..."

Das war die Taktik der Verteidigung: den wahren Charakter Dr. Erbens aufzuzeigen, den die Anklagevertretung zu ihrem wichtigsten Zeugen aufgebaut hatte. Und seine Glaubwürdigkeit zu zerstören. Aber das war nicht leicht. Dr. Erben ließ sich nicht aus dem Sattel heben. Er parierte geschickt jede Frage Major Bodines.
Die Verteidigung brachte schließlich ans Licht, daß der Zeuge Erben auch dem Chef des amerikanischen Geheimdienstes nachspioniert und noch immer nicht den Versuch aufgegeben hatte, mit falschen Angaben die Rückkehr in die USA zu erschwindeln.
„Haben Sie vor dem 7. Dezember 1941 auch das amerikanische Konsulat ausgekundschaftet?"
„Der Befehl, das amerikanische Konsulat auszukundschaften und die Aktivitäten des Chefs des amerikanischen Geheimdienstes, Major Williams, zu beobachten, der in den Medhurst Apartments wohnte, kam von Mr. Mosberg."
Hans Adolf Mosberg saß in der ersten Reihe der Angeklagten.
„Warum sollten Sie das tun?"
„Um herauszufinden, ob es möglich war, einen amerikanischen Konsularsbeamten dazu zu bringen, daß er gegen seine eigene Regierung arbeitet und den Deutschen hilft. (...) Sollte ich durch meine Kontakte als amerikanischer Staatsbürger am amerikanischen Konsulat einen solchen Mann finden, der dahingehend bearbeitet werden konnte, so sollte ich es Mr. Mosberg melden."
„Wie?"
„Beim Sonntagsgottesdienst in der deutschen lutherischen Kirche, den wir zu diesem Zweck regelmäßig besuchten."
Die Vorstellung, daß die beiden deutschen Spione beim Gottesdienst ihre Informationen austauschten, erregte allgemeines Gelächter, und Dr. Erben rechtfertigte sich sofort. „Das war Mosbergs Idee."
Auch mit dem Vorstoß, daß Erben sich sofort nach seiner Rückkehr aus Pootung bei Vizekonsul Hinkey sich als legitimer Internierter ausgegeben und um seine Repatriierung angesucht hatte, kam Bodine nicht weit.
„Warum wollen Sie so dringend in die Vereinigten Staaten zurück?"
„Um meinen regulären Wohnsitz wieder einzunehmen."

„Und beim nächsten Krieg das Ganze wieder von vorne anzufangen?“
Sogar Erben grinste. Dwyer war rot angelaufen.
„Einspruch!“
„Ja! Die Verteidigung erhebt ebenfalls Einspruch! Nachdrücklichen Einspruch, daß ein solcher Zeuge einem amerikanischen Tribunal überhaupt zugemutet wird!“
Bodine hatte sein Kreuzverhör beendet.
Zu dem eigentlichen Belastungsmaterial gegen die Angehörigen des „Büro Erhardt“ konnte Dr. Erben wenig beisteuern, da er sich während der fraglichen Zeit nicht in Freiheit, sondern in einem geschlossenen Lager befunden hatte. Er konnte lediglich aussagen, daß Dr. Konishi, den er als hohen Offizier des kempeitai identifizierte, der dreiundzwanzig Jahre in Seattle, im Bundesstaat Washington, gelebt hatte, ihm noch nach der Kapitulation in Europa gesagt hätte, „daß das ‚Büro Erhardt‘ und seine Tätigkeit zugunsten Japans von großer Bedeutung ist.“
Es fiel Hauptmann Bodine nicht schwer, den Zeugen zu dem Eingeständnis zu bringen, daß es sich bei dieser Behauptung um nicht mehr als um Hörensagen handelte.
„Sie haben erklärt, daß die einzige Kenntnis, die Sie besaßen, daß das ‚Büro Erhardt‘ auch nach der deutschen Unterwerfung noch funktionierte, die Information war, die Ihnen Dr. Konishi im Lager gab. Stimmt das?“
„Ja.“
Erben brachte vor, er wisse auch aus einer zweiten Quelle vom aktiven Weiterbestehen des „Büro Erhardt“ bis zum Tag des Waffenstillstands im Pazifik. Er erzählte, wie er Mosberg am 17. August, als er aus dem Lager kam, auf der Great Western Road traf und Mosberg ihm sagte, „...sie haben ihre Arbeit bis vorgestern fortgesetzt. Und das war der 15. August. V-J Day!“ Hauptmann Bodine ließ die Aussage nicht unangefochten stehen.
„Auch das ist nichts anderes als Hörensagen.“
Der Zeuge Erben wurde entlassen.
Ein Aspekt der Kollaboration mit den Deutschen wurde während des

Verfahrens absichtlich ausgeklammert: die Zusammenarbeit einiger jüdischer Flüchtlinge mit Angehörigen der deutschen Geheimdienste. Hauptmann Farrell erläuterte später den Grund dafür:

> „Aus Rücksichtnahme auf die Umstände, in der sich die gesamte Flüchtlingsgemeinschaft in Hongkew (dem Sperrgebiet für Juden) befand, schlossen die Anklagevertreter bei den kürzlichen Naziprozessen jede Erwähnung der Teilnahme jüdischer Flüchtlinge an diesem verabscheuungswürdigen Geschäft aus. Die Anklagevertreter waren der Meinung, daß die Vorlage derartigen Beweismaterials, das sie gesammelt hatten, die gesamte jüdische Flüchtlingsgemeinschaft in ein schlechtes Licht bringen würde."

Umgekehrt wurde auch nicht erwähnt, daß Oberstleutnant Siefken den jüdischen Flüchtlingen wichtige Informationen zugespielt hatte. Der Schauprozeß schleppte sich nach der Zeugenaussage Dr. Erbens noch dreieinhalb Monate hin, verlor jedoch immer mehr an öffentlichem Interesse; auch in Schanghai. Er endete mit harten Urteilen gegen einundzwanzig der ursprünglich siebenundzwanzig Angeklagten, vor allem gemessen an der Dürftigkeit des belastenden Materials und der juristischen Unzulänglichkeit des Verfahrens.

Hauptmann Erhardt wurde zu lebenslänglichem verschärften Kerker verurteilt; Jesco von Puttkamer zu dreißig Jahren; Mosberg und Dr. Walter Heißig (für den Dr. Herbert Tichy als Charakterzeuge ausgesagt hatte) zu je zwanzig Jahren; Ingward Rudloff und Bodo Habenicht zu je zehn Jahren; und selbst unbedeutendere Angehörige des Büros, wie der Fotograf Peeschke, erhielten noch fünf Jahre.

Die Verurteilten wurden während der nächsten Monate auf verschiedenen amerikanischen Truppentransportern nach Bremerhaven gebracht und in der Festung Landsberg inhaftiert. Dort hatte Adolf Hitler seinem Mitgefangenen Rudolf Hess *Mein Kampf* diktiert. Innerhalb von zwei Jahren war auch der letzte von ihnen wieder in Freiheit. Hermann Erben war der eigentliche Verlierer des „Schanghaier Kriegsverbrecherprozesses". Er war zur meistgehaßten Person der deutschen Gemeinde Schanghais geworden. Ihn bedrückte es nicht

weiter, einmal mehr der „moralisch Aussätzige" zu sein – aber für seine Freundin Margarete Höbich und ihren Sohn Christian machte es das Leben äußerst unangenehm. Um den täglichen Anpöbelungen zu entgehen, bat sie Erben, aus ihrer Wohnung auszuziehen.
Er packte seinen Besitz in fünfzehn große Schiffskoffer. Zu jedem der durchnumerierten Koffer legte er ein Inhaltsverzeichnis an. Außerdem füllte er vier kleinere Koffer, darunter einen Diplomatenkoffer aus Krokodilleder, die er mit A, B, C, D markierte.
Sein Gepäck enthielt Wäsche und Kleidungsstücke, die er jüdischen Flüchtlingen billig abgekauft hatte, da das Ausmaß des Gepäcks, das sie mitnehmen durften, als sie Schanghai mit Hilfe verschiedener Organisationen endlich verlassen konnten, sehr beschränkt war; eine Reihe Bilder eines englischen Malers, die er in der deutschen lutherischen Kirche von den Wänden genommen und requiriert hatte; chinesische Antiquitäten, darunter eine kostbare Cloisonnéschale; chinesische Teppiche; eine Sammlung seltener chinesischer Bücher; Bücher über China; seine Violine aus Mexiko, auf der er manchmal bei Alberts Kammermusikabenden die Zweite Geige gespielt hatte; und die gesammelten Hefte von Klaus Mehnerts Propagandazeitschrift *XXth Century*.
Der Diplomatenkoffer aus Krokodilleder, mit A markiert, enthielt seine gesamte Kameraausrüstung, seine sämtlichen Negative und seine persönlichen Dokumente; außerdem einen Umschlag, der die Aufschrift trug „Eigentum von Frau Margarete Höbich" und 3867 U.S. Dollar enthielt. Die Briefe von Errol, sowie die Kopien seiner Briefe an ihn befanden sich in dem mit „D" markierten Koffer. Die neunzehn Gepäckstücke wurden in der Wohnung von Frau Höbich in einem Abstellraum gelagert. Dr. Erben zog in den YMCA.
Mit dem Abschluß des „Schanghaier Kriegsverbrecherprozesses" war auch Hauptmann Farrells Aufgabe in China beendet. Er kehrte am 5. März in die Vereinigten Staaten und ins Zivilleben zurück und wurde von Oberst Amos D. Moscrip jr. abgelöst, der mit Farrells Job auch Farrells Nazijäger Dr. Erben und Baron von Reichenau, der unter den Deutschen Schanghais fast so unpopulär wie Erben geworden war, übernahm.

Durch Zufall quartierte sich der neue Chef der Spionageabwehr in China, der nicht mehr für den aufgelösten OSS, sondern für den Militärgeheimdienst CIC arbeitete, in Dr. Albert von Miorinis leerstehendem Penthouse in den Medhurst Apartments ein.
Dr. Erbens Beziehung zu Oberst Moscrip war von allem Anfang an kollegialer als zu Farrell; und konspirativer. Moscrip vertraute dem grauhaarigen Mann, der immer, wie ein wesentlich jüngerer, bei jeder Sache Feuer und Flamme war. Er war allerdings auch nicht, wie sein Vorgänger, von Reichenau vor ihm gewarnt worden. Daher zog er ihn, im Gegensatz zu Farrell, auch dem mit weniger Enthusiasmus agierenden, steiferen Baron vor.
Nach Dr. Erbens Darstellung schlug Moscrip ihm vor, sich zur Tarnung des eigentlichen Charakters seiner Tätigkeit als Kommunist auszugeben, „alle außer den Russen werden es Ihnen sofort glauben." Der Oberst riet Erben auch, sich einen eigenen Codenamen zuzulegen, etwas, das er bei Farrell nicht gehabt hatte. Erben wählte dafür seine alte Registrierungsnummer als Amerikaner, „A-105".
Unter diesem Code lieferte er seine Berichte ab.
Moscrips Auftrag war es, Schanghai und dessen weitere Umgebung zu säubern. Er und seine Agenten sollten sogenannte „widerliche – obnoxious – Nazis", also ranghohe Parteimitglieder, Funktionäre der Naziorganisationen, SS-Leute und Gestapo-Angehörige in ihren Verstecken aufspüren, für die Deportierung nach Deutschland auswählen und auf amerikanische Truppentransporter verfrachten.
Spätestens im Frühjahr, nach einigen Wochen unter Oberst Moscrip, war aus dem „Naziagenten" Erben der „Nazijäger", der „Terror von Schanghai" geworden. Bis Juli hatte Dr. Erben rund 2000 Nazis ausgehoben und die Listen für ihre Deportierung zusammengestellt; zu seinem Bedauern handelte es sich dabei zum Großteil um „kleine Fische". Die „großen" waren nach wie vor unauffindbar; oder unantastbar.
Denn manche von ihnen besaßen ganze Lagerhäuser gefüllt mit ehemals deutschen Gütern und Lebensmitteln, Weinkeller voll erlesenster Sorten und auch genügend Geld, um mit den Angehörigen der Besatzungsmacht bald einen florierenden Schwarzhandel zu be-

ginnen und sie – nach Dr. Erbens Ansicht, der darüber Bericht um Bericht verfaßte – zu korrumpieren.
Ein Mann, der nach seiner Zeugenaussage beim „Schanghaier Kriegsverbrecherprozeß" ohne jede Spur aus Schanghai verschwunden war, war Louis Siefken. Moscrip ließ ihn auf die Liste „flüchtiger Nazis" setzen. Nach drei Monaten Suche wußte Erben, wo Siefken war.
Er war in Nanking, bei Generalissimus Tschiang Kai-schek, der einen immer aussichtsloseren Kampf gegen die Kommunisten kämpfte, aber nach wie vor die volle Unterstützung Washingtons hatte. Sofort schickte Moscrip Dr. Erben nach Nanking, um herauszufinden, was der frühere Leiter der Abwehrstelle Schanghai im Hauptquartier Tschiang-Kai-scheks machte.
Dr. Erben kehrte mit der Information zurück, daß sein früherer Chef nun einer der leitenden Beamten des Militärgeheimdienstes G-2 von Tschiang Kai-schek war. Einer seiner engsten Mitarbeiter war zu Erbens größter Überraschung Dr. Noll, der drogensüchtige Freund Miorinis, dem er Morphium gespritzt und nach einer Herzattacke einmal praktisch das Leben gerettet hatte. Außer den beiden beschäftigte der Generalissimus noch eine ganze Reihe prominenter Nazis, die sich nun alle als Antikommunisten ausgaben und aufgrund ihrer Expertenkenntnisse als Mitkämpfer willkommen und dem Zugriff der Amerikaner entzogen waren.
Dr. Erben beklagte diese Situation in einem Schreiben an seinen früheren Vorgesetzten, Hauptmann Farrell, das er in der Gefangenenzelle des Deportierungsschiffes *USAT General Black* am 8. September 1947 verfaßte.

> „Siefken ist nach Nanking gegangen und ist nun Leiter des chinesischen G-2, mit Noll als seinem ersten Mitarbeiter. Siefken, Bastanier, Stölzner, Lewertz, Melchers, Höfft, Dr. Lorentz und Dr. Noll wurden auf Anordnung des Generalissimus sofort von der Deportierungsliste gestrichen! So lange diese fanatischen Antiamerikaner bleiben dürfen, ist die Deportierung von 2000 ‚kleinen Fischen' nichts als Augenauswischerei."

Sobald Erben mit seiner Meldung aus Nanking zurück war, erhöhte Moscrip seinen Monatssold von 160 auf 200 Dollar. („Ein Beweis, daß er mit meiner Arbeit zufrieden war.")
Erben erzählte seinem Mitarbeiter von Reichenau, was er in Nanking herausgefunden hatte. Reichenau warnte ihn, daß er zu viel wisse und zu viel rede, was ihm gefährlich werden könnte. Aber Erben schlug die Warnung in den Wind; wahrscheinlich war der alte Baron nur eifersüchtig auf seinen Coup und seine Lohnerhöhung.
Noch während Erben in Nanking war, hatte Siefken durch seine Späher erfahren, daß sein früherer „Agent Nr. 1" ihm und seinem Geheimdienstteam nachschnüffelte. Obwohl er von den Amerikanern nichts zu fürchten hatte, da die chinesische Regierung, die zu jeder Deportierung ihre Einwilligung geben mußte, ihren Geheimdienstchef nicht ausliefern würde, entschloß er sich, Dr. Erben ein für allemal das Handwerk zu legen und Rache zu nehmen für Erbens Verrat an den früheren Mitarbeitern des „Büro Siefken". Bei seinen chinesischen Kollegen, die Erben seine Spitzeldienste für das verhaßte japanische kempeitai nie vergeben würden, fand Siefken sofort Zustimmung und Unterstützung für seinen Plan.
Im Juli nahm Oberst Moscrip Dr. Erben auf eine Reise nach Tokio mit, das außerhalb seines eigentlichen Arbeitsbereichs lag. Erben sollte dort dem amerikanischen Geheimdienst in General McArthurs Hauptquartier, als Kommunist getarnt, als Köder zur Identifizierung eines wichtigen sowjetischen Agenten dienen. Erben hatte bei diesem Unternehmen die Unterstützung eines gebürtigen Russen namens Nick Slobidschnikof, der zuerst Polizist in Schanghai gewesen und zu diesem Zeitpunkt geheimdienstlich für die UNRRA, die Rücksiedlungsorganisation der Vereinten Nationen, tätig war. Dr. Erben hat über diese Mission später nicht mehr als die Umrisse zu Protokoll gegeben.

> „Mein nächster größerer Auftrag war ein wichtiges Unternehmen für SCAP, Tokio, G-2, Oberst Willoughby. Dieser Auftrag beweist, daß Oberst Moscrip Vertrauen in meine Loyalität und meine Fähigkeit hatte. Der Fall betraf die sowjetischen Behörden

> in Tokio. Ich erfüllte meinen Auftrag mit der Aufdeckung des Dossiers der Person, um die es dabei ging."*

Der amerikanische Autor Charles Higham kam zu der Überzeugung, daß die Aufdeckung der Identität des gesuchten sowjetischen Spions durch Dr. Erben den Tod mehrerer wichtiger sowjetischer Agenten zur Folge hatte.**
Dr. Erben behauptete in einem im Entnazifizierungslager Ludwigsburg verfaßten Protokoll, daß er unmittelbar vor seiner Verhaftung durch die Chinesen mit einem zweiten wichtigen, gegen die Sowjetunion gerichteten, geheimdienstlichen Unternehmen befaßt gewesen sei.

> „Aber es steht mir nicht frei, weitere Einzelheiten dieses Auftrags ohne ausdrückliche Authorisierung schriftlich preiszugeben, da ich von Oberst Moscrip zur strengsten Geheimhaltung verpflichtet worden bin."

Nach ihrer Rückkehr aus Tokio übergab Oberst Moscrip Erben die von den amerikanischen Behörden zusammengestellten Listen für den dritten Rücktransport unerwünschter Deutscher aus China. Das Deportierungsschiff sollte Ende August von Schanghai nach Bremerhaven auslaufen.

> „Oberst Moscrips Auftrag war, ihm aufgrund meiner Aufzeichnungen und Untersuchungen Dossiers über jede einzelne der auf der Liste angeführten Personen zu liefern, so daß die Fälle den chinesischen Behörden zur Erteilung der Genehmigung der Deportierung vorgelegt werden konnten. Sämtliche Verhaftungen

*) Oberst Charles A. Willoughby war zu diesem Zeitpunkt Chef der Spionageabwehr von G-2 in General Charles McArthurs Hauptquartier in Tokio. Er war der erste Amerikaner der sämtliche Teile des Puzzles des „Fall Sorge" zusammenfügte und später darüber schrieb; u.a. Charles A. Willoughby, *Shanghai Conspiracy*, New York 1952.
**) Charles Higham, *Errol Flynn, The Untold Story*, p. 251.

für die bevorstehenden Deportierung wurden ausschließlich von den chinesischen Behörden gemacht."

Dr. Erben entdeckte seinen eigenen Namen auf der Deportierungsliste.

„Zu meiner großen Überraschung fand ich meinen eigenen Namen auf einer der Listen; und zwar auf der Liste ‚widerlicher Deutscher'. Als Grund für meine bevorstehende Deportierung war ‚Nazisympathisant' angegeben."

Dr. Erben lief erschrocken zu seinem Vorgesetzten und fragte, was das bedeuten soll. Moscrip beruhigte ihn: „Well, das ist einmal so. Sie wissen, wie das in China zugeht. Er hat eine Menge Mühe gekostet, Sie wieder von der Liste herunterzukriegen. Denn diese Dinge werden in Washington entschieden."
Nach dieser Versicherung, daß er nicht mehr auf der Deportierungsliste stand, kehrte Dr. Erben zu seiner Arbeit zurück. Es war seine letzte für Oberst Moscrip und den amerikanischen Militärgeheimdienst.

„Wie bei den beiden vorangegangenen Deportierungslisten arbeitete ich auch an dieser und lieferte Oberst Moscrip in meinem Bericht komplette Dossiers über jede der angeführten Personen. Ich fügte auch zahlreiche Namen von Nazideutschen hinzu, die auf den Listen fehlten. Umgekehrt verwies ich auf einige Fälle, wo eine Deportierung ungerechtfertigt gewesen wäre, da gegen diese Personen überhaupt keine Naziunterlagen existierten."

Oberst Moscrip wußte natürlich, was in Wahrheit gespielt wurde, konnte aber dieses Spiel, das auf einer höheren Ebene zwischen den amerikanischen und den chinesischen Geheimdiensten ausgetragen wurde, nicht beeinflussen, sondern seinen Mann nur wie eine Figur auf dem Schachbrett aus der Gefahrenzone schieben. Er tat sein Bestes, um Erben zu retten.

Bei der regulären Morgensitzung am 23. August, einem Samstag, gab Oberst Moscrip Erben den Rat, sich auf alle Fälle so lange nicht in Schanghai sehen zu lassen, bis das Deportationsschiff, der amerikanische Truppentransporter *General Black*, das bereits im Hafen lag, ausgelaufen war. Erben wehrte sich anfänglich dagegen; er sei noch nie in seinem Leben einer Gefahr ausgewichen. Aber er mußte nachgeben, als Moscrip ihm den dienstlichen Befehl gab, unverzüglich nach Mockanshan zu fahren und dort einen gewissen Konrad Schindler zu suchen. Dieser Deutsche arbeitete angeblich als Doppelspion für die Sowjetunion und Nationalchina und hielt sich nach Moscrips Informationen in dieser bekannten Sommerfrische in den Bergen, etwa 250 km nördlich von Schanghai auf, wo reiche Chinesen, aber auch Ausländer, ihre Villen hatten und es auch einige große Hotels gab.

Am Montag gab Oberst Moscrip in Alberts alter Penthouse-Wohnung Dr. Erben 4 Millionen Chinesendollar und drängte ihn nochmals, sobald wie möglich abzureisen und erst nach dem nächsten Wochenende zurückzukommen. Da Erben die Notwendigkeit dieser Vorsichtsmaßnahme noch immer nicht einzusehen schien, teilte ihm Moscrip im Vertrauen mit, daß Siefken und Noll es auf ihn abgesehen hätten. Und auch auf Baron von Reichenau. Reichenau, der nun für Hauptmann Chow in der Woosung-Kaserne arbeitete, sei ganz bestürzt zu ihm gekommen und hätte ihn um Hilfe gebeten. Hauptmann Chow hatte ihm gesagt, daß Siefken und Noll seine, Reichenaus, und Dr. Erbens Deportierung verlangten. Moscrip sagte, er wisse, Hauptmann Chow werde sich für Baron Reichenau einsetzen, aber er könne nichts für ihn tun, also sei das Beste, er fahre in seinem Auftrag nach Mockanshan und bleibe dort, bis das Schiff weg ist.

> „Ich sagte dem Oberst, sosehr ich auch hasse, davonzulaufen, würde ich den Nachtzug nehmen. Ich sagte Oberst Moscrip aber auch, ich könne nicht glauben, daß Reichenau richtig informiert war, daß man auch mir eine Falle stellen will. Sowohl Siefken als auch Noll waren mir zu großem Dank verpflichtet."

Dr. Erben nahm nicht, wie er versprochen hatte, den Nachtzug, und da am Dienstag Konfuzius' Geburtstag gefeiert wurde, waren an diesem Feiertag alle Plätze nach Mockanshan ausverkauft, und Erben mußte einen weiteren Tag in Schanghai bleiben.
Als ob er seine Verhaftung herausfordern wollte, begab er sich am Dienstag in die Höhle des Löwen; in das Büro von Kommandant Raymond Hoo, dem Chinesen, der für die Deportierungen zuständig war.
Unter dem Vorwand, er möchte sich erkundigen, wann sein Freund Paul Pälz, der schwer erkrankt war und deshalb von der Deportierungsliste genommen worden war, aus dem Polizeikrankenhaus entlassen würde, wurde Dr. Erben in Hoos Büro Zeuge, wie die frühere NSV-Leiterin, Frau Pflug, von der er immer seine Miete kassiert hatte, auf Vorsprache eines Beamten vom dänischen Konsulat von Hoo von der Deportierungsliste gestrichen wurde, weil sie angeblich dänische Staatsbürgerin und keine Deutsche war. Dr. Erben nahm unbemerkt die Visitkarte des dänischen Besuchers von Hoos Schreibtisch und berichtete, was er mitangehört hatte, sofort seinem Vorgesetzten, Oberst Moscrip.
Wie er später im Lager Ludwigsburg zu Protokoll gab, hatte er am Weg zu Hoos Büro seinen mit „A" gekennzeichneten Krokodilkoffer zur sicheren Aufbewahrung in Moscrips Wohnung deponiert.

> „Er enthält wichtige Papiere, Dossiers und Akte im Zusammenhang mit meiner Arbeit, vom Tag meiner Ankunft in China bis zum heutigen Tag. Diese dürfen unter keinen Umständen in die Hände der Chinesen oder eventuell die der Nazis fallen, da sie meine gesamte Tätigkeit für Hauptmann Farrell und Oberst Moscrip dokumentieren."

Es war Mittwoch, als Dr. Erben endlich nach Mockanshan fuhr. Seine ersten Nachforschungen verliefen negativ. Schindler war in keinem der großen Hotels gemeldet, und niemand, der ihn identifizieren hätte können, hatte ihn in letzter Zeit gesehen. Doch schließlich nahm er die Spur auf.

„Im Teh Wah Hotel traf ich einen Mr. Löwenstein, der mich vom Erhardt-Prozess her kannte. Er erzählte mir, daß er seit vier Wochen in Mockanshan lebte und den Betreffenden, den er aufgrund von Geschäftsverbindungen gut kannte, nie gesehen hatte. Er war sicher, daß Schindler noch in Schanghai war und sich bei einem syrischen Freund versteckt hielt, bei dem er auch einen großen Teil seines Besitzes untergebracht habe."

Die Spur führte zurück nach Schanghai, und Erben fühlte sich unter dem Zwang, Moscrip die Information sofort zu überbringen. Da die Telefon- und Telegrammverbindung von Mockanshan nach Schanghai unterbrochen war, entschloß er sich, auch gegen Moscrips ausdrückliche Weisung, nach Schanghai zurückzukehren.

„Ich traf diese Entscheidung trotz vorangegangenen gegenteiligen Befehls, da ich zwischen meiner persönlichen Sicherheit und der Verzögerung der Meldung zu wählen hatte. Da das Zeitelement von größter Wichtigkeit war, wählte ich selbstverständlich, die gefundene Spur zu verfolgen."

Es war Samstag, der 30. August. Dr. Erben begab sich vom Bahnhof in die Edinburgh Road zu Gretl Höbich, wo er sich sicherer fühlte als in der YMCA. Spät abends erreichte ihn dort ein Anruf seines Freundes Paul Pälz, der inzwischen aus dem Spital wieder nach Hause gegangen war. Pälz teilte ihm aufgeregt mit, eine Zivilangestellte der U.S. Navy, eine Miss Alice Baggdam, hätte ihn angerufen und gebeten, seinem Freund Dr. Erben, von dem sie nicht wüßte, wo er zu finden war, auszurichten, daß das Deportierungsschiff *General Black* um 16 Uhr ausgelaufen sei.
Erben dankte seinem Freund Pälz für die gute Nachricht. Nun war er in Sicherheit. „Wie sich in der Folge herausstellte, war diese Nachricht leider falsch."
Am nächsten Tag war er bereits um fünf Uhr früh unterwegs, um die Richtigkeit von Mr. Löwensteins Hinweis zu überprüfen. Drei Stunden später kehrte er wieder in die Edinburgh Road zurück; mit der

Gewißheit, den Schlupfwinkel des angeblichen Doppelagenten gefunden zu haben. Da er annahm, Frau Höbichs Telefon werde seinetwegen abgehört, begab er sich kurz danach wieder auf die Straße. Er wollte Moscrip von einem Drug Store aus telefonisch berichten, was er bis jetzt herausgefunden hatte.

Beim Verlassen des Hauses wurde er von Hauptmann Chow, dem selben Mann, der Baron von Reichenau vor Siefkens und Nolls Plänen gewarnt hatte, und einem zweiten Hauptmann verhaftet.

Erben trug bei seiner Verhaftung, was er bei seinem Auftritt beim Prozeß getragen hatte. Sandalen, die selbe kurze Khakihose und das alte halbärmelige Hemd. Er hatte nicht mehr als das Geld für den Telefonautomaten in der Tasche, da er vorgehabt hatte, sofort wieder zu Gretl zurückzukehren.

Er wußte nicht, ob die beiden Chinesen in die Wohnung gekommen wären, oder ob sie auf ihn gewartet hatten. Er kannte sie beide. Hauptmann Chow kannte er persönlich, und auch vom zweiten Offizier wußte er, daß er zur Woosung-Kaserne gehörte. Sie schoben ihn in den Fond eines geparkten Wagens und fuhren los. Hauptmann Chow führte die Konversation. Der andere chauffierte.

„Wir bringen Sie in das Garnisonshauptquartier, weil wir ein paar Fragen an Sie haben."

Erben antwortete nicht.

„Haben Sie Feinde?"

„Sie wissen, alle Nazis wünschen mich zum Teufel. Weil sie mich fürchten."

„Und Siefken und Noll?"

„Oh nein, das sind Freunde von mir. Ich habe zu Siefken gehalten, wie ihn sein ganzer Stab hat fallen lassen. Und Noll? Dem habe ich mehr als ein Mal das Leben gerettet. Das weiß er. – Warum?"

„Weil bei uns kürzlich ein Schreiben von Siefken eingegangen ist, von Dr. Noll mitunterzeichnet, das Sie betrifft."

Hauptmann Chow sagte nicht mehr. Und Erben fragte nicht.

Er wußte, daß das Ganze mit seinen Nachforschungen in Nanking zu tun hatte und daß genau das eingetreten war, wovor Reichenau ihn zu warnen versucht hatte.

Sie fuhren in Richtung des französischen Sektors. Einmal hielt Chow den Wagen an. Beide Offiziere verließen gleichzeitig das Auto und verschwanden. Sie ließen den Schlüssel stecken. Erben hätte Gelegenheit gehabt, mit dem Wagen zu fliehen. Er machte keinen Gebrauch davon. Weil er immer noch glaubte, er fahre zu einer Einvernahme. Nachdem die beiden Offiziere zurückgekommen waren, fuhren sie in die Woosung-Kaserne.

Dr. Erben wurde nicht verhört. Stattdessen führte Hauptmann Chow in seiner Gegenwart ein paar Telefongespräche auf Chinesisch, von denen er nur mitbekam, daß einer der Gesprächspartner Raymond Hoo war. Anschließen brachten die beiden Offiziere Dr. Erben zurück zum Wagen und fuhren in Richtung „Bund".

Der chauffierende Offizier hielt den Wagen am chinesischen Handelskai unmittelbar bei einem Landungssteg, der auf eine graufarbene Schiffssilhouette zuführte. Dr. Erben brauchte den Namen an der Bordwand nicht zu lesen. Er wußte, daß es die *General Black* war.

> „Erst jetzt begriff ich das ganze Ausmaß der Monstrosität: daß die Nachricht von Paul Pälz nicht gestimmt hatte, daß ich Chow in die Falle gegangen war und daß ich nach Deutschland deportiert werden sollte."

Die beiden Chinesen packten ihn an den Armen, zogen ihn aus dem Wagen und schoben ihn vor sich her die Gangway hinauf. Er atmete etwas auf, als er am Ende des Stegs das lächelnde Gesicht von Major Eddy Li sah. Eddy Li hatte ebenfalls für Farrell gearbeitet und war bei dessen Verabschiedung am Flughafen von Kiangwang dabeigewesen. Für Li war er ein alter Bekannter.

„Hallo, Doc, was machen Sie denn hier? Hat Ihnen niemand gesagt, Sie sollen sich in Schanghai nicht blicken lassen? Na ja, also, Reichenau habe ich losgekriegt. Ich bin überzeugt, daß man Sie am Schiff ohnehin zurückweisen wird. Machen Sie sich keine Sorgen. Alles wird wieder recht. Ich muß jetzt hinein."

Damit verschwand Major Li ins Schiffsinnere. („Das war das letzte, was ich von Major Li sah oder hörte.")

Da Major Li der unmittelbare Vorgesetzte von Hauptmann Chow war, wußte Erben, daß Eddy Li ebenfalls mit im Komplott sein mußte. Das Ganze war eine abgekartete Sache zwischen den Chinesen und den Amerikanern. Und Siefken, Tschiang Kai-scheks Geheimdienstchef, hatte die Fäden gezogen.
Dr. Erben wurde im untersten Deck in eine fensterlose Gefängniszelle des Schiffes gesperrt. In der Zelle nebenan saß angeblich ein Mörder, den Erben jedoch nicht zu Gesicht bekam und mit dem er wegen der eisernen Wand zwischen ihnen nicht sprechen konnte. Sie waren die einzigen Gefängnisinsassen. Alle anderen zur Deportation Bestimmten wurden in Kabinen oder Schlafräumen untergebracht.
Dr. Erben durfte Nachricht an Frau Höbich und an Oberst Moscrip schicken. Er hörte weder von seiner Freundin, noch von seinem Vorgesetzten, bevor das Zittern der eisernen Wände seiner Zelle und das dumpfe Stampfen der Maschinen ihm verkündeten, daß die *General Black* sich in Bewegung gesetzt hatte.
Frau Höbich war, sobald sie seine Nachricht erhalten hatte, trotz des Streiks, der die Stadt lahmlegte, zu Fuß zum Kai geeilt, um ihrem Freund Wäsche, Gewand und ein paar Toiletteartikel zu bringen. Man hatte sie aber nicht aufs Schiff gelassen und das für Dr. Erben bestimmte Paket nicht angenommen.
Am Dienstag, den 2. September, zwei Tage nachdem Dr. Erben in seine Zelle eingeliefert worden war, waren auch die letzten Passagiere an Bord, und die *General Black* konnte ihre Fahrt antreten. Der graue Stahlkoloß glitt langsam den Whangpoo-Fluß hinunter, in das breiter werdende Mündungsdelta. Sobald das Schiff das offene Chinesische Meer erreicht hatte, gingen die Maschinen auf volle Fahrt.
Nach zwei Tagen auf See traf für Dr. Erben per Funk ein Telegramm ein. Von Oberst Moscrip. Es war die Antwort auf Dr. Erbens Bitte um Hilfe, die er vor vier Tagen abgeschickt hatte, während die *General Black* noch zwei Tage lang am Kai lag und Hilfe noch möglich gewesen wäre.

„Ersuche Sie, mir sofort nach Ankunft Ihre Anschrift in Deutschland zu schicken, sodaß ich geeignete Maßnahmen für Sie treffen kann. STOP Bedaure, daß ich Sie vor Abfahrt nicht aufsuchen konnte. Oberst Moscrip."

Erben mußte daran denken, was Gretl einmal zu ihm gesagt hatte: „Eines Tages wirst Du sehen, was Reichenau, Moscrip und alle anderen für Dich tun werden, wenn Du sie brauchst." – Well, der Tag war gekommen.

Der Sicherheitsoffizier der *General Black,* Major William E. Williamson, besuchte Dr. Erben mehrmals in seiner Zelle. Auf seine Frage, warum er eigentlich im Gefängnis säße, sagte der Major, das sei auf höhere Anordnung zu seiner eigenen Sicherheit geschehen. Er ließ durchblicken, daß er seines Lebens unter den anderen Deportierten kaum sicher wäre.

Einige von denen hatte er schließlich eigenhändig zur Deportation bestimmt.

Major Williamson war entgegenkommend, hörte sich Dr. Erbens Klagen an und gestattete schließlich, daß ihm eine Schreibmaschine und Papier in seine Zelle gebracht wurden. Mit zwei Fingern tippte Erben seinen *Report Nr. 40* an Oberst Moscrip in die Maschine.

Er erstattete Moscrip Bericht, was sich Tag um Tag in Mockanshan abgespielt hatte, als ob sich inzwischen nichts geändert hätte. Seine Deportation erwähnte er mit keinem Wort; auch nicht, daß Hauptmann Chow ihm bestätigt hatte, daß Siefken* seine Deportierung bewerkstelligt hatte. Er machte Moscrip auch nicht den Vorwurf, daß er sie hätte verhindern können. Er wußte, daß der Oberst es auf seine Weise versucht hatte. Deshalb schloß er seinen Bericht mit dem Eingeständnis, daß er letztlich selbst an seiner gegenwärtigen Situation schuld war.

*) Louis Siefken fand nach der kommunistischen Machtübernahme in China und der Flucht des Generalissimus auf die Insel Formosa (Taiwan) Beschäftigung bei Generalissimo Franco, dem einzigen faschistischen Diktator, der in Europa übrig geblieben war. Er unterrichtete spanische Geheimdienstler in der Mikrodot-Technik.

„Am Ende dieses meines letzten Berichtes an Sie, ersuche ich, daß es mir gestattet sei, noch einmal zu betonen, daß mein Entschluß, nach Schanghai zurückzukehren, nach reiflicher Überlegung getroffen wurde, daß es wichtiger sei, meine Aufgabe zu erfüllen, als ein mögliches persönliches Risiko zu vermeiden. Mein Urteil mag falsch gewesen sein, aber meine Absicht war zum Besten des Dienstes. H.F. Erben."

Ein einziges Mal durften Dr. Erben und sein Zellennachbar an Deck. Als das Schiff den Suezkanal passierte und es in dem eisernen Gefängnis zu heiß für die beiden Gefangenen geworden war. Sein Mithäftling nannte sich Charlie Schmidt. Sein wirklicher Name war Jochheim. Er hatte viele Jahre in den Vereinigten Staaten gelebt und im Auftrag des Dritten Reiches Sabotage an militärischen Anlagen betrieben, bevor er nach China abgestellt worden war.
Obwohl er von ihnen getrennt gehalten wurde, sah Dr. Erben auch, wie sich die übrigen 1310 Deportierten an Deck sonnten und offensichtlich den Rücktransport nach Deutschland mehr genossen als er in seiner fensterlosen Zelle, in die er jeden Abend zurückgebracht wurde. Er schrieb in seinen Tagebuchkalender:

„Das waren die dunkelsten Stunden meines bisherigen Lebens."

Von Bremerhaven, wo die *General Black* landete, wurde Dr. Erben unter schwerer Bewachung, wie ein Verbrecher, in einem geschlossenen Militärzug in das Sammellager für prominente Nazis und Kriegsverbrechensverdächtige in Ludwigsburg bei Stuttgart gebracht, das unter amerikanischer Militärverwaltung stand. Er kam am 4. Oktober in Ludwigsburg an, genau ein Jahr, nachdem er als Kronzeuge im „Kriegsverbrecherprozeß" gegen das „Büro Erhardt" ausgesagt hatte.
Das Lager Ludwigsburg hatte zum Zeitpunkt seines Eintreffens mehr als tausend Insassen. Er fand bald bekannte Gesichter aus Schanghai. Sein früherer Freund, SS-Sturmbannführer Gerhard Kahner, war noch dort, und bis vor kurzem war auch Dr. Klaus Mehnert

dort gewesen, wie ihm Kahner sagte. Erben wurde im Trakt 74 untergebracht. Auf den Wachtürmen, die das Lager umzingelten und bei Nacht mit ihren Scheinwerfern anstrahlten, standen polnische Soldaten. Besuche waren nicht gestattet, und pro Woche durfte nur ein Brief zur Post gebracht werden.
Der erste Brief, den Dr. Erben absandte, war an Oberst Moscrip gerichtet. Er bat seinen früheren Vorgesetzten, dem Sicherheitsoffizier, Mr. Mardycks, zu bestätigen, daß er tatsächlich seit dem 6. Jänner 1946 für den amerikanischen Militärgeheimdienst gearbeitet und im Prozeß gegen die Angehörigen des „Büro Erhardt“ für die amerikanischen Ankläger ausgesagt habe.

> „Ich hoffe, daß Sie Verständnis haben und mit Mr. Mardycks in Verbindung treten werden, sodaß meine Gefangenschaft ein Ende hat. Mr. Mardycks zufolge wird sie sofort beendet, sobald er von Ihnen hört. (...) Wenn er nicht von Ihnen hört, ist er in seiner Annahme gerechtfertigt, daß meine Behauptungen entweder die Erfindungen eines abgebrühten Kriminellen oder die Auswüchse des Gehirns eines Wahnsinnigen sind.“

Den zweiten Brief schrieb er an Margarete Höbich. Er bat sie, in der Wohnung von Oberst Moscrip vorzusprechen und dort dem deponierten Koffer „A“ bestimmte Sachen zu entnehmen, vor allem den Umschlag mit dem Bargeld, das ihr gehöre. Dann sollte sie die Flynn-Korrespondenz, die sich im Koffer „D“ in ihrer Wohnung befinde, in den Koffer „A“ packen und Moscrip ersuchen, diesen Krokodillederkoffer mit der amerikanischen Militärpost an seine Wiener Anschrift zu schicken.
Obwohl Errol Flynn der dritte war, an den er schrieb, war er der erste, von dem Antwort eintraf. Sie war nicht ermutigend. Errol, den er gebeten hatte, alles in Bewegung zu setzen, daß er in die Vereinigten Staaten zurückkehren könne, sah wenig Aussicht dafür.

„Mein Lieber, mein sehr lieber Hermann!
...Ich habe absolut alles in meiner Macht Stehende versucht, um Deinen Fall vorzutragen und eine Anhörung dafür zu bekommen. Umsonst! Niemand, kein Anwalt, keine Ansuchen, etc. konnten mir helfen oder mir auch nur einen Rat geben, wie vorzugehen sei oder an wen ich mich wenden soll. Ich bin vollständig frustriert. Mir sind die Hände gebunden. Ich konnte niemanden auftreiben, nicht für Geld und nicht für gute Worte, der etwas für Dich zu tun bereit ist.
Oberst O'Connor schrieb Ford (d.i. Flynns Anwalt) einen Brief, der für Dich alles andere als nützlich ist. Er gab zwar zu, objektiv gesehen war Deine Hilfe nach der Unterwerfung für die Vereinigten Staaten nützlich, aber gleichzeitig schrieb er, daß jeder Versuch Deinerseits, die amerikanische Staatsbürgerschaft zurückzubekommen, erfolglos bleiben wird.
Es tut mir leid, alter Junge, daß ich dir das so sagen muß, aber es ist besser, wenn wir die Tatsachen, wie sie sind, zur Kenntnis nehmen.
Hermann, lieber Junge, ich wünsche zu Gott, daß ich mehr für Dich tun könnte. Ich komme mir völlig unzulänglich vor. Du weißt, ein Freund ist für mich einer der seltensten Schätze, die man auf dieser Welt finden kann. Und wenn ich irgendeine Tugend für mich in Anspruch nehmen darf, so glaube ich, ist es mein Talent für lebenslange Loyalität gegenüber den Menschen auf dieser Welt, für die ich etwas empfinde.
Ihr Deutsche – was seid ihr doch für ein seltsames, unglückliches Volk. Und in welch unermeßbare Tiefe euch euer nationaler Minderwertigkeitskomplex gestützt hat. Natürlich denke ich an Dich stets als Amerikaner, – aber Dein teutonisches Schicksal hat Dir ein schweres Kreuz zu tragen gegeben, eines, von dem ich weiß, daß Du es nicht verdienst.
Was mich angeht, nun... ich hatte vergangene Woche fast einen Ständer. War jedoch nur falscher Alarm!
Schreib mir sofort, alter Junge. Mein Herz fühlt mit Dir.
Errol."

Am 7. März antwortete Frau Höbich. Sie schrieb, sie habe „Medhurst“ (wie sie Moscrip in ihrem Schreiben tarnte) in seiner Wohnung aufgesucht. Er hätte ihr telefonisch „eine halbe Stunde für den Besuch gewährt“. Gemeinsam hätten sie den Koffer „A“ geöffnet. Eines der beiden Schlösser sei gebrochen gewesen. Sie könne nicht sagen, ob etwas von dem ursprünglichen Inhalt fehlte, da Medhurst ihr nicht genügend Zeit gelassen habe, um alles genau zu überprüfen. Den Kalender für 1947, den Erben ihr angegeben hatte, hätte sie jedenfalls nicht finden können. Die Kalender für die vorangegangenen Jahre habe sie an sich genommen; auch den Umschlag, der für sie bestimmt gewesen war. Die Flynn-Korrespondenz habe sie von zu Hause mitgebracht und in den Krokodillederkoffer gepackt. Im nachhhinein habe sie bedauert, daß sie nicht einfach den ganzen Koffer „A“ mitgenommen habe, da Medhurst ihr nicht versprechen konnte, ob er den Koffer tatsächlich mit der Militärpost nach Wien würde schicken können.
Am 1. Juni schrieb Moscrip selbst. Er war inzwischen aus dem Geheimdienst der Armee ausgeschieden und lebte in San Francisco.

> „Lieber Dr. Erben,
> nach Erhalt Ihres Schreibens vom 1. März wird hiermit bestätigt, daß Sie nach V-J Day von der Abteilung des Generalstaatsanwaltes für den Kriegsschauplatz China im Zusammenhang mit der Ausforschung widerlicher Deutscher und bei der Sammlung von Beweisen, die zur Verurteilung von Angehörigen des sogenannten ‚Büro Erhardt‘ wegen Spionage nach der Kapitulation Deutschlands im Mai 1945 führten, als V-Mann beschäftigt wurden.
> AMOS D. MOSCRIP JR.
> Oberstleutnant (Ret.)
> U.S. Army “

Trotz dieser Bestätigung seiner früheren geheimdienstlichen Tätigkeit für die USA wurde Dr. Erben nicht aus dem Lager entlassen. Von den ursprünglich 1319 Deportierten, die mit ihm aus Schanghai gekommen und nach Ludwigsburg gebracht worden waren, befanden sich nach sechs Monaten nur noch 16 dort.

„Ich bin einer davon.“

Die Amerikaner wußten nicht, was sie von ihm halten sollten.

Er wurde im Lager und auch bei der amerikanischen Militärverwaltung in Stuttgart immer wieder einvernommen und stundenlang ausgefragt. Er machte von sich aus Eingabe um Eingabe, schrieb Protokoll um Protokoll; versuchte mit Farrell und Major Williamson von der *General Black* zu korrespondieren, die beide jedoch nicht antworteten; und seine Aussagen wurden zum Vergleich mit vorhandenen Unterlagen an die Dienststellen des CIC und CID nach Heidelberg und Salzburg geschickt. Ohne Resultat, das zur Klärung hätte beitragen können. Jedes von den verschiedenen Dienststellen einlangende Dokument, das ihn betraf, vergrößerte die Verwirrung und das Ausmaß der Widersprüche. Vor allem die Frage, ob der Mann zugleich Kommunist und Nationalsozialist gewesen sein konnte, blieb ungelöst.

Erben war dabei nicht hilfreich. Im Gegenteil, er blieb unverrückbar bei seiner Darstellung, er sei in die deutsche Abwehr eingetreten, um den Vereinigten Staaten unauffällig von Nutzen sein zu können; wozu er allerdings von niemandem beauftragt worden war. Andererseits bestand er auf seinem Hochverratsprozeß, da er als amerikanischer Staatsbürger in den deutschen Militärgeheimdienst eingetreten sei. Nur dadurch könne er sich von dem Verdacht reinigen, er hätte „auf beiden Schultern getragen“, sei also Doppelagent gewesen.

Dr. Erben erklärte sich sogar bereit, aus eigener Tasche und mit dem Vermögen seines Freundes Errol Flynn die Kosten seines Hochverratsprozesses zu bezahlen, sodaß er dem amerikanischen Steuerzahler damit nicht zur Last fallen würde. Am 12. Juli 1948 schrieb er diesbezuglich an den Stellvertretenden Leiter des amerikanischen Geheimdienstes CIC, Mr. William Pool in Heidelberg, mit dem er bereits vorher eine solche Möglichkeit mündlich besprochen hatte.

> „...Sie erwähnten, daß Verfahren dieser Art Geld kosten, und daß die amerikanische Regierung keine Mittel besitzt, um sie an ein

Verfahren gegen mich zu verschwenden. (...) Ich wiederhole daher mein mündliches Angebot: ich besitze etwas weniger als 10 000 Dollar in amerikanischen und chinesischen Banken, und ich verpfände jeden Cent meiner Ersparnisse und meiner übrigen finanziellen Quellen, um für meine Rehabilitierung zu kämpfen und, wenn nötig, die Kosten zu bezahlen, die der Regierung durch einen Prozeß gegen mich erwachsen. Da meine eigenen Mittel eher beschränkt sind, kann ich jede adäquate Summe in Aussicht stellen, da, wenn die Regierung meinen Fall behandelt, ich die schriftliche Versicherung meines besten Freundes, Errol Flynn in Hollywood, besitze, daß er mir sein gesamtes Vermögen zur Verfügung stellt, um meine Rückkehr in die USA zu bewerkstelligen. Selbst wenn die Kosten eines Militärgerichtes gegen mich von atomarer Größe sein sollten, so soll die Finanzierung meines Verfahrens kein Hindernis darstellen. (...) Sollte es zu einem Schuldspruch kommen, so würden dem amerikanischen Steuerzahler keinerlei Kosten durch einen langjährigen Gefängnisaufenthalt erwachsen, da der Tod die einzige Strafe für Hochverrat in Kriegszeiten ist."

Während dieser Zeit wurde Dr. Erben nicht nur im Lager, sondern auch in Stuttgart zu einer bekannten Erscheinung. Das einzige Kleidungsstück, in dem er Tag für Tag und bei jedem Wetter zu sehen war, bestand aus nichts anderem als aus zwei Militärdecken, die er mit einem Strick um die Mitte zusammenhielt. Angeblich gab man ihm im Lager kein anderes Kleidungsstück, wie er sich in einem Schreiben an den Lagerkommandanten beschwerte.

„In wenigen Tagen beginne ich meinen neunten Monat als Gefangener der U.S.Army, und ich habe bis jetzt kein einziges Kleidungsstück erhalten. Aus den Arbeitsklamotten, die ich am Schiff gefaßt habe, sind in acht Monaten Fetzen geworden. Hätte mir nicht Mr. Warner Glaubitz, unser zweiter diensthabender Geheimdienstoffizier (CI), freundlicherweise eine Hose von sich geschenkt, müßte ich im Bett bleiben – nackt! Ich habe meinen ersten europäischen Winter, nachdem ich aus dem halbtropischen Schanghai kam, ohne Unterwäsche durchgestanden, nur in zwei Armeedecken von meinem Bett gekleidet, die ich mit einer Schnur um die Hüften zusammenband. Mein Auftritt in diesen Lumpen ist derartig, daß die U.S. Gerichtsbeamten in Ludwigsburg und die Beamten der Rechtsabteilung der U.S. Militärregierung in Stuttgart, vor denen ich erschienen bin, um ein Verfahren aufgrund meiner Habeaskorpusakte* zu beantragen, es nicht glauben wollten, daß ein Mann in solchen Lumpen tatsächlich ein Internierter in einem U.S. Lager ist. Erst als ich ihnen als Beweis meiner Behauptung meinen Lagerpaß zeigte, glaubten sie mir!"

Im Herbst 1948, nach fast einem Jahr, wurde Dr. Erben aus dem Untersuchungslager Ludwigsburg entlassen; wahrscheinlich eher, weil man nichts anderes mit ihm anzufangen wußte, als daß man von seiner Unschuld überzeugt gewesen wäre.
In einem Schreiben aus Ludwigsburg an das CIC-Hauptquartier in Heidelberg, das von dort an alle amerikanischen Konsularstellen in Österreich und Deutschland weitergeleitet wurde, hieß es:

„ERBEN war einer der zweifelhaftesten Fälle in der Geschichte des U.S. Repatriierungszentrums. Bis zum Tag seiner Entlassung konnte niemals mit Sicherheit festgestellt werden, für welches Land er während des Krieges eigentlich gearbeitet hat."

Und das CIC-Hauptquartier in Heidelberg ließ die amerikanischen Konsulate in Wien und Frankfurt wissen:

„...wir sind der Ansicht, daß alles unternommen werden soll, um zu verhindern, daß ERBEN je wieder in die Vereinigten Staaten zurückkehren kann."

*) Teil der amerikanischen und britischen Verfassung zum Schutz der persönlichen Freiheit.

Mit seinem Entlassungsschein in der Tasche und einer Anzahl von Bündeln und verschnürten Schachteln voll Kram, den er im Lager gesammelt hatte, fuhr Dr. Erben mit der Bahn von Stuttgart über München nach Wien. Die Fahrt in ungeheizten, überfüllten Waggons, ohne Proviant, dauerte drei Tage. Dann stand er mit seiner Habe in der zerstörten Halle des Wiener Westbahnhofs.

Erben schleppte sein Gepäck zur Mariahilferstraße und wartete auf die Straßenbahn. Sie kam nach endloser Wartezeit. Jugendliche hingen an den Trittbrettern, und das Wageninnere war so gedrängt voll, daß der Schaffner es aufgegeben hatte, sich durch die Fahrgäste zu zwängen. Dr. Erben fuhr ohne zu bezahlen bis zur Ringstraße. Beim Umsteigen hob er einen Fahrschein auf, den ein Fahrgast weggeworfen hatte. Er studierte die markierte Uhrzeit und die Lochung und fuhr damit umsonst weiter.

Der Ringwagen fuhr an der zerstörten Oper vorbei. Er dachte daran, wie er auf ihrer Bühne statiert hatte. Wann immer *Aida* gegeben wurde. Erster Speerträger. Für eine Krone pro Abend. Mit einem Lendenschurz aus echtem Leopardenfell; sein Oberkörper war schon als Student ganz behaart gewesen.

Er sperrte die Türe zu seiner Wohnung auf und trat ein. Am Ende des langen Korridors dämmerte Tageslicht. Kein Laut. Niemand in der Wohnung. Er stellte sein Gepäck ab und ging durch jedes Zimmer. Alles war, wie er es vor zehn Jahren verlassen hatte. Nur im letzten Zimmer links hatte sich jemand zum Wohnen eingerichtet; und jemand benutzte die Küche. Hilde. Sie war die einzige, die einen Schlüssel zur Mansarde hatte.

Nach ein paar Stunden kam seine Schwester. Das Gesicht etwas härter, das Haar ergraut, aber sonst unverändert. Während sie Lebensmittel auspackte, erzählte sie das Wichtigste. Mama war, wie er wußte, in Graz, seit die alte Wohnung nicht mehr ihnen gehörte; herzkrank, aber sonst, Gott sei Dank, in guter Verfassung, anspruchsvoll wie immer, als ob es in der jetzigen Zeit so leicht wäre, ihre Wünsche zu erfüllen; aber was will man, schließlich war sie vierundachtzig. Professor Schnirch gab es nicht mehr, das hatte sie ihm geschrieben, wenn er den Brief erhalten hat; sie war wieder allein. Von

Klara war ein Brief gekommen; sie hatte den Krieg bis zum Ende in Berlin durchgemacht; jetzt möchte sie kommen; weil es in Wien bestimmt besser ist als in Berlin. Kurt war ebenfalls in Berlin; er war verwundet heimgekommen. Dann richtete Hilde für beide Abendessen. Sie aßen, wie immer in der Küche.

Am nächsten Vormittag ging Dr. Erben zu Fuß in die Weihburggasse im 1. Bezirk. Zur Ärztekammer. Er meldete sich vom Krieg zurück und erledigte die notwendigen Formalitäten zur Wiedereröffnung seiner Praxis; auch wenn er nicht vorhatte, lange in Wien zu bleiben. Während der nächsten Tage verschaffte er sich von einem befreundeten Arzt ein Attest, daß er durch Kriegseinfluß an beiden Beinen schwere Nervenschäden permanenter Art davongetragen habe und daher nie mehr voll arbeitsfähig sein werde. Mit dieser Bescheinigung ging er zur amtsärztlichen Untersuchung, um sich als Kriegsinvalide einstufen zu lassen. Beim Amtsarzt spielte er den Frontkämpfer und Heimkehrer.

„An welcher Front haben Sie denn gekämpft, Herr Kollege, daß Sie sich das Leiden zugezogen haben?"

„An der ostasiatischen."

„Ich habe gar nicht gewußt, daß wir in Asien auch eine Front gehabt haben."

„Da sehen Sie, wie wenig man Ihnen gesagt hat."

Nur Dr. Erben war die Zweideutigkeit dieser Worte bewußt. Er grinste, und die Lücke zwischen seinen beiden oberen Schneidezähnen wurde sichtbar.

Dr. Erben wurde als fünfzigprozentiger Kriegsinvalide eingestuft. Er erhielt einen orangefarbenen Invalidenausweis ausgestellt. Damit fuhr er auf der Wiener Straßenbahn umsonst, auf den Österreichischen Bundesbahnen zum halben Preis. Und der österreichische Staat zahlte Dr. med. Herman F. Erben bis zu seinem Lebensende eine Invalidenrente, die regelmäßig valorisiert wurde. Da er selten in Wien war, wurde sie an jedem Monatsersten automatisch auf sein Konto überwiesen.

Dr. Erben starb nicht als der arme Mann, für den ihn die meisten hielten, die nur auf sein Äußeres und seine Lebensweise sahen. Er hinterließ Wertpapiere im Wert von 9 Millionen Schilling, und auf einem Schweizer Konto rund 60 000 Dollar.

EPILOG

1948–1985

Nach dem Erwachen aus dem Traum vom „Tausendjährigen Reich" und dem kurzen Nachspiel als Söldling des amerikanischen Geheimdienstes in Schanghai war für Erben auch der Traum von einem Leben als internationaler Spion ausgeträumt. Auch wenn er es sich bis an sein Lebensende nicht eingestand.

Die ihm verbleibenden siebenunddreißig Jahre waren geprägt von dem ständig wiederholten Versuch, auf sich aufmerksam zu machen, und sei es durch noch so unkonventionelle Unternehmen; der Obsession, weiterhin der geheimnisvollen Welt der Spione anzugehören, gleichgültig unter welcher Flagge; dem anscheinend unwiderstehlichen Zwang, alles daransetzen zu müssen, um in die USA zurückzukehren; und, wenn sonst nichts anderes, wenigstens der lebenslangen Passion des Fotografierens zu frönen, vor allem dort, wo Fotografieren aus militärischen oder sonstigen Sicherheitsgründen verboten war. Dadurch ließ sich der Verdacht, daß er für jemanden spionierte, aufrechterhalten, und er brachte ihn mehr als ein Mal ins Gefängnis, führte mehrmals dazu, daß er des Landes verwiesen und zwangsweise deportiert wurde.

Unmittelbar nach seiner Rückkehr nach Wien bot er seine Agentendienste der sowjetischen Besatzungsmacht an, wurde jedoch nach einer Wartezeit von einigen Wochen, während der wahrscheinlich seine Personalien in der Moskauer Zentrale überprüft wurden, schroff abgewiesen.

Im Herbst 1949 bewarb er sich um eine Arztstelle im Iran. Der junge Schah Reza Pahlevi beabsichtigte, das Gesundheitswesen seines Reiches zu modernisieren und suchte dafür Fachkräfte. Eigenartigerweise suchte der Vertreter des Schahs unter den Bewerbern vor allem Ärzte mit hochrangiger Nazivergangenheit aus, die große Probleme

hatten, in Deutschland entsprechende Stellen zu finden. Dr. Erbens Bewerbung wurde angenommen.
Er überredete Joan, die während eines Besuches bei ihm in Wien Zeugin seines Versuches, in den sowjetischen Geheimdienst einzutreten, geworden war, mit ihm zu kommen. Er stellte ihr ein glanzvolles gesellschaftliches Leben am Kaiserhof in Aussicht. Außerdem, so schrieb er ihr, werde er sich von seinem Gehalt genügend ersparen können, so daß sie gemeinsam nach Hollywood übersiedeln könnten, wo er in unmittelbarer Nähe der Villa seines Freundes Errol Flynn ein Haus besäße.
Dieser Verlockung konnte Joan nicht widerstehen. Sie packte ihre Koffer und wählte eine Garderobe aus, wie sie ihr für ein Leben in der iranischen Gesellschaft unentbehrlich erschien. („Ein paar Abendkleider, goldene Sandalen, ein Diamantring, ein Geschenk meiner Großmutter.“)
Im Jänner traf die achtundzwanzigjährige Engländerin aus gutem Hause, Tochter eines britischen Kolonialbeamten in Indien, mit dem damals zweiundfünfzigjährigen, von Wanderlust besessenen Arzt und seinen Kollegen in Rom zusammen und flog mit ihnen in einer Chartermaschine nach Teheran.
Joan mußte ihre Koffer in Teheran nicht auspacken, und sie benötigte keine Abendtoiletten. Nach der Begrüßung durch die Schahschwester, Prinzessin Ashraf, wurden die neuen Ärzte sofort auf ihre im ganzen Land verstreuten Stationen aufgeteilt.
Dr. Erben wurde dem Krankenhaus in Tschemestan-Lur, einer Provinzstadt nahe der russischen Grenze und unweit vom Kaspischen See, zugewiesen. („Nicht mehr als ein Kuhstall“, schrieb Joan nach Hause.)
Die beiden legten den langen Weg dorthin auf Maultieren zurück. Joan fror in ihrer eleganten, aber für einen persischen Winter gänzlich ungeeigneten Kleidung, während auf dem Maultier, das neben dem ihren auf der hartgefrorenen Landstraße dahintrottete, bis zu den Ohren eingemummt ein grinsender Dr. Erben saß.
Erben entschied sich während des Aufenthaltes in Tschemestan-Lur, zum Islam zu konvertieren. Diese Religion faszinierte ihn seit den

Tagen, da er im Ersten Weltkrieg moslemische Soldaten aus Bosnien als Kameraden kennengelernt hatte, wegen der verbrieften Überlegenheit des Mannes gegenüber der Frau. Mit dem Versprechen, sie nach dem Übertritt zum Islam zu heiraten, köderte er Joan für diesen Schritt. Der örtliche Mullah unterrichtete sie und nahm sie im Frühjahr in die islamische Glaubensgemeinschaft auf. („Ich brauchte nicht mehr beschnitten zu werden, wie das sonst notwendig ist, weil ich das bereits war.")
Kurz danach heiratete Dr. Erben seine langjährige Gefährtin Joan Scott-Smith nach moslemischem Ritus. („Die Zeremonie war in zehn Minuten vorbei. Wir haben Hände gehalten, während der Mullah sprach. Das war alles", schrieb Joan.)
Für Dr. Erben war der Übertritt zum Islam und die Aufnahme in eine von Männern dominierte Gesellschaftsordnung jedoch ein entscheidender Schritt, wie er Flynn schrieb.

> „Ich habe diesen Entschluß nie bereut und bin der festen Überzeugung, daß er ein wirksames Druckmittel ist, um eine Frau auf ihrem Platz und im Zaum zu halten; schon aufgrund der Konsequenzen unter islamischem Recht."

1956 und 1957 unternahm das Ehepaar Erben zwei Mal die traditionelle Pilgerschaft nach Mekka, die Hadsch. Auch darüber berichtete Erben seinem Freund in Hollywood.

> „Obwohl ich bereits viele Jahre in islamischen Ländern gelebt habe, war ich überrascht davon, wieviel es in den Augen der Mohammedaner bedeutet, wenn man ein Hadschi ist. Die Tatsache, daß ich nun einen Hadschi-Paß besitze und einen muselmanischen Namen, der sehr eindrucksvoll klingt – Hadschi Dr. Muhammed Ali Kusumandilaga – hat für mich viele Türen geöffnet, die mir bisher verschlossen waren. Meine Frau hat auch einen Hadschi-Paß, aber sie ist nur als Hadschi Fatimah eingetragen."

In Tschmestan-Lur erwarb Dr. Erben ein Haustier, das nicht von

seiner Seite wich. Ein zahmes Wildschwein, das ihn überallhin begleitete. Es wurde „Pig“ gerufen, und es hörte auf diesen Namen.
Obwohl Dr. Erben mit der Regierung einen Dreijahresvertrag geschlossen hatte, wurde er nach einem halben Jahr ohne Angabe von Gründen entlassen. Unter Tränen nahm er Abschied von seinem geliebten Wildschwein und entließ es in die Freiheit.
Sobald er und Joan in Teheran eintrafen, um sich nach dem Grund der Entlassung zu erkundigen und dagegen Einspruch zu erheben, wurde Frau Erben zwei Mal verhaftet; ohne Angabe von Gründen; und zwei Mal wieder auf freien Fuß gesetzt. Schließlich erhielten sie von der Polizei die Information, daß sie der Wirtschaftsspionage zugunsten einer britischen Ölfirma verdächtigt wurde. Vierundzwanzig Stunden später wurde das Ehepaar auf Regierungskosten nach Karachi ausgeflogen.
Während sie in Pakistan praktisch gestrandet waren, entschloß sich Dr. Erben, einen langgehegten Plan zu verwirklichen und nach Schanghai zu fahren, um nach seinem Gepäck zu suchen, das trotz mehrmaliger Urgenzen noch immer nicht in Wien eingetroffen war. Er heuerte als Schiffsarzt auf dem nationalchinesischen Frachter *S.S. Union Pioneer* an, der nach Hongkong auslief. Joan wurde auf dem selben Schiff als Krankenschwester angestellt, obwohl sie weder eine medizinische Vorbildung noch die entsprechende Zulassung besaß. In Hongkong ließ Erben seine Frau in der Obhut einer chinesisch-portugiesischen Familie und legte das letzte Stück der Reise auf dem chinesischen Frachter *S.S. Walter* zurück, der unter panamesischer Flagge fuhr.
Obwohl die *Walter* eine volle Woche in Schanghai am „Bund“ lag, vom 10. bis 17. Oktober, gestatteten die kommunistischen Behörden Dr. Erben nur zweimal, für zwölf Stunden an Land zu gehen. Sein erster Besuch galt seinem Freund Paul Pälz, sein zweiter Baron von Reichenau, dem die Behörden noch immer keine Ausreisebewilligung erteilt hatten. Nach Gretl Höbich brauchte Erben nicht zu suchen; er wußte, daß sie in der Zwischenzeit mit Christian in die Vereinigten Staaten ausgewandert war.
Von Pälz, dem die Kommunisten gestattet hatten, seine chinesische

Freundin zu heiraten, erfuhr Erben, was mit seinen numerierten Schiffskoffern und den drei mit „B“, „C“ und „D” markierten Koffern geschehen war.

Die achtzehn Gepäckstücke waren vor ihrer Abreise von Frau Höbich in ein chinesisches Lagerhaus gebracht worden. Von dort wurden sie auf Anweisung des Kanzlers der Konsularstelle Schanghai der neueröffneten österreichischen Gesandtschaft in China, einem dubiosen Mann namens Roland Ott, als Eigentum eines österreichischen Staatsbürgers in das Konsulat transportiert, wo sie in einem eigenen Raum gelagert wurden. Kanzler Ott wurde jedoch kurz danach wegen angeblichen Handels mit österreichischen Pässen, von dem auch der österreichische Botschafter Dr. Felix Stumvoll gewußt haben soll, auf Weisung aus Wien fristlos entlassen.*

Statt daß das Gepäck nach Wien rückgeführt wurde, wie Dr. Erben verlangt und in Wien im Außenministerium urgiert hatte, wurde es von der Sekretärin des Konsulats und ihrem Gatten, die nach der Entlassung des Kanzlers die Kontrolle über die Konsulatsangelegenheiten übernommen hatte, geplündert. Das Gepäck war in Anwesenheit des österreichischen Botschafters Dr. Felix Stumvoll und dessen Tochter Felicia geöffnet worden, und Botschafter Dr. Stumvoll hatte sich bei dieser Gelegenheit ein Fotoalbum mit medizinisch interessanten Fotografien angeeignet.**

Der Rest des Inhalts der Gepäcksstücke, angeblich nur wertloser Plunder, wurde der Müllabfuhr übergeben.

Pälz konnte den Diebstahl glaubwürdig nachweisen. Durch seine Verbindungen als Geschäftsmann hatte er sich eine Kopie des Inhaltsverzeichnisses für alle Kisten und Gepäckstücke verschafft, die bei der Abreise des Ehepaares nach San Francisco verfrachtet wurden. Zu viele der deklarierten Posten deckten sich mit der Inventarliste von Dr. Erbens Gepäck, als daß es hätte Zufall sein können. Seine Violine, die Cloisonnéschüssel, ein Teil seiner fotografischen Ausrüstung, ein seltenes Buch mit dem Titel *In Search of Old Peking* und

*) Aussage des ehemaligen österreichischen Gesandtschaftsmitglieds in China, Dr. Ernst Schwarz.

**) Schriftliche Aussage von Frau Susi Justh, Konsulatssekretärin.

u.a. elf schwarze Smokingmaschen, die Dr. Erben von einem jüdischen Flüchtling spottbillig gekauft hatte.

Dr. Erben gelang es nicht, auch nur ein einziges Stück seines Eigentums zurückzubekommen, obwohl er dessen Spur bis San Francisco verfolgte und das Außenamt am Wiener Ballhausplatz jahrelang mit Eingaben bestürmte. Er fand kein Gehör. Angeblich machten die „damaligen Wirren in China“ jede Nachforschung unmöglich.

In Wahrheit dürfte den österreichischen Behörden nicht viel daran gelegen gewesen sein, einen Fall aufzurollen, in den auch der österreichische Botschafter verwickelt war. Der war ohnedies schon in üblen Ruf geraten, da die chinesische Regierung ihm wegen angeblicher Verfehlungen mit minderjährigen Chinesinnen monatelang die Ausreise verweigert hatte. Eine Tatsache, die in der ganzen diplomatischen Kolonie Schanghais bekannt war.

Besser erging es Dr. Erben mit seinem Krokodillederkoffer „A“, den er unmittelbar vor seiner Deportation bei Oberst Moscrip in Sicherheit gebracht hatte.

Paul Pälz hatte den Koffer von Oberst Moscrip übernommen, bevor dieser in die USA zurückkehrte. Außerdem hatte ihm Frau Höbich vor ihrer Übersiedlung von Schanghai nach San Francisco im August 1948 alles das zur Verwahrung anvertraut, was sie seinerzeit auf Weisung Dr. Erbens in Moscrips Wohnung aus dem Koffer entnommen hatte; vor allem Dr. Erbens Tagebuchkalender. Das alles konnte Freund Pälz nun Dr. Erben übergeben. Die gefährliche Reise nach Schanghai hatte sich für ihn gelohnt.

Als Dr. Erben nach Hongkong zurückkam, erfuhr er von der Familie, bei der sie gewohnt hatten, daß Joan ausgeflogen war. Angeblich hatte sie die Nachricht erhalten, daß ihre Mutter erkrankt war und operiert werden müßte. Deshalb sei sie Hals über Kopf nach London zurückgeflogen. Erben glaubte kein Wort davon, aber ihre Flucht störte ihn nicht. Seine Frau wäre ihm bei dem Unternehmen, das er plante, ohnehin im Weg gewesen. Er wollte sich die Einreise in die USA erzwingen. Nach allem, was er nun wußte, hatte er doppelten Grund dafür. Er hatte vor, das Ehepaar, das sich offensichtlich einen Teil seines Eigentums angeeignet hatte, persönlich zu konfrontieren.

Er buchte auf dem Passagier-Frachter *S.S. Sea Steelfarer* der amerikanischen Isthmian Line eine Kabine für die Überfahrt nach Djakarta. Dem Kapitän zeigte er zur Legitimation das für sieben Tage gültige Transitvisum für Indonesien, das er sich in Hongkong hatte ausstellen lassen, und erzählte ihm, daß ihn in Djakarta eine ärztliche Anstellung der Regierung erwarte. Aber als die *S.S. Sea Steelfarer* in Djakarta anlegte, verweigerten ihm die indonesischen Behörden die Landung. Das kümmerte ihn wenig. Er blieb an Bord, und der Kapitän hatte keine andere Wahl, als den abgewiesenen Passagier umsonst bis zum nächsten Hafen mitzunehmen. Das entsprach den internationalen Regeln.

In Singapur das gleiche. Dr. Erben durfte nicht landen. Auch nicht in Port Said oder einem der anderen Häfen, die das Schiff auf seiner Heimfahrt in die USA anlief. Die Behörden hatten einander die Warnung weitergegeben, daß sich an Bord der *S.S. Sea Steelfarer* „the undesirable subject Dr. Erben" befand. Die Zeitungen entlang der Route schrieben über „den Mann, den niemand will". Dr. Erben war wieder „newsworthy" geworden; was ihn nur freute.

Am 15. Jänner 1951 ging die *S.S. Sea Steelfarer* in Boston vor Anker. Dr. Erben wurde bereits erwartet. Kapitän Bronson hatte seine Ankunft voraustelegrafiert.

Dr. Erben wurde wieder einmal von Beamten der U.S. Einwanderungs- und Naturalisierungsbehörde empfangen. Sie kamen an Bord und teilten ihm mit, daß ihm die Einreise in die USA nicht gestattet würde. Dr. Erben, der sich auf einen solchen Fall bereits vorbereitet hatte, protestierte dagegen und verlangte eine Anhörung vor einem Sonderausschuß des Justizministeriums. Er kündigte an, gegen seine Ausbürgerung durch das Distriktsgericht in San Francisco Einspruch zu erheben. Seine amerikanische Staatsbürgerschaft sei ihm wegen einer „bürokratischen Lappalie" aberkannt worden. Die Beamten teilten ihm mit, sein Ansuchen würde an das Justizministerium weitergeleitet werden. In der Zwischenzeit dürfe er jedoch das Schiff nicht verlassen. Das war Dr. Erben nur recht. Denn die *S.S. Sea Steelfarer* fuhr auf ihrer letzten Strecke dorthin, wohin er in Wahrheit wollte. Nach New York.

Während der Frachter sich langsam seinem Anlegeplatz am Handelskai von Brooklyn näherte, blickte Dr. Erben auf das gegenüberliegende Manhattan und seine glitzernde Skyline hinüber. Es schien so nah.

Aber es blieb für ihn unerreichbar. Er war Gefangener an Bord.

In New York übernahm das FBI den Fall. Am 18. Jänner wurde Dr. Erben mitgeteilt, der Justizminister habe sein Ansuchen abgelehnt und seine permanente Ausweisung aus den USA verfügt. Das bedeutete, daß er auf Lebenszeit aus den Vereinigten Staaten verbannt war. Sollte er versuchen, auf illegale Weise zurückzukehren, so drohe ihm eine Kerkerstrafe von „bis zu fünf Jahren".

Der relevante Paragraph des Gesetzes, den der Justizminister heranzog, um Dr. Erben für immer loszuwerden, besagte, aus den Vereinigten Staaten seien für immer auszuschließen...

> „...Ausländer, die Anarchisten sind; die an den gewaltsamen Sturz der Regierung der Vereinigten Staaten glauben oder einen solchen befürworten oder dazu anleiten; die Mitglieder einer Organisation sind oder im Nahverhältnis zu einer Organisation stehen, die an den gewaltsamen Sturz der Regierung der Vereinigten Staaten glaubt, zu einer solchen anleitet oder eine solche befürwortet."

Man hatte Dr. Erben offensichtlich ohne jede Beweisführung das Etikett eines Kommunisten verpaßt; denn auf seine nationalsozialistische Vergangenheit wäre das Gesetz nicht anwendbar gewesen.

Am 19. Jänner wurde Dr. Erben von zwei FBI-Beamten abgeholt. Sie brachten ihn zum New Yorker Flughafen Idlewilde und begleiteten ihn an Bord einer Pan-American Maschine, die direkt nach Wien flog. Da die Maschine in Boston zwischenlandete, ersuchte das New Yorker FBI-Büro in Boston:

> „...den Ausländer unter Beobachtung zu halten, während sich das Flugzeug in Boston befand. Mr. Remington vom FBI-Büro Boston meldete telefonisch nach New York, daß der Ausländer

mit dem Pan-American Flug 122 um fünf Minuten nach Mitternacht Boston verließ und ein Flugticket nach Wien besaß."

Da Dr. Erben behauptete, daß er nicht einen Cent besaß, blieb der Schiffahrtslinie, ein Tochterunternehmen von U.S. Steel, nichts anderes übrig, als für den „Blinden Passagier" auch noch das Flugticket und das Übergewicht seines Gepäcks zu bezahlen, das er aus Schanghai mitgebracht hatte.

Trotz der Endgültigkeit der Verbannung und der Strafandrohung gab Dr. Erben seine Bemühungen, in die USA zurückzukehren, niemals auf. Während der nächsten zehn Jahre reichte er unter den verschiedensten Begründungen und von den verschiedensten Plätzen der Welt mehr als ein Dutzend Ansuchen und Einwanderungsvisa für sich und seine Frau ein; jedes Mal vergeblich. 1952 suchte das Ehepaar Erben um Einwanderungsvisa nach Kanada an; aber auch dort wurden die beiden abgewiesen.

Schließlich fand Dr. Erben einen Protektor, der aufgrund seiner Stellung und seiner Verbindungen Erbens Anliegen in Washington wirksam unterstützen konnte. Den früheren amerikanischen Kongreßabgeordneten Sterling Cole.

Sterling W. Cole jr. war seit 1935 republikanischer Kongreßabgeordneter des Bundesstaates New York gewesen, bevor Präsident Dwight D. Eisenhower ihn zum ersten Generaldirektor der Internationalen Atomenergiebehörde mit Hauptquartier in Wien bestellte. Ein Amt, das er von 1957 bis 1962 ausübte.

Durch eine gemeinsame Bekannte, die der verheiratete Ex-Kongreßabgeordnete später als seine Freundin mit in die USA nahm, lernte Dr. Erben den Generaldirektor der IAEO kennen und wurde dessen Privatarzt. Die beiden Männer freundeten sich an, und es gelang Dr. Erben, Cole davon zu überzeugen, daß ihm seitens der amerikanischen Regierung schweres Unrecht zugefügt worden sei; wobei Dr. Erbens junge Bekannte, von der Cole immer abhängiger wurde, ihn dabei zweifellos unterstützte.

Sterling Cole, der nach einer nicht gerade rühmlich beurteilten Amtsperiode nicht wiedergewählt wurde, kehrte nach Washington zurück, wo er sich als Anwalt und Lobbyist niederließ. Er bewog einen seiner Freunde, mit dem er jahrelang auf der Regierungsbank gesessen war, sich für seinen Schützling Dr. Erben zu verwenden. Am 27. Juli 1967 schrieb der republikanische Kongreßabgeordnete des Bundesstaates New Hampshire, Louis C. Wyman, an den Leiter der U.S. Einwanderungs- und Naturalisierungsbehörde im Justizministerium, Commissioner Raymond F. Farrell.

> „...Ich ersuche, über die Art der Information aufgeklärt zu werden, aufgrund deren der Justizminister zu dem Schluß kam, Dr. Erben sei nicht zulässig. Soweit man mir mitteilte, wurde Dr. Erben bezüglich der gegen ihn erhobenen Anschuldigungen niemals informiert, noch wurde ihm die faire Gelegenheit geboten, diese zu widerlegen; eine Situation, die das amerikanische Rechtsempfinden zutiefst verletzt...“

Commissioner Farrell klärte den Angeordneten darüber auf, daß die Information, die zum ständigen Ausschluß Dr. Erbens aus den USA geführt hat, „aus Gründen der nationalen Sicherheit“ nicht veröffentlicht werden kann. Erst später wurde bekannt, daß die automatische Abweisung aller Einwanderungsansuchen Dr. Erbens aufgrund einer Bestimmung erfolgte, nach der allen Ausländern die Einreise zu verweigern ist.

> „... von denen der Konsulatsbeamte oder der Justizminister weiß oder Grund zur berechtigten Annahme hat, daß sie nach ihrer Einreise wahrscheinlich versuchen würden, sich in Unternehmen zu betätigen, die durch die Gesetze der Vereinigten Staaten untersagt sind und sich auf Spionage, Sabotage, öffentliche Unruhestiftung oder sonstige subversive Akte gegen die nationale Sicherheit beziehen.“

Der Kongreßabgeordnete ließ sich jedoch nicht so leicht abweisen. Nachdem Sterling Cole mit Dr. Erben brieflich konferiert hatte – der zu dieser Zeit, von Joan begleitet, als Arzt der indonesischen Regierung in einem Leprakrankenhaus tätig war –, schrieb Abgeordneter Wyman am 25. Juni 1968 an Miß Barbara Watson, die Leiterin für Konsularsangelegenheiten im State Department:

„... Ich wäre Ihnen außerordentlich dankbar, wenn Sie eine von Mitgefühl getragene Überprüfung des Falles Dr. Erben in die Wege leiten könnten, sodaß er während der ihm noch verbleibenden Jahre seine Wahlheimat wenigstens besuchen darf.
Ich versichere Ihnen, daß es sich dabei nicht um irgendeinen Routinefall handelt, sondern um einen, an dem ich ein starkes persönliches Interesse habe. Ich hoffe, Sie werden mir zustimmen, daß Dr. Erben längst für die ‚Missetat' bezahlt hat, die ihm vorgeworfen wird, und daß ihm ein Visum ausgestellt werden sollte."

Als auch dieser Appell erfolglos blieb, kletterte Sterling Cole als Anwalt Dr. Erbens um eine Instanz höher und bemühte nun den amerikanischen Kongreß direkt.
Am 23. Juli 1969 beantragte der republikanische Kongreßabgeordnete des Bundesstaates New York, Howard W. Robinson, die Verabschiedung eines von Sterling Cole konzipierten Sondergesetzes (Private Bill) „zur Entlastung von Dr. Herman F. Erben." Der Kongreß sollte beschließen,

„...daß, ungeachtet der Bestimmungen von Abschnitt 212 (19) des Immigrations- und Nationalitätsgesetzes, Herman Frederick Erben ein Visum erteilt werden soll und er zum ständigen Aufenthalt in den Vereinigten Staaten zugelassen wird, falls es aufgrund aller anderen Bestimmungen des Gesetzes zulässig ist."

Die Gesetzesvorlage wurde von den Abgeordneten des Repräsentantenhauses nicht behandelt. Der Fehler der Vorlage war zu offensichtlich, als daß er von den Gesetzgebern übersehen werden konnte. Dr. Erben war nicht aufgrund der eher geringfügigen Vorbehalte, wie sie in der betreffenden Bestimmung des Einwanderungsgesetzes angeführt werden, sondern aufgrund des 1918 vom Kongreß erlassenen

Gesetzes bezüglich Spionage, Sabotage und Gefährdung der nationalen Sicherheit auf Lebenszeit vom Aufenthalt in den Vereinigten Staaten ausgeschlossen worden.
Sterling Cole unternahm ein Jahr später noch einmal einen Vorstoß im Kongress. Er schob in eine Gesetzesvorlage, die sich generell mit Einwanderungsfragen befaßte und vom demokratischen Abgeordneten des Bundesstaates Ohio, Michael Feighan, eingebracht wurde, unauffällig einen Paragraphen ein, demzufolge,

> „...die Spanne der Unzulässigkeit eines Ausländers, der bei seinem Einbürgerungsverfahren falsche Angaben machte, auf zwischen zehn und fünfzehn Jahre beschränkt werden soll."

Die Einwanderungsbehörde lehnte die gesamte Gesetzesvorlage ab. Aber auch wenn sie angenommen worden wäre, wäre sie auf Dr. Erbens Fall nicht anwendbar gewesen, da er nicht wegen falscher Angaben, sondern wegen schwerwiegender Anschuldigungen ausgeschlossen worden war.
Nach Aussagen seiner beiden früheren amerikanischen Geheimdienstchefs, Farrell und Moscrip, hatte er sich amerikanische Geheimdokumente (die sogenannten „Gestapo-Akten"), die ihm für seine Tätigkeit in Schanghai angeblich übergeben wurden, angeeignet und trotz mehrfacher schriftlicher Aufforderung von seiten der amerikanischen Regierung nicht mehr herausgegeben.*
Nachdem der frühere Hollywood-Schauspieler Ronald Reagan ins Weiße Haus eingezogen war, sah Sterling Cole den Zeitpunkt gekommen, sich unter Berufung auf Dr. Erbens enge Freundschaft mit Errol Flynn an den Präsidenten der Vereinigten Staaten selbst zu wenden. Am 25. März 1982 schrieb Mr. Cole an Präsident Reagan.**

*) Dr. Erben hatte bereits bei einer diesbezüglichen Einvernahme in Ludwigsburg ausgesagt, daß er die „Gestapo-Akten" nicht besaß und ihre Übernahme niemals bestätigt habe. Angeblich besitzt die amerikanische Regierung eine von ihm unterzeichnete Empfangsbestätigung.

**) Teilweise Wiedergabe des Schreibens mit ausdrücklicher Genehmigung von Mr. Sterling Cole.

„Dear Mr. President:
Überzeugt davon, daß Sie ein Mann mit Mitgefühl sind, schreibe ich heute an Sie im Namen des besten Freundes, den Errol Flynn je hatte, wie er mit seinen eigenen Worten in seinem Buch *My wicked, wicked Ways* bestätigte. Obwohl Flynn seit mehr als 20 Jahren von uns gegangen ist, wird er noch immer von Menschen in der ganzen Welt geliebt.
(...)
Während all der Jahre, die ich ihn (Dr. Erben) kenne, hat er stets um Hilfe gebeten, legal in die USA einreisen zu dürfen, damit er die wenigen Jahre, die ihm noch bis zu seinem Tod verbleiben, in dem Land verbringen darf, das er sosehr geliebt hat.
Es muß Gesetzesbestimmungen geben, die Ihnen als Präsident das Recht einräumen, eine Anordnung zu erlassen, die dies möglich macht. Er (Dr. Erben) hat mir versichert, daß er nicht dem Staat zur Last fallen würde.
Ich hoffe, Sie werden mein Ansuchen so auffassen, als käme es von Errol Flynn selbst, der Sie um Mitleid mit seinem ‚allerbesten Freund' anfleht und in dessen Namen ich Ihnen meinen tiefsten Dank ausspreche."*

Im Sommer 1955 war die bis dahin rege Korrespondenz zwischen Errol Flynn und Dr. Erben plötzlich abgebrochen. Erben schrieb am 20. Juli und 27. August an Errol, der in Palma, Mallorca, mit seiner dritten Frau, Pat, und Sean, seinem vierzehnjährigen Sohn aus erster Ehe, auf seiner Yacht *Zacca* Ferien machte. Er adressierte ihn wie immer als „lieber Nurmunger" und „lieber alter Junge" und bestürmte ihn um Nachricht, aber Flynn antwortete nicht.
Flynns Karriere war ins Trudeln geraten, er hatte enorme Steuerschulden, schuldete Lili Damita Alimente, wofür sie sich an seiner

*) Das Weiße Haus teilte dem Autor auf Rückfrage mit, daß ein derartiges Schreiben von Mr. Sterling Cole „unauffindbar" sei; was die Möglichkeit zuläßt, daß Cole dieses Schreiben nie abgesandt und seinem Freund Erben lediglich eine Ablichtung des konzipierten Textes geschickt hat, um sein ständiges Drängen, etwas zu unternehmen, zu befriedigen.

Mulholland-Farm schadlos hielt, und seine Gesundheit war durch Alkohol, Drogen und seinen ausschweifenden Lebenswandel zerstört. Nur einmal noch gelang es ihm, etwas von seinem früheren Status als gefeierter Star zurückzugewinnen: als Mike Campbell in der Hemingway-Verfilmung von *The Sun Also Rises.* Die Rolle des alkoholisierten Playboys war ihm auf den Leib geschrieben.
Im Juli 1959 erlitt Flynn eine Herzattacke, und die Ärzte gaben ihm nicht mehr als ein Jahr. Doch er starb bereits am 14. Oktober, fünfzig Jahre alt, wahrscheinlich an einer Überdosis Morphin.
Dr. Erben erfuhr vom Tod seines Freundes in Dschibutti, auf der Fahrt von Karachi nach Marseilles. Er und Joan befanden sich an Bord des französischen Frachters *Saint Valery,* als das Schiffsradio die Nachricht vom Tod des berühmten Hollywoodstars brachte.
Erben, der neben Joan am Deck saß, murmelte „armer Errol", als er die Nachricht hörte. Ohne jedes weitere Wort stand er auf. Er schloß sich in ihrer gemeinsamen Kabine ein und öffnete auch nicht auf Joans besorgtes Klopfen. Als er Stunden später herauskam, schien er um Jahre gealtert. Seine Frau sah, daß er geweint hatte. („Mein Mann hat in seinem ganzen Leben nur zwei Wesen wirklich geliebt. Sein Wildschwein in Persien und Errol Flynn. Sogar die Nachricht vom Tod seiner Mutter, die drei Jahre vorher gestorben ist, während wir nicht in Wien waren, hat ihn nicht so schwer getroffen wie die Nachricht vom Tod Errols.")*
Am 9. April 1973 überreichte der Wiener Vizebürgermeister Hans Bock bei einer einfachen Zeremonie im Wiener Rathaus, an der nur Dr. Erbens Schwester Hilde als Gast teilnahm, Dr. med. Hermann F. Erben das ihm am 21. März von Bundespräsidenten Franz Jonas für seine „vierzigjährige aufopfernde Tätigkeit als österreichischer Arzt im Ausland" verliehene „Goldene Ehrenzeichen für Verdienste um die Republik Österreich".
Niemand schien sich die Mühe gemacht und nachgeforscht zu haben, worin diese „vierzigjährige aufopfernde Tätigkeit im Ausland" in Wahrheit bestanden hatte.

*) Interview mit Mrs. Scott-Smith Erben in London.

Die Eingabe für diese hohe Auszeichnung, die von Freunden in der Ärztekammer eingebracht worden war, hatte unbehindert ihren Aktenweg von Schreibtisch zu Schreibtisch genommen, bis das betreffende Dekret unterschriftsreif auf dem Schreibtisch des Bundespräsidenten lag. Bundespräsident Jonas unterschrieb ohne Zögern. Er verließ sich auf seine Beamten.*

Der Nimbus des aufopfernden Arztes wurde jedoch kurz nach der Verleihung der Auszeichnung, die Dr. Erben bei jeder nur denkbaren Möglichkeit an der rot-weiß-roten Schleife als sichtbares Alibi trug, in Frage gestellt. Dr. Erben arbeitete im Winter 1973 als Arzt bei der „Städtischen Wiener Rettung", obwohl er wegen seines fortgeschrittenen Alters – er war bereits über sechsundsiebzig Jahre alt –, für einen so anstrengenden Dienst kaum mehr geeignet war, und er wurde wegen „Vernachlässigung seiner ärztlichen Pflichten mit tödlichem Ausgang" angeklagt.

Die Rettung war in der Nacht vom 26. auf 27. Dezember, einer besonders kalten Nacht, von der Polizei verständigt worden, daß „beim Maria-Theresien-Denkmal, zwischen den beiden Museen, ein halberfrorener Mann liegt". Dr. Erben, der bei dem betreffenden Einsatz Dienst versah, fand den Mann, hielt ihn für „geistesgestört", wofür er als Internist „nicht zuständig" sei und übergab den etwa sechzigjährigen Mann mit schweren Erfrierungserscheinungen der Polizei, ohne ihm irgendwelche ärztliche Hilfe zuteilwerden zu lassen. Er gab der Polizei den Rat, den „Geistesgestörten", der nun im Arrestantenwagen lag, zum zuständigen Amtsarzt zu bringen. Der solle ihn in eine psychiatrische Klinik einweisen, was er nicht könne. Der Mann starb am nächsten Tag in einem Wiener Krankenhaus an den Folgen der Unterkühlung, die er während der im Freien verbrachten Nacht erlitten hatte.

Dr. Erben verteidigte sich beim Prozeß im Wiener Landesgericht

*) Auf Rückfrage über die Behandlung des Falles Dr. Erben teilte die Präsidialkanzlei dem Autor mit, daß es nicht üblich sei, die Würdigkeit eines für eine Auszeichnung Vorgeschlagenen noch einmal zu überprüfen; diese Verantwortung trügen die jeweils zuständigen Ministerien; in diesem Fall das Gesundheitsministerium.

selbst. Er wurde schuldig gesprochen, in Anbetracht seines hohen Alters aber lediglich zu einer bedingten Gefängnisstrafe von drei Monaten verurteilt.
Kurze Zeit später kehrte er Wien den Rücken. Er flog nach Barbados und trat den Posten eines Betreuungsarztes bei einem der größten Rüstungsunternehmen in privater Hand an, das zu diesem Zeitpunkt mit Wissen der amerikanischen Regierung auf der Karibikinsel die ersten geheimen Schießübungen mit einer neuartigen Langstreckenkanone unternahm. Es war im Prinzip die gleiche Kanone, für die der Österreichische Staatsbetrieb VOEST einige Jahre später die Erzeuger- und Vertriebslizenz erwarb und, die der Konzern, 1985, unter Umgehung der österreichischen Ausfuhrbestimmungen unter der Bezeichnung GHN-45 (GUN HOWITZER NORICUM) an die kriegführenden Golfstaaten, Iran und Irak, zu liefern begann.
Dr. Erben hatte diesen lukrativen Posten, der ihm, dem passionierten Fotografen und Waffenfanatiker, noch dazu die Möglichkeit bot, eine noch geheime Wunderwaffe und ihren Einsatz in allen Details fotografieren zu können, durch seinen Freund Sterling Cole erhalten. Cole saß bei der Firma, die sich den unschuldig wissenschaftlich klingenden Namen „Space Research Institute of Canada" gegeben hatte, im Aufsichtsrat und war ein enger Freund des Erfinders der Kanone, Dr. Gerald Bull.
Im Sommer 1975, während er sich auf Urlaub in Wien aufhielt, wurde Dr. Erben durch ein Fernschreiben, das ihn über das Büro eines israelischen Geschäftsmannes am Opernring erreichte, nach Montreal, in das Hauptquartier des Rüstungsunternehmens beordert.
Dr. Bull hatte ein persönliches Anliegen an ihn. Er machte sich Sorgen um seinen Sohn Philipp, der in seinen Studien nicht zielstrebig genug war. Vater Bull bat Dr. Erben, seinen Sohn mit nach Wien zu nehmen und dafür zu sorgen, daß er an der Wiener Universität Medizin studiert. Dr. Erben würde für die fachliche Betreuung Philipps sein Arztgehalt selbstverständlich wie bisher ausbezahlt bekommen. Dr. Erben nahm den neuen Auftrag an und kehrte nicht mehr auf das Testgelände in der Karibik zurück.

Die Aufgabe, die Dr. Erben übernommen hatte, war nicht leicht. Die Medizinische Fakultät der Wiener Universität war zu diesem Zeitpunkt wegen Überfüllung für ausländische Studenten, die ihr Medizinstudium nicht bereits anderswo begonnen hatten, gesperrt. Philipp Bull besaß keine medizinische Vorbildung und erfüllte daher die Zulassungsvoraussetzung nicht. Trotzdem durfte er inskribieren – nach einer Intervention des erwähnten israelischen Geschäftsmannes und Partners Dr. Bulls beim damaligen Bundeskanzler Dr. Bruno Kreisky. (Erben: „Dann ist gleich alles gegangen.")

Mit der gelungenen Immatrikulation Philipp Bulls war die Nützlichkeit Dr. Erbens für die Bull-Organisation jedoch noch nicht erschöpft. Dr. Bull war im Begriff, seine inzwischen perfektionierte Langstreckenkanone, die sowohl mit konventionellen als auch nuklearen Sprengköpfen bestückt werden konnte, auf den internationalen Markt zu bringen. Einer der Schwerpunkte seiner Marketing-Strategie sollten die Philippinen werden. Das Inselreich unter dem bestechlichen Regime von Präsident Ferdinand Marcos schien ihm ein günstiger Ausgangspunkt für den Waffenhandel im gesamten ostasiatischen Raum.

Im Dezember 1977 flog Dr. Erben im Auftrag Dr. Bulls nach Manila. In der Tasche trug er ein Einführungsschreiben des ehemaligen U.S. Kongreßabgeordneten und Generaldirektors der IAEO Sterling Cole an Außenminister Carlos P. Romulo, den„Vater der Philippinen", ein Schreiben, das Dr. Erben auch ohne Bestechungsgelder bei den wichtigsten Regierungsstellen Tür und Tor öffnete.

Der achtzigjährige österreichische Tropenarzt begann in der nördlichen Provinzstadt Sagada mit dem Aufbau einer angeblichen „Medical Foundation" zur gesundheitlichen Betreuung der in der Bergregion lebenden philippinischen Ureinwohner. Die Stiftung würde, wie Sterling Cole an den philippinischen Außenminister geschrieben hatte, aus karitativen Gründen vom kanadischen Space Research Institute finanziert.

Als jedoch 1979 durch einen Beamten der kanadischen Vertretung in Sagada bekannt wurde, daß sich hinter dem angeblichen Raumfahrtunternehmen mit der karitativen Ader in Wirklichkeit ein Rüstungskonzern verbarg, der illegal Waffen nach Südafrika und Rhodesien geliefert hatte und den die amerikanische Regierung deswegen angeklagt hatte, mußte die getarnte Verkaufsorganisation über Nacht liquidiert werden.

Der Zorn der betrogenen Einwohner von Sagada richtete sich auch gegen den Arzt Dr. Erben, der mit seinem knielangen weißen Bart eine bekannte Erscheinung war. Da er, nachdem sich der Verkaufsdirektor, ein Mr. Leyman, abgesetzt hatte, der einzige Angehörige der Bull-Organisation war, der in Sagada zurückgeblieben war, wurde er auf der Straße tätlich angegriffen. Sein Volkswagen-Kombi wurde dabei umgestürzt. Es blieb ihm nichts anderes übrig, als ebenfalls zu fliehen.

Am 18. Juni verließ er überstürzt Sagada und begab sich nach Manila, wo er sich am 13. Juli auf der *M.S. Ubangi*, einem Schiff der deutschen Wörmann-Linie, für die Rückreise nach Europa einschiffte. In Wien widmete er sich wiederum der Betreuung seines Schützlings Philipp Bull. („Ich habe das Glück gehabt, daß ich zu Beginn meines Lebens und am Ende meines Lebens zwei gutaussehende junge Männer als Freunde an meiner Seite gehabt habe: Errol Flynn und Philipp Bull.“)

1979 kritzelte jemand im State Department an den Rand eines von Dr. Erben wieder einmal eingereichten Ansuchens um ein Einreisevisum in die USA den Vermerk: „Gegenstandslos, da Antragsteller verstorben“. Es war das vierte Mal in seinem Leben, daß Dr. Erben irrtümlich totgesagt wurde. Er starb erst sechs Jahre später. Unter mysteriösen Umständen.

Am 16. Jänner 1985 wurde er in seiner Mansardenwohnung tot aufgefunden.

Nachbarn hatten bemerkt, daß der alleinlebende alte Herr, dessen Schwester Hilde, die ihn betreut hatte, ein Jahr vorher gestorben war, seit mehreren Tagen sein Postfach nicht mehr entleert hatte. Sie verständigten die Polizei. Zwei Polizeibeamte kamen und klingelten. Niemand öffnete. Sie rüttelten an der Klinke. Die Türe war versperrt. Die Feuerwehr brach die eisenbeschlagene Türe schließlich auf.

Am Ende des schlauchartigen Ganges, rechts, in der Küche, lag die

Leiche Dr. Erbens: auf dem bloßen Fliesenboden, mit einem grauen Wintermantel bekleidet, steifgefroren in der ungeheizten Wohnung, vielleicht schon seit Tagen. Zur Rechten der Leiche lag ein in zwei Teile gebrochener Gehstock.
Der herbeigerufene Amtsarzt stellte als Todesursache Herzversagen fest. Ein natürlicher Tod, wenn man bedenkt, daß der Mann am 15. November achtundachtzig Jahre alt geworden wäre.
Die Polizei unternahm keine weitere Untersuchung, es wurden keine Fingerabdrücke abgenommen, und es wurde keine gerichtsmedizinische Obduktion angeordnet. Der Fall schien Routine. Der neben der Leiche liegende zerbrochene Gehstock war niemandem aufgefallen, und die allgemeine Unordnung in der Wohnung wurde bei einem so alten, alleinlebenden Kauz als natürlich hingenommen. Das war Sache einer Putzfrau und nicht der Polizei. Der Leichnam wurde freigegeben.
Wie Dr. Erben verfügt hatte, wurde seine Leiche dem Anatomischen Institut der Wiener Universität übergeben; was noch am selben Tag geschah.
Unerklärlicherweise wurde Dr. Erbens Witwe, Joan, von Dr. Philipp Bull erst eine Woche später in London telefonisch vom Tod ihres Mannes, von dem er angeblich nur „gerüchteweise" („through the grape-vine") gehört hätte, verständigt.
Joan flog sofort nach Wien.
Obwohl sie polizeilich noch als Miteigentümerin der Wohnung gemeldet war und ihre eigenen Schlüssel besaß, konnte sie sich nur mit Hilfe eines Anwaltes Zutritt in die Wohnung verschaffen, da die Polizei, wie in solchen Fällen üblich, das Schloß ausgewechselt hatte.
Joan ging durch die Wohnung. Der zerbrochene Gehstock, der noch immer an der Stelle lag, wo ihr Mann tot aufgefunden worden war, fiel ihr sofort auf. Sie wußte, daß ihr Gatte trotz seines hohen Alters nie einen Gehstock benutzt hatte. Und wenn, warum sollte er zerbrochen neben der Leiche liegen? War er ein Indiz für eine tätliche Auseinandersetzung, die unmittelbar vor dem Tod stattgefunden hatte? Hatte sich ihr Mann gegen einen Eindringling zur Wehr setzen wollen? – Kämpferisch genug war er dazu gewesen.

Joan wußte auch, daß ihr Mann von einer geradezu krankhaften Ordnungssucht gewesen war. Jedes Stück Papier, so harmlos sein Inhalt gewesen sein mag, mußte stets weggesperrt werden. Doch in dem an die Küche anschließenden Raum, den Dr. Erben als Schlaf- und Arbeitszimmer benutzte, standen die Türen der beiden Schränke neben dem Bett weit offen. Die Lade des kleinen Schreibtisches in der Fensternische, die Dr. Erben stets versperrt gehalten hatte, war herausgerissen. Ihr Inhalt, Briefe und andere Papiere, lag auf dem Boden verstreut. Der Wertheim-Safe, dessen Kombination Joan kannte, war verklemmt und ließ sich von ihr nicht öffnen; als hätte sich ein Unbefugter daran zu schaffen gemacht.
Mrs. Erben schöpfte den Verdacht, daß ihr Mann keines natürlichen Todes gestorben war. Sie kam zu der Überzeugung, daß ein Eindringling in der Wohnung gewesen sein mußte; jemand, der einen Schlüssel hatte oder den Dr. Erben kannte, denn einen Unbekannten hätte der mißtrauische Greis nicht eingelassen. Die Verwüstung in der Wohnung bewies, daß der Eindringling etwas gesucht hatte.
Was konnte er gesucht haben?
Kaum etwas, das mit Dr. Erbens Vergangenheit als Spion zu tun hatte. Das war zu lange her. Eher etwas, das sich auf sein detailliertes Wissen über die GHN-45 und die zu diesem Zeitpunkt bereits angelaufenen Verkaufsverhandlungen der Lizenzträger mit dem Iran und Irak bezog.
Nur knapp zwei Monate vor Dr. Erbens Tod hatte das VOEST-Tochterunternehmen NORICUM beim Innenministerium den Export von 200 Stück GHN-45-Kanonen samt Granaten, Zündern und Sprengladungen nach Libyen beantragt.
Dr. Erben könnte durch seine Verbindungen zur Bull-Organisation und Dr. Bulls israelischen Partner gewußt haben, daß die Rüstungsgüter im Wert von 7 Milliarden Schilling nicht für Libyen, sondern für den kriegführenden Iran bestimmt waren und ihre Ausfuhr daher gesetzwidrig war.
Der österreichische Botschafter in Athen, Dr. Herbert Amry, der dies ebenfalls wußte und nach Wien gemeldet hatte, starb wenige Monate

später einen ebenso mysteriösen Tod wie Dr. Erben; nach einem Cocktail an einem „Herzinfarkt".

Dr. Erben könnte aufgrund seiner schnüfflerischen Neugier das erste Opfer der Waffenschieberintrige geworden sein, die sich in den nächsten Jahren zur berüchtigten NORICUM-Affäre auswuchs.

Er hatte immerhin, wie er selbst in Anwesenheit von Philipp Bull zugab, zu jenen Männern gehört, die den Kauf der Lizenz für die Herstellung und den Vertrieb der „Bull-Kanone" (GHN-45) von der bankrotten Space Research Organisation durch das verstaatlichte österreichische Unternehmen VÖEST mit eingefädelt hatte.

Dr. Erben gehörte außerdem zu dem Personenkreis, dem bewußt war, daß die betreffenden Manager der VÖEST und der NORICUM, sowie die österreichischen Politiker, die von dem illegalen Verkauf der GHN-45 wußten, mit ihrer Herstellung nicht nur die österreichische Neutralität, sondern – nachdem die Reichweite der Kanone die zugelassenen 30 Kilometer weit überschritt – auch den österreichischen Staatsvertrag verletzten. Nur wenige wußten von Dr. Erbens Kenntnissen, die den staatlichen Rüstungsschiebern, wären sie publik geworden, äußerst gefährlich hätten werden können.

LITERATURVERZEICHNIS

de Beus, J.G.: *Tomorrow at Dawn,* New York 1980
Broué, Pierre: *Revolution und Krieg in Spanien,* Frankfurt 1978
Buchheit, Gert: *Der Deutsche Geheimdienst,* München 1966
Carsten, F.L.: *Faschismus in Österreich,* München 1977
Costello, John: *Mask of Treachery,* New York 1988
Diamond, Sander A.: *The Nazi Movement in the U.S.,* New York 1974
Enzensberger, Hans Magnus: *Der Kurze Sommer der Anarchie,* Frankfurt 1972
Farago, Ladislas: *The Game of the Foxes,* New York 1971
Burn after Reading, New York 1961
Fraser, Ronald: *Blood of Spain,* London 1979
Higham, Charles: *Errol Flynn, The Untold Story,* New York 1980
American Swastika, New York 1985
Trading With the Enemy, New York 1986
Höttl, Wilhelm: *Die Geheime Front,* Zürich 1950
Jagschitz, Gerhard: *Der Putsch,* Graz 1976
Kahn, David: *Hitler's Spies,* New York 1978
Kaminski, Gerd: *Von Österreichern und Chinesen,* Wien 1980
Kantorowicz, Alfred: *Spanisches Kriegstagebuch,* Hamburg 1979
Kirk, Betty: *Covering the Mexican Front,* Oklahoma 1942
Knightley, Phillip: *The Second Oldest Profession,* New York 1987
Kogon, Eugen: *Der SS Staat,* München 1974
Kranzler, David: *Japanese, Nazis and Jews,* New York 1976
Leichter, Otto: *Zwischen zwei Diktaturen,* Wien 1968
Linklater, Magnus: *The Nazi Legacy,* New York 1984
Mader, Julius: *Dr. Sorge Report,* Berlin-Ost, 1984
Mayenburg, Ruth von: *Hotel Lux,* Frankfurt 1981
Mehnert, Klaus: *Ein Deutscher in der Welt,* Stuttgart 1981
Orwell, George: *Homage to Catalunia,* New York 1952
Owen, Frank: *The Eddie Chapman Story,* New York 1954
Regler, Gustav: *Das Große Beispiel,* Frankfurt 1978

Reile, Oscar: *Geheime Westfront*, München 1962
Rout, Leslie B.: *The Shadow War*, Frederick, Maryland 1986
Schnabel, R.: *Mißbrauchte Mikrofone*, Wien 1967
Seaburg, Paul: *The Wilhelmstraße*, Berkeley 1954
Shirer, William L.: *The Rise and Fall of the Third Reich*, New York 1954
Berlin Diary, New York 1984
The Nightmare Years, New York 1984
Souchy, Augustin: *Nacht über Spanien*, Frankfurt 1975
Speier Hans: *German Radio Propaganda*, New York 1942
Spender, Stephen: *The Year of the Young Rebels*, New York 1968
Stevenson, William: *A Man called Intrepid*, New York 1976
Thomas, Gordon: *Guernica*, New York 1975
Toland, John: *Adolf Hitler*, New York 1976
The Rising Sun, New York 1971
Infamy, New York 1982
Toledano, Ralph de: *Spies, Dupes and Diplomats*, New York 1967
Trefousse, Hans L.: *Failure of German Intelligence in the U.S.*, New York 1955
Trevor-Roper, Hugh: *The Hermit of Peking*, New York 1977
Wasserstein, Bernard: *The Secret Lives of Trebitsch-Lincoln*, Yale 1988
West, Nigel: *MI 5*, London 1981
Wright, Peter: *Spycatcher*, New York 1987

Folgende amerikanische Geheimdienste haben aufgrund des „Freedom of Information Act“ über Dr. Erben und eine Reihe anderer im Buch behandelter Personen Unterlagen freigegeben:
OSS (Office of Special Services), CIA (Central Intelligence Agency), FBI (Federal Bureau of Investigation), Department of State, Department of Treasury, Department of Justice, DEA (Drug Enforcement Agency), U.S Military Intelligence Branches, U.S. National Archives, Washington, D.C.

Hilfreich waren außerdem:
Das Politische Archiv des Auswärtigen Amtes, Bonn; die Präsidialkanzlei des Österreichischen Bundespräsidenten, Wien; und die Wiener Ärztekammer.

NAMENSREGISTER

(212) 889-1272

Rudolf Stoiber
US-Correspondent
300 East 34th Street
New York, N. Y. 10016

The President
Mr. Ronald Reagan
The White House

November 15, 1983

Dear Mr. President,

I am writing to you to correct the impression, created by former Congressman Sterling Cole, that my forthcoming book will support Mr. Cole's appeal to you to readmit to the United States former naturalized U.S. citizen Dr. H. F. Erben.

On March 25, 1982, Mr. Cole appealed to you to "show compassion" for the 86 year old Austrian physician because he was Errol Flynn's "very best friend." In the same letter Mr. Cole referred to my book on Dr. Erben as containing material which would exonerate him and support his efforts to be allowed to return to the United States from where he was permanently excluded in 1951 by order of U.S. Attorney General J. Howard McGrath for undisclosed reasons of National Security.

Mr. President, my book ALIBI, The Making of an Uncommon Spy, does not contain supportive material for Dr. Erben. On the basis of researching for two years thousands of pages of Government documents in the United States and in Europe and conducting hundreds of hours of taped conversations with Dr. Erben and people who knew him intimately, it exposes Dr. Erben as a Nazi spy and informer. My findings are that "Errol Flynn's very best friend" spied against America in the United States, Latin America and the Far East; joined the German military intelligence service 'Abwehr' while still an American citizen; and informed on American prisoners-of-war in a Japanese detention camp.

In support of my findings I am enclosing copies of several U.S. documents, released under the Freedom of Information Act and pertaining to Dr. Erben's activities.

Hoping that my letter to you, Mr. President, will correct the erroneous impression that my writing would support the endeavors of a man once charged with High Treason against the United States in Time of War, I remain

Sincerely,

Rudolf Stoiber

(Rudolf Stoiber)

THE WHITE HOUSE

WASHINGTON

January 20, 1984

Dear Mr. Stoiber:

Your November 15, 1983 letter to the President "to correct the impression, created by former Congressman Sterling Cole, that [your] forthcoming book will support Mr. Cole's appeal to [the President] to readmit to the United States former naturalized U.S. citizen Dr. H.F. Erben" has been referred to me for response.

We were unable to locate a copy of the March 25, 1982 letter to the President from Mr. Cole to which you refer. We have, however, taken the liberty of forwarding a copy of your letter and its attachments to the Department of Justice for its consideration in connection with any application by Dr. Erben.

Thank you for bringing this matter to our attention.

Sincerely,

Fred F. Fielding
Counsel to the President

Mr. Rudolf Stoiber
300 East 34th Street
New York, NY 10016

BILDNACHWEIS

Foto St. Cole / L. Figl: Pressefoto Bayer, Wien; Porträt Dr. Erben: Gabriela Brandenstein / KURIER, Wien; Foto Gold. Ehrenzeichen: Prof. Johannes Zopp, Wien; Foto Dr. Herbert Tichy: Pressebilddienst Votava, Wien; Foto Errol Flynn: KURIER, Wien. Alle übrigen Bilder und Abbildungen stammen aus dem Archiv von Dr. Erben und dem Besitz des Autors.